탑동 문제
제주 탑동 공유수면 매립 반대 운동과 그 역사적 유산의 재구성

장훈교 지음

진인진

모든이의 민주주의 프로젝트 후원

이영숙, 신순금, 조아영, 김영진, 김보경, 박서현, 김영란, 윤여일, 조철민, 장설
김경보, 채희숙, 구수정, 이은숙, 정미숙, 서영표, 한은정, 권영만, 권상호, 현동해
신명숙, 권원혁, 이훈

연구 및 출판 후원

조희연, 강남규, 이희준, 장익순

사진 및 자료 활용 지원

이 책에 실린 사진은 연세대학교 김대중 평화도서관과 제주도청의 허가를 받아 수록했습니다. 유인물, 전단, 포스터 등 자료 사진은 제주 민주화운동 사료연구소에서 펴낸 자료집을 이용했습니다. 학술연구 활동과 그 출판에 소중한 사진과 자료를 이용하도록 허락해 주신 해당 기관과 담당자 여러분께 다시 한번 감사드립니다.

탑동 문제 - 제주 탑동 공유수면 매립 반대 운동과 그 역사적 유산의 재구성

초판 1쇄 발행 | 2024년 10월 21일

저　　자 | 장훈교
표지디자인 | 김보경
편　　집 | 배원일, 김민경
발행인 | 김태진
발행처 | 진인진
등　　록 | 제25100-2005-000003호
주　　소 | 경기도 과천시 관문로 92, 101동 1818호
전　　화 | 02-507-3077-8
팩　　스 | 02-507-3079
홈페이지 | http://www.zininzin.co.kr
이메일 | pub@zininzin.co.kr

ⓒ 장훈교 2024
ISBN 978-89-6347-611-7 93300

* 책값은 표지 뒤에 있습니다.
** 이 저서는 2023년 대한민국 교육부와 한국연구재단의 지원을 받아
　수행된 연구입니다(NRF-2023S1A5B5A16077589).

· · · ·

책을 펴내며

2018년 10월 제주대학교 공동자원과 지속가능사회 연구센터가 개최한 〈제주 탑동 매립 반대 운동 30주년 기념 학술대회〉 발표 준비를 계기로 이 연구를 시작했다. 1988년 제주에서는 탑동 연안 공유수면 매립에 반대하는 연안 공동체와 제주 시민사회의 저항 운동이 발생했다. 다양한 이름으로 불리지만 보통 제주에서 '탑동 운동'이라고 하면 바로 이 운동을 가리킨다. 운동의 성패와 무관하게 탑동 운동은 연안 관련 매립 쟁점이나 자연을 파괴하는 개발 문제가 부상할 때마다 제주에서 반복적으로 호명되는 중요한 역사적 사건이다. 그럼에도 별다른 학적 관심을 받지 못했다. 탑동 운동에 직간접적으로 관여한 당시 제주대 사회학과 교수였던 조성윤 선생님께서 1992년에 관련 경험을 잊기 전에 기록으로 남기고자 작성한 논문이 최근까지도 거의 유일한 예외였다.[1]

하지만 바로 이 노력 덕분에 우리는 오랜 시간이 지난 후에도 당시 상황을 다시 돌아볼 수 있게 되었다. 조성윤 선생님은 1992년 논문을 거론하실 때마다, 당신의 전공 영역은 아니었지만, 누구라도 기록으로 남겨야 한다는 생각이 드셨다고 말씀하시곤 했다. 그 말씀을 들을 때마다 부끄러웠다. 연구자

---

[1] 1993년에 김정희(1993)가 《탐라문화》 13호에 발표한 논문도 있지만, 이 논문은 탑동 운동을 기록하고 분석한 논문이라기보다는, 이를 계기로 지역개발 정책 과정을 일반적 수준에서 돌아본 글이다.

의 가장 기본적인 역할이 무엇인지 그동안 잊고 있지는 않았는지 반성을 했다. 조성윤 선생님과 많은 이야기를 나누어 보지는 못했지만, 선생님의 글과 태도 속에서 많은 것을 배웠다고 비록 지면이지만 말씀드리고 싶다. 존경과 감사의 인사를 남긴다.

2018년 학술대회는 당시 제주대 연구센터 연구교수였던 정영신 박사가 주도했다. 정영신 박사는 지금은 가톨릭대학교 사회학과 교수로 재직 중이다. 정영신 교수는 탑동 운동이 제주개발체제에 맞서 전개된 1980년대 중후반의 주민운동 물결의 일부라는 점과 이 주민운동이 4·3항쟁과 학살 이후 제주에서 가지는 정치적 의미에 주목했다. 그가 2018년에 이를 성찰하는 학술대회를 제안한 이유이기도 했다.

나는 2017년 겨울 제주에 도착해서야 탑동 운동의 존재를 알게 되었고 정영신 교수의 권고로 이 운동을 연구하게 되었다. 정영신 교수는 탑동 운동을 소개해 준 이후에도 이 연구에 계속 관심을 가지며 도와주었다. 감사 말씀을 드린다. 덕분에 지난 몇 년간 탑동 운동과 더불어 배우고 익혔다. 관련 학술대회 준비를 위해 2018년 봄부터 연구 활동을 시작했다. 제주 공항에 내렸을 때가 2017년 11월이니 제주 연구생활 자체가 탑동 운동 연구와 함께 출발했다고 해도 과장은 아닐 듯 하다. 동료들과 연구센터 한쪽 구석에서 함께 자료를 읽으며 토론하던 기억이 난다. 즐거운 시간이었다. 당시 함께 했던 구준모, 배진희, 고희숙, 이재섭, 김자경, 윤여일 등 동료 모두에게도 연대와 우정의 인사를 남긴다.

학술대회에서는 정영신 교수 그리고 지금은 제주 연구센터에서 연구교수로 일하는 이재섭 박사가 나와 함께 발표했다. 이날 발표된 원고는 시간은 모두 다르지만 이후 수정 보완되어 모두 공식 발표되었다. 발표자 외에도 여러 선생님께서 자리를 빛내 주셨다. 학술대회 준비를 도와주시고 이 학술대회의 의미를 밝혀주신 조성윤 선생님도 오셨다. 탑동 운동에 관여했던 몇 분도 함께 해주셨다. 그 가운데는 제주 민주화운동 사료연구소 이사장이신 강남규 선생님도 계셨다. 선생님과 동료 몇 분이 2016년 제주도 곳곳에서 벌어진 주민운동의 자료를 묶어 두 번째 사료집을 발간하였다.[2] 이 사료집에 실린 소원장, 탄원서, 진정서, 질의서, 성명서, 소식지, 보고서, 전단 등의 원자료가 없었다면 30주년 학술대회 준비는 사실상 불가능했다. 학술대회가 끝나고 저녁 식사를 하면서 감사를 드렸지만, 지면을 빌어 다시 한번 남긴다.

 2018년 봄 이후 벌써 6년이나 흘렀다. 나는 2021년 8월에 약 3년 10개월의 제주 생활을 마감하고 지금 사는 구리시로 이주했다. 낯설기만 하던 구리 생활도 어느새 3년이 다 되어간다. 본격적인 책 구상은 2020년 가을부터 했다. 제주에 있는 동안 마무리하고 싶었지만, 예상보다 빨리 그리고 갑자기 제주를 떠나게 되어 완성하지 못한 채 올라왔다. 모아 놓았던 자료를 가지고 올라오기는 했지만, 한 번 끊어진 연구 흐름은 잘 이어지지 않았다.

 안정된 직장이 없는 불안정 연구노동자이기에 계약이 종료되면 다른 직장, 다른 지역, 다른 주제로 이동하곤 한다. 이동할 때마다 이전 직장에서 활동했던 경험이나 조사 및 연구했던 내용을 토대로 그 시간을 정리하려고 노력했다. 때로는 떠나온 현장을 향한 책무감이나 연구자로서의 최소 윤리적 태도 같은 특별한 이유가 있기도 했지만, 지금 돌아보면 비록 삶은 단절적이고 파편화되더라도 연구 생활에 어떻게든 연속성을 부여하고 싶었기 때문일지도 모르겠다. 변명이겠지만 일관된 연구 대상을 갖지 못하고 부유하며 여기저기 들여다보는 연구만 하는 이유도 이 때문인지 모르겠다.

 탑동 운동을 다루는 책으로 제주 연구 생활을 정리하려 생각했었다. 올라오기 전에 반년 정도 추가 작업을 하기도 했고 그 작업 기간 동안 책의 주제와 체계를 어느 정도 잡았다고 느껴서 그리 오래 걸리지는 않을 거라고 내다봤었다. 그런데 언제나 그렇듯이 생각처럼 되지는 않았다. 어떤 이유인지 작업 진도는 나아가지 않았다. 다른 작업을 먼저 마무리하며 차분하게 더 고민해 보기로 했다. 책을 쓰다 보면 이런 상황과 자주 만나기에 특별히 불안하지는 않았다. 초고가 나오면 잠시 그 책에서 손을 떼고 다른 작업을 일부러 하기

---

2 헤드라인제주, 2015.5.24., "제주민주화운동사료집 '제주도 개발과 주민운동' 발간"

도 한다. 작업에 과도하게 몰입된 순간에는 보지 못하거나 고민하지 못했던 점이 때로 보이거나 떠오르기도 하기 때문이다.

　　탑동 연구 말고도 비슷한 상황에 부닥쳐 있던 연구 작업이 많았다. 그 가운데 탑동 운동처럼 제주에서 진행하던 연구 하나를 완성해 보기로 했다. 공동자원체제(commons) 연구다. 공동자원체제는 박사학위논문을 쓰던 2010년대 초반부터 관심을 두고 있던 주제였지만, 제주에 내려가기 전까지는 본격적으로 공부를 하지 못하던 주제였다. 그런 상황인데도 공동자원체제는 지난 10여 년 동안 내 연구를 지탱하는 축 가운데 하나였다. 탑동 연구의 한 축도 공동자원체제이다. 그러나 약 4년 동안 내 나름대로 열심히 고민하며 무엇인가를 찾아 헤맸지만 남은 건 파편적인 연구 메모뿐이었다. 아쉽게도 문제의식을 내적 논리를 지닌 일관된 체계로 구성하는 데는 실패했다. 하지만 표류하며 진행했던 고민의 흔적이나마 후속 연구를 위해서라도 남겨두자고 용기를 냈다. 지식의 축적이 어떻게 이루어지느냐는 요즘 내 고민 가운데 하나다. 그 결과로 나온 책이 『공동자원체제: 연구노트 2018-2021』(부크크, 2022)이란 책이다. 제주에서 공부하면서 작성했던 여러 연구 메모를 1년 동안 보완해 출간했다.

　　탑동 연구는 『공동자원체제』가 마무리된 이후인 2022년 7월부터 다시 시작했다. 자료도 다시 보고 기존 원고도 새롭게 구성하려 했다. 하지만 여전히 연구가 앞으로 나가지 못한 채 어딘가 정체되어 있다는 느낌을 지울 수가 없었다. 답답했다. 게다가 생계 탓에 다른 일을 하면서 연구를 병행하다 보니 연구에 필요한 시간을 안정적으로 확보하기가 쉽지 않았다. 답답한 이유를 모두 찾지는 못했지만 한 가지는 분명해 보였다. 개인 연구사 측면에서도 독립적인 연구 성과 측면에서도 연구가 허약하고 진부했다. 다루어지지 않았던 사건을 충실하게 복원했다고 말하기에는 자료 조사가 부실하거나 공백이 많았고, 그 한계를 뛰어넘을 정도로 새로운 탑동 운동 이해를 제시했다고 주장하기에는 해석이 낡았다. 그나마 모은 자료조차도 내가 제시한 설명을 지지하지 못했다.

　　낡은 설명에 기초한 진부한 비판 그리고 채워지지 않는 경험적 근거와 설명 사이의 균열. 내가 찾은 답답함의 이유였다. 이 답답함에는 개인적 배경도 있다. 사실 2019년 『탐라연구』에 탑동 운동에 관한 초기 연구를 담아 학술논문을 발표했었다. 2018년 학술대회 발표문을 기초로 탑동 운동 분석을 시도해 본 글이었다. 2019년 관점에서 보면 이 책은 그 논문에서 약속한 후속 연구라고 말할 수 있을지도 모른다. 나는 2019년 논문에서 탑동 운동을 새롭게 분석하고자 두 가지 시각을 제시했다. 하나는 탑동 운동의 제도적 환경이었던 공유수면(公有水面) 이해가 운동 분석을 발전시키는 데 중요하다는 관점이었다. 공유수면은 "공공의 이익에 제공되는 수면"이라는 그 정의에서 알 수 있듯이, 자연 그 자체인 수면과 공공의 이익을 보장하려는 제도가 결합한 국가 제도다. 탑동 운동은 바로 이 제도적 환경을 매개로 이루어졌는데, 이 부분이 기존 탑동 운동 이해에서 충분히 설명되지 않았다고 보았다.

다른 하나는 안토니오 그람시(Antonio Gramsci)의 헤게모니(hegemony) 이론을 매개로 제주개발체제와 탑동 운동의 상호작용을 공동자원체제(commons)에 관한 권리라는 관점에서 구성하는 기획이었다. 그람시는 대학원에서 공부를 시작한 이후로 내 연구의 기초가 되는 이론가이다. 물론 과거의 그람시를 그대로 반복하지 않을 뿐만 아니라 주로 1980~90년대 이후 등장한 연구성과의 영향 아래 작업을 한다는 점에서 포스트-그람시주의 시각(Post-Gramscian Perspective)이라고 말할 수 있을지도 모른다. 그람시 그 자체가 연구 대상은 아니기에, 연구 결과에는 분석에 필요한 최소한만 기술한다. 그람시를 거쳐 사회운동의 역사적 동학과 그 의미를 더욱 입체적으로 파악하는 게 목표였다.

공동자원체제에 관한 권리는 ① 공유수면 시각의 도입 ② 헤게모니를 통한 체제와 사회운동의 역동적 상호작용 분석이라는 두 방향을 매개하는 중간항으로 도입되었다. 제도적 환경으로서 공유수면이 보장하는 권리를 박탈당한 경험을 중심으로, 권리의 인정, 발전 그리고 새로운 창안을 둘러싼 사회운동과 체제의 상호작용을 공동자원체제에 관한 권리라는 틀 안에서 분석하자는 제안이었다.

2019년 문제의식은 이 책을 집필하는 과정에서 토대가 되었고 현재도 여전히 중요한 역할을 하고 있다. '공유수면'과 '헤게모니' 그리고 '공동자원체제에 관한 권리'라는 요소들이 여전히 유의미한 비판적 설명력을 제공하고 있다고 생각했기 때문이다. 하지만 개인적으로 연구가 정체되어 있다고 느끼는 이유가 바로 여기에 있었다. 과거의 논의를 오늘 다시 불러오는 일이 언제나 고루한 건 아니다. 그런데 나는 그 안에 갇혀 있었다. 2018, 2019, 2020, 2021, 2022, 2023년 겨울에 이르기까지 지난 6년 동안 그 틀 안에서만 움직였다. 무엇보다 공동자원체제로 사회운동에 접근해 온 내 연구가 과거보다 한 걸음도 전진하지 못했다고 느껴졌을 뿐만 아니라 실제 자료를 통해 접하는 현실이 2019년의 문제틀과 충돌한다고 느껴졌다. 때론 충돌 그 자체를 넘어 기존 문제틀 탓에 경험 그 자체가 숨을 못쉬었다. 이런 점에서 내가 느끼는 답답함은 단지 내 마음속에만 있던 게 아니라 연구 작업의 구조 자체에 원인이 있었을지도 모른다.

연구의 '숨골'을 찾아 다시 고민을 시작해야 한다고 느꼈다. 이 과정에서 지금 돌아보면 문제의식이 두 번 크게 바뀌었다. 우선, 큰 틀에서 보면 탑동 운동 연구라는 초기 목적은 유지하면서도 탑동 운동으로 이해하려는 대상을 변경하였다. 기존에는 운동과 체제의 상호작용 그 자체가 주된 대상이었다. 이는 여전히 중요한 학적 연구의 대상이지만, 탑동 운동을 현재 관점에서 다시 불러내는 이유를 충분히 제공하지 못한다고 느꼈다. 이에 체제-사회운동의 상호작용이라는 기존 문제틀을 버리지 않으면서도, 탑동 운동 그 자체가 아니라 운동이 제기하고 만들어 내는 역사적 문제화라는 새로운 지평에 주목하게 되었다. 『탑동 문제』라는 이 책의 제목은 이런 연구 문제의 변동이 반영된 것이다.

"탑동 문제"는 탑동 운동에 관여했던 여러 집단과 개인이 당대에 관습적으로 사용하던 단어였다. "탑동 문제"라는 단어에는 당시 여러 행위자가 탑동 운동에 부여하고자 했던 의미와 그 문제의 발생 구조, 그 해결 방안 등 여러 논의가 들어 있었다. 이를 통해 운동의 구조와 속성을 이해하는 동시에 탑동 운동이 역사적으로 종결된 이후에도 여전히 지속되고 있던 연안 매립의 구조를 추적할 수 있지 않겠냐고 생각했다. 그러자 "탑동 문제"의 역사적 변형 과정이 중심 질문으로 등장했다. 만약 성공한다면, "탑동 문제"가 단지 과거의 문제가 아니라 오늘 여기에서 어떤 의미인가를 고민해 볼 수 있을지 모른다. 그 속에서 탑동 운동이 남긴 유산을 우리가 어떻게 새롭게 상속할 수 있느냐는 질문 공간이 발생할 가능성도 있다고 판단했다.

또 다른 방향 전환은 지난 5년 동안 고민해 온 또 다른 연구 문제와 접합되면서 이루어졌다. 탑동 운동과 함께 제주 연구 생활 동안 고민해 온 문제가 제주 제2공항 건설 반대 운동이었다. 탑동 운동이 1980년대 후반에 발생한 운동이었다면, 제주 제2공항 건설 반대 운동은 2010년대 중반부터 본격화된 나와 동시대의 운동이었다. 제주대 연구센터 연구교수 동료들, 윤여일, 박서현, 정영신 선생 모두가 이 운동에 각자의 방식으로 참여했다. 동료들에 비해도 부족하고, 여전히 제주에서 제2공항 건설의 파괴적 영향을 우려하며 도민과 함께 운동을 만들어가는 많은 제주 시민과 비교한다면 더 그러겠지만, 나도 운동의 일부로 비록 짧은 시간이나마 함께 했다.

운동에 참여하면서 제주 제2공항 건설 반대 운동을 이해하는 방법을 찾았다. '공항'이라는 낯선 문제와 만나면서 공항과 같은 거대 인프라(mega infrastructure)와 민주주의 그리고 지역개발의 문제라는 오래된 문제와 다시 만나게 되었다. 나는 공항 속에서 "인프라"와 사회 사이의 관계를 묻게 되었다. 물론 이 고민도 일정하게 변화해 왔다. 제주 현장에 있을 때는 민주주의의 관점에서 인프라와 사회의 관계를 바라보는 데 관심이 있었다. 그런데 인프라 연구를 계속하면서 제주 제2공항 건설 반대 운동 그 자체를 인프라 전환(infrastructural transformation)을 향한 사회운동이라는 관점에서 독해할 수 있을지도 모른다고 생각하게 되었다. 이는 요즘 나의 고민이기도 하다.

또한, 나는 최근 '장기비상사회'라는 작업 개념 아래 현대사회의 구조와 동학을 분석하는 탐색적 연구를 진행하고 있다. 이런 '장기비상사회'에서는 기후-생태위기가 심화하면서 파국이 임박했다는 우려가 확산하여, 후기 근대 일상생활을 뒷받침하고 있던 인프라체계(infra-system)를 근본적으로 재구성해야 한다는 압력이 발생한다. 제주 제2공항 건설 반대운동은 장기비상사회의 인프라 전환을 보여주는 운동일지도 모른다.

공항 반대 운동과 탑동 운동이 우연히 연결된 계기는 바로 이런 우리 시대와 인프라에 관한 새로운 고민 덕분이었다. 제주 제2공항 반대 운동을 장기비상사회에 직면한 인프라 전환 운동의 관점으로 이해하는 과정에서 나는 탑동 운동 또한 '연안'이라는 자연과 사회의 접경 지역을 '인프라'로 개발하는 과정에 대응하는 운동이라고 생각하게 되었다. '인프라'가 기존 탑동 운동 분석에 사용된 문제틀(framework)의 핵심 요소들, 공유수면, 헤게모니, 공동자원체제에 관한 권리로는 볼 수 없던 자연-사회의 접합 과정을 보여주어, 탑동 운동이 제기한 역사적 문제를 과거의 문제가 아니라 오늘의 문제로 다시 독해하는 새로운 공간을 열어줄지도 모른다는 희망도 품게 되었다. 아직 연구 중이고 공부가 뜻처럼 그렇게 속도를 내고 있지 못해 관련 고민을 이번 책에 충분하게 녹여내지 못해 아쉬울 뿐이다.

'탑동 문제'라는 새로운 연구 질문 그리고 장기비상사회와 인프라의 관점에서 읽는 탑동 문제라는 새로운 접근 방향 아래에서 틈날 때마다 관련 자료와 연구를 읽어나가며, 2019년 논문을 반복하면서도 그와는 다른 방향에서 탑동 운동을 복원하고 해석하는 책을 완성하고자 노력했다. 또한, 제주 탑동 공유수면 매립 반대 운동을 이해하려면 제주 연안 공유수면 매립의 역사를 부분적이나마 이해하는 일이 필요하다고 느껴 이를 추적하는 사례 연구를 기본 방법으로 택했다. 일제강점기 시절부터 현재까지 제주 연안 공유수면 매립과 관련된 언론 보도, 정부 자료, 선행 연구 자료를 이용하였다. 탑동 운동과 관련해서는 제주 민주화운동 사료연구소가 편찬한 다양한 1차 자료를 주로 이용하였다. 대규모 공유수면 매립이 이루어진 제주 현장은 직접 방문하여 현장 조사도 진행하였고, 정부가 보유하거나 민간이 공개한 사진 자료 등도 좋은 연구 자료가 되었다.

물론 여전히 풀리지 않는 문제가 있었다. 이번 연구가 아니더라도 나에겐 고질적인 한계가 있다. 현실과 대안 사이의 괴리, 분석과 이론 사이의 균열,

근거 없는 추론 등 지금까지 내 연구를 향한 주요 비판이다. 내용은 조금씩 다르지만, 여전히 내가 제대로 설명하고 있지 못하다는 비판이다. 나 스스로도 불만스러웠다. 내 연구가 지식이 축적되는 과정이 없이 근거를 갖추지 못한 '시각'이나 다른 연구자에게 차용한 '이론'으로 연구를 대체해 왔다는 자기반성이다. 그래서 너무나 많은 이론의 개입보다는 추적하는 사건과 장소를 주의 깊게 분석하여 주제를 드러내고 그에 어울리는 방식으로 책을 만들고자 고민했다.

하지만 모든 걸 해결하지는 못해서 여전히 어떤 문제가 또 다른 얼굴로 나타날 수 있다. 접근할 수 있는 자료와 연구에 근거해 당대의 상황을 복원하고 해석하는 논리를 발전시키고자 나름 노력하였지만, 부족한 점이 많다. 특히 제주지역 연구자를 포함해 제주에 거주하시는 동료시민 여러분이 보신다면 더욱 그러리라 생각한다. 더 많이 조사하고, 더 많이 만나며, 삶의 장소로 더 깊이 들어가지 못한 연구자의 한계를 바로 아실지도 모른다. 부끄럽지만 나는 이 한계를 인정하고 그 한계와 함께 작업을 마무리했다. 다만, 이후 이 한계를 넘는 혹은 다른 방식으로 그 한계를 실험하는 후속 연구가 진행되는 데 이 책이 조금이나마 이바지할 수 있기를 바랄 뿐이다.

이 책이 제주에서 출발하여 제주를 대상으로 쓴 책이지만 제주만을 위한 책으로 기억되지는 않았으면 좋겠다. 탑동 운동이 제기한 탑동 문제가 자신의 장소, 우리가 직면한 문제를 다시 환기하는 하나의 보편적 문제로 독해될 수 있기를 바란다. 이는 과거에 이미 한 번 가졌던 열망이기도 하다. 구체적인 특정 사회운동 분석으로는 두 번째 책이다. 2016년 『밀양 전쟁』를 펴낸 이후 7년 만이다. 『밀양 전쟁』의 분석 시기가 2000년대 중반부터 2010년대 중반까지 10년이었다면, 이 책은 보다 폭넓은 시기를 다루기는 하지만 주로 1980년대 중후반부터 1990년대 초반까지를 다룬다. 이 책은 제주 연구 활동을 정리한다는 목적 외에 또 다른 기획의 산물이기도 하다. 언제부터인가 나는 서로 다른 시기에 일어난 다양한 사회운동 사례로 한국 사회운동의 역사를 다시 읽고 쓰고 싶다고 생각하고 있다. 아마도 어거스트 윌슨(August Wilson)의 희곡을 영화화한 『마 레이니, 그녀가 블루스』(Ma Rainey's Black Bottom)를 볼 때가 아니었나 한다. 그가 남긴 『일곱 개의 기타』, 『펜스』 등의 작품을 읽지는 못했지만, 연대기의 방식으로 피츠버그와 흑인의 역사를 교차시키며 그 관계를 기술해 낸 윌슨의 방식에 끌렸다.

한 권의 책 안에 모든 사건을 집어넣어 기술하는 '통사(通史)'가 아니라 '연대기(年代記)'의 방식으로, 다양한 시대의 얼굴을 드러내는 한국 사회운동의 역사적 경험과 그 안에서 발전해 온 다른 민주주의에 관한 상상을 1~2년마다 문고판 분량의 책으로 발간하고 싶었다. 하지만 두 번째 책을 내는 데만 7년이 걸렸고 분량은 늘어만 났다. 아직 포기하지는 않았다. 나조차도 이해할 수 없는 말이지만 가끔은 삶이 멈추는 순간까지 내가 할 일이 있다는 사실에 감사하다. 노트북에는 많은 연구 폴더가 만들어져 있지만 다음 주제가 정해져 있지는 않다. 또 언제가 되어야 나올지도 모르겠다. 연구 폴더 가운데는 제주 제2공항 추진 반대운동에 관한 폴더도 있다. 바로는 못 하겠지만, 너무 많은 시간이 흐르기 전에 정리하고 싶다. 하지만 그 전에 운동이 승리하여 다른 선택이 이루어지기를 바란다. 만약 그런 일이 벌어진다면 그 대안 선택의 조건과 구현 과정을 분석하여 책을 쓰고 싶다. 이 책이 완성되면 내가 마음속으로 제주와 약속한 두 권의 책은 끝나게 된다. 약속을 지키고 싶다.

2023년 6월부터 한국연구재단 인문학술연구교수 A유형으로 선정되어 연구지원을 받게 되었다. 이 지원이 없었다면, 이 연구는 완성되지 못했을 수도 있다. 더 많은 연구자가 조금이라도 더 나은 환경에서 자신의 연구에 몰입할 수 있기를 바란다. 항상 옆에서 응원해 주고 함께 해주시는 제주 시민 이희준 선생님께도 인사 드린다. 보여주신 우정의 깊이에 보답하는 책이 되었기를 바랄 뿐이다. 도판 활용을 허락해 주신 강남규 선생님께는 다시 한번 인사를 드린다. 제주도청이 관리하는 탑동 사진을 학술연구에 이용할 수 있도록 노력해 주신 담당자분과 연세대학교 김대중도서관에도 감사를 드린다.

그리고 함께 인프라와 전환의 문제를 고민해 주셨던 정영신, 홍덕화 두 분 선생님과 관련 연구를 지원해 주셨던 구도완 선생님께도 깊은 감사의 인사를 드린다. 이 지원 덕분에 힘든 시간을 그나마 버틸 수 있었다. 이 책에서는 역량 부족으로 현대 사회운동의 인프라 정치를 본격적으로 다루지 못했지만, 다음 책은 이 주제에 초점을 맞추어 진행할 예정이다. 보여주신 따뜻한 마음에 응답이 될 수 있기를 바랄 뿐이다. 또한, 《모든이의 민주주의: 희우재》를 후원해 주시는 가족, 친구 그리고 동료 연구자에게도 우정의 인사를 전한다.

    2024년 2월부터 동네 한편에 《모든이의 민주주의: 희우재》라는 이름으로 개인 연구소 겸 인문사회과학 전문 서재를 운영하고 있다. 통창으로 되어 있는 서재 정면에 다음과 같은 말을 써 붙였다. "모든 책에는 저마다 고유한 운명이 있다." 책을 좋아하는 이들이라면 익숙한 잠언이다. 내 책도 그랬다. 책마다 사연이 있고, 때로 그 이야기는 나를 넘어, 나도 모르는 곳으로 퍼져 나간다. 이번 책도 쉽지 않았다. 기대하던 재정지원(funding)은 받지 못했고, 출판을 의뢰한 몇 곳에서 여러 사정으로 어렵다는 이야기를 들었다. 책의 의의와 노고를 인정해 주시는 따뜻한 말씀도 잊지 않으셨지만, 상황이 이렇다 보니, 이번 작업의 가치에 확신을 갖지 못해 한동안 힘든 시간을 보냈다. 2021년에 인연을 맺은 바 있는 진인진 출판사에 어렵게 부탁을 드렸다. 감사하게도 함께 작업을 하자는 말씀을 들었다. 다시 한번 깊이 감사드린다.

    나의 아내 김영란. 제주에서 아내가 함께 해준 4년이 이 책 안에 들어 있다. 다니던 직장까지 정리하고 먼 타지에서 긴 외로움의 시간을 홀로 견뎠을 아내를 생각하면 아직도 먹먹하다. 나의 모든 책에는 일상생활에서 소소하게 아내와 나누는 대화가 내 나름의 방식으로 녹아 있다. 또 다른 삶의 선택을 위해 오늘도 고민하다, 불안하고 두려운 마음을 뒤로 하고 잠든 아내에게, 언제나 어제보다 오늘 더 사랑했다고 말해주고 싶다. 김영란이 그를 사랑하는 이들 속에서 오랫동안 머물며, 아름답게 빛날 수 있기를 오늘도 기도한다.

2024년 구리 《모든이의 민주주의: 희우재》에서
장훈교

목차

책을 펴내며 ··· 3

제1장　들어가며: '탑동 문제' ·· 17
제2장　배경: 공유수면, 매립 그리고 연안의 재구성 ················ 45
제3장　접근 이론: 제주개발체제와 개척지 연안 그리고 인프라 ······· 67
제4장　한국 공유수면 매립의 원형구조: 식민통치와 공유수면 제도의 도입 ········ 91
제5장　1차 탑동 매립 이전:
　　　 한국 공유수면 매립 약사(略史)와 몇 가지 제주 사례 ····················· 107
제6장　제1차 탑동 공유수면 매립 ··· 127
제7장　탑동운동 발생의 맥락: 정치적 기회의 역사적 변화 ················ 143
제8장　2차 탑동 매립 계획과 면허, 동의 그리고 조작 의혹 ················ 157
제9장　탑동 운동의 발생: 공동자원체제 권리 인정과 연대 투쟁의 연계 ········ 167
제10장　탑동 개발이익 환수: 범도민운동과 공동자원체제 권리의 확장 투쟁 ··· 191
제11장　탑동운동의 탈동원화와 매립의 종료 그리고 운동의 성과 ················ 215
제12장　탑동 운동과 미완의 유산:
　　　　"주민주체개발" 권리의 주창과 제주개발체제와 통합 ······················· 227
제13장　합의 이후: 병문천 복개와 재난, 그리고 반복개 ······················· 241
제14장　개발체제의 변형과 공유수면 매립 양식의 변화 ··················· 257
제15장　2차 탑동 매립 이후(1): 도두동 매립사업과 공영개발
　　　　그리고 구조적 부동산 투기업자로서의 정부 ································ 277
제16장　2차 탑동 매립 이후(2): 이호 매립 사업과 제주개발체제의
　　　　교착상태 그리고 매립지의 방치 ·· 293
제17장　2차 탑동 매립 이후(3): 강정 해군기지와 공유수면 매립 ··············· 313
제18장　2차 탑동 매립 이후(4): 포락지와 해안도로 개발을 위한 소규모 매립 ··· 331

제19장	재해위험지구: 반복되는 재해와 탑동의 재규정	343
제20장	제3차 탑동 공유수면 매립 계획과 제주 신항만 프로젝트	355
제21장	갯녹음과 조간대: 제주 연안 상태의 급변과 재생 및 복원 시각의 도전	375
제22장	나가며: 탑동 문제의 역사적 변형과 탑동 운동 유산의 새로운 상속	395

참고문헌 ··· 415

제1장

들어가며: '탑동 문제'

> 과거는 결코 죽지 않는다.
> 심지어 과거는 아직 지나간 것도 아니다.
> 윌리엄 포크너(William Faulkner)

탑동은 원래 제주 시민이 '탑바리'라고 부르던 곳이었다. 또는 '탑알', '탑아래'라고도 했다. 제주역사를 연구해 온 강만익 선생에 의하면, 지금 탑동으로 불리는 지역은 "옛날에는 인가는 없고 대부분이 밭으로 되어 있었다. 무근성에서 청상과부가 많이 생기므로 살기가 비친 까닭이라 하여 이곳 좌우에 돌탑을 쌓고 해마다 제를 지냈다."³ '무근성'이란 제주읍성 이전에 있던 성을 말한다. 강만익 선생은 그 탑 아래쪽으로 마을이 형성되면서, 사람들이 '탑 아래쪽 마을'이란 뜻으로 탑알, 탑바리, 탑동 등으로 불렀다고 설명한다. 오성근 작가는 또 다른 설명을 들려준다. "제주항 서부두의 서쪽 해안 동네는 당초「탑아래」또는「탑알」이라 불려 오던 것이 한자시대로 오면서「탑동(塔洞)」이 되었다"라는 것이다.⁴ 여러 이름이 있었다지만, 지금은 '탑동'으로 굳어진 듯 하다. 외지

---

3 디지털제주문화대전. "탑동" 항목. (검색일: 2022년 12월 11일)
4 조선일보, 1989.11.16., "탑동 지키기"

인에겐 더욱 그렇다.

1. 탑동 해안과 먹돌

탑동을 방문해 본 이들이라면 알고 있겠지만, 그곳에 가면 '탑동'이란 단어가 들어 있는 건물명이나 상호를 자주 보게 된다. 하지만 '탑동'이란 이름의 기원에서 볼 수 있듯 '탑동'은 공식 행정 지명이 아니다. 행정구역상으로만 본다면 통상 제주시 삼도2동에 있는 북쪽 해안지역 일대를 가리킨다. 특정 마을을 가리키던 이름이었지만, 지금은 인근 해안지역 일대를 통칭하는 이름으로 더 많이 쓰인다. 탑동 토박이인 고봉수 선생의 글에 의하면 어릴 때는 이 탑동 앞바다를 그냥 '앞바당'이라고 불렀다고 한다. '바당'은 바다를 뜻하는 제주말이다. "그만큼 바다가 가까이 있었다"라는 뜻이다.[5]

제주특별자치도 공간 포털에 들어가면 1967년에 탑동을 촬영한 항공사진을 볼 수 있다. 그 사진을 보면 탑동 일대의 오른쪽으로 제주도에서 "서부 방파제"라고 부르는 긴 방파제가 있다. 제주항의 서쪽에 있는 방파제라 '서부' 방파제로 부른다. 이 방파제가 탑동 일대의 오른쪽 경계를 이룬다. 서부 방파제는 대대적인 산지항 확장 공사가 이루어졌던 1920년대에 그 원형이 만들어졌다고 알려져 있다. 산지항은 제주항의 옛 이름이다.

그 방파제 왼쪽으로 4백여 미터 정도의 일직선 해안이 펼쳐진다. 이 일대가 탑동 해안이다. 해안과 맞닿은 도로가 있는데, 이를 탑동해안로라고 부른다. 직선으로 이어지던 해변이 끝자락에 도달하면 왼쪽으로 호를 그리면서 제주 시내로 이어진다. 그 도로의 이름은 탑동로이다. 오른쪽 서부 방파제 말고도, 탑동 일대에는 자연 해안과 거주 및 상가 지역을 구분하는 낮은 방파제가 있다. 지금 있는 방파제의 원형은 1980년대 후반 연안 매립을 하면서 만들었

---

5   고봉수, 2021.10.29. "탑동 앞 먹돌새기 해안이 그대로 남아 있다면", 제주투데이

다. 하지만 그 이전에도 방파제가 있었다. 언제부터 탑동에 방파제가 있었는지는 자료를 찾지 못하였다. 다만, 바로 바다를 마주 닿은 지역이다 보니, 파도가 육지로 들이닥치는 일이 많았다는 말을 들었다. 이 말이 맞는다면, 아마도 매우 오래전부터 파도를 막기 위한 다양한 노력이 있지 않았을까 생각해 본다.

탑동 해안지역 일대는 지금은 '원도심'이라고 불리는 제주시의 오랜 중심지와 바로 연결되어 있다. 보통 원도심이라고 하면 삼도2동을 포함해 인접하는 일도1동, 건입동까지 포함한다. 바다가 바로 앞에 있어, 원도심 일대에서는 걸어서 바로 탑동 해안으로 나갈 수 있다. 시인 양전형은 2001년에 발표한 「탑동 민들레」라는 시에서 "갈 곳을 잃은 사람들은 탑동으로 가고/갈 곳을 찾은 사람들도 탑동으로 간다"라고 쓴 바 있다. 그가 담고자 하는 뜻을 모두 헤아릴 수는 없지만, 탑동이 제주 시민의 일상생활 속에 얼마나 깊이 자리 잡고 있는지 가늠할 수 있다.

1960년대에는 노점상이 탑동 방파제를 따라 해산물을 파는 좌판을 벌여 놓고 장사를 했다고 한다. "해녀들이 잡은 소라, 해삼, 전복 등을 그 자리에서 썰어서 파는 게 일이었다." 한라일보 기획보도에 따르면, "여름철에는 관광객과 도민들로 부두가 미어질 정도"로 당시에 대단한 인기였다고 한다.[6] 그때는 횟집이 많을 때가 아니어서 회를 먹으려면 탑동 서부두를 찾아야 했던 게 큰 이유였다. 또한 산책로로도 인기가 높았다. 바닷물이 빠지면서 몽돌 해안이 드넓게 펼쳐지는데 그 모습이 장관이었다. '원도심'이라는 표현에서 알 수 있듯이 이제는 개발 중심이 다른 지구로 이동하고, 어디를 가든 횟집을 찾을 수 있을 뿐만 아니라, 탑동 외에도 산책할 곳은 많아졌다. 그런데도 탑동을 여전히 찾는 이들이 많다. 도시와 해안이 바로 만나는 접경 지역이다 보니 다른 곳에서 접하기 힘든 풍경을 보여준다.

탑동에 대해 제주 시민이 남긴 예전 기록이나 이야기를 찾다 보면 가장 많이 나오는 내용 가운데 하나가, 바로 탑동 해안에 있던 '먹돌'이라고 불리던

---

6 한라일보, 2014.7.17., "골목, 그곳을 탐하다(11): 서부두"

돌을 둘러싼 친근한 경험이다. 지금은 찾아볼 수 없지만, 과거 탑동 해안가에는 제주 사람들이 '먹돌'이라고 부르는 검은 차돌이 깔려 있었다.[7] 제주에 있을 때 "아주 딴딴하고 광택이 나는 돌"을 '먹돌'이라고 부른다(장경욱·양순자·장정자 외, 2019: 241)라고 들었는데, 그 이유가 있다. 우리가 제주를 떠올리면 생각나는 현무암 등과는 달리 먹돌에는 공기 구멍도 없고, 눈으로는 광물 결정도 보이지 않으며, 굳기도 매우 단단하다. 따로 별칭이 붙은 이유다.

다른 곳에서는 보기 힘든 먹돌이 해안가 전체에 깔려 있었기 때문에 먹돌은 탑동 해안을 가리키는 또 다른 말이기도 했다. 탑동 연안에서 생계를 꾸려나가는 어촌계 해녀는 탑동 앞바다 공동어장을 '먹돌바다'로 부르기도 했고, 탑동을 찾는 시민은 해안을 '먹돌새기'라는 또 다른 이름으로 불렀다. 먹돌이 탑동 해안에서 차지하는 인문지리적 위치를 조금이나마 알 수 있는 예이다. 그래서인지 1980년대 초중반까지만 해도 탑동 해안을 다룬 많은 이들의 이야기 속에는 먹돌에 관한 이야기가 많다. 먹돌이 말 그대로 탑동 해안의 '명물'이었던 셈이다. 이-푸 투안은 『공간과 장소』라는 책 10장에서 "친밀한 장소 경험"이란 주제를 논한 바 있는데, 먹돌은 그 친밀한 장소 경험의 일부로 여전히 일부 제주인에게 남아 있다.

최근 흥미로운 먹돌 관련 연구가 언론에 소개된 바 있다. 일반적으로 "탑동 해안의 먹돌은 용암이 바다로 흘러들 때 차가운 바닷물과 만나 급격히 식으면서 생성된 암석으로 추정"했다고 한다.[8] 그런데 보도된 연구 결과에 따르면, 탑동 해안에 넓게 분포했던 그 먹돌을 분석해 보니 한라산 탐라계곡 최상류에 있던 용암과 같다고 확인됐다. 만약 이 기원설이 맞는다면, 먹돌은 바다가 아니라 산에서 만들어졌다는 이야기다. 한라산 해발고도 1,080~1,350m 구간에서 만들어져 하천을 따라 약 18km를 이동해 탑동 해안에 쌓였다. 그렇

---

[7] 제민일보, 2011.3.14. "매립지 피해 예방대책 표류 위기"

[8] 경향신문, 2021.9.14., "옛 제주 탑동 해안의 명물 '먹돌'...알고 보니 기원은 한라산 탐라계곡"

다면 탑동 연안 먹돌과 한라산이 하나인 셈이다.

　해안가의 먹돌은 우리가 지금 조간대(潮間帶)라고 부르는 해양 생물들에게 산란처와 피난처가 되는 매우 중요한 생태공간을 구성한다. 물이 들고 나면서 먹돌 위에, 혹은 먹돌 사이에서, 다양한 생명들이 자신의 터를 잡고 살아간다. 조간대에서는 물이 들고 나는 환경 변화가 일상적으로 이루어지기 때문에, 이 변화에 적응하는 다양한 생물군이 발견되는 특징이 있다. 이런 먹돌은 당연히 바다 생물만이 아니라 어촌계 해녀에게도 중요했다. 연안 생물에게 유용한 곳은 해녀에게도 이로운 곳이다. 해녀만이 아니다. 보통 제주 시민도 먹돌 사이에서 문어와 소라, 성게 등을 잡기도 했다. 고봉수 선생의 글을 다시 한 번 인용한다면, "물때를 맞춰 앞바당에 나가면 주전자 하나 가득 깅이(게), 보말(고동) 등을 가득 채우고 집으로 돌아왔다. 먹을 게 흡족하지 않을 때라 깅이나 보말은 좋은 간식거리가 되었다."[9]

　현재 라마다호텔이 위치한 곳에는 '원담'도 있었다고 한다. 원담은 해안가에 돌담을 동그랗게 쌓아 물이 들고 빠지는 걸 이용해 물고기를 잡는 장소

1970년대 초 탑동 바닷가에서 보말(고동)을 잡는 아이와 낚시꾼
출처: 제주도청 홈페이지

9　고봉수, 2021.10.29. "탑동 앞 먹돌새기 해안이 그대로 남아 있다면", 제주투데이

다. '원담' 혹은 '원'이라고 부른다. 당연히 먹돌로 만든다. 제주 바다를 소개하는 글을 읽다 보면 '원담'이 자주 등장한다. 김선희 작가는 원담을 다음과 같이 소개했다. "초가 마당에 사시사철 싱싱한 채소를 얻을 수 있는 텃밭인 '우영'이 있다면 해안마을 바닷가에는 언제라도 다양한 종류의 신선한 해산물을 얻을 수 있는 '원담'이 있다."(김선희, 2016: 16) 누군가의 기억에 의하면 탑동의 원담은 멸치어장으로 유명했다고 한다. "제주어로 '멜'이라 하는 멸치가 들면 온 동네 사람들이 양동이를 들고 멜을 건지러"(정신지, 2017: 54)가던 곳이었다. 제주에서는 바다를 '밭'이라고도 부르는데, 말 그대로 탑동 해안은 텃밭이었던 셈이다.

물론 탑동에 좋거나 친밀한 경험만 있는 건 아니다. 탑동은 바다에 가까이 있던 만큼 바다에게서 큰 피해를 입고는 했다. 무엇보다 바람이 심한 날이면 파도가 방파제를 넘는 현상 곧 '월파'(越波)가 일어났다. 방파제는 자연에서 안정적인 인간 생활공간을 분리하려는 인프라(infrastructure)로, 인간과 자연 사이에 경계를 형성하는 물질적 실천이라고 말할 수 있다. 하지만 자연은 때로 그 경계를 넘어 인공 공간을 교란한다. '월파'는 그 대표적 유형이었다. 자연에 의한 교란과 방파제 그리고 인간 생활의 관계는 탑동을 이해하는 데 매우 중요하다. 월파 탓에 탑동 인근은 반복적으로 침수(浸水)가 일어나는 지대였다. 탑동 인근에서 어린 시절을 보낸 제주 시민의 이야기에서 빠지지 않고 나오는 이야기 가운데 하나가 바로 이 침수 이야기이다. 어떤 책에 실린 1955년생 어른의 기억도 이를 보여준다(정신지, 2017: 19).

"매립 한참 전에도 그곳에 방파제가 있었습니다. 파도가 넘어오지 못하게 쌓은 방파제인데, 그래도 늘상 파도는 엄어왔었습니다. 그래서 갯것 마을 집에는 화단이나 텃밭 같은 건 없었죠. 짠물이 넘어와서 마당을 칩니다."

어른이 말씀하신 '갯것 마을'이란 바다를 낀 마을이란 뜻인데, 탑동을 가리키는 말이었다고 한다. 당연히 인명이나 재산 피해도 컸다. 어떤 의미에서 본다면 탑동의 역사는 바로 이 월파와 침수에 대한 이야기이기도 하다. 1979년 1월 30일 조선일보에는 해일이 일어 탑동에 있던 집 등 가옥 12동이 전파되고, 32동이 반파, 79동이 침수됐다는 기사가 실렸다. 또한 파도를 피해 집 밖으로 나오던 주민이 머리와 다리 등에 상처를 입고 시내 병원에 입원해 치료받고 있다는 내용도 있다.[10] 한번 해일이 일어나면 얼마나 큰 피해가 탑동에서 발생하는지 알 수 있다. 이때 먹돌이 중요하다. 먹돌은 해안으로 밀려드는 파도 에너지를 분산시켜 한 곳에 집중되지 않도록 했다. 먹돌은 이런 점에서 탑동의 안전에 도움이 된 또 다른 '자연 인프라'였다.

하지만 이 먹돌 해안은 더 이상 존재하지 않는다. 탑동의 명물로 불리던 먹돌은 1980년대 후반 탑동 해안 매립이 진행되면서 역사 속으로 사라졌다. 탑동 먹돌의 일부는 그 매립지를 메꾸는 돌로 쓰였다. 자연 해안은 없어지고 대신 콘크리트로 만든 경직된 인공 해안이 만들어졌다. 지금 탑동의 방파제는 반복해서 수리되기는 했지만, 그 원형은 이 매립 때 만들어졌다. 탑동을 홍보하는 많은 누리집은 먹돌 대신 이제 탑동 광장을 탑동의 대표적인 명소로 홍보한다. 탑동 광장은 1980년대 후반에 이루어진 탑동 공유수면 매립지 위에 만들어진 광장이다.

여전히 여름날이면 많은 관광객과 제주 시민이 바로 이 광장을 찾는다. 광장과 연결된 서부방파제부터는 음식 관광 거리가 형성되어 있어, 맘에 드는 횟집을 찾아 어디서든 맛있는 회를 먹을 수 있다. 명소라고 부르는 이유다. 일부는 광장 이전의 탑동을 기억하고 있을지도 모른다. 하지만 많은 이들에게 탑동은 지금 눈에 보이는 그대로만 기억된다. 어떤 장소의 변화를 단 하나의 사건으로 환원하는 건 불가능할지도 모른다. 그런데도 탑동의 역사에서 단 하나의 사건을 골라야 한다면, 탑동 바닷가를 물리적으로 변형시킨 공유수면(公有水面) 매립이 그 사건일지도 모른다.

---

10 조선일보, 1979.01.30., "집 123동 완파-침수"

2. 탑동 매립: 1차, 2차 그리고 진행 중인 3차

제주 탑동 연안에는 두 번에 걸쳐 공유수면 매립이 있었다. 한 번은 1970년대 후반에 시작해 1980년에 끝났고, 또 한 번은 1988년에 시작해 1991년에 끝났다. 연이은 두 차례의 매립으로 탑동은 과거와 많이 바뀌었다. 무엇보다 탑동 해안이 인공화되어 단순해졌다. 지금은 이 인공 해안선을 따라 해안 산책로와 도로가 만들어져 있고, 주변에는 탑동 광장도 생겼다. 또한 그 매립지 위로 관광호텔과 대형 상점 등이 들어서 있다. 매립 과정에서 없어진 건 먹돌만이 아니다. '탑동'이란 이름의 출발이었던, 두 개가 있었다고 전해지는 '탑'도 이 두 번의 매립 과정에서 없어졌다.

당시 자료를 찾아보면 제주시의 원도심이 발전하면서 발생한 교통혼잡으로 도로 건설과 주차장 확보 등이 필요해 매립을 추진했다는 기록이 있다. 도심 성장에 따른 교통 인프라 확충 압박은 분명 존재했던 것 같다. 하지만 두 번이나 탑동 연안에서 매립이 이루어진 가장 큰 이유는 연안 개발로 이익을 얻겠다는 경제적인 이유였다. 1970년대 후반 1차 매립은 임해관광단지를 조성한다는 계획에 따라 진행되었고, 1980년대 후반 2차 매립도 유사하게 매립지를 팔아 이익을 얻겠다는 의도로 진행되었기 때문이다. 이런 관점에서 보면 제주의 내적 필요에 응답하는 교통 인프라 확충은 그 부수적 계획일 뿐이다. 오히려 매립지를 판매하고자 교통 인프라를 확충한다는 게 더 현실에 가까울지 모른다.

제주시에서 연안 매립이 약 10년 사이에 두 번이나 탑동에서 이루어진 이유는 근본적으로 탑동의 지리경제학적 위상 때문이었다. 누구나 자유롭고 편하게 도심 인근에서 바로 바다와 만날 수 있는 접경지역이라는 위상이 역으로 탑동 매립을 추진하게 된 가장 강력한 배경이었다. "관광의 시선"(어리, 라슨, 2021)으로 장소 판매를 구상하는 정치인, 관료와 자본의 측면에서 볼 때, 탑동 연안은 개발의 최적 입지 가운데 하나였다. 연안 개발 압력을 받는 장소가 탑동만은 아니다. 하지만, 반복적인 추가 매립이 있었다는 점은 탑동을 둘러싼

탑동 해안 산책로(2018년 3월 24일)
하지만 이 모습은 이제 없다.

그 연안 개발 압력의 강도가 얼마나 큰지를 알 수 있게 해준다.

1차 매립 이후만 해도 연안에 먹돌이 남아 있었다. 하지만 2차 매립과 함께 먹돌도 함께 묻혀 버렸다.[11] 당시 잠수회가 먹돌을 매립 지역 외부로 옮겨 달라는 부탁을 하기도 했지만, 시공업체는 들어주지 않았다. 2차 매립 이후 오랜 시간이 지나 KBS가 2012년 11월에 "제주 먹돌의 경고"라는 환경 다큐멘터리를 방영한 적이 있었다. 탑동 매립 관련 자료를 조사하던 중에 알게 된 이 다큐멘터리를 검토하다가, 2차 매립 과정에서 묻혀 버린 먹돌 중 하나가 제주자연사박물관에 전시되어 있다는 내용을 접했다. 반가운 마음으로 2018년 봄에 직접 제주자연사박물관을 방문했다. 하지만 찾을 수 없었다. 아마도 그 6년 사이에 전시 목록이 변경되었던 듯하다.

집으로 돌아와 다시 다큐멘터리를 보았다. 비록 영상 기록이기는 하지만, 박물관에는 이렇게 전시되어 있었다. "먹돌: 현무암 자갈". 매립 개발로 원래 있던 탑동 해안에서는 없어진 먹돌이 제주 "자연사"의 일부로 박물관에 소장된 것이다. 이때 먹돌은 더 이상 "탑동"의 먹돌이 아니었다. 단지 "현무암 자갈"

---

11 연합뉴스, 2012.11.13., "KBS 환경스페셜 '제주 먹돌의 경고'"

로만 기록되었다. 탑동 먹돌이 이렇게 자연 박물(博物)로 변형되는 과정은 제주 개발이 자연을 파괴하는 동시에 보존하는 어떤 역설을 상징적으로 보여주는지도 모른다.

탑동 먹돌과 엮여 있는 제주 개발의 역사는 흥미롭다. 그 가운데 1970년대 후반에 찍은 사진 한 장이 흥미롭다. '제주 그림책미술관 시민모임'이 만든 『무근성, 그 오래된 미래』라는 책에는 "탑아래 먹돌 운반"이란 사진이 실려 있다. 관련 설명은 이렇다. "탑동 1차 매립을 앞두고 동원된 학생들이 사라봉 모충사를 짓기 위한 건축 자재인 돌을 줄지어 옮기고 있다." 사라봉은 탑동 바로 옆에 있는 봉우리이고, 모충사는 그곳 남쪽 기슭에 자리를 잡은 사당이다. 탑동 먹돌을 그 사당을 만드는 데 필요한 건축자재로 이용하고, 게다가 학생들을 동원해 운반했다. 당시 탑동 '먹돌'은 질이 좋기로 유명했다고 한다. 고봉수 선생은 이를 두고 이렇게 말했다. "지금은 상상도 할 수 없는 일이지만 그때는 그랬다. [...] 70년대 후반에도 개발이라는 명목하에 소중한 제주의 가치는 그

2019년 탑동 연안에서 진행되던 방파제 공사(2019년 12월 24일)
제주 시민사회는 이 방파제 공사가 탑동 3차 매립의 시작이라고 보고 있다.

렇게 사라졌던 것이다."[12]

그런데 탑동 연안의 매립 역사는 두 번으로 끝나지 않았다. 또 다른 추가 매립 시도가 진행되었기 때문이다. 2012년 제주도정은 국토부에 새로운 항만 계획을 수립할 때 제주항 확장 공사를 포함해달라고 요구한다. 그런데 이 공사는 제주항만의 공사가 아니었다. 탑동 연안의 해일 피해를 근본적으로 해결하고 민간 자본을 유치해 해양 관광 시설을 탑동에 도입한다는 명분으로, 탑동 앞바다를 추가 매립하는 계획이 제주항 확장 공사 안에 포함됐다.[13] 제주도정은 제주항 확장을 계기로 탑동 앞바다에 유람선과 요트가 이용하는 항만과 계류장을 만들고 싶어 했다. 하지만 당시 국토해양부는 제주도정의 계획이 경제적 타당성이 낮다는 이유로 받아들이지 않았다.[14]

제주도정은 이 구상을 포기하지 않았다. 제주도정은 2015년 이후 「제주 신항 기본계획」이란 이름으로 탑동 매립 내용을 포함하여 다시 추진했다. 결국 이 계획은 문재인 정부 시절인 2019년 확정되었다. 문재인 대통령은 2017년 대선 당시 제주 신항 개발사업을 제주지역 주요 공약에 포함했다. 나는 2021년 여름 제주를 떠나 지금 사는 구리로 올라왔다. 마지막으로 탑동 앞바다를 보고 싶어 탑동을 찾았다. 2021년 여름, 제주 탑동 앞바다에는 이미 제주 신항 예비 공사가 진행 중이었다. 제주 환경단체를 비롯한 제주 시민사회에서는 제주 신항만 건설이라는 이름으로 추진되는 탑동 추가 매립을, 과거에 있었던 두 번의 매립과 구분하여 '3차 매립'이라고 부르며 비판하고 있다. 3차 매립으로 탑동 연안은 지난 두 번의 매립과는 또 다른 모습으로 변형되고 있다.

---

12 고봉수, 2021.10.29., "탑동 앞 먹돌새기 해안이 그대로 남아 있다면", 제주투데이
13 한겨레, 2012.06.28., "탑동 앞바다 3배 늘려 매립 추진 논란"
14 동아일보, 2013.01.08., "제주 탑동 앞바다 추가 매립 없던 일로"

3. 탑동 공유수면 매립 반대 운동

3차 탑동 연안 매립계획이 공개된 2012년 이후부터 제주 시민사회는 추가 매립에 강력하게 문제를 제기하고 있다. 돌아보면 이런 문제 제기에는 역사가 있다. 게다가 어떤 의미에서는 민주화 이후 제주 시민사회의 역사적 형성 과정 자체가 탑동 공유수면 매립 문제와 밀접하게 연관되어 있다. 1970년대 첫 번째로 탑동을 메울 때는 조직적인 저항이 보고되지 않았다. 오히려 일부 운동단체에서는 1차 매립의 경우 비교적 성공적인 매립이었다고 평가하기까지 했다. 하지만 1980년대 후반에 이루어진 두 번째 매립 때는 달랐다. 2차 매립에 반대하여 1988년부터 1991년까지 강력한 매립 반대 운동이 전개됐다.

제주 시민사회와 학계에서는 일반적으로 이 운동을 1960년대 이후 추진된 국가 주도 제주개발계획에 맞서는 본격적 저항과 비판의 출발점으로 보고 있다. 1987년 열린 민주화 직후의 정치 공간 속에서 전개된 이 운동은 무엇보다 그동안 제주 개발 과정에 배제되거나 침묵하고 있던 탑동 연안 공동체의 주민들 곧 잠수회와 노인회, 횟집 사업자 등의 저항과 함께 시작되었다. 또한, 이때 단지 탑동뿐만 아니라 다양한 장소에서 유사한 문제로 고통을 받던 제주 인민이 주민의 시각에서 집단적 항의 활동을 전개했다. 탑동은 그 여러 장소 가운데 하나였지만, 그 모든 장소를 연결하고 상징하는 장소이기도 했다. 주민이 직접 운동의 주체로 등장한 것은 제주에서 4·3 이후 거의 최초의 일이었다. 탑동 운동을 가장 먼저 기록한 연구자이기도 한 조성윤 선생은 또한 "제주도가 관광을 중심으로 개발되기 시작한 이래 가장 처음으로 그리고 본격적으로 전개된 주민운동"(조성윤, 1992)이라고 썼다. 이런 점에서 탑동 운동은 4·3 이후 정치적으로 탈동원화되었던 주민이 다시 능동화되는 역사적 사건으로 평가받기도 한다(정영신, 2021).

주민 투쟁에 당시 여전히 강한 조직과 동원력을 보유하고 있던 제주 민중운동과 재야 진영이 결합했고, 제주의 대학생과 당대 지역 지식사회를 대표하던 교수들도 탑동 운동에 직간접적으로 관여했다. 이 과정에서 탑동 매립은

"매립 과정에서의 불법성과 특혜 의혹, 당시 2,000억 원대를 웃돌 것으로 추산되는 개발이익의 지역 환원 문제 등으로 80년대 후반 제주 사회의 최대 이슈로 부각"[15]됐다. 제주 언론에서 탑동 운동을 수식하는 말로 자주 등장하는 "제주를 뒤흔든"이란 말은 이런 맥락에서 나왔다.[16] 탑동 운동의 직접적인 동력은 다양한 사건이 전개되면서 탈동원화되어가지만, 이 운동은 1991년 전개된 거대한 사회운동인 '제주도 개발특별법 제정 반대 운동'으로 이어져 현재까지 제주를 규정하는 중요한 역사적 토대를 형성했다.

제주도 개발특별법은 제주 개발을 규정하는 최상위 규칙을 법령으로 정비하려는 시도였다. 이에 맞서 제주 운동사회와 시민 그리고 주민은 특별법 제정에 반대하는 최대다수연합을 형성하는 방식으로 대응하였다. 그리고 부분적으로 성공한다. 제주대 교수로 일하였던 이상철 선생은 제주를 언급하면서 "전도민이 관심을 갖고 전체의 개발방향에 관한 반성과 논의가 활발한 거의 유일한 지역"(이상철, 1995: 72)이라고 한 바 있는데, 그 현대적 출발점이 바로 제주도 개발특별법 제정 반대 운동이라고 말할 수 있을지도 모른다.

이 토대 위에서 과거의 사회변혁운동과는 다른 유형의 운동, 대표적으로 본다면 환경운동이나 자치운동 등이 제주에서 출현하여 제도화되는데, 이 운동단체들이 현재까지도 제주 시민사회운동의 중심 세력을 형성하면서 다양한 유형의 제주 개발 프로젝트에 항의하고 있다. 이런 점에서 탑동 운동은 제주 반(反)개발동맹의 출발점이자, 제주 시민사회의 다른 말이기도 한 '도민사회'가 형성 발전하는 역사적 출발점이라고 할 수 있다. 제주 도민사회의 역사적 형성 과정과 탑동 운동이 내적으로 상호 연관되어 있다는 말은 바로 이런 뜻이다.

더구나 지역 사회운동사의 관점에서 본다면, 탑동 운동은 이전과 같은 방식으로 제주 개발을 추진할 수 없다는 점을 보여주는 사건이었다. 탑동 운

---

15 제주신보, 2005.1.1., "제주의 역사와 함께한 60년"
16 한라일보, 2018.4.26., "탑동 매립사업"

동은 개발이 최소한 주민의 동의를 확보해야 하며, 개발로 창출된 이익은 다시 사회로 환원되어야 한다는 원칙을 주장했다. 더 나아가 미완이기는 했지만, 개발 그 자체가 누구를 위한 개발인가를 물으며 제주와 개발의 관계에 근본적 질문을 던지기도 했다. 이런 점에서 탑동 운동은 기존 제주개발체제의 구성적 한계를 보여주는 사건이자, 그 이후로 나아가기 위한 운동이었다. 탑동 운동의 도전 이후 제주개발체제는 아래의 요구를 부분적으로 통합하는 경로로 진입한다. 1960년대 이후 형성된 제주개발체제의 제한된 헤게모니(limited hegemony)가 탑동 운동 이후 일정하게 확장(expanded hegemony)된다.[17]

나를 포함하여 많은 이들이 당시 매립 반대 운동을 통칭하여 일반적으로 '탑동 운동'이라고 부르고는 있지만, 이 운동을 기록하는 이름은 하나가 아니다. 제주 주민운동을 기록하고 연구해 온 조성윤(1992)은 "탑동 개발 반대 운동"이라고 부른 바 있고, 일부 언론에선 "탑동 (불법) 매립 반대 투쟁"[18]이라고 기록한다. 한국민주주의연구소(2006: 26)가 발행한 『지역민주화운동사 편찬을 위한 기초조사 최종보고서』에서는 "탑동 공유수면 매립 반대 운동"으로 부르기도 하고, "탑동불법매립 반대 및 이익환수 투쟁"으로도 기록하고 있다. 이와 유사하게 제주 민주화운동 사료연구소(2016: 7)는 사료 자료집에서 "탑동 불법매립 반대 및 개발이익 환수운동"으로 규정했다. 각각의 이름은 모두 탑동 운동이 제기한 다양한 요구와 그 운동의 성격을 표현하고 있다는 점에서 일정한 가족 유사성(family resemblance) 관계에 있다. 불법 매립 반대와 개발이익 환수는 탑동 운동에서 실제로 제기된 두 요구였고, 공유수면은 운동과 개발체제

---

17 "제한된 헤게모니"(limited hegemony)와 대비되는 개념으로 "확장된 헤게모니"에 관한 일반적이고 간략한 설명은 스티브 존스(2022: 96-98)를 참조하자. 일반적으로 이 개념은 헤게모니가 종속집단을 통합하는 방식과 그 강도를 비교할 때 쓰인다. 하지만 정적으로 두 상태를 비교하는 개념이 아니라 제한된 상태에서 확장된 상태로 나아가는 동적 개념으로도 이해할 수 있다.

18 제주의소리, 2018.5.11., "빽도 돈도 없는 서민 편, 도민이 주인되는 개발"

의 상호작용이 이루어지던 구체적인 자연-제도 공간이었다. 개발 반대는 구호이기도 했지만, 무엇보다 탑동 운동 전체를 관통하는 어떤 에토스(ethos) 곧 운동의 정신이나 집단정서를 반영한 신념이었다.

사회운동에 이름을 지어 붙이는 명명(命名) 과정을 그 자체로 또 하나의 사회적 구성 과정이라고 본다면, 이름 하나하나는 그 의도와 무관하게 운동을 바라보는 어떤 시선(視線)을 나타낸다. 모든 운동은 이질적인 다양한 요구와 실천, 사고와 감정, 때로는 이론이 혼재된 상태로 존재한다. 이를 단 하나의 이름으로 포괄할 수 없다고 할 때, 이름의 명명은 필연적으로 선택의 과정일 수밖에 없기 때문이다. 이렇게 볼 때 탑동 운동에 붙여진 이름은 그 운동의 구조와 속성에 접근하는 방법이자 해석하는 시선이다. 동시에 탑동 운동이 당시에 도전하거나 해결하고자 노력하였던 쟁점을 둘러싼 나름의 담론적 결정이기도 하다. 이런 점에서 모든 명명은 구성적 외부(constitutive outside)를 갖는다.

이런 한계를 인정하면서 본 연구는 탑동 운동을 "탑동 공유수면 매립 반대 운동"이라고 호명한다. 다양한 이름 가운데 이 이름을 선택한 이유는 운동의 역사적 전개 과정이나 운동이 대결했던 과제를 이해할 때, '공유수면'이라는 자연-제도 조건을 드러내면 더욱 분명해진다고 판단했기 때문이다. 탑동은 도시와 바다가 만나는 접경 지역이자 자연과 사회가 만나는 연안 지대이다. 연안은 국가의 법으로 공유수면으로 규정되며, 관련 법과 특정 제도 속에서 관리된다. 탑동 매립은 국가 없는 공간에서 이루어진 것이 아니라, 일본의 식민지 지배 시절부터 형성된 공유수면이라는 독특한 유형의 자연 관리 제도 위에서 이루어진 운동이었다.

"불법 매립 반대"나 "개발이익 환수"라는 요구가 가능한 이유도 바로 그 탑동이 연안 공동체의 어업권과 영업권을 보장해야 할 뿐만 아니라, 공공의 이익에 부합하도록 관리되어야 하는 공유수면의 공식적 관리 규범 때문이었다. 이런 의미에서 탑동 운동은 현실과 어긋나 있는 공유수면 관리를 그 제도 규범과 일치시키려는 운동적 속성을 보여주기도 한다. 이런 점에서 탑동 운동과 제주개발체제의 상호작용은 기본적으로 공유수면이라는 자연-제도를 둘러싼 투쟁의 형태로 나타났다고 할 수 있다. 따라서 공유수면을 통해 탑동 운동을 규정하게 되면, 우리는 운동의 발생과 전개 그리고 결과에 큰 영향을 미치는 제도를 운동 분석에 통합할 수 있게 된다. 탑동 운동을 "탑동 공유수면 매립 반대 운동"으로 호명한 이유가 바로 여기에 있다.

공유수면은 동시에 탑동 운동이 직면하였던 갈등과 모순의 구조를 공유수면의 관점에서 기존과는 다른 시선으로 구성한다. 연안은 비어 있는 공간이 아니다. 또한, 인간과 분리된 자연만의 공간도 아니다. 다양한 인간 활동이 이루어지는 '장소'이기 때문이다. 공유수면은 연안 공동체와 전체 동료 시민이 특정한 조건을 충족한다면, 바다와 바닷가를 그들이 공동으로 이용하도록 보장하는 기반 제도이다. 공유수면 제도 안에서 연안은 제주 시민에게 공동자원체제(commons)로 존속해 왔다. '공동자원체제'란 복수의 개인들이 공동의 필요를 충족하고자 공동으로 관리하는 자원과 규칙 및 실천, 그리고 이를 뒷받침하는 다중심적 제도와 사회적 인정의 결합체를 의미한다(장훈교, 2022). 공유수면은 공식 법과 제도 안으로 관습적으로 실재해 온 연안 공동체의 공동자원체제를 통합하였고, 이를 공공의 이익에 따라 공유수면을 관리해야 한다는 공적-공동자원체제의 규범과 조정한다. 공동체 공동자원체제가 연안 공동체 삶의 수단이었던 공동어장 등의 형태로 역사화되었다면, 공적-공동자원체제로서의 공유수면은 흐르는 열린 수면이라면 누구나 이용할 수 있어야 한다는 오래된 규범이 근대 국가의 형성과 함께 제도화된 것이다.[19]

그런데 제주개발체제는 연안을 폭넓은 의미에서 개발에 언제나 동원될 수 있는 '개척지'(frontier)로 변형하고자 공유수면을 매립 제도로 활용하였다. 제주개발체제에서 연안은 매립으로 지대차익을 누려온 잠재적 부동산이자, 자본을 축적하거나 새로운 성장 동력을 확보하는 데 필요한 대지로 다시 개척되어야 하는 개발의 영역이었다. 곧 공유수면은 관리보다는 매립 우위의 관점

---

19 공동체 공동자원체제와 공적-공동자원체제의 구분 필요성과 접근 방식에 관한 시론으로는 장훈교(2022: 532-538)를 참조하자.

에서 이해되고 접근되었다.

제주 연안 공동체와 시민의 공동자원체제가 언제나 이런 연안 개발에 반대하는 진지(陣地)가 되지는 않았다. 때로는 연안 공동체가 주도적으로 공동자원체제인 공동어장이나 연안 환경을 파괴하면서 잠재적 부동산 수익을 현실화하는 경로를 선택하기 때문이다. 그런데도 공동자원체제로서의 연안과 잠재적 부동산인 '개척지' 사이에는 균열이 있다. 공동자원체제는 공동의 필요를 충족하는 자원체계 그 자체의 존속을 통해서만 지속적인 이용이 보장되기 때문이다. 곧 자본의 필요와는 구분되는 이용의 필요가 공동자원체제 구조 안에 있다. 탑동 운동은 바로 이 균열 속에서 발생한 운동이었다. 교환가치와 사용가치의 대립이라고 말해도 좋은 이 균열에 대응하여, 탑동 운동은 비록 불완전하다고는 하더라도 기존과는 다른 유형의 관리 방안을 제시하였다. 공유수면은 이 두 필요가 대립하는 공간이자 다른 대안의 생산을 모색하는 걸 도운 공간이었다.

사회운동을 문화의 관점에서 접근하는 연구자들은 "장소가 역사의 특히 강력한 전달자"(재스퍼, 2016: 198)가 되기도 한다는 점에 주목해 왔다. 공간 개념과 비교해 본다면 장소에는 인간의 역사적 경험이 결합하여 있어, 장소 그 자체가 특정 조건과 만나면 그 장소와 관계된 해당 사회의 집합적 기억이 반복적으로 호명된다. 제주에서 '탑동'은 바로 그런 장소 가운데 하나였다. 다른 장소가 아니라 바로 탑동에서 2010년대를 거치면서 다시 추가 공유수면 매립 논의와 계획이 등장하고 마침내 3차 매립으로 현실화하자, 바로 그 탑동 장소 그 자체가 강력한 역사의 전달자 역할을 하고 있다. 탑동 3차 매립 논란이 발생하자 제주 시민사회는 곧바로 2차 탑동 매립을 거론하며 탑동이라는 장소에 각인된 역사를 항의와 비판의 근거로 활용했다.[20] 탑동 저항의 역사적 경험이 반복될 수 있다는 경고를 장소의 이름으로 보낸 것이다.

---

20   제주환경일보, 2019.8.1., "제주신항은 30년 전 실패한 탑동 매립 전철 다시 밟는 것"

4. "탑동 문제"의 재문제화

2차 매립에 맞서 일어났던 탑동 운동은 이미 삼십여 년 전에 종료되어 역사화되었다. 하지만 제주 시민사회가 과거 탑동 운동의 기억을 반복해서 호명하면서 현재 탑동에서 진행되는 또 다른 매립을 비판하는 상황에서 알 수 있듯이, 탑동 운동이 직면했던 대상 혹은 그 구조는 여전히 남아 다시 힘을 발휘하고 있다. 당시 탑동 운동에는 자신이 직면한 이 대상 및 구조 혹은 운동과 관련된 일과 상황을 가리키던 이름이 있었다. 바로 "탑동 문제"였다. 당시 운동단체들의 이름이나 성명서에는 "탑동 문제"라는 표현이 반복적으로 등장한다. 몇 가지 예만 들어본다면, 1989년 6월 13일 도지사 주도로 도내 29개 단체가 참여하는 '탑동문제협의회'가 구성된다. 그리고 1989년 11월 11일에는 제주대 교수 82명이 제주대에서 「탑동 개발 문제의 정당한 해결을 위한 제안」이란 성명을 발표한다. 또한, 탑동 운동의 전개 과정에서 운동을 범도민적 수준으로 상승시키는 동시에 여러 단체의 조정을 위해 1989년 11월 19일에는 '탑동문제해결범도민회'라는 조직이 결성되기도 한다. "탑동 문제"라는 표현이 발견되는 자료는 이외에도 많다. 확인된 목록 가운데 "탑동 문제"가 제목에 들어간 자료만 제시해도 다음의 표와 같다.

    성명서나 유인물 등 자료에서는 때로 '탑동 개발 문제' 혹은 '탑동 매립 문제' 등과 같은 표현이 등장하기도 한다. 하지만, 1989년 후반기 이후에는 '탑동 문제'가 관련 상황을 가리키는 일반적인 용례로 자리를 잡아가는 모양새다. 특히, 1989년 6월 13일에 만들어진 탑동문제협의회는 '탑동 문제'를 조직 명칭에 넣었는데, 이 단체의 구성이 '탑동 문제'라는 표현을 공식화하는 계기가 되었던 것으로 보인다. 이후 많은 단체에서 '탑동 문제'라는 표현이 등장하기 때문이다. 1989년 11월 19일에 만들어진 탑동문제해결범도민회는 관 주도로 구성된 탑동문제협의회를 비판하며 등장한 조직임에도 '탑동 문제'라는 같은 표현을 사용했다. 이는 '탑동 문제'라는 표현이 매립 현안에 관한 입장을 떠나 다수의 제주 시민사회에서 수용되는 표현이었다고 짐작할 근거가 된다.

순서	날짜	제목	단체	자료 유형
1	1989.10.14	이군보씨는 과연 제주도 지사인가? 탑동문제와 관련한 우리의 의구심	탑동불법개발이익환수 투쟁도민대책위원회	성명서
2	1989.11.11	탑동 개발 문제의 정당한 해결을 위한 제안	제주대학교 교수 82명	성명서
3	1989.12.2	탑동문제의 종결을 위하여	탑동문제 해결 범도민회	성명서
4	1989.12.15	탑동 문제 종결의 원칙	제주청년연합	유인물
5	1990.2.26	탑동문제에 대한 우리의 견해	제주시사회문제협의회	성명서
6	1990.2.26	탑동 문제는 탑동 땅에서 해결되어야 한다	제주지역 한겨레신문 지국협의회	성명서
7	1990.5.17	탑동문제에 대한 우리의 입장	탑동문제해결범도민회	성명서
8	1990.6.30	탑동문제에 대한 제주도민의 당면과제	탑동문제해결범도민회	성명서
9	1990.8.1	탑동문제에 관한 보고서	제주청년연합	기관지

  탑동 운동의 시작이 1988년 3월부터 전개된 잠수회원들의 농성이라고 볼 때, '탑동 문제'라는 표현이 공식화된 건 약 1년 3개월 뒤였다. 연안 공동체의 저항이 일회적인 하나의 사건으로 끝나지 않고, 제주대학교 대학 사회를 필두(筆頭)로 점차 운동사회 전체의 쟁점으로 전이되자, 이의 해결을 위한 다양한 실천이 응집되면서 나타난 언어였다. 하지만 "탑동 문제"라는 용어가 당시 운동이 직면한 어떤 문제를 정식화하려고 일부러 고안해 낸 용어라고 말하기는 힘들다. "탑동 문제"는 당시 맥락에서 특별한 정의가 불필요한, 상식적으로 이해되는 문제였을 것이며, 굳이 말하자면 제주 사회의 뜨거운 정치 사회 쟁점으로 부상한 탑동 매립과 연계된 여러 문제를 총칭하는 용어에 가까웠다고 말할 수 있을지 모른다.

  하지만 그들의 의도와 무관하게 "탑동 문제"라고 부르며 해당 문제에 이름을 부여하는 순간 이는 당시 진행되고 있던 어떤 지배적인 방식과는 다른 방식으로 탑동 공유수면 매립을 둘러싼 문제가 다루어져야 한다는 집합적 의지가 투영되었다고 말할 수 있다(오페, 1993: 78 참조). '문제'라는 표현 자체가 이미 탑동 상황이 어떤 공식적인 해석이나 당대의 지배적인 예측이나 기대대로 작동하지 않았다는 걸 의미한다(버거, 2023: 61). 운동은 이 틀어짐을 문제화 했다.

'문제'는 그 문제를 호명하는 이들이 어떤 체계에 속해 있느냐에 따라 다양하게 해석될 수 있다. 경찰이 '문제'라고 부르는 일과 부동산투기조직이 '문제'라고 말하는 상황은 다르다. 경찰에서 문제라고 부르지만, 부동산투기조직에서는 정상일 수도 있다. 경찰과 부동산투기조직은 이런 점에서 '문제'를 자신들의 체계, 가치, 행동양식 등으로 판단한다(버거, 2023: 62-63). 탑동 운동이 자신이 마주한 어떤 상황, 대상, 관계, 갈등을 문제로 선택하고 규정할 때, 따라서 그 '문제'는 탑동 매립을 추진해 온 정부, 제주도와 제주시 혹은 부동산업자, 건설업자의 '문제'와는 다른 '문제'일 수 있다. 사회학 개념을 이용한다면 준거틀에 따라 문제는 다르기 때문이다.

분명 '탑동 문제'라고 호명되기 이전에도 탑동 상황, 운동과 관계된 여러 요소는 존재했다. 하지만 사회운동 연구자의 관점에서 말하자면, "쟁점들이 사회운동을 만드는 것이 아니라 사회운동이 쟁점을 만든다."(라킨, 포스, 1991: 267) 사회운동을 형성하는 역사적 요소들은 이미 주어져 있지만, 그 요소들을 다시 해석하여 하나의 문제로 만드는 힘은 운동의 문제화 그 자체라고 볼 수 있기 때문이다. 다니엘 포스(Daniel A. Foss)와 랠프 라킨(Ralph Larkin)은 『혁명을 넘어서』(Beyond Revolution)에서 이런 과정을 '사회 현실의 재해석'이란 관점에서 접근한 바 있다. 이들은 사회 갈등이 심화하면, 기존 사회구조와 행위를 다루던 관례적 해석이 문제시되면서, 그와는 다른 방식으로 현실을 재해석하여 자신의 운동에 의미를 부여하는 과정이 운동 과정에서 발생한다고 본다(라킨, 포스, 1991: 134). 이런 관점에서 볼 때 "탑동 문제"를 만든 힘은 탑동 운동이다.

어떤 대상을 '문제'라고 규정할 때는 여러 의미가 그 안에 들어 있을 수 있다. 국어사전을 펼쳐 보면 문제(問題)는 ① 해답을 요구하는 물음 ② 논쟁, 논의, 연구 따위의 대상이 되는 것 ③ 해결하기 어렵거나 난처한 대상 등을 가리킬 때 쓰인다고 한다. 이를 참조하면 '탑동문제협의회'나 '탑동문제해결범도민회'의 이름에 "문제 해결"이란 단어가 있는 것에서 알 수 있듯이, "탑동 문제"는 무엇보다 '해결'의 차원에서 정의되었다고 볼 수 있다. 곧 해결되지 않고 있는 대상이라는 의미였다. 하지만 이 '해결'의 차원 혹은 그 '해결'을 이해하는 방식은 단일하지 않았을 뿐만 아니라 때로는 갈등적이기도 했다.

탑동 문제에는 구체적인 집단 간의 갈등 차원이 있었다. 그리고 그 갈등의 일부는 피해 보상과 같이 "나눌 수 있는 갈등"이었다. 이런 나눌 수 있는 갈등의 차원에서 본다면 문제 해결이란 곧 빼앗긴 몫을 뺏어간 집단에 요구하는 일이다. 연안 공동체의 호구(糊口)가 해당 갈등의 해결에 달렸다는 점에서 이는 너무나도 중요한 문제였다. 도민사회가 일차적으로 탑동을 문제로 인식하고 대응하게 된 동력 또한 바로 탑동이 연안 공동체의 호구와 관계된 갈등이며, 그들이 부당하게 자신들의 몫을 빼앗겼다고 바라보는 도덕적 동기 구조에서 나왔다. 탑동 문제가 제주를 뒤흔든 쟁점으로 부상하게 된 심층에는 분명 이러한 도덕적 동기 구조가 존재한다.

하지만 탑동 문제에는 또 다른 차원의 층위가 있었다. 이는 어떤 의미에서 '갈등'보다는 '모순'의 차원이었다. 앤서니 기든스(Anthony Giddens)는 '갈등'과 '모순'이 때로 분명한 구분 없이 이용되고 있지만, 이 둘을 구별하는 것이 유용하다고 말한다. 그에 따르면 갈등은 사회 행위자들 간의 투쟁이라는 사회적 실천의 층위라면, 모순은 사회체계를 조직하는 구조적 원칙의 분열을 나타내는 층위이다(기든스, 1991: 184). 탑동을 문제화하는 시선 안에는 탑동 개발을 둘러싼 이익 분배의 갈등이 역사적으로 구조화된 제주개발체제의 모순 때문에 발생한 사건으로 보는 흐름이 존재했다. 이런 문제화의 시선에서 바라본다면, 탑동 문제란 ① 사회집단 간 "나눌 수 있는 갈등"으로 환원되지 않는 ② 그 심층에 존재하는 제주 개발 구조의 문제였다.

당연히 이 요구는 나눌 수 있는 갈등보다는 나눌 수 없는 갈등과 가까웠다. 모순의 층위에서 탑동을 문제화하는 시각은 탑동을 제주의 역사라는 총체성 안에서 파악하는 시선이었다. 한 예를 든다면, 탑동 운동 초기에 유포되던 유인물『먹돌』이 있다. 이 유인물은 대부분 도민에게 탑동 매립의 불법성을 폭로하는 내용을 담고 있다. 하지만 1988년 4월 13일에 발간된 제3호에는 특집으로 "일제하 해녀 투쟁사"라는 제목의 짧은 글이 실려 있다. 탑동 해녀의 투쟁을 제주 역사와 연결하려는 시도라고 볼 수 있다. 물론 이 두 시선은 상호 엮여 있을 가능성이 크다. 하지만 모순의 시선은 갈등의 시선과 다르다는 점을 기억할 필요가 있다. 탑동을 제주에 부과된 역사적이고 구조적인 부정의의 결과로 나타난 문제라고 볼 때, 그 문제 해결은 특정한 집단 사이의 이해관계 조정을 통해서는 이루어지지 않는다. 전체를 바꾸어야 해결되는 문제이기 때문이다. 모순의 차원은 그래서 '전체'를 향한다.

"탑동 문제"는 이렇게 경합하는 사회적 실천과 구조 인식 그리고 행위자의 의미를 둘러싼 해석이라는 서로 다른 층위가 이루어져 만들어진 역사적 형성물로 등장했다. 하지만 운동이 진행되는 과정에서 모순적 차원의 문제화는 부차화되고, 나눌 수 있는 갈등을 다루는 탑동 문제 영역이 확장되었다. 이는 역사적 총체성 안에서 문제를 구성하는 시선은 구체적인 타협을 동반하는 운동과 상충하는 측면이 많기 때문이다. 모순의 시선은 이때 구체적으로 해결되어야 하는 대상이라기보다는 '문제'의 또 다른 의미 곧 탑동 상황이 발생한 이유가 무엇인가라는 질문의 차원으로 이행한다. 이와 함께 나눌 수 있는 갈등을 중심으로 구성된 "탑동 문제"는 1991년 역사적으로 종료되었다.

하지만 역설적으로 운동의 종료 이후에 탑동 운동이 제기한 모순적 차원의 문제화가 또 다른 계기를 만나 현실화하는 국면이 도래했다. "탑동 문제"가 역사적으로 종료된 이후, 또 다른 얼굴로 나타난 탑동 문제인 제3차 탑동 공유수면 매립과 직면했기 때문이다. 탑동 운동을 기록한 조성윤 선생은 1992년 논문 결론에서 바로 이런 상황을 예견한 듯한 글을 남겼다. 탑동 공유수면 매립 사업을 일으킨 "구조가 깨지지 않고 그대로 유지되는 한 제2의, 제3의 탑동 매립은 이루어질 것이다."(조성윤, 1992: 106) 이런 의미에서 우리는 어쩌면 현재 탑동 운동의 역사적 종결 이후의 "탑동 문제"라고 하는 또 다른 상황과 마주하고 있는지도 모른다. 이 상황을 이해하는 데는 탑동 운동 과정에서 제기되었던 구조적 모순 접근이 중요한 역할을 한다. 이를 배제하고는 탑동에서 반복적인 매립이 일어나는 이유를 설명할 수 없기 때문이다.

도미야마 이치로(冨山一郞)는 『시작의 앎』에서 "오키나와 문제"를 다루어 온 지배적인 접근을 성찰하면서, '문제' 자체를 이해하는 다른 방식을 모색한 바 있다. 그는 '오키나와 문제'를 해결해야 할 질문이 아니라, 우리가 도달해야 할 앎을 향한 요구 곧 오키나와를 "사유"하는 문제로 바라보자는 제안을 한다(도미야마 이치로, 2020: 37). 어쩌면 우리는 도미야마 이치로의 이 제안 덕분에 현재 다시 직면하게 된 탑동 문제를 이해하고 이에 접근하는 새로운 태도를 배울 수 있을지도 모른다. 과거 탑동 문제를 지배하던 시선은 '해결'적 시선이었다. 하지만, "탑동 문제"가 역사적으로 종료된 이후 다시 탑동 매립과 마주하면서, 이제는 해결적 시선을 넘어, 질문과 사유의 시선으로 탑동 문제를 바라볼 수 있게 되었다.

모순적 차원의 문제화라는 또 다른 탑동 문제 계열은 이를 위한 출발점일 수 있다. 이 질문은 탑동 운동의 역사적 종료와 함께 끝난 프로젝트가 아니라, 여전히 답해야 하지만 답하지 못하는 문제로서, 우리와 함께하고 있다. 우리 과제는 바로 이 탑동 문제 계열이 제기하는 질문을 현대 맥락에서 다시 사유하는 것이다. 이는 탑동을 과거의 문제가 아니라 바로 오늘의 문제로 다시 생환(生還)시키는 동시에 문제 자체를 다시 문제화하여 더 다양하고 풍부한 논의의 장으로 탑동 문제를 변형시키는 데 이바지할 수 있을지 모른다. 본 연구의 목적은 이런 점에서 탑동 문제의 재문제화이다.

탑동 문제를 다시 문제화하는 데 있어 제3차 공유수면 매립이 제주항이라는 인프라 확장 계획의 일부로 통합되어 있다는 점은 출발점이 될 수 있다. 제3차 매립 과정에서 공유수면, 탑동 연안, 인프라가 융합되고 있기 때문이다. 하지만 인프라가 눈에 보이는 물질화된 기반시설을 가리킨다는 전통적인 개념화를 벗어난다면, 우리는 이런 융합이 지금 항만 확장으로 전면화되기는 했지만, 연안을 개발하기 위해 공유수면이란 자연-제도가 등장했던 그 출발점에서부터 이미 내재한 하나의 경향이었다고 볼 수 있을지도 모른다. 곧 연안 영역을 무수한 인공물로 채워나가거나 혹은 그 자체를 매립으로 인공화해 온 연안의 역사는 연안 그 자체가 인간 생활의 일부로 편입되어 그 필수적인 인공 환경을 구성하는 인프라의 역사일 수도 있다. 제주항만이 아니라 연안 그 자체가 인프라로 개발되어 온 것이다.

실제로 애슐리 카스는 파나마 운하를 분석하는 과정에서 자연 그 자체가 인간 노동과 더불어 인프라로 조직되었다고 분석한 바 있다(Carse, 2012: 540). 이런 관점에서 보면 공동어장이든 제주항이든 그 인프라의 형태가 달랐을 뿐 연안을 인프라로 조직하는 방법이란 차원에서 공통적이라고 말할 수 있다. 공유수면은 이때 연안이라는 자연을 인프라로 조직하는 자연-제도로서 특정한 인프라를 선택하고 배제하는 인프라의 정치 공간이 된다. 제3차 매립 과정은 근대 공유수면 제도 내에 각인된 이런 인프라의 정치 차원을 눈에 보이는 분명한 방식으로 우리에게 보여주는 사례이다. 이렇게 볼 때 "탑동 문제"는 자연 인프라에 내재한 구조적 원칙의 모순 문제가 되며 이에 개입하는 인프라 전환의 정치가 무엇인가라는 질문이 된다.

탑동 문제의 이런 새로운 문제화는 탑동 문제를 탑동 운동이 발생한 1980년대 후반부터 1990년대 초라는 특정 역사적 맥락을 넘어, 탑동 문제를 관통하는 구조적 모순을 자연 조직 방법 그 자체에 내재한 모순이라는 문제 차원으로 심화시킨다. 이는 제주 사회운동에서는 오랜 역사를 지니는 하나의 상식이라고 말할 수 있을지도 모른다. 하지만 그 상식이 지금보다 더 중요한 의미를 지니고 있었던 때는 없었다. 일각에서는 인류세(人類世, Anthropocene) 시대의 인프라는 무엇인가라는 질문을 통해 자연 그 자체가 인간의 인공 환경으로 변형되어 인프라로 되어왔다는 놀라운 시각을 제안한 바 있다. 만약 이런 시각이 우리가 함께 토의해 볼 가치가 있다면, 탑동 문제는 이제 단지 '탑동'만의 문제가 아니라, 탑동에서 우리가 모두 고민해야 하는 하나의 보편적 과제가 된다.

'인류세'란 '인간의 시대' 즉 인류가 지질학적 흔적을 남길 정도로 자연에 절대적 영향력을 발휘하게 된 시대를 뜻한다. 파울 크뤼천(Paul Crutzen)과 유진 F. 스토머(Eugene Stoermer)가 2000년에 발표한 학설(Crutzen and Stoermer, 2000)에서 유래된 이 개념은 이후 전 세계 모든 과학 논의를 변형시켜 가고 있다. 파울 크뤼천이 직접 참여하고 윌 스테픈, 자크 그린발, 존 맥닐과 함께 2011년에 발표한 「인류세: 개념적, 역사적 관점」은 다음과 같은 말로 시작한다. "전 지구 환경에 대한 인류의 흔적은 너무 크고 활성화되어 지구계의 기능에 미치는 영향 측면에서 볼 때 자연의 일부 거대한 힘과 대등할 정도가 되었다."(스테픈, 그린발, 크뤼천, 맥닐, 2022: 59). 그리고 다음을 주장한다. "이 글에서 우리는 새로운 시대의 논리적 출발점이 1800년 무렵 산업혁명의 도래임을 논의하면서, 인류세를 지구 역사의 공식적인 새로운 세(世, epoch)로 인식해야 한다는 점을 제기하고자 한다."(스테픈, 그린발, 크뤼천, 맥닐, 2022: 59)

원래 인공화는 자연에서 분리되는 과정을 가리킨다(시노하라 마사타케, 2022: 7). 그런데 인공화는 그 과정에서 자연을 변형하면서 자연의 존재 양식을 바꾸어 놓을 정도의 영향력을 미치게 되었다. 인류세는 바로 행성 지구가 바로 이 특정한 단계에 진입했다는 점을 포착하는 개념이다. 이때 말하는 인간이 지구에 미치는 영향 곧 인공화의 영향력이란 "화산 폭발이나 운석 충돌과 같은 사건에 필적할 만한 힘을 지니고 있으며, 그 영향력은 대략 10,000년 전에 시작된 '홀로세'(Holocene)라는 지질학적 시대구분을 끝낼 정도"(시노하라, 2022: 95)가 되었다는 것이 인류세 학설의 핵심 요지이다.

'인류세'라는 개념에 모든 과학자가 동의하지는 않는다. '인간의 시대'를 의미하는 이 개념에 많은 비판이 있었다. 비판의 핵심은 동일하다. 『기후 리바이어던』을 쓴 조엘 웨인라이트(Joel Wainwright)와 제프 만(Geoff Mann)은 "인류세란 용어는 우리의 현 위치를 정확하게 알려주는 유용한 지시어"이기는 하지만, 현재 시대를 열어낸 동인으로 전제되는 '보편적인' 인간이 존재하지 않는다는 점에서 한계가 있다고 지적한다(웨인라이트, 만, 2023: 7). 이런 인식은 단지 이 두 사람만의 생각은 아니다.

안드레아스 말름(Andreas Malm)과 알프 호른보리(Alf Hornborg)는 "초역사적인, 특히 종 전체에 걸친 동인을 들먹여 역사에서 질적으로 새로운 질서를 설명할 수 없다"(말름, 호른보리, 2022: 153)고 본다. 말름과 호른보리는 이런 인류세 개념의 분석적 결함이 그 전제가 된 자연과학적 세계관에서 연유했다고 이해한다. 인간의 내적 분할과 차이를 다루는 사회의 층위는 소거되고, 생물학적 진화의 대상인 종으로서의 인간이 인류세의 중심에 있기 때문이다. 게다가 이들은 인류세 개념에 내재한 이런 '종적 사고'가 "신화화와 정치적 마비"를 낳기 쉽기 때문에 "분석적 결함이 있을 뿐 아니라 행동에 나서는 것을 어렵게 만드는 여러 이론적 인식틀 중 하나"(말름, 호른보리, 2022: 160)라고 비판한다.

일각에서는 인류세의 한계를 비판하면서 대체하기 위한 다른 개념을 제안한다.[21] 예를 들면 도나 해러웨이(Donna J. Haraway)는 "분명 지구에서 일어나는 이런 변화의 시기를 인류세라고 명명해서는 안 될 것"(해러웨이, 2021: 58)이라며, 쑬루세(Chuthulucene)라는 개념을 대안으로 제시한 바 있다(해러웨이, 2021: 59). '자본세'는 대체 개념 가운데 많은 이들이 활용하는 개념이다(제이슨 무어; 말름). 이 개념은 보편적 인간이 아니라 바로 그 자리에 자본주의를 놓는다. 인간의 활동이 아닌 자본의 운동이 자연사의 새로운 단계를 열었다고 본다.

하지만 이에 대해서도 비판이 있다. 디페시 차크라바르티(Dipesh Chakrabarty)는 "인간의 이야기는 더 이상 자본주의만의, 기껏해야 500년의 관점으로 한정될 수 없다"(차크라바르티, 2022: 183)면서, 모든 차이에도 불구하고 한 종으로서 인간의 역사적 지위 변동 과정을 분석의 지평에 통합해야 한다고 주장한다. 그는 "기후변화가 자본의 역사와 깊이 관련되어 있다는 것을 부인할 수는 없지만", 자본 비판으로 현 위기 비판을 환원하는 시각은 "인간의 역사

---

21 대체 개념을 나열해 보면 자본세(capitalocene), 고독세(Eremocene), 화염세(Pyrocene), 여성세(Gynocene), 쑬루세(Chthulucene), 생태세(Ecocene), 동질세(Homogenocene), 학살세(Caedemocene) 등 다양하다. 이 개념에 관한 간단한 설명은 조효제(2022: 167-168)를 참조하자.

와 관련된 문제들을 다루기에 불충분하다. 인류세의 지질학적 현재는 인간 역사의 현재와 뒤얽히게 되었다."(차크라바르티, 2023: 63)고 지적한다.[22]

다른 개념은 다른 무엇을 본다. 하지만 나를 포함해 많은 이들이 인류세라는 개념 혹은 유사한 기능을 하는 다른 개념에서 우리가 진입한 이 새로운 시대의 구조와 특성을 이해하기 위해 노력하고 있다는 점에서는 공통의 지평이 존재한다. 완전하게 밝혀졌다고 말하기는 힘들다 하더라도 현재까지 연구에 기초할 때, 이 새로운 행성 지구의 시대가 인간의 조건에 중대한 변형을 일으키고 있다는 점은 분명하다. 이 변형은 역설적이다. 인간의 힘이 지구의 존재 방식에 중대한 영향을 끼칠 정도로 커졌지만, 반대로 지구 환경 자체가 불안정해져 인간의 장기 존속이 위협받는 상황이다(시노하라 마사타케, 2022: 5).

인권 학자 조효제는 "인간의 지질학적 영향력이 확인된 바로 그 순간에 기후-생태위기가 본격적으로 제기되었음은 우리에게 시사하는 바가 크다"(조효제, 2022: 167)고 말했는데, 이는 우리가 직면한 현시대의 구조적 속성을 말한 것이다. 조효제는 이의 가장 대표적인 예로 지형의 변화와 그 영향을 다룬다. 이런 인식은 "탑동 문제"와 곧바로 만난다. 동시에 이 문제 지형에 새로운 질문이 포함된다. 문제는 이제 자연을 인공 환경으로 변화시킬 정도의 강력한 힘을 지닌 우리 인간이 바로 그 힘 때문에 불안정해진 지구적 조건에 적응하는 인간의 환경 곧 인프라를 어떻게 고민할 것인가에 있다.

인간과 자연의 관계를 다시 조정해야 한다고 하여 인간이 곧바로 자연과 만날 수는 없다. "완전히 인공적인 상태도"도 아닌 "그렇다고 해서 완전히 자연적인 상태"도 아닌 양자가 접하고 연관된 곳에서 인간은 살아간다(시노하라, 2022: 53). 우리는 인공화를 벗어나서 존재할 수 없다는 점에서 인프라의 문제는 인프라를 인정하는 한에서만 그 해결 방향을 모색할 수 있다. 인공과 자연의 경계와 그 접점이라는 오래된 질문이 다시 인프라라는 양식으로 현대화되

---

22 두 개념의 문제설정을 인정하고, 이를 매개하려는 시도도 있다. 캐럴린 머천트는 "인류세는 자본세에 의해 실행된다"(머천트, 2022: 49)라고 두 개념을 종합한다.

어 나타난다. 인간과 자연의 관계 조정 문제는 이를 생산하고 뒷받침할 뿐만 아니라 규칙을 부여하는 인프라의 변형 없이 가능하지 않다. 하지만 그 인프라는 통제할 수 없는 자연과 더불어 살아가는 존재인 인간의 존재 방식만큼이나 구조적인 취약성을 안고 있다. 이렇게 말해도 좋다면 인프라는 인간의 세계와 인간 아닌 세계 사이를 매개하는 불가능한 과제를 계속 수행해야만 한다. 하지만 그 수행의 방식은 과거와 완전히 달라져야만 한다.

만약 이런 관점이 타당하다면, "탑동 문제"는 탑동 운동이 답하고자 노력했던 제주의 구조적 모순을 향한 문제이자 동시에 인류가 자연을 조직하는 방법에 내재한 구조적 모순을 인프라로 접합하는 문제이기도 하다. 이런 문제화의 지평은 과거 탑동 운동 과정에서는 존재하지 않았던 지평이다. 환경 훼손과 파괴, 오염 등의 문제가 거론되기는 했지만, 우리가 인프라를 조직하는 방법 자체에 내재한 현재와 같은 근본적 질문은 역사적 탑동 운동의 문제 지평에는 존재하지 않았다. 어쩌면 이는 말 그대로 탑동 운동의 역사적 한계 때문일 수 있다. 자연을 조직하는 방법에 내재한 모순은 인간과 자연 사이를 매개하던 그 중첩의 영역이자 인공의 세계가 무너지는 순간에야 비로소 느끼는 어떤 것이기 때문이다. 무너지는 세계 속에서만 '자연'과 만난다는 사실이 근대 세계가 단지 이념 차원에서가 아니라, 실제로 자연 배제의 인공세계였다는 점을 보여준다. 우리에게는 이제 바로 그 자연과 조우가 핵심 질문이다. "탑동 문제"를 현재의 관점에서 재해석하고 잠정적으로나마 응답하는 연구가 의미가 있다면 바로 여기에 있다.

● ● ● ●

제2장

배경: 공유수면, 매립 그리고 연안의 재구성

자원을 둘러싸고 발생하는 인간의 집합행동은 그 자원으로 환원될 수 없다고 하더라도, 해당 자원의 구조 및 그 속성과 분리될 수 없다. 자원 자체의 생물리적(bio-physical) 구조는 집합행동에 생물리적 한계를 부여할 뿐만 아니라, 그 자원과 결합되어 있는 해당 사회의 해석 그리고 자원과 인간의 상호작용 및 그 과정에서 형성되는 역사적 의미 등은 집합행동의 조건이 되기 때문이다. 예를 들어 '일베'라는 사회문제를 분석하고자 할 때, 그 연구 대상이 온라인 커뮤니티(online community)라는 점은 중요하다(김학준, 2022: 9). 온라인 커뮤니티에서 필연적으로 '일베' 현상이 발생하지는 않는다. 하지만 일베를 이해하려면 그 활동의 조건이 되는 온라인 커뮤니티를 알아야 한다.

  탑동 운동 또한 마찬가지다. 연안과 매립 그리고 이를 관리하는 국가 제도인 공유수면을 알게 되면 탑동 운동을 보다 깊이 이해하는 데 도움이 된다. 탑동 운동은 연안(蓮眼)에서 발생한 운동이다. '연안'이 육지와 면한 바다를 일컫는다는 점에서 알 수 있듯이, 연안은 탑동 운동이 단지 육지에서 살아가는 인간만의 운동일 수 없다는 점을 알려준다. 바다로 대표되는 자연의 '일'(work)이 탑동 운동과 엮여 있다. 탑동 운동이 자연과 구조적으로 접합된 연안에서 형성된 사회 갈등이라는 점은, 탑동 운동 그 자체를 이해하는 데뿐만 아니라 탑동 문제의 역사적 변형을 이해하는 데에도 필요하다.

공유수면은 연안에서 형성되는 인간의 실천과 자연의 일 사이를 매개하고 규제하는 국가의 제도이다. 탑동 운동은 그냥 연안이 아니라, 공유수면인 연안에서 매립에 반대하여 일어난 운동이다. 공유수면이란 제도로 국가는 매립에 독점적 권한을 행사할 수 있었을 뿐만 아니라, 운동 또한 관련 제도를 이용하여 매립에 저항하는 다양한 전술적 공간을 확보했다. 하지만 현재까지 '탑동 문제'의 조건이었던 '공유수면(公有水面)'은 충분하게 주목받지 못했다. 공유수면 그 자체보다는 매립 과정에서 발생하는 인민들의 생존권 위협이나 매립 이후의 개발이익 환수 등과 같은 운동의 '사회적 차원'이 우선적인 관심을 받았기 때문이다.

1. 공유수면: 공공성과 주권 사이

현재 「공유수면 관리 및 매립에 관한 법률」은 제2조에서 공유수면을 ① 바다 ② 바닷가 ③ 하천·호소(湖沼)·구거(溝渠), 그 밖에 공공용으로 사용되는 수면 또는 수류(水流)로서 국유(國有)인 것으로 규정한다. 탑동 운동이 진행되던 1980년대 후반의 공유수면 규정은 약간 달랐지만, 바다를 공유수면으로 규정하는 점은 같다. 이전에는 '바닷가'가 포함되지 않았었다. 하지만 1997년 법 개정으로 공유수면에 '빈지(賓坁)'라고 부르는 '바닷가'가 포함되었다. 또한, 1997년 법 개정과 함께 매립된 토지 가운데 바닷가였던 곳은 국가에 귀속하도록 하였다(윤성순·장정인·신철오, 2018: 42).

공유수면에 해당하는 공식 영어 단어는 'Public waters'이다. 《Merriam-Webster》 사전은 이를 "일반 공중이 이용할 수 있는 권리를 지니는 물"(waters open for right to the use of the general public)이라고 규정하고 있다.[23]

---

[23] "Public waters." Merriam-Webster.com Dictionary, Merriam-Webster, https://www.merriam-webster.com/dictionary/public%20waters. Accessed 9

국토교통부의 누리집에 있는 '공유수면 관리 Q&A'에는 "공유수면이란 무엇인가요?"라는 항목에 "공유수면이란 쉽게 말하면 공공의 용으로 사용되는 수면을 말하며"라고 답하는데, 이는 현대 한국 법령의 공유수면 개념이 "Public waters"에서 왔다는 걸 보여준다.[24]

'Public waters'라는 수면의 대립항은 'Private waters'이다. 이 둘을 비교하면 'Public waters'를 보다 잘 이해할 수 있다. 'Private waters'는 특정 집단이나 개인이 자신의 사적 목적을 위해 관리하는 물이다. 이에 반해 공유수면 규정은 모두에게 보편적 접근이 보장되어야 하는 물의 범주이다. 그래서 특정 집단이나 개인의 독점적 소유를 인정하지 않고, 전체 시민을 위해 공적으로 관리한다. 공유수면에 포함되는 물 혹은 영역은 국가마다 다를 수 있다. 또한, 역사적으로 재구성된다. 공유수면으로 완전하게 통합되지는 않았지만 'Public waters'의 규칙이 적용되는 대상도 있다.

지하수(地下水, groundwater)는 그 대표적인 예이다. 토지 소유권은 단지 토지 '위'뿐만 아니라, 토지 '아래' 곧 땅속까지도 보장하는 경우가 많다. 이때 토지 소유자의 권리가 토지 지하에까지 미쳐, 지하수 또한 토지 소유자의 소유가 된다. 예를 들어 우리나라 민법 제212조는 "토지의 소유권은 정당한 이익 있는 범위 내에서 토지의 상하에 미친다"라고 되어 있다. 법에서는 이런 입장을 지하수 '사수론(私水論)'이라고 한다. 그런데 이에 반하여 지하수가 "토지의 일부를 구성하지 않고 사적소유권의 대상이 아니라"고 보는 지하수 '공수론(公水論)'도 있다(김성연, 2023: 10). 물론 현실 속 담론은 이 사수론과 공수론 사이에서 다양한 형태로 중첩된 경우가 많다. 그런데 현대 사회의 지하수 이용 방식이 문제되자, 지하수를 공적 수자원 곧 또 다른 'Public waters'로 바라보며 개인의 사적 소유를 제한해야 한다는 견해가 힘을 얻고 있다.[25]

Sep. 2022.

24 국토교통부 누리집, "공유수면 관리 Q&A", 검색일: 2022년 11월 20일

25 이런 견해에도 여러 유형이 있다. 다양한 견해를 확인하려면 다음 논문을 참조하

제주도는 이때 중요하다. 제주도는 전국에서 최초로 지하수를 공수(公水)로 관리하는 법 제도를 마련하고자 노력해 왔기 때문이다. 지하수가 공수가 되면, 지하수에 개인 소유권이 인정되지 않는다. 개인은 단지 이용권만 공적 규칙에 따라 얻을 수 있다. 이런 지하수 공수 제도는 이스라엘, 이탈리아, 이란, 독일, 러시아 등에서 도입하고 있다고 알려졌지만,[26] 국내에서는 제주도가 최초로, 그리고 가장 적극적으로 노력했다. 배경이 있다. 섬이라는 조건 때문에 물의 공동이용과 관리가 중요해, 무분별한 지하수 개발을 막아야 했기 때문이다. 그리고 이런 노력이 지하수를 둘러싼 전국적 상상을 바꾸는 계기가 되기도 했다.

『리버』(River)에서 강과 인간의 상호작용 역사를 추적한 로런스 C. 스미스(Laurence C. Smith)는 "Public waters"의 전통이 고대 로마로까지 거슬러 올라간다는 점을 보여준 바 있다. 그에 따르면 "샘, 간헐적으로 흐르는 개울, 지하수 우물, 그 밖은 작은 수원은 개인이 소유"할 수 있었지만, 로마 사회에서 "흐르는 강"은 다른 담수원과 달리 모두에게 속한 것으로 간주하여 관리했다고 한다. 관련 내용이 「요약」(Digest)에 들어있다. 이는 유스티니아누스(Justinianus) 황제의 지시로 만들어진 로마 법률문서의 주요 내용을 편찬한 문서이다. 이때가 530년이다. 논리적 측면에서 본다면 "흐르는 물"(running water)은 지배나 통제가 매우 어렵다. 그래서 "흐르는 물"은 소유하기 어렵다(Wiel, 1934: 430). 소유권이 아니라 이용권의 문제가 법적 대상이 된 이유도 여기에 있다(Wiel, 1934: 431).[27]

자. 김성연(2023), 김세규(2007), 윤철홍(2001).

26 제주일보, 2005.06.29., "지하수 공수 관리체계 전환"

27 물은 그 자연적 속성뿐만 아니라 사회적 존재인 인간에게 필요한 자원이자, 물과 생명의 관계에서 파생된 다양한 문화적 의미가 덧붙여진 대상이라는 점에서, 이렇게 물과 소유의 분리를 그 속성만으로 환원해 이해하기는 힘들다. 그럼에도 물 자체에 소유에 저항하는 속성이 있다는 점은 중요하다. 물이 소유의 대상일 수 없다는 이런 논의는 현대

그런데 스미스는 로마의 "흐르는 물" 이해가 로마인이 "항행의 자유, 특히 선박의 자유로운 통행을 유지하는 데 관심"이 많았던 이유때문이라고 보았다 (스미스, 로런스 C, 2022: 41). 고대 로마부터 등장한 항행의 자유를 향한 관심은 이후 현대 "공유수면" 곧 "Public waters"를 규정하는 핵심 원칙으로 발전했다. 물에 대한 권리를 연구해 온 학자들에 의하면 'Public waters'와 'Private waters' 사이의 경계가 바로 항행의 자유였다. 영국 보통법(common law)에서는 상업적 '가항성'(可航性, navigability) 곧 상업 목적으로 배가 다닐 수 있는 물인지 아닌지로 공과 사의 경계를 판단했다. 미국에서도 상업적 '가항성'이 중요한 판단 근거였다(Butler, 1990: 337). 상업 목적으로 배가 다니려면 물은 "자유롭게 접근할 수 있는"(open and free) 상태로 유지되어야 했고, 이를 위해 정부가 그 물을 관리한다고 이해했다(Butler, 1990: 337).

하지만 이후 점진적으로 "Public waters"의 개념은 상업적 가항성의 개념과 분리되면서, "자유롭게 접근할 수 있는" 상태의 물을 가리키는 방향으로 발전한다(Butler, 1990: 338). '가항성'에 기초한 공적인 물의 이용 권리(Public water rights)가 상업적 이용 외에도 다양한 목적의 공적 이용까지 포괄해 간다. 이에 배가 자유롭게 다닐 수 있는 물뿐만 아니라, 놀이와 같은 비상업적 공공 이용 목적도 "Public waters"를 판단하는 근거가 된다(Butler, 1990: 338-339). "Public waters"의 관리 책임이 정부에 있기에, "Public waters"의 범주 확장은 당연히 정부 권한의 강화 그리고 관련 법의 제도화로 연결되었다(Butler, 1990: 338). 미국에서는 이런 확장된 내용을 담은 'Public waters'에 관한 법률이 1880년대 중반에 등장했다고 알려져 있다.

"Public waters"의 기원과 그 개념 확장의 역사는 이 개념이 물 그 자체

공동자원화 사회운동(commons movements)에도 큰 영향을 끼친 바 있다. 대표적인 예가 이탈리아에서 물의 사유화에 반대하여 일어난 민법개정운동이다. 여기에서는 물을 공동자원체제(commons)로 관리해야 한다는 이탈리아 상상계가 중요한 역할을 했다. 이에 관해서는 정영신(2022)을 참조하자.

를 가리키는 것이 아니라 ① 시민의 이용 목적에 따라 ② 모두의 권리로 보장되어야 하는 물의 범주를 구분하기 위한 개념이라는 점을 보여준다. 이런 점에서 'Public waters'는 그 출발점부터 물을 시민 활동의 인프라(infrastructure)로 접근하는 제도였다. 일반적으로 경제학에서는 'Public water'를 그 이름에서 연상되듯이, 공공의 목적을 위해 이용되는 재화와 서비스인 공공재의 한 유형에 속하는 것으로 이해해 왔다. 공공재와 인프라는 그 기능의 측면에서 때로 구별되지 않을 때가 많다. 하지만 인프라의 측면에서 'public waters'를 바라보게 되면, 다른 측면이 보인다. 공유수면이 인프라라면, 이는 필연적으로 자연을 인간의 활동과 연결하는 동시에 분리하는 자연의 인공화 과정과 분리될 수 없기 때문이다.

일반 시민의 '권리'가 공유수면 개념 규정에 필수이기에, "Public waters"로서 공유수면에 관한 권리가 실질적으로 보장되려면 그 권리를 방어할 뿐만 아니라 이용하는 시민의 경계를 결정하는 국가가 필요하다. 그래서 "Public waters"의 이념과 법적 원형은 그 출발점부터 국가와 결합하여 있다. 그 연장선상에서 현재 우리가 이용하는 "Public waters"에 관한 체계적인 법제화는 근대 국가의 발전과 함께 이루어졌다. 우리 입장에서 중요한 점은 이와 같은 법제를 일본이 먼저 수용하고, 이후 일본이 이 개념을 조선 식민지에 적용했다는 점이다. 약간의 시차는 있지만 거의 동시라고 보아도 무방할 정도이다. 일본의 제국주의적 팽창과 공유수면 제도의 식민지 도입이 연결되어 있다는 점은 한국 공유수면 제도와 그 역사를 이해하는 데 중요하다.

개념 차원에서 이때 흥미로운 점은 'Public waters'의 번역 문제이다. 그 뜻으로만 본다면 '공용(公用)'이나 '공공(公共)' 등과 같은 단어가 쓰일 수 있음에도, '공유(公有)'라는 역어가 선택되었다. 하지만 왜 일본에서 '공유(公有)'를 선택했는지는 자료를 찾지 못했다. 추후 연구가 필요하다. 다만 이런 역어 선택으로 그 의도와 무관하게, 다른 용법보다 공유수면에 국가의 소유라는 의미가 강하게 부여되었다는 점은 기억할 만하다.

원론적으로 본다면 특정 국가의 모든 시민은 그 국가의 경계 내에 있는

"Public waters"에 접근할 수 있는 권리를 보장받지만, 이때 그 권리 행사는 국가가 정한 일련의 규칙에 종속된다. 현대 한국에서는 「공유수면 관리 및 매립에 관한 법률」에 따른다. 주의할 점은 'Public waters' 곧 공유수면이라고 하더라도, 공유수면에 대한 사적 이용을 금지하지 않는다는 점이다. 쉽게 설명한다면, 바다를 이용하는 모든 배가 공무를 수행하는 배일 필요는 없다. 단지 사적으로 이용하려면 국가가 정한 일정 조건을 충족하면서, 국가의 규제를 인정하고 수용해야 한다.

사적 이용의 허가 조건과 관련 규제는 전체 시민의 권리를 침해하지 않을 뿐만 아니라 공공의 이익 증진에 이바지해야 한다는 일반적 원칙을 따라 성립한다. 곧 공유수면 규정에는 비록 규범적 차원일 뿐이지만, 해당 수면에 대한 배타적 사적 소유 금지와 그 이용에서 공공성의 원리가 전제되어 있다. 이때 국가는 이를 보장하고 관리하는 조직으로, 원론적으로 국가 그 자체도 공공성의 원리에 제약받는다. 공유수면이 실제 그렇게 관리되지 않는다고 하더라도, 규범적 차원에서 공공성의 방어와 사적 이용의 자유를 매개하는 제도라는 점은 중요하다. 공유수면을 둘러싼 갈등의 많은 부분은 바로 이 공공성이 방어되고 있는지, 혹은 어떻게 해석할 것인지, 무엇을 구체화할 것이냐는 질문과 관련되기 때문이다.

하지만 공유수면에는 공공성을 둘러싼 국가 관리 문제로 환원되지 않는 또 다른 차원이 존재한다. 공유수면에 우리가 영해(領海)라고 부르는 영토 문제가 포함된다는 사실에서 이를 직접적으로 확인할 수 있다. 영해는 영어로 'Territorial waters'라고 한다. 굳이 다르게 번역한다면, 국가의 영토에 포함되는 물이라고 할 수 있다. 영토라는 점에서 그 경계는 주권의 범위와 일치한다. 영해는 공유수면의 다른 얼굴을 보여준다. 영해와 만나는 순간 공유수면의 초점이 공중의 이용에서 국가의 통치 혹은 '주권' 문제로 이동하기 때문이다.

공유수면의 외측 경계는 연안국이 해당 수역에 대해 모든 경제적 권리를 배타적으로 독점하는 '배타적 경제 수역(排他的經濟水域)'의 경계와 일치한다. 한국은 연안에서 12해리를 '영해'로 규정하고 있고, 배타적 경제 수역은

200해리를 주장한다. 바로 그곳까지가 공유수면이다. 물론 배타적 경제 수역 개념보다 공유수면 개념이 먼저 발생했다. 공식적인 배타적 경제 수역 개념은 1982년 유엔에서 해양법을 제정한 이후에 나타났다. 하지만 국가가 공해 주권을 주장하며 연안 해역에서 뻗어나가 바다를 자신의 주권 안에 포함하려는 노력은, 15세기부터 시작되어 17세기에 들어서면 본격화된다. 공유수면도 이런 맥락과 분리될 수 없다.[28] 따라서 공유수면인 바다나 바닷가는 국가의 법적 규정이 적용되어 관리되는 자원체계라는 점에서 자연 그 자체로서 '바다', '바닷가'와는 다르다. 인간 종이 지구에서 소멸하더라도 바다와 바닷가는 남아 있겠지만, 공유수면은 그렇지 않다. 공유수면은 국가의 공간이기 때문이다. 더욱이 이 공간은 제국주의적 팽창과 함께 등장한 공간이다.

원래 바다에는 국가가 없다. 바다의 이해가 전통적으로 "흐르는 물"의 이해와 함께 발전해 왔다는 점을 기억하는 일이 여기에서 유용하다(Wiel, 1934: 440). 흐르는 물을 지배하거나 통제할 수 없기에, 소유권의 대상일 수 없다면, 바다도 그랬다. 흐르는 물을 어떤 개인도 사적으로 소유할 수 없는 것처럼, 어떤 국가도 바다를 배타적으로 소유할 수 없다. 더구나 바다는 국가 이전부터 존재해 왔고 국가가 생산한 대상도 아니었을 뿐만 아니라, 국가가 등장 이후에도 완전하게 통제할 수 없는 공간이었다. 근대 국가 이전에도 그리고 현재까지도 해적이 바다에서 활동할 수 있는 이유는 바로 이런 바다의 구조와 속성 때문이다. 제임스 스콧은 동남아시아의 식민지 이전 국가를 분석할 때 "국가적 공간"과 "비국가적 공간" 개념을 구분하는 게 유용하다고 주장한 바 있다(스콧, 2010: 286). 스콧의 표현을 빌린다면 바다는 인류 역사의 대부분 동안 "비국가적 공간"이었다.

하지만 이런 비국가적 공간인 바다에 국가는 인위적으로 '국가적 공간'을 창출하는 경계를 만들었다. 그 경계는 국가의 통치권이 미치는 범위라는 점에서 바다를 국가의 영토로 포함하려는 시도였다. 공유수면은 이런 점에서 바다

---

[28] 이 부분은 제러미 리프킨(2022: 102-103)의 관련 분석을 참조했다.

를 향한 근대 국가 주권의 또 다른 표현이자, 국가의 영토를 바다로까지 확장하는 국가의 영역화(territorialization) 전략과 연관된 산물이었다. 이렇게 말해도 좋다며, 공유수면은 원래 국가가 없던 바다에 국가권력이 만들어 낸 '허구적 영토'를 기초로 형성된 자연 관리 제도이다.

비국가적 공간은 국가적 공간으로 전환되면서 국가 행정 체계 안에 통합된다. 어떤 구역을 단지 국가 안으로 포획하는 것만으로는 부족하다. 국가가 해당 구역을 실제로 통치할 수 있어야만 한다. 따라서 국가는 국가적 공간을 통치하는 데 필요한 일련의 기술을 발전시키는데, 그 중심은 국가적 공간을 독해하여 행정적으로 관리하는 공간으로 변형하는 데 있다. 공유수면 제도는 이 과정의 산물이다. 여기에서 주목해야할 점은 국가의 자연 통치 능력은 단지 해당 자연을 영토 일부로 선언했다고 보장받는 게 아니라는 점이다. 통치는 자연을 개발하여 인간의 발전을 이룩했는지의 여부 곧 자연에 국가가 무엇을 추가했느냐는 문제였다. 개발하지 않는 통치는 단지 선점일 뿐이기 때문이다. 선점은 단지 우연적인 결과여서, 그 자체만으로 영토의 권한을 인정받는 데 한계가 있다(장훈교, 2022: 82-95).

곧 공유수면은 근대 국가의 개발 프로젝트 가운데 하나였다. 한국에서 공유수면 관련 최초의 법령은 일본의 식민지 지배 기간이었던 1923년 제정된 「조선공유수면매립령」(1923)이다. 그리고 현대 한국의 법령은 1962년 제정된 「공유수면매립법」에서 출발한다. 이 두 법령 모두가 식민개발과 산업개발을 위한 출발점에 이루어졌다는 점은 매우 흥미롭다. 개발을 본격화하기 이전에, 연안 관련 법적 정비가 필요했다. 본 연구의 관점에서 본다면 한국 연안이 근대 인프라로 역사적 변형되는 과정은 바로 이 식민개발과 산업개발이라는 두 단계를 통해 이루어졌다. 공유수면 관련 법령의 정비는 이런 점에서 연안 인프라의 형성과 관리를 위한 규칙이기도 했다.

2. 자연의 통치화와 공유수면 매립

공유수면은 단지 국가적 공간이 아니라 국가가 통치하는 행정적 공간이기도 하다. 제임스 스콧은 근대 국가의 국가적 공간 창출 과정을 국가의 "자연과 사회에 대한 행정적 질서화"(스콧, 2010: 23)라고 말한 바 있는데 바로 이를 가리키는 말이다. 문제는 이런 행정적 질서화 과정에서 국가는 바다 그 자체가 아니라, 자신이 만든 공유수면 제도로 바다를 통치한다는 점이다. 행정을 통해 자연을 통치하려면 어쩔 수 없이 추상화와 단순화의 과정을 거쳐야만 한다. "아무리 인간의 필요에 의해 변형되었다 하더라도 자연적인 것이 '날 것'의 형태로는 행정적으로 다루기 매우 힘든 것"(스콧, 2010: 30)이기 때문이다.

국가는 다양한 각도에서 바다를 조사하여 자료를 수집하고 이를 분석한다. 이 과정에서 바다는 행정 관리가 가능한 분석 자료상의 바다로 추상화되고 단순화된다. 공유수면은 이런 점에서 국가가 행정적으로 재현한 자연이다. 은유적으로 말하자면 공유수면에서는 파도가 일지 않는다. 단지 숫자가 변경될 뿐이다. 『탄소 민주주의』를 쓴 티머시 미첼(Timothy Mitchell)의 말을 빌린다면 "자연은 스스로 발언할 수 없다. [...] 자연적 사실들은 그것을 계산하는 측정 장치와 도움을 받아야만 말할 수 있다."(미첼, 2017: 350) 하나 더 추가한다면, 국가는 오랫동안 바로 그 측정의 독점적 행위자였다.

하지만 시민은 국가와는 다른 방식으로 바다와 관계를 맺는다. 공유수면 이전에, 혹은 그 제도의 성립 여부와 무관하게, 바다는 그 연안 공동체 및 제주 시민 모두와 특정한 '관계'를 형성하고 있다. 예를 들면 탑동 운동의 주체 중 하나였던 해녀 투쟁은 어장을 매개로 이루어지는 바다와 해녀의 관계를 고려하지 않고는 설명될 수 없다. 하지만 이 관계 또한 국가의 공유수면 지배 혹은 그 구체적인 형태로서 제도의 규정을 받을 수밖에 없었다. 막스 베버는 '지배'를 설명하면서 "지배란 일상에서는 일차적으로 행정"(베버, 2019: 96)이라고 말한 바 있다. 해녀를 비롯한 모든 이들의 바다 이용은 행정으로 매개되어야만 하고, 그렇지 않으면 지속적인 이용을 보장받기 힘들었다. 일상 수준에서 본다면, 바다를 향해 서로 다른 방식으로 관계를 맺는 두 층위인 국가와 시민 사이의 다양한 상호작용이 탑동 운동의 중심 구조를 형성하는 축이다.

이때 국가 자체도 그 행정 질서 아래 원칙상 속박된다는 점이 중요하다. 탑동 운동이 동원했던 주요 전술 가운데 하나가 국가의 공유수면 매립 관리 규정을 근거로 매립 허가와 절차의 불법성을 폭로하는 일이었다. 이런 전략이 가능했던 이유는 공유수면이 국가적 공간이자 행정적 공간이기 때문에, 이 공간과 관련한 모든 개발 과정을 법에 기초하는 관료적 절차로 만들었기 때문이었다. 국가가 오히려 불법 행위를 할 뿐만 아니라, 이를 용인한다는 점은 탑동 운동 주체들에게 자신의 저항을 정당화하는 핵심 근거가 되었다. 또한, 운동을 정의의 실천 곧 도덕적 행위로 인식하는 동기가 되었다.

일반적으로 국가의 공유수면 정책은 '관리'와 '매립'으로 나뉜다. 두 정책 사이의 근본적인 차이는 공유수면이 지속되는가 아니면 상실되는지에 있다. 관련 정책의 법적 근거는「공유수면 관리 및 매립에 관한 법률」에 있다. 이 법률에서는 공유수면 '매립'을 공유수면에 흙, 모래, 돌이나 그 밖의 물건을 인위적으로 채워 넣어 토지를 조성하는 행위로 정의한다. 공유수면은 국가적 공간이기 때문에 아무나 매립을 할 수 없다. 매립을 하려면 국가에게서 면허를 얻어야 한다. 매립 면허를 받은 자는 법률이 요구하는 조건을 준수하며 공유수면을 메워 대지로 변경해야 한다.

이를 법률에서는 '허가주의'라고 한다(전재경, 2003: 4). 물론 허가를 받으려면 특정 조건을 충족해야만 한다.「공유수면 관리 및 매립에 관한 법률」은 그 조건을 규정하고 있다. 여러 조건 가운데는, 공유수면을 이용할 권리가 보장된 이들의 동의 조항이 있다. 매립은 관련 권리자들이 공유수면에 대한 권리를 포기한다는 동의가 존재해야만 합법이 된다. 따라서 '동의' 여부는 연안 공동체와 매립업자 사이의 첨예한 갈등 원인이 되기도 한다. 또한, 만약 '동의'가 이루어진다면, 이는 연안 공동체가 과거와는 다른 방식으로 공유수면과 관계를 맺기 시작했다는 것을 보여준다. 그 동의로 공유수면이 소실되기 때문이다.

「공유수면 관리 및 매립에 관한 법률」의 제2조 4항에는 매립에 "간척을 포함한다"라고 되어 있다. 엄격히 말한다면 '매립'과 '간척(干拓)'은 구분된다. 매립은 바다나 호수 등을 채워 토지를 만드는 활동이라면, 간척은 그와 달리 바다나 호수 따위를 둑 등으로 막고, 그 안의 물을 빼내어 육지를 만드는 일이다. 곧, 토지를 만드는 방식이 다르다. 하지만 법령에서는 '매립'을 간척을 포함하여 관리하고 있다. 따라서 간척 공사 또한 국가의 매립 관리 안에서 다루어진다.

　우리나라에서는 공유수면 '매립'이란 용어보다는 '간척지 개발'이란 용어가 더 익숙하다. 그만큼 간척은 한국의 공유수면 매립 정책을 대표하는 사업이기도 하다. 국가기록원의 '간척사업' 홍보물에서 "우리나라는 반세기 동안 세계에서 간척이 가장 활발한 나라 중 하나였다"라고 설명하고 있을 정도다. 간척을 연구하는 이들은 한반도에서 간척의 역사를 ① 전통적인 방식으로 소규모로 진행되어 온 조선까지의 간척과 ② 근대적 방식이 도입된 일제 강점기 그리고 ③ 광복 이후 국가사업으로 행해진 대규모 국토개발 간척을 구분하곤 한다(박영한·오상학, 2004: 2). 국가기록원이 말하는 '반세기'란 바로 광복 이후 국가 프로젝트 차원에서 추진된 간척사업의 시대를 말한다.

　국가기록원은 간척이 국가 차원에서 그렇게 활발하게 그리고 다른 나라보다도 더 많이 진행된 이유를 무엇보다 국토의 지리적 구성에서 찾고 있다. 산지가 65%에 달해 평지 면적이 절대 부족하므로, 국토의 한계를 극복하고자 국토확장이 필요했다는 논리다.[29] 이런 간척사업은 1980년대에 전성기를 맞이하였고, 1990년대에 시화호, 새만금 종합개발사업 등으로 정점을 찍었다. 2008년 기준으로 통계청이 발표한 자료에 따르면 한국은 국토 면적이 1949년에 비해 제주도 면적의 3.3배, 서울 여의도가 725개가 더 생겨났다고 한다. 예상할 수 있지만, "무인도 등에 대한 국토 등록 작업이 점차 진행된 배경도 있지만 꾸준한 간척사업이 더욱 큰 이유다."[30]

29　국가기록원 누리집, "바다를 메꿔 땅을 만들다" (검색일: 2022년 11월 20일)
30　노컷뉴스, 2008.8.14., "꾸준한 국토 간척 '제주도' 3개 더 생겼다"

조천읍 신흥리 마을 사람들이 돌을 나르며 '쉐물깍'이라는 포구를 만드는 모습이다. 멀리 보이는 산이 함덕리에 있는 서우봉이다.

출처: 제주도청 홈페이지

　매립이 대지를 조성하는 행위이기에 매립을 곧 대지(垈地) 조성과 동일시하기 쉽다. 하지만 바닷가와 바다의 매립이 언제나 대지 조성만을 목적으로 하는 건 아니다. 더 일상적인 매립은 항만 구조물을 설치할 때 발생한다. 항만 구조물은 자연의 '일'에게서 인간의 '일'을 보호하고자 만들어진다. 항구는 대표적이지만, 항만 구조물의 범위는 더욱 넓다. 방파제는 선박이 안전하게 정박하거나 그 활동을 보호하고, 항 내 수역 및 육지에 있는 모든 항만 시설물을 보호하려 만든다. 방사제라는 것도 있다. 해안제방인 방조제도 있다. 호안도 있다. 기존 토지나 매립지의 지반이 흙압력으로 붕괴하거나, 조류나 파랑으로 해안 침식 또는 해안의 흙이 유실되는 피해를 방지하려고 만든다. 물 흐름을 통제하려는 돌제도 있고, 해변을 보호하고자 해안선에서 어느 정도 떨어진 곳에 만드는 이안제도 있다. 이런 구조물들은 대부분 바다나 바닷가의 매립을 동반한다. 공유수면 매립이 인프라를 위한 매립이기도 한 이유다.

　매립 공사엔 지형 조건이 중요한데, 수심이 얕거나 모래가 많은 지역이

제2장 배경: 공유수면, 매립 그리고 연안의 재구성　57

유리하다. 매립 규모에 따라 공사하는 방법이 다르다. 대규모 공사인 경우는 메우고자 하는 부근에 제방을 처음부터 둘러싸 물을 빼내고 흙을 붓는다. 이와 달리 소규모 공사는 육지에서 바다쪽으로 토양 및 돌을 메워나가는 방식을 쓴다. 현대 연안공학이 발전하기는 했지만, 매립의 기본원리는 예전과 많이 달라지지 않았다. 바로 메꾸는 행위다. 그렇다고 아무렇게나 메꿀 수는 없다. 제일 큰 문제는 매립지에서 침하(沈下)가 발생한다는 점이다. 매립지가 내려앉거나 꺼져 내려가는 현상이다. 연안공학은 이 문제에 대응하면서 발전해 왔다고 해도 틀리지 않다고 한다. 침하예측이 가능해지면서 대규모 매립도 가능해졌다.

연안 매립 기술의 발전은 전쟁과 밀접한 관련을 맺고 있다. 바다에서 오는 적이 육지에 상륙하려면 반드시 연안을 통과해야만 하기 때문이다. 현대 연안공학은 제2차 세계대전 판도에 결정적인 영향을 준 작전으로 평가받는 1944년 6월 노르망디(Normandie) 상륙 작전에 그 기원이 있다고 하는데, 그 이유도 또한 같다. 우리나라에서 연안 매립의 역사는 고려 이전에 시작했다고 추정되지만, 확인하려면 더 연구가 필요하다고 한다. 인위적인 매립이 확인된 것은 고려의 대몽고 항쟁 시절에 수도 역할을 했던 강화도이다(이민석, 2020: 115). 노르망디처럼 전쟁 기간이기는 한데, 방향은 다르다. 강화도로 천도하면서 인구 규모에 비해 경지 면적이 부족해지자, 해안 지역에 제방을 쌓아 농지를 확장하려는 목적이었다(박영한·오상학, 2004: 33).

당연하지만 메꾸는 공사에는 비용이 많이 든다. 바닷물을 퍼내거나 둑을 쌓아 그 공간을 메꾸는 행위가 쉽지는 않기 때문이다. 과거부터 매립을 왕실, 국가기관, 전·현직 관료 등과 같은 특권층이 진행한 이유가 여기에 있다. 매립의 이와 같은 정치경제학적 조건은 중요하다. 해안 매립의 중요한 역사적 속성을 보여주기 때문이다. 과거부터 현재까지 매립은 인민 혹은 시민의 필요보다는 매립으로 정치경제학적 부를 축적하려는 이들의 필요에 따라 진행된다. 바닷가와 바다의 생물리적 속성 그 자체가 매립 행위에 계급 속성을 부여하는 조건이 된다.

1960년대 말 한림읍 귀덕1리 포구를 보수하기 위하여 아낙들이 맨손으로 돌을 나르고 있다.
출처: 제주도청 홈페이지

바다를 메꾸는 데는 자재가 필요하다. 매립 자재는 통상 연안과 떨어진 장소에서 채굴되어, 매립지로 옮겨진다. 당연히 이동 거리가 길어지면 매립 비용이 상승한다. 흙이나 자갈, 돌 등은 어디에서 퍼오든가 혹은 무너뜨려 가져와야 해서, 매립 과정은 매립 대상 지역뿐만 아니라 다른 장소도 변형시킨다. 매립 자재를 옮길 때 덤프트럭을 사용하는 경우가 많다. 이는 매립지까지 도로가 있어야 한다는 뜻이다. 없으면 만들어야 한다. 육로가 아니라면 펌프선을 이용하거나 버킷선을 이용하기도 하고, 근거리라면 컨베이어 벨트 등도 이용한다. 공유수면 매립은 그래서 단지 바닷가와 바다뿐만 아니라 다양한 장소를 동시에 변형시킨다.

공유수면 매립 법령은 그 원형이 만들어진 일제 식민지 시기 이후 몇 차례 수정됐다. 하지만 기본구조 측면에서 본다면 변하지 않고 유지되는 요소가 있다. 바로 매립자가 해당 토지를 일정하게 소유할 수 있다는 점이다. 곧 공유수면 매립은 단지 대지만을 만드는 행위가 아니라, 그 이전에 없던 사적 소유를 발생시키는 행위다. 현재 법률에선 공유수면 매립지의 소유 주체를 삼분(三分)하고 있다. 조성된 대지 중 공용 대지는 국가 또는 지자체가 소유하고, 총사업비 상당의 매립지는 면허권자가, 그리고 바닷가에 상당하는 면적과 잔여 매립지는 국가가 소유권을 갖는다. 곧 공유수면이 상실되면서, 사유지와 국유지 그리고 공유지가 나타난다. 공유수면 매립 법령이 변화하면서 소유의 분배 비율이 달라지기는 했지만, 면허를 획득한 매립자에게 대지 소유권을 부여하는 내용은 변화하지 않았다. 탑동 운동 과정에서 매립 면허 부여 및 매립 과정의 불법성과 함께 매립지의 소유권을 둘러싼 갈등이 주요 문제로 부상한 이유였다. 곧 공유수면 매립은 공공의 목적을 위해 보호되어야 하는 공유수면이 소멸하면서 특정 개인이나 집단의 사적 소유 대지가 출현하는 과정이기도 하다.

3. 연안의 재구성

국립해양조사원이 2004년 12월 31일에 발표한 자료를 보면, 제주도의 해안선 길이는 부속 도서를 포함해 419.95km에 이른다. 이는 제주도가 그동안 공식 자료에서 사용해 온 1910년대 일제 강점기 때 조사된 253km의 1.6배를 넘는 규모였다. 무려 95년 만에 처음으로 실제 조사가 이루어졌다고 하지만, 차이가 매우 컸다. 언론들은 해안선의 길이가 이렇게 큰 차이를 보이는 이유로 과거에 이루어진 조사가 본섬의 자연 해안선만을 기준으로 작성됐기 때문이라고 추측했다. 그에 반해 2004년 발표에는 자연 해안선뿐만 아니라 방파제나 매립지와 같은 인공해안선이 포함되었고, 본섬뿐만 아니라 부속 도서도 포함되었다. 조사에 따르면, 본섬의 해안선 길이는 자연 해안선 267.53km, 방파제·매립지 등 인공해안선 40.79km이며 부속 도서는 자연 해안선 102.57km, 인공해안선 9.06km로 확인됐다. 본섬의 경우 "제주시 탑동을 비롯하여 한림읍 한림리, 애월읍 애월리, 구좌읍 세화리 등 각지에서 공유수면의 매립과 해안도로의 건설을 통해 인공 해안이 증가"한 것이었다.[31]

---

31 어떤 이들은 우리나라 해안에 비교하면 제주 해안의 인공화는 그리 많은 편은 아니

자연 해안과 인공 해안의 결정적 차이는 그 단순성이다. 매립으로 만들어지는 인공 해안은 인위적인 계획을 따라 추진되면서 단순한 기하학적 모형을 띠기 때문이다. 지도를 보면 더욱 분명히 알 수 있다. 기하학적 단순성을 보이는 지역은 예외 없이 매립이 진행된 지역이다. 제주 해안의 공간적 질서를 인공화하는 과정에서 나타나는 이 단순성은 물론 공간적 질서를 형성하는 매립계획에 내재한 근대적 시선을 상징한다. 이 시선 안에서 복잡성은 통제되지 않음과 같은 뜻이다. 계획은 복잡성을 단순성으로 대체하며, 그 단순성 안에서 관료와 기업가들은 편안함을 느낀다. 제임스 스콧의 말처럼 "동질적이고 기하학적이고 균일한 특성"으로 국가적 공간을 변화시키는 이유는 국가 관리에 편리할 뿐만 아니라 사고팔기에 이상적이기 때문이다. 스콧은 말한다. "격자형 계획의 특징은 측량사, 계획가, 부동산 투자자에게 적합하다. 이 경우 관료적 논리와 상업적 논리는 곧잘 결합한다."(스콧, 2010: 104)

연안 매립은 해안선을 변화시키는 가장 일반적인 물리적 시도이다. 해안선은 육지면과 해수면이 교차하는 선으로, 그 해안선의 길이만큼 연안(沿岸) 지역을 형성한다. 연안은 바다와 육지의 경계에서 일어나는 다양한 상호작용이 교차하며 형성해 온 넓은 지역을 포괄하는 개념이다. 해안선이 단지 물리적인 개념이라면, 연안은 이와 달리 자연의 일과 만나 이루어지는 다양한 사회적 상호작용을 포괄하는 개념이라는 점이 특이하다. 하지만 바로 그런 개념적 속성 때문에 분명한 지리적 경계를 파악하기 어렵다고 알려져 있다. 제도 측면에서 본다면 공유수면과 연안은 겹치기도 하고 다르기도 하다. 공유수면은 연안 해역을 모두 포함하지만, 연안 육역은 일부만 포함하기 때문이다.

연안에는 모래나 자갈 혹은 바위 등뿐만 아니라 등대, 항구나 방파제 등의 인공물도 포함되어 있다. 또한 사회와 자연이 만나는 접점이기에 자연을 활용하는 다양한 노동과 활동이 발전하기도 한다. 연안어업이나 경관을 이용하는 다양한 관광 프로그램은 대표적이다. 특히 제주와 같은 지역에서 연안

라고 말하기도 한다.

은 제주 주민의 일상생활에서 중요한 역할을 한다. 따라서 연안의 변화는 연안 환경 속에서 살아가는 인간과 자연 모두에 영향을 미치고, 이 두 변화는 상호작용한다. 이 상호작용에 관한 현대 사회의 이해가 깊어지면서 연안 관리의 중요성도 많은 국가에서 인정받고 있다.

우리나라에서도 1999년부터 「연안관리법」을 제정해, 국가의 책임 아래 연안을 체계적으로 관리하고자 노력하고 있다. 여기에는 두 배경이 있다고 보인다. 우선 1990년 전후부터 국제적으로 연안을 보호하고 체계적으로 관리하라는 압력이 가중되었다. 다른 하나는 대규모 간척사업을 경험하면서 연안 파괴에 항의하는 시민사회운동이 성장했을 뿐만 아니라, 일반 시민을 포함해 우리 사회 전체의 매립 인식이 달라졌다는 점이다.

연안 해역을 이루는 공유수면 매립은 단지 해안선을 변형하는게 아니라 연안 전체의 사회적 특성을 바꾸기도 한다. 매립은 기존 연안을 구성하던 영역화(territorialization)의 규칙을 바꾸며, 이는 연안 전체에 중요한 사회 변화를 유발할 수 있다. 잠업을 하던 해녀가 다른 지역으로 이동하기도 하고, 매립지 위에서는 이전에 없던 관광호텔이 들어서 인근이 유원지로 개발되기도 한다. 부동산 가격이 변동하며, 이 기회를 빌려 지대 격차를 누리기 위한 기회주의적 개발 활동이 분출하기도 하고, 정부는 때로 부동산 개발업자와 손을 잡고 구조적 투기꾼처럼 움직이기도 한다. 말 그대로 연안의 규칙이 바뀐다.

때로 규칙의 변경 범위는 해안선 지역을 넘어 훨씬 확장된다. 플로리다와 하와이는 주 전체를 연안으로 정의하고 있다. 이런 기준에서 본다면 제주

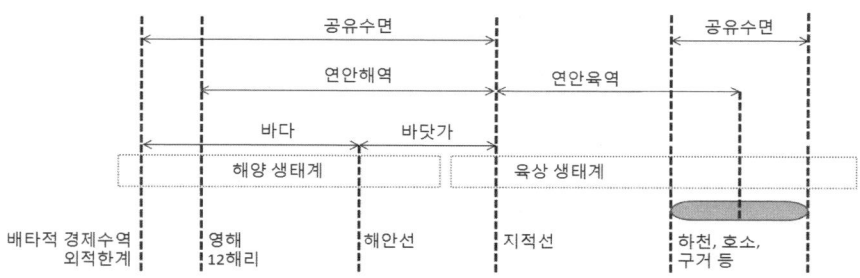

공유수면과 연안의 범위 비교: 해양수산부(2016: 25) 도식 재구성

도도 전체가 연안으로 규정될 수 있다. 이는 해안선의 물리적인 변화가 제주도 전체의 지리-물리적인 변화와 연결되어 있을 뿐만 아니라, 제주도 전체사회의 변화와도 직접 연결된 문제라는 점을 인식하는 데 중요한 출발점이 될 수 있다. 주의할 점은 공유수면 매립을 단지 자연의 훼손이라는 방식으로 일면화하지 않는 일이다. 비록 그런 차원이 있다고 하더라도, 연안 영역의 재영역화로 촉발되는 자연과 사회의 관계 변화라는 보다 큰 틀 안에서 매립을 이해하는 일이 중요하다. 『자연과 권력』을 쓴 요하힘 라트카우(Joachim Radkau)의 표현을 빌린다면 "인간과 자연의 다양한 결합들에서 나타나는 조직 과정 및 자체 조직 과정, 그리고 탈구성 과정"을 다루는 시선이 필요하다(라트카우, 2012: 14).

해안의 인공화로 인한 연안의 물리적 변화는 사실상 예측하기도 힘들다. 인공 해안은 자연의 '일'로 형성된 해안의 복잡성이 매립으로 파괴되고 단순한 직선으로 대체될 때 등장한다. 그래서 단지 해안의 모형만 변하는게 아니라 자연의 일과 직접 충돌한다. 매립으로 연안의 생물리적 속성이 급변할 뿐만 아니라, 기존과는 다른 조건과 만나 자연의 일(work)이 작동하는 방식 또한 변화한다. 공유수면 매립지는 무엇보다 바다를 메워 육지를 연장하는 인공화의 기술에 의존하지만, 그 정의상 연안은 소멸하지 않고 끊임없이 재구성된다. 연안은 매립지 때문에 변형되지만, 소멸하지 않으며, 매립지를 그 안에 품고, 자신의 '일'을 지속한다. 때로 그 '일'은 인간의 의지를 무력화시키며, 인간의 권력에 대항하여 인간에게 자기 일을 다양한 형태로 각인시킨다.

잘 알려진 예 몇 가지만 들어보아도 다음과 같다. 큰 파도는 수심이 얕아지면 차츰 허물어지며 에너지를 상실한다. 하지만, 매립지의 호안에서는 파도가 인공 구조물과 직접 충돌하기 때문에 물보라가 높이 치솟고 그것이 바람을 타고 내륙으로 운반되어 염해를 일으킨다. 염해는 해안에서 약 10km까지도 발생한다고 알려져 있다. 또한 매립지에 들어서는 공장이나 아파트, 상가 등으로 해양 오염 문제가 발생할 수도 있다. 해양생물의 서식지가 파괴되는 건 매립의 전제다. 주변 환경도 달라진다. 바다의 해저도 준설로 깊어지고, 각종 죽은 해양 동식물의 퇴적으로 매립지 주변은 일시적으로 생물이 거의 생활할 수 없는 상태가 된다. 매립지로 진출한 기업이나 주민의 배수로 유기물과 무기물의 공급이 증가, 연안 해역의 부영양화가 가속화돼 생태계가 급속히 파괴된다. 매립지나 방파제 건설로 조수의 흐름이 크게 변화하고 때로는 해저에 물의 이동이 적어져 바닥 질이 나빠진다. 준설로 모래를 빼앗겨 깊은 웅덩이로 변한 곳은 해수의 혼잡이 안 되고, 산소공급이 어려워져 생물이 살아갈 수 없는 거대한 무생물 지역이 되기도 한다.

하지만 매립이 연안 환경에 미치는 영향은 오랫동안 질문의 대상이 되지 않았다. 그러다 기후-생태변화로 인한 사회 위기가 본격화되면서 정책 환경의 중요 변수로 근래 들어 취급되고 있다. 연안 공유수면 매립이 연안의 회복력(resilience)을 약화해 연안 일대를 반복적인 자연 재난에 노출할 뿐만 아니라, 장기적으로는 연안 전체를 상실하는 결과를 초래할 수도 있다는 분석이 등장한 이후이다. 회복력이란 일반적으로 하나의 체계가 외부의 교란이나 변화에도 본래의 상태로 돌아가는 능력을 일컫는다.

탑동 또한 마찬가지다. 2차 매립이 끝난 이후 탑동은 반복적으로 월파 피해를 보고 있다. 결국 재해위험지구로 지정되어 관리되고 있다. 재해를 막고자 탑동 매립지 앞 바다에는 2020년 또 다른 방파제를 만들었다. 기존 방파제와 같은 경성 호안(hard protection) 방식으로 건설되었는데, 과연 이 방식으로 탑동 연안이 안전하게 관리될지는 미지수다. 중요한 점은 탑동 매립으로 연안 회복력이 파괴된 상황에서 재해에 대응하고자 또 다른 공유수면 매립을 불러오는 방파제를 만들어야 했다는 점이다. 어떤 전문가가 말했다는 다음 내용은 너무 상식적이지만, 제주 연안의 재영역화를 고민할 때 기본적인 출발점이 될지도 모른다. "매립의 경우 자연적인 조류의 흐름을 바꾸는 일이기 때문에, 어딘가로 그에 대한 피해가 나타나게 돼 있다."[32]

다시 돌아오는 자연의 일은 기존 방파제로는 대응할 수 없기에, 기존 인

---

32 제주환경일보, 2015.4.6., "매립?, '먹돌'이 뭔지도 몰랐대요."

프라의 약점이나 한계로 인식된다. 탑동이 보여주듯이 인프라의 한계는 역설적이지만 해당 인프라의 또 다른 확장과 발전을 통해서만 관리될 수 있다. 일단 만들어진 인프라는 따라서 폐기되지 않는 한, 끊임없이 자신을 보수해 나가거나 혹은 확장해 나가는 선택을 강요한다. 그러나 자연의 일을 향한 예측은 점점 더 힘들어지기에, 인프라가 언제 어떤 모습으로 자신의 약점을 다시 보일지 우리는 알 수 없다. 우리는 인프라에 갇혀 있다.

· · · · ·

제3장

접근 이론: 제주개발체제와 개척지 연안 그리고 인프라

"어떤 개념을 살아 숨 쉬게 하려면 구체적인 역사가 있어야 한다."

애나 로웬하웁트 칭

본 연구의 중심 과제는 ① 2차 제주 탑동 공유수면 매립을 둘러싸고 발생한 갈등, 저항, 포섭 혹은 타협 과정이 어떻게 역사적 '탑동 문제'를 구성했으며, ② 탑동 운동이 역사적으로 종료한 이후 또 다른 연안 개발 및 매립과 만나 탑동 문제가 어떤 방식으로 다시 문제화되고 있는지 이해하는 일이다. 이때 본 연구는 연안 공유수면 매립을 기존과는 다른 시각에서 접근한다. 매립은 연안을 인프라(infrastructure)로 변형시키는 방법의 하나로, 그 조직의 방법은 '개발 프로젝트'에 따라 달라진다.

 탑동 문제를 바로 이런 연안 인프라의 역사적 형성 과정에서 제기된 문제로 이해할 때, 탑동 문제 그 자체뿐만 아니라, 탑동 운동의 역사적 종료 이후 나타난 또 다른 탑동 문제를 향한 이해도 보다 깊어질 수 있다는 것이 본 연구의 전제이다. 간단히 말한다면, 탑동 문제란 개발 프로젝트가 부여하는 연안 인프라의 조직 방법에 내재한 구조적 모순 및 이를 둘러싸고 전개되는 사회 갈등 속에서 어떤 인프라를 선택할지를 두고 형성된 질문이다.

 여기서 '개발 프로젝트'는 개별 개발사업이나 정책과 연결되어 있기는 하지만 그와 구분되는 개념으로, 부분이 아닌 전체의 관점에서 개발을 특정한 목표와 연계하는 전략적 시각이다. 개발 프로젝트는 어떤 개발이 필요하고, 그 개발을 어떻게 추진해야 할지에 일련의 체계적인 절차와 규칙을 제공하는 안내 지도이자, 왜 그 개발이 필요한가를 내적으로 설명하는 동시에 시민 다수의 동의를 조직하는 동원 체계이기도 하다. 개발 프로젝트는 그 자체가 특정 정치사회집단의 산물이지만, 그로 환원되지 않는 이를 뒷받침하는 광범위한 정치사회 동맹을 요구한다. 만약 정치사회 동맹과 프로젝트의 결합이 상대적으로 견고하다면, 개발 프로젝트를 매개로 다른 시기와 구분되는 역사적으로 구조화된 특정 양식의 개발체제가 형성된다.

일단 형성된 개발체제는 주어진 환경 변화에 적응하고, 새로운 프로젝트의 도전에 대응하며 자신을 변형시켜 나가는 일련의 학습체계이기도 하다. 그래서 개발체제는 어떤 조건에서는 자신의 근거가 되었던 개발 프로젝트를 능동적으로 다시 구성할 수 있고, 이때 개발체제의 유의미한 역사적 변형이 이루어질 수 있다. 하지만 본 연구는 안토니오 그람시(Antonio Gramsci)의 정치사회이론을 현대적으로 계승하는 네오-그람시주의의 시각(Neo-Gramscian Perspective)을 택해, 이와 같은 개발체제의 의미 있는 변형이 혁신, 적응, 외부적 충격 등의 변수보다는 개발체제가 직면하는 불일치나 갈등 혹은 모순과의 관계 속에서 일어난다고 이해한다(Kalt, 2004: 4). 무엇보다 사회운동의 도전과 같은 갈등의 역할을 중요하게 바라본다.

네오-그람시주의는 개발체제의 역사적 형성과 지속 그리고 변형 과정 전체를 헤게모니(hegemony)의 시각에서 통합적으로 기술할 수 있도록 돕는다. 이 시각에서 볼 때, 개발체제는 모순과 갈등을 지닌 하지만 그에 대응하며 자체를 능동적으로 재구성해 나가는 역동적인 하나의 헤게모니 체제(hegemonic regime)이다. 다시 말한다면, 개발체제에 내재한 모순과 다양한 수준에서 경험하는 갈등이 개발체제를 재구성하는 동력이 된다. 그래서 개발체제에는 역사적으로 관통해 온 갈등의 흔적이 남아 있다. 개발체제의 역량은 구조적 모순과 경험적 갈등에 직면하여 자기 체제를 효과적으로 방어하고 지속시키는 역량이며, 그러한 역량이 강할수록 그 체제는 헤게모니적이 된다. 하지만 아무리 강한 역량을 보여준다고 하더라도, 개발체제 안에는 구조적 원칙 수준에서 모순이 견고하게 자리 잡고 있어, 새로운 갈등의 도래를 완전히 방지할 수는 없다.

개발체제를 헤게모니체제로 바라보는 이런 접근방식은 연구 전체를 규정하는 중심 토대이다. 이 토대 위에서 개발체제가 연안을 이용하는 특정한 양식에 관한 이론, 곧 연안을 잠재적 부동산으로 바라보는 '개척지'(frontier) 이론이나 연안 그 자체가 개발을 통해 인프라로 역사적으로 변형되어 나간다는 현대 인프라 이론이 결합한다. 여기에, 연안을 이용하거나 관리하는 또 다른 역사적 양식이자 현재도 있는 공동자원체제(commons)로서의 연안이, 다양한 방식으로 개발체제와 만나면서 연안 인프라를 둘러싼 정치적 경합공간을 형성한다는 일반적 관찰에 의존하여 전체 접근 방식을 보다 입체적이고 풍부하게 한다.

개발체제를 중심으로 개척지, 인프라 그리고 공동자원체제 분석을 결합하는 이와 같은 접근은 공유수면을 둘러싼 모순과 갈등을 개발과 통합하여 바라보는 동시에, 이 안에 내재한 균열과 위기 구조를 파악하는 이론적 방법을 제공한다. 물론 이 이론적 접근은 그 자체로 완전하지 않다. 개발체제의 모든 면을 완전하게 포함하기보다는 역사적으로 실재했던 탑동 운동의 관점에서 '탑동 문제'가 다시 문제화되는 과정을 포착하려는 선택적 구조화일 뿐이다. 또한 이런 접근이 그 자체로 새롭지도, 통일적이고 체계적이지도 않다. 탑동 문제를 이해하는 데 도움을 주는 여러 기존 이론적 접근을 접합하고 다시 구성한 작업일 뿐이다. 다시 말해 나의 이론적 토대는 절충적이다. 당연히 여전히 여기에는 더 수행해야 할 작업이 많이 남아 있다.

1. 개척지(frontier): 개발-지리 영역의 개척과 '저렴한 자연'으로서의 연안

일반적으로 마르크스주의 계열 자본축적론에서는 자본축적에 동원되는 자본 관계 이전의 영역, 대상 혹은 관계를 전제하곤 한다. 자본축적을 계속 밀고 나가고자, 운동하는 자본은 언제나 그 '외부'의 자원을 계속 찾아다닌다고 보기 때문이다. 자본 관계 안으로 통합되기 이전의 영역이라는 점에서, 때로 이 영역을 영어권 개념을 빌려와 '프런티어'(frontier) 곧 '개척지(開拓地)'라고 부르기도 한다. 이 개념은 자본이 끊임없이 새로운 영역을 단지 탐색하는 데서 그치지 않고, 자신을 미지의 영역으로 확장해 나가는 내적 팽창의 동학에 지배당한다는 점을 보여주는 데 유용하다.

영어 단어 '프런티어'는 단어 뜻 그대로는 '경계선'을 의미하는 프랑스어 'frontière(프롱티에르)'에서 왔다고 알려져 있다. 이 단어는 많은 이들이 알고 있듯이, 미국사 안에서 특정한 의미를 지닌다. 프런티어가 미국 서부 개척 시대를 상징하는 단어이기 때문이다. '프런티어'는 당시 개척지와 미개척지 사이의 경계를 가리키는 말로, 개척의 첨단(尖端) 곧 새롭게 확장되는 미국의 경계를 의미했다. 잘 알려져 있지만, 미국의 '프런티어 정신'은 바로 이런 역사와 연관되어 있으며, 미국은 이를 단지 과거의 산물이 아니라 미국 자본주의 정신의 원형으로 여긴다. 이런 프런티어 개념이 주로 미국 학자들을 매개로 자본축적 이론과 만나, 자본 운동이 새로운 영역으로 팽창해 나가는 과정을 설명하는 개념으로 확장되었다.

프런티어 개념의 장점은 자본의 경제적 팽창과 지리적 팽창을 연결해 사유하고 분석할 수 있도록 돕는다는 데 있다. 프런티어가 그 자체로 개척의 경계를 계속 확장해 나간다는 공간적 의미를 간직하고 있기 때문이다. 이런 의미에서 본 연구에서는 '프런티어'를 '개척지(開拓地)'로 번역한다. 비록 개척지가 개척되지 않았던 대지의 개발을 우선 떠올리게 하지만, "이미 개발된 공간의 내적인 차별화"(스미스, 2019: 110)로 창출되는 공간 또한 개척지 개념을 통해 설명할 수 있다. 개척지 개념은 이미 개발된 공간이 일종의 창조적 파괴를 통해 새로운 자본축적의 영역으로 재편되는 과정도 포함한다.

연안 공유수면 매립은 그 자체로 매립으로 새로운 대지를 생산하는 과정이자, 그 대부분이 경제개발이나 자본 유치 용도로 이용된다는 점에서 본래의 '개척지' 개념이 상대적으로 순수하게 적용되는 활동이다. 제주개발체제는 연안을 개발하여 그 지대차익을 활용하고자 다양한 사업을 과거부터 계속해 왔다. 이때 자연 연안이나 그 연안의 사용가치와 관계를 맺는 공동체의 '일'은 제주 발전을 위해 포기해도 좋은 대상이었다. 애나 로웬하웁트 칭(Anna Lowenhaupt Tsing)은 "인간과 비인간 모두를 투자 자원으로 삼아 부를 축적한 인간의 역사"에서 "투자가들은 사람과 사물 모두를 소외시켰는데, 여기서 소외란 마치 생명의 얽힘 관계는 중요하지 않다는 듯이 독립할 수 있는 능력을 말한다"(칭, 2023: 29)라고 쓴 바 있다. 그의 분석을 따른다면, 매립은 연안을 '소외'시켜 '개척지'로 만드는 가장 노골적인 수단이었다.

개척지로 연안이 변형되면서 제주 연안은 라즈 파텔(Raj Patel)과 제이슨 무어(Jason Moore)가 말하는 "저렴한 자연"(cheap nature)으로 재구성되었다(파텔, 무어, 2020). 이는 두 가지 의미이다. 하나는 연안이 언제나 제주 경제개발에 동원될 수 있는 값싼 자원으로 여겨졌다는 뜻이다. 개발에 필요한 내적 자본이 축적되어 있지 않은 조건에서, 연안은 그 자체로 값싸게 동원 가능한 대상이었다. 다른 하나는 값싸게 동원하고자 값이 싼 형태로 계속 만들어야만 했다는 의미이다. 바꾸어서 말한다면, 개발 탓에 연안은 늘 "저렴"하게 조직되어야만 했다. 투입 비용을 저렴하게 유지하려면 매립의 사회적 비용을 계속 낮추어야만 했고, 이는 연안을 저렴한 상태로 유지하는 사회구조나 관계를 해당 연안 지역에 계속 부과해야만 한다.

"저렴한 자연"의 두 차원 모두에서 공유수면 제도는 중요한 역할을 했다. 공유수면은 연안 관리 책임을 정부에 부과한다. 정부는 이 독점적 권한을 활용하여 연안을 저렴한 자연으로 취급하거나 혹은 역사적으로 다양한 조치를 실행하여, 개발 프로젝트를 직접 추진하거나 지원했다. 저렴한 자연의 유지와 창출 과정은 당연히 다양한 수준의 저항에 직면하기도 하고, 때로는 다루기 힘든 조정 문제와도 만난다. 국가 없이 저렴한 자연을 창출하기 힘든 이유이다. 공유수면은 관리와 조정의 근거가 되었다. 국가가 언제나 이 관리와 조정 과정을 공유수면 제도가 요구하는 합법적 절차를 따라서 진행하지는 않는다. 때로 이 과정에는 의도적인 조직적 폭력이 개입하기도 했다. 제도 자체를 이용할 때도 마찬가지였다. 제도를 활용하여 강압적 프로젝트를 밀어붙이기도 했고, 제도의 빈틈을 활용하여 저렴한 자연의 조건을 유지하는 방법을 찾기도 한다.

하지만 바로 '저렴한 자연'으로 연안을 계속 유지해야 한다는 점이 연안을 개발 프로젝트의 개척지로 전환하는 과정에 내재한 구조적 약점이기도 했다. 연안의 사회적 비용을 계속해서 낮출 수는 없었기 때문이다. 실제로 민주화 이후 열린 민주주의 공간은 과거와 같은 권위주의적 조치의 비용을 상승시켰다. 또한, 그동안 저렴한 자연으로 여겼던 연안이 일정한 개발 한계를 넘어서자, 그 자체로 엄청난 경제적 비용을 요구하는 또 다른 역사적 자연으로 변형되었다. 곧, 제주는 더 이상 연안을 저렴한 자연으로 이용할 수 없는 한계에 도달했다. 연안을 포함해 자연의 일이 변형되면서 인간의 거주 가능성 자체에 큰 제약도 부과되고 있다. 이와 같은 두 과정 곧 저렴한 자연화에 맞서 사회 갈등이 부상하고 기후-생태 비상사태와 같은 총체적 파국 상태가 가속화되는 상황은 연안을 재정치화하는 주요한 동력이 되었다.

2. 공동자원체제(commons)

'프런티어' 곧 개척지는 개발의 관점에서 아직 개척하지 못하거나 아니 한 영역을 대상으로 하지만, 실제 그 영역은 미개척(未開拓)의 상태가 아닌 경우가 많다. 그 영역을 살아가는 이들이 개발과는 다른 관계 속에서 해당 영역에 고유한 의미를 부여하며, 영역을 관리하는 자신들의 제도를 운용하는 일이 있기 때문이다. 공동자원체제(commons)는 그런 제도 가운데 하나이다. 연안 공유수면은 공유수면으로 지정되기 이전부터, 섬이라는 제주의 지리-물리적 조건뿐만 아니라 특유의 산업구조 등 때문에 역사적으로 제주 인민에게 필수적인 공동의 자원체계(resource system)였고, 연안을 공동 이용을 보장하고자 이를 둘러싼 다중심적 조건과 갈등을 조정하는 공동자원체제를 발전시켜 왔다.

개척지가 그 근본에서 연안 공유수면을 부동산으로 개발하여 '교환가치'를 추구하려는 힘에 추동된다면, 공동자원체제에는 인민의 필요와 접합된다는 점에서 연안의 '사용가치'와 관계하는 측면이 존재한다. 이는 공동자원체제가 교환가치에 무관심하다는 의미나 그와 분리되어 작동한다는 걸 말하는 게 아니다. 시장과 분리된 연안 공동자원체제는 상품경제가 일상화된 이후에는 지속되기 힘들었다. 공동자원체제만으로는 일상생활을 하는 데 필요한 화폐를 확보할 수 없었기 때문이다. 그래서 때로 공동자원체제는 연안 공동체를 빈곤의 덫에 갇히도록 만드는 기제이기도 했다. 이를 넘어서려면 공동자원체제와 더 많은 교환가치를 제공하는 상품시장을 결합해야만 했다.

우리는 상품경제와 공동자원체제의 결합이 공동자원체제를 관리해 온 연안 공동체의 심성에 중대한 영향을 미쳤다고 추측할 수 있다. 또한, 더 나은 대안이 있다면 굳이 연안 공동자원체제를 관리하는 삶을 선택하지 않아도 된다. 우리는 삶의 기회 확장과 공동자원체제의 관계도 함께 고려해야 한다. 그 이유가 무엇이든 연안에 남아 공동자원체제로 살아가려 한다면, 공동자원체제가 교환가치와 연결된다고 하더라도, 그 자원체계가 유지 존속되어야만 계속 상업 활동이 가능하다. 또한 바로 그 노동 현장이 삶의 현장이기도 하다는 점 때문에, 사용가치의 관점에서 해당 장소와 관계를 맺는 역사적 양식도 발전하는 경향이 있다. 그리고 이를 보호하려는 내적 전통과 관습 그리고 실천이 존재한다. 물론 모든 공동자원체제가 이런 사용가치의 보호에 성공하지는 못한다. 공동자원체제를 둘러싼 시장경제의 발전이나 경제 환경의 변화는 그만큼 강력했다.

공동자원체제의 관점에서 제주 탑동 공유수면을 이해할 때 중요한 건 두 가지이다. 하나는 연안 바다에 인접한 연안 공동체 특히 어로 활동을 벌이는 어업 공동체다. 어업 공동체는 연안 바다의 공동이용을 보장하는 동시에 그 이용 과정에서 발생하는 갈등을 관리하는 제도를 발전시켰는데, 공동어장은 그 실체다. 공동어장은 말 그대로 연안 공동체가 함께 쓰는 바다로, 제주에서는 이를 '바다밭'이라고 부른다. 바다이기는 하지만, 밭처럼 어장 또한 인간이 '경작(耕作)'하는 곳이라고 보는 관습이 반영되어 있다. 공동어장은 연안 공동체 모두의 삶에 중대한 영향을 미치는 동시에 경제활동의 공동 기반이기에, 이와 연관된 이들 사이에는 특정한 유형의 관계가 구성된다. 이는 갈등이 없다는 말이 아니다. 공동의 기반은 언제나 다른 이들과 만나야 하는 물리적 구속 상황을 만들어 낸다. 갈등과 타협은 피할 수 없으며, 때로는 상처가 된다. 공동의 삶은 그렇게 진화한다. 또한 공동자원체제가 언제나 자연을 지속가능한 방식으로 관리하는 데 성공하는 건 아니라는 점도 중요하다. 공동자원체제는 특정한 조건에서만 자연의 지속가능성을 담보할 뿐이다.

다른 하나는 연안 공동체와는 달리 '사회' 차원에서 연안 바다와 맺는 관계와 집단이다. 연안 공동체가 무엇보다 바다와 '밭'의 관점에서 관계 맺는다는 사실은 이들에게 연안이 노동의 대상임을 말한다. 그와 달리 '사회'는 노동과는 또 다른 이용의 관점에서 바다와 만난다. 이용 양식은 다양하다. 산책할 때 만나는 경관일 수도 있으며, 때마다 올라온 멸치를 잡는 '텃밭'일 수도 있다. 수영을 하러 찾기도 하고, 친구들과 해안을 거닐며 파도 소리를 들을 수도 있다. 곧 연안 공동체의 이용 양식과 비교한다면 사회의 바다 이용은 대부분 '자율활동'의 양식이다.

'사회'의 모든 활동과 바다가 만나는 중심에는 바다가 모두에게 열린 자연이라는 관점이 녹아 있다. '자연' 바다는 그 누구의 소유도 아니기에, 누구라도 자신만의 방식으로 자연과 만날 수 있다. 그 이용에 물론 경계는 있다. 특정한 법과 제도 안에서 이루어지기 때문이다. 하지만 이는 시민의 상식과 공존하는 형태로 이루어질 때 안정적이라는 점에서, 기본적으로 상식과 연계한다. 로마법에는 이런 바다를 가리키는 특정한 개념이 있었다. 바로 레스 콤뮤네스(Res Communes)이다. 레스 콤뮤네스란 모두에게 속해 있는 대상으로 그 누구도 소유할 수 없는 대상이었다. 당연히 소유할 수 없기에 거래할 수도 없었다. 레스 콤뮤네스는 '사회'의 차원에서 바다의 공동이용을 보장하는 또 다른 공동자원체제라고 말할 수 있다(장훈교, 2022: 53-64).

탑동 연안 공동자원체제는 이 두 차원 모두를 포괄한다. 곧 공동체의 수준과 사회 혹은 공중(publics)의 차원이 공동자원체제와 결합해 있다. 곧 노동과 자율활동이 바다를 매개로 만나며, 이를 조정하고 관리하려는 다양한 법적 규준과 관습적 규칙, 그리고 상식 등이 공동자원체제와 연동되어 있다. 이때 바다는 단지 자원체계 그 이상의 의미를 지닌다는 점이 강조되어야 한다. 존 로건(John R. Logan)과 하비 몰로크(Harvey L. Molotch)가 말한 바처럼, "장소의 물질적 사용은 심리적 사용으로부터 분리될 수 없"어, "물리적 생존을 가능하게 하는 일과는 감정적 의미를 가지게 된다."(로건, 몰로크, 2013: 65) 이 감정이 해당 공동자원체제에 강한 애착을 형성한다. 애착의 강도는 모두 다르다고 하더라도, 공동자원체제의 중대한 변화는 많은 이의 애착과 마찰을 일으킬 수 있다. 그리고 이는 강력한 사회운동의 사회심리적 기초가 될 수 있다.

개발은 "어떤 자원들이 자본화될 가치가 있고, 어떤 자원들이 무가치한 것으로 취급되어야 할 것인지의 관점에서 자연"(알트파터, 2007: 75)을 탐사한다. 따라서 공동자원체제가 자본의 관점에서 개발해야 할 개척지(frontier)로 재평가되면, 곧 '개발'의 유용성이 인정되면, 자본은 개발을 위해 공동자원체제를 구성하는 두 차원인 공동체의 수준과 사회(공중)의 차원에서 자연과의 관계를 조정하는 문제에 개입해야 한다. 공동자원체제를 유지해 온 두 차원의 공동성이 개발이 추구하는 자연의 이런 선택적 가치화와 어떻게 만나 작동하는지는 경험적인 문제다. 곧 미리 예단할 수 없는 우연적 문제이다.

탑동 운동은 공동체 수준과 사회 수준 모두에서 공동자원체제와 연관된 공동성의 경험이 저항적 사회운동의 추진력이 되었던 사례이다. 하지만 제1차 매립이나 제3차 매립 과정에서는 과거 탑동 운동 수준의 규모 있는 조직적 저항이 발견되지 않는다. 공동자원체제를 운영하거나 그와 연관된 당사자들은 2차 매립 이후만 보아도 현재까지 거의 30여 년 넘게 지속적인 공동자원체제를 둘러싼 강력한 개발 압력 상황에 놓여 있었다. 이 과정에서 공동자원체제와 개발 프로젝트의 관계는 2차 매립 당시와는 또 달라졌을 수 있다. 개발 프로젝트는 자연과 사회를 조직하는 질서를 교환가치의 관점에서 바라보는 심성구조(mentality)를 발전시키며, 이는 공동자원체제라고 해서 예외가 아니다. 다시 말한다면 공동자원체제가 자본의 필요에 반대하는 집단적 저항을 자동으로 발생시키는 건 아니다. 공동자원체제에 자연의 선택적 가치화에 대항하는 사용가치 혹은 그 관계를 고려하는 힘이 있는게 사실이라 하더라도, 그 이유만으로 공동자원체제와 개발 프로젝트를 단선적인 대립 관계로 설정할 수 없다.

그러나 어떤 유형의 공동자원체제이든 그 공동자원체제로 관리되는 자연을 개척지로 개발하려면, 공동자원체제가 보유하는 공동성과 직면하여 그 사이에 존재하는 불일치, 틈새 때로는 모순을 조정해야 하는 국면을 경유해야만 한다. 이는 조직적 폭력의 개입이나, 물질적 이해관계의 타협 기반을 넓히는 방식, 혹은 전체의 필요에 순응하는 동의의 기반을 확장하는 방법 등 다양한 형태로 이루어질 수 있다. 비록 폭력적인 경로를 중심으로 고찰하기는 했지만, 마르크스가 '본원적 축적'(primitive accumulation)이란 개념으로 『자본』 1권에서 이미 포착한 바 있는 토지 공동자원체제의 파괴로 자본축적의 역사적 조건을 형성하는 과정은, 우리가 분석하려는 공동자원체제가 자본축적의 새로운 프런티어로 전환될 때 발생하는 특징을 이해하는 데도 도움을 준다. 본원적 축적의 가장 큰 특징은 ① 인간과 자원의 분리 그리고 ② 자원 형태의 전환에 개입하는 ③ 자본과 국가의 결탁이라고 말할 수 있다. 매립은 국가의 승인 아래 자본이 바다를 대지로 전환하면서, 그 바다와 전통적으로 관계 맺어 온 인민을 분리하는 과정을 극적으로 보여준다는 점에서 우리 시대 본원적 축적의 세 가지 특징을 가장 분명하게 보여주는 예일지도 모른다.

3. 연안 인프라 혹은 연안의 인프라로의 변형

연안을 개척지로 바라보며 매립하여 개발하는 행위는 연안을 점점 더 자본 운동 영역 안으로 통합하는 동시에 연안 그 자체의 역사적 구조와 성격 또한 변화시킨다. 연안을 포함해 자연은 인간 행위의 수동적 배경이 아니라, 인간이 실천하면서 역사적으로 형성하고 변형하는 '역사적 자연'이기도 하다. 연안의 인프라(infrastructure)로의 변형 곧 '연안 인프라'라고 말할 수 있는 변형은 이러한 역사적 자연으로서 연안의 구조와 성격을 보여주는 한 예이다. 일반적으로 인프라는 산업 분야의 생산이나 일상생활의 기반을 형성하는 '인공(人工)' 구조물 곧 철도, 도로, 발전소, 학교, 병원, 수도, 전력망 등을 가리키는 말로 이용됐다. 하지만 인프라가 반드시 인공 구조물만을 대상으로 하는 건 아니다.

폴 에드워즈(Paul N. Edwards)는 자연을 인간 활동의 필수적인 자원으로 변형시키는 일련의 제도나 장치도 인프라로 볼 수 있다고 제안한 바 있다(Edwards, 2002: 189). 애슐리 카스(Ashley Carse)도 인간 공동체나 경제활동에 필수적인 서비스를 공급하는 자연은 그 자체로 인프라로 볼 수 있다는 의견이다(Carse, 2012: 540). 이런 제안이 가능한 이유는 인프라가 다양한 수준의 '사회'에 필수적인, 인간의 노동으로 특정한 방향으로 관리되는 인간의 환경 곧 인공 환경을 가리키는 개념이기 때문이다. 자연은 그대로 존재하지 않는다. 인간의 실천과 만나 역사적으로 변형되면서, 인간의 인공 환경을 구성하는 '역사적 자연'으로 통합되고 있다. 인프라는 바로 이 인공 환경으로 변형된 역사적 자연의 층위와 결합한다.

연안은 이런 관점에서 볼 때 이미 오래전부터 연안 공동체 혹은 인간 사회의 인프라로서 기능해 왔다. 연안 경제의 역사적 형성 과정 자체가 연안이 인프라로 변형되지 않고서는 가능하지 않았다고 말할 수 있다. 이때 연안 경제가 '도덕' 경제인지 '시장' 경제인지는 상대적으로 중요하지 않다.[33] 경제활

---

33 현대 자본주의를 연구할 때, 도덕경제와 시장경제를 함께 고려해야 한다는 볼프강

동에는 모두 인프라가 필요하다. 연안 경제에서 연안은 단지 자연이 아니라 그 경제를 지탱하고자 다양한 경제활동이 투입되는 인간의 연안이다. 연안을 공동어장으로 활용하려면 지속적인 연안 관리가 필요하다. 또한, 연안 관리 노동의 분배와 그 책임의 추궁은 연안 공동자원체제를 형성하는 데 없어서는 안 될 요소였다. 이런 인프라로서의 연안은 공학기술과 인공재료 그리고 경영 관리 등이 결합하여 구조화되는 인공 구조물로서의 인프라와는 다른 유형의 인프라이다. 자연의 일을 활용해야 하기에, 자연과 접속하면서 자연의 구조와 속성을 선택적이고 부분적으로 인간화하는 인프라이기 때문이다. 애슐리 카스는 이런 인프라를 '자연 인프라'(natural infrastructure)라고 범주화한 바 있다(Carse, 2012: 540).

'자연 인프라'는 인간의 노동만으로 곧 인위적인 힘만으로는 만들 수 없다. 자연을 인공 환경으로 변형할 수는 있으나, 그 인공 환경 자체가 인간이 창안할 수 없는 자연 생태계 그 자체의 일을 통해 만들어지기 때문이다. 이런 점에서 연안이 인프라라면, 연안은 '자연' 인프라이다. 인간은 이때 인공 인프라를 매개로 자연의 기능을 인간의 필요에 최적화하기 위해 자연 인프라에 개입하며 관리한다(Carse, 2012: 544). 하지만 자연을 단지 인프라의 최적화 대상만으로 여겨서는 곤란하다. 티모스 미첼의 말을 빌린다면, "인프라는 자연을 생산한다."(Mitchell, 2014: 438) 인프라는 자연을 변형시키고, 그 자연과 만나는 인간의 형식 또한 변경한다.

연안을 인프라로 조직하는 방법은 자연 인프라를 지탱하는 자연과 어떤 방식으로 만나는지에 따라 역사적으로 달라진다. 자연 인프라의 구조상 자연이 부과하는 한계를 고려해야 하지만, 그 한계를 해석하는 일뿐만 아니라 자연의 일을 이용하는 방식 모두 선택적이다. 이런 점에서 자연 인프라는 그 본성에 있어 정치 프로젝트이다(Carse, 2012: 544). 또한, 같은 맥락에서 티머시 미첼은 "인프라 건설은 일종의 자연 정치"(Mitchell, 2014: 438)라고 말하기도 했

슈트렉(2018)의 조언을 참고했다.

다. 더 나아가 한 사회가 자연 인프라를 어떤 방식으로 조직하느냐는 선험적으로 결정되어 있지 않고, 그 사회가 어떤 정치 프로젝트와 결합하냐에 따라 달라진다. 이는 중대하다. 다른 정치 프로젝트가 요구하는 새로운 자연 인프라는 기존 삶의 양식을 변경하거나 소멸시킬 힘을 지닌다(Carse, 2012: 544). 곧 자연 인프라를 조직하는 방법에 따라, 어떤 삶의 양식은 위협을 받는다. 물론 반대 경우도 있다. 새로운 단계로 나아가는 삶의 양식도 가능하다.

그런데 연안을 저렴한 자연으로 바라보며 개발을 위한 개척지로 바라보는 프로젝트는 연안 인프라의 인공화를 그 어떤 역사적 국면보다도 활성화한다. 다르게 말한다면 연안 인프라에 설치되는 인공 인프라 규모와 강도가 이전과는 다른 수준으로 상승하며, 연안 인프라의 역사적 구조와 속성도 그에 따라 변한다. 이때 기존 연안을 인프라로 조직해 온 방법과 새롭게 인공화되는 연안 인프라 사이에 구조적 긴장이 발생할 가능성도 커진다. 이 긴장은 당연히 특정한 정치적 선택을 강요한다. 에스코바는 정치생태학이 "어떤 자연인가?"(What nature?)인가라는 질문뿐만 아니라 "누구의 자연인가?"(Whose nature?)라고 질문해야 한다고 했다(Escobar, 1998). 이 질문을 받아 애슐리 칼스는 "누구의 자연 인프라인가?"라고 질문한다(Carse, 2012: 544). 애슐리 칼스의 질문을 조금 변형한다면, 연안 인프라의 인공화가 강화될 때마다 다양한 사회집단의 갈등과 투쟁도 함께 강화될 수밖에 없다. 인프라의 선택은 곧 특정한 삶의 양식의 선택이기도 하기 때문이다.

또한 이는 연안 공유수면 매립이 기본적으로 어떤 인프라를 선택할지를 둘러싼 인프라의 정치라는 속성을 가진다는 걸 의미한다. 매립은 연안 인프라의 자연 인프라적 속성뿐만 아니라 이를 둘러싼 사회관계도 변화시키기 때문이다. 또한, 모든 인프라에는 그 인프라를 이용하는 집단이 해당 인프라로 도달하려는 미래 계획이 투영되어 있다는 점에서, 인프라와 인프라의 갈등 혹은 특정 인프라를 다른 인프라로 전환하려는 갈등은 그 자체로 미래를 둘러싼 갈등이기도 하다. 데보라 코웬(Deborah Cowen)의 말처럼, "인프라는 그 정의상 미래 지향적이다."(Cowen, 2017) 그리고 한 번 만들어진 인프라는 그 경직성 탓에 쉽게 해체되거나 변경되지 않는다. 인프라가 특정한 미래를 위한 약속인 동시에 다른 미래를 제약하는 보이지 않는 '법'인 이유이다.

국가는 이런 인프라의 정치에서 유일하지는 않지만, 중요한 전략적 행위자이다. 국가가 인프라를 둘러싼 모든 것을 결정할 수는 없다. 하지만 국가는 개별 인프라의 구조 안에 일정한 편향성을 역사적으로 써넣을 뿐만 아니라, 국토 전략을 매개로 영토 내에 인프라를 분배하며, 그 인프라에 특정한 국가의 미래를 투영한다. 한국에서는 대규모 자연 인프라를 형성하는 과정 자체가 동료 시민의 공동이용보다는, 자본의 필요가 우선 반영되는 편향이 구조화된 방식으로 진행되었다. 자연을 둘러싸고 사용가치와 교환가치 사이에 적대적 갈등이 발생할 때, 국가는 자본축적을 확대 재생산하는 방향으로 인프라를 조직해 왔기 때문이다.

연안이라는 자연 인프라는 이와 같은 국가의 편향 구조 및 그 역사를 잘 보여주는 대표적인 사례이다. 국가의 역사를 배제하고는 자연 인프라가 왜 이런 전개 과정 및 구조에 도달하게 되었는지를 이해하기 어렵다. 밥 제솝은 자본주의 국가에 '전략적 선택성'(strategic selectivities)이 존재한다고 말한 바 있다. 다니엘 R. 맥카시(Daniel R. McCarthy)의 주장처럼, 이런 전략적 선택성은 인프라와 만나, 인프라 그 자체의 전략적 선택성을 만들어 낸다(McCarthy, 2023: 12).

또한, 인프라로서의 연안 조직화에는 국가 이상의 수준도 결합하여 있다. 개발 프로젝트의 역사를 떠올려 보면 보다 분명하게 포착할 수 있다. 개발은 국가 단위마다 일정한 차이를 보이며 지역적 특성을 갖는 프로젝트로 나타나지만, 이런 국가의 개발은 그 초기부터 제국주의 팽창과 식민지 지배를 배경으로 했으며, 지금은 지구화와 분리하여 이해하기 어렵다(맥마이클, 2013: 23). 다시 말하면 연안 인프라의 선택과 이를 둘러싼 갈등은 다중 규모(multi-scale) 수준에서 영향을 받는다. 게다가 지구적 규모 수준의 고려는 점점 더 중요해졌다. 연안 인프라가 단지 지역이나 국가적 수준 혹은 규모가 아니라 지구적 규모 수준의 동학 안에서 설계되고 선택되는 경향이 늘어났기 때문이다. 이 수준을 고려하지 않고서는 현대 제주 연안의 인프라 정치가 왜 지금과 같은 방식으로 나타나는지를 이해하기 힘들다.

국가는 지구적 규모에서 다른 국가와 경쟁하는 동시에 내부적으로 '영토적 분업'(스미스, 2017: 254)을 조직한다. 영토적 분업이란 국가 차원에서 경제 분업을 지리적으로 차등 배치하는 걸 의미한다. 그 결과, 다른 지역과 뚜렷하게 구별되는 경제 부문이 어떤 지역에 밀도 있게 집중되며, 이에 따라 해당 지역은 "차별화된 국가 공간의 산물"이 된다(스미스, 2017: 257). 영토적 분업 개념은 제주를 이해하는 데 중요하다. 국가와 제주의 상호작용을 규정하는 기본구조를 형성했기 때문이다.

제주는 국가의 변경(邊境)에 있는 섬이다. 이런 조건 때문에 제주는 역사적으로 국가와 독특한 이중관계를 맺어왔다. 제주를 "예외 공간"(이승욱 외, 2017)이나 "별도 공간"(신혜란·권민지, 2020) 등으로 바라보는 학계의 논의는 그 개념 안정성과 무관하게, 국가 간 관계, 국가와 관계 안에서 제주의 지리가 구성되는 특정한 역사적 이중성을 파악하려는 시도들이다. 개념마다 약간의 차이는 있지만 제주가 국가 안에 포함되지만, 국가 밖을 향해 열린 공간으로 국가가 활용하려 한다는 점을 공통으로 지적한다. 곧 포함과 배제의 이중 운동이 국가와 제주 사이에 존재한다.

이는 그대로 국가의 영토분업에도 영향을 미쳐 제주의 변경 구조를 활용하려는 두 개의 이동양식(mobility)과 제주를 강력하게 결합하였다. 하나는 관광이고, 다른 하나는 군대다. 그런데 두 이동양식 사이에는 모순이 있었다. 관광 이동양식은 제주를 일종의 "초국가지역"으로 생산하려는 국가 프로젝트다. 공항과 항만은 그 핵심 인프라다. 이에 반해 군대 이동양식은 제주를 다른 국가와 군사적으로 경쟁하며 국가 안보를 생산하는 국가 지리로 생산한다. 역사적으로 계속 갈등의 소재가 되어왔던 공군기지나 이미 제주 강정에 설치된 해군기지가 이를 대표한다.

공간의 경계를 뛰어넘어 공간을 통합하려는 자본의 운동과 공간의 경계를 명확히 하며 그 이동을 통제하려는 군대의 운동 사이에는 제주의 지리를 생산하는 방식에서 모순이 존재한다. 하지만 이런 모순과 무관하게 두 이동양식은 모두 연안 개발을 가속하는 추진력의 기반이 되었다. 다르게 말한다면 제주에서 연안 개발에 문제를 제기하는 비판적 실천과 담론은 국가에 대항하는 갈등으로 발전할 가능성을 함축하고 있다. 강정 해군기지 반대 운동은 이와 같은 국가와 제주의 영토분업을 둘러싼 상호작용 안에서 이해될 수 있다.

하지만 제주를 단지 국가의 하방 설계 지역으로 이해해서는 곤란하다. 제주는 국가의 계획안에서, 국가의 계획을 활용하여, 지역을 특정한 방식으로 정체화하는 지역발전 전략을 유지해 왔다. 이 전략은 제주 근대화 과정과 함께 역사적으로 형성된 개발동맹에 힘입어, 광범위한 동의를 기반으로 추진되었다. 제주 발전을 경제성장과 동일시하는 이 개발동맹은 섬이 부여하는 구조적 취약성을 넘어서려면, 외부에서 자원을 동원하여 해결할 수밖에 없다는 경제성장 전략을 발전시켰다. 이런 경제성장 전략이 제주만의 고유한 전략이라고 말하기는 힘들지만, 개발동맹은 섬이라는 조건을 그 핵심 근거로 활용했다. 이때 제주의 지리 특히 제주의 자연은 외부 자원 동원을 위한 담보이자, 그 대가로 인식되고는 했다.[34]

곧 제주 개발은 '위'만 있지 않았다. 지역 수준에서 적극적인 국가 동원 전략이 존재했다. 지금의 제주는 국가가 위에서 만든 만큼이나, 제주가 적극적으로 밀어올렸다. 개발동맹은 이때 국가와 마찬가지로 예외 공간 제주라는 변경 구조를 활용했다. 국가의 규제에서 벗어나는 예외 공간으로 제주를 만들고자, 먼저 스스로 예외 공간이 되고자 노력하기 때문이다. 이런 제주의 전략과 국가 전략이 만날 경우, 제주는 다른 지역보다 먼저 국가 전략이 실험되거나 혹은 다른 지역보다 더 강도 높은 자본 진출이 이루어진다. 이 모든 특성이 제주 연안 인프라를 둘러싼 경합공간에 매우 특수한 정치적 구조와 속성을 부여한다.

---

[34] 제주대학교 김석준 교수는 2017년에 흥미로운 탐색적 연구 논문을 발표했다. 개발주의 패러다임의 담론적 토대가 되었던 '척박성' 담론을 비판하면서, 제주를 '풍요의 담론'으로 조직하는 방법을 찾는 글이다. 자세한 논의는 김석준(2017)을 보자.

4. 개발체제와 역사적 블록(historical bloc) 그리고 구조적 투기성

제주가 자본축적에 필요한 새로운 프런티어로 연안 공유수면을 매립하는 과정이나, 공동자원체제에 관여하는 공동체 및 전체사회와 조정해 나가는 과정은 개발을 관리하고 조정하는 특정한 체제(regime)를 통해 이루어졌다. 국가의 필요와 제주 도시화의 압력, 끊임없는 성장과 새로운 이윤 확보 기회를 확보하고자 자연의 일을 무시하는 특정한 체제가 존재하지 않았다면 연안 공유수면 매립은 그렇게 오랫동안 안정적으로 지속될 수 없었다. 본 연구에서는 이를 '제주개발체제'라고 부른다.

체제(regime)라는 개념은 제주 개발의 구조와 역사가 그 의사결정에 참여하는 개인이나 집단만의 문제로 환원되지 않는다는 걸 말한다. 개발체제는 경제성장을 우선적인 목표로, 개발을 그 실현 방법으로 하며, 여기에서 나오는 이익을 공유하는 일련의 연합들과 그 목표, 방법, 주체를 뒷받침하는 조건들 그리고 이 전체를 규율하는 규칙들로 구성되는 역사적 블록(historical bloc)이다. 곧 구조, 의미, 행위자들이 상호 연결된 개념이다.

'역사적 블록'은 국가 형성과 발전의 특정 단계 및 그 역사를 구체적으로 분석하고자 안토니오 그람시(Antonio Gramsci)가 활용한 개념이다. 그람시는 이 개념을 통해 상부구조(superstructure)와 구조(structure)를 변증법적으로 통일하여(Sotiris, 2018: 95), 행위자의 전략적 선택을 구조화하는 정치 및 사회 조건을 해명하고자 하였다. 또한, 이 조건과 행위가 만나면서 창출되는 조건의 지속적인 변형과 이 조건의 변화를 목적으로 진행되는 다양한 집단의 전략적 개입을 포착하고자 하였다.

이 개념의 주요한 기여는 특정 역사적 국면을 지배적인 경제 계급의 의도나 행위로 너무 쉽게 환원하여 설명하지 않도록 한다는 점이다. 스튜어트 홀(Stuart Hall)의 설명을 빌려와 제시한다면, "어떤 역사적 블록에서 '주도적인 요소들'은 지배적인 경제 계급의 극히 일부"에 불과할 수 있다. 이는 바꾸어서 말한다면 지배적 경제 계급 내에서도 국면을 주도하기 위한 경쟁이 존재하며,

그 경쟁 결과에 따라 주도 분파가 변형될 수 있다는 의미다. 또한, 그 블록 내부에는 "피지배 계급층도 존재"할 수 있다. 국면을 주도하려면 피지배 계급 및 계층에게 그 국면이 유지되거나 변경되어야 할 물리적 동인을 제공해야 하기 때문이다. 그래서 역사적 블록이 형성되었다면 여기에는 지배계급의 주도 분파의 전략뿐만 아니라 피지배 계급 및 계층을 향한 특수한 양보, 타협 혹은 회유가 존재한다. 다시 말하면 역사적 블록은 그 자체로 "확장적이고 보편화하는 동맹" 결성의 결과이다(홀, 2015: 504-505).

역사적 블록의 안정성은 특수한 역사적 조건을 활용하여 이와 같은 확장적이고 보편적인 동맹을 결성하는 지배계급 내 주도 분파의 역량에 좌우된다. 헤게모니 프로젝트(hegemonic project)의 구성은 그 역량의 핵심이다. '헤게모니 프로젝트'란 전체사회에 특정한 방향으로 질서를 부여하려는 프로젝트로, 경제, 문화, 정치, 사회 등 다원적인 하위 부문을 하나의 기획 아래 종합하여 '전체로서의 사회'(Society as a whole)를 창출한다.

헤게모니 프로젝트를 이해할 때 주의할 점은 확장적이고 보편적인 동맹 형식으로 다양한 종속집단을 역사적 블록 안에 통합하려면, 그 프로젝트가 종속집단의 이해관계와 전망 혹은 세계 이해를 포함하거나 그에 적응하여 맞추어 변해야 한다는 점이다. 다시 말하면, 단지 종속집단을 담론적으로 대표한다거나 종속집단의 지지를 받고자 특정 의제를 프로젝트에 포함하는 차원을 넘어서(존스, 2022: 85), 실제로 종속집단의 조합적-경제적 이해를 일정하게 보장하여, 종속집단이 헤게모니를 유지하는 데 강력한 동의의 토대가 될 수 있도록 노력해야 한다. 이 과정에서 헤게모니 프로젝트는 종속집단의 요구를 반영하여 수정된다. 물론, 이런 양보나 타협을 허용한다고 하더라도 역사적 블록을 구성하는 헤게모니 프로젝트의 중심 구조에는 변형을 허용하지 않는다(Gramsci, 1971: 161). 이런 조건에서만 특정 집단은 헤게모니 프로젝트를 중심으로 역사적 블록을 구성할 수 있다.

헤게모니 프로젝트의 이런 구성 원리 때문에 헤게모니 프로젝트는 역사 국면마다 다양한 형태로 나타날 수 있다. 곧, 헤게모니 프로젝트는 역사적으로 계속 변형될 수 있다. 계속되는 외적 상황 변화와 사회 내 세력 구조의 재편 속에서도 헤게모니 프로젝트의 중심 구조를 유지하면서, 그 방식을 역사적으로 변형시키는 역량이 견고하고 지속 가능한 역사적 블록을 구성하는 데 필수적이다. 스티브 존스(Steve Jones)의 표현을 빌린다면, "헤게모니는 끝이 없는 과정이다. 그 권력을 유지하기 위해 지도집단은 하위계층들의 변덕스러운 요구에도, 자신들의 권위가 행사되는 맥락의 변화에도 끊임없이 주의를 기울여야 한다."(존스, 2022: 89)

헤게모니 프로젝트에 관한 이런 이해는 개발체제라는 역사적 블록을 구성하는 개발 프로젝트를 이해할 때 유용하다. 『거대한 역설』을 쓴 필립 맥마이클의 지적처럼 "개발은 역사적 시기에 따라 서로 다른 형태를 취한다. 그리고 이런 변화는 각 시대의 정치·경제적 관계 및 정치·생태적 관계와 보조를 맞춰 일어난다."(맥마이클, 2013: 22) 제주 개발은 맥마이클이 제시한 일련의 단계를 적용한다면, 역사적으로 식민지 개발, 산업화 개발, 지구화 개발 그리고 지속가능성 개발이라는 네 유형의 개발 프로젝트로 진행됐다(맥마이클, 2013). 특히 지구화 개발과 지속가능성 개발은 제주에서 과거 산업화 개발과는 구별되는 일련의 신(新) 지역개발 프로젝트로 나타났다.

제주개발체제는 개발을 촉진하고 지속하는 특정한 헤게모니 프로젝트와 그 추진 능력을 정당성의 원리로 삼아, 제주 전체의 근본적 전환을 추구하는 체제라고 말할 수 있다. 정당성의 정도가 경제발전이라는 성과에 좌우되기에, 제주개발체제는 절차적 정당성보다는 그 성과를 우선시한다. 또한, 근본적인 질서의 전환을 추구한다는 점에서 제주개발체제는 장기적인 지역 전환 프로젝트를 추진한다. 제주개발체제는 그 구조상 사회변화를 경제 문제로 집중시키는 경제 환원주의 경향을 만든다. 그런데도 제주개발체제가 단순한 경제체제가 아니라는 점을 기억하는 일이 필요하다. 개발체제와 경제체제는 구분되어야 한다. 개발체제는 경제를 넘어 전체사회를 조직한다.

여기에는 자연을 특정한 방법으로 조직하는 과정도 포함된다. 따라서, 제주개발체제의 역사적 형성 및 유지 과정은 동시에 제주 지리의 물리적 변형

과정을 동반한다. 개발 프로젝트는 그래서 포괄적인 자연-사회 프로젝트이다. 이런 특성은 바로 인프라에 반영된다. 본 연구가 전제하는 인프라로서의 자연(nature as infrastructure)이라는 측면에서 본다면, 제주개발체제가 자연을 조직하는 방법은 곧 인프라를 형성하는 방법이기도 하기 때문이다.

헤게모니 프로젝트는 전체사회의 보편적 발전과 지배 집단의 특수 이해를 매개하는 프로젝트이기에, 그 자체 안에 구조적인 틈새가 존재할 수밖에 없다. 이런 구조적 원리로 발생하는 혹은 내재한 구조적 위기를 그람시는 해당 체제의 유기적 위기(organic crisis)라고 불렀다. 유기적 위기는 구조적 차원에서 발생하는 위기여서, 체제가 근본적으로 변형되지 않는 한 해결되지 않는다. 이와 다른 유형으로 국면적 위기(conjunctural crisis)가 있다. 국면적 위기는 어떤 식으로든 대응할 수 있고, 타협을 통해 넘어설 수 있는 위기이다.

제주개발체제의 역사적 변형은 바로 이와 같은 국면적 위기에 대응하는 능동적 자기 구성 과정을 통해 이루어진다. 하지만 국면적 대응만으로는 유기적 위기 자체를 소멸시킬 수는 없다. 자연을 조직하는 방법 혹은 인프라를 형성하는 방법에 내재한 구조적 위기는 국면적 타협을 통해 해결되지 않는다. 그래서 국면적 대응 속에서도 유기적 위기는 계속 작동한다. 단지 그 폭발적 분출은 국면적 대응을 통해 지연될 수 있다. 인프라의 관점에서 본다면, 개발체제는 인프라를 보완하거나 수리하며 인프라를 발전시켜 나갈 수 있다. 하지만 자연과의 관계에서 제주 인프라가 직면한 유기적 위기는 개발체제의 한계로 인해 대응하기 어렵다. 그래서 유기적 위기는 언제나 다른 위기로 치환될 뿐이다.

위기와 관련하여 하나 더 기억해야 할 점이 있다면, 그람시가 위기 상황에 개입하는 다양한 사회집단의 역량 차이를 인정했다는 점이다. 위기는 역사적 블록을 주도하는 지배 집단의 위기이기도 하지만, 이 위기를 먼저 관리할 수 있는 집단 또한 지배 집단이다. 이들이 다른 집단보다 우월적 위치에 있어, 다양한 권력과 자원 및 전술을 활용할 수 있기 때문이다. 이와 같은 위기 공간의 정치·사회 구조로 인해, 위기는 지배적 집단에 유리한 방향으로 해결될 구조적 가능성이 크다. 하지만 이는 구조적 가능성일 뿐 보장된 것은 아니다.

제주개발체제는 그 역사 전반에 걸쳐 부동산 상품을 만들어 판매하는 특수한 유형의 '장소 사업'을 전개해 왔다. 이 사업이 제주개발체제에 구조적 투기성을 부여했다. 제주개발체제는 제주의 장소들이 지니는 미래 입지로서의 추세를 예측할 뿐만 아니라, 그 미래에 직접 개입하여 장소의 미래를 바꾼다. 로건과 몰로크는 장소의 교환과 임대료 수금에 직접적으로 관여하는 이들을 '장소사업가'라고 불렀다. 그들은 장소사업가를 세 유형으로 나누었는데, ① 재수 좋은 사업가 ② 적극적 사업가 ③ 구조적 투기꾼이 그것이다. 그중에서 구조적 투기꾼이란 "한 장소가 다른 장소에 대해 가지는 관계를 바꿀 수 있는 자신들의 능력"(로건, 몰로크, 2013: 77)을 바탕으로 그 장소에 투기하는 이들을 가리킨다. 두 학자의 유형을 받아들인다면, 제주개발체제는 구조적 투기성을 내재한 체제다.

제주개발체제는 구조적 투기성을 중심으로 다양한 이해관계자를 개발동맹으로 묶어낸다. 제주개발동맹은 지역 통치 엘리트뿐만이 아니라 다양한 집단이나 기관들로 구성된다. 주민단체, 노동조합, 자영 전문직과 소매업자, 지역 언론사, 박물관 같은 문화기관, 공적 서비스업체, 부동산업자, 기업자본가 등 그 구성 목록은 구체적 상황에 따라 달라지기도 하지만, 토지 판매에 단기 혹은 중장기적 이해관계를 가지는 다원적인 집단과 기관들이다. 이들이 모두 특정한 개발 프로그램을 추진하지는 않는다. 하지만 이들은 개발동맹의 성원으로서 전체 개발에서 발생하는 수익을 분배받는다. 개발동맹을 유지하는 게 자신의 현재 및 미래에 유리하다.

개발동맹을 일반 시민과 구분하는 가장 큰 경계는 바로 개발을 향한 열망 혹은 개발만을 경제성장의 유일무이한 추진력으로 바라보는 집합적 열망이다. 그람시의 표현을 빌린다면 개발은 이들의 '집합의지'이다. 그래서 개발동맹 내에는 개발을 향한 도전이 존재하지 않는다. 이는 그 안에 갈등이 존재하지 않는다는 의미가 아니다. 하지만 그 갈등의 대부분은 "성장이 어떻게 내부적으로 분배되어야 하느냐"(로건, 몰로크, 2013: 101)라는 투쟁이다. 이는 바꾸어서 말한다면 개발의 결과 혹은 개발의 추진력 및 하부구조 등을 개발동맹 내에서 어떻게 분배하느냐에 관한 갈등이다. 이 때문에 특정 장소에 기반을 둔 엘리트 간에 경쟁이 심화할 수 있다. 혹은 장소 기반으로 하위 개발동맹이 맺어지면서 장소 동맹 사이의 대립이 나타날 수 있다. 곧 마을간 경쟁이다. 이런 구도가 고착되면, 단지 개발 경쟁에서 패배할지 모른다는 불안을 넘어 다른 마을이 개발되어도 불안해진다. 다른 마을의 성장이 자기 마을 발전에 위협이 될 수도 있기 때문이다.

제주개발체제의 역사적 형성 과정이 교환가치를 위해 장소를 판매하는 이들 사이에 동맹 형성을 촉진하고, 그 결과 마을 간 경쟁 구도가 나타나기도 한다는 점은 중요하다. 이때 지역 엘리트들은 ① 정부의 공공정책을 변화시켜 지역으로 정부 자금을 끌어들이고자 하며 ②) 지역 외부 자본도 지역 내로 유치하기 위해 적극적인 활동을 벌인다. 하지만 이 활동이 성공하려면, 다른 지역 엘리트와 경쟁에서 승리해야만 한다. 이런 점에서 지역 엘리트는 기본적으로 부동산 엘리트이고, 구조적으로 "투기꾼 정신상태"를 지닌다(로건, 몰로크, 2013: 107 참조).

이런 구조적 투기성은 제주 발전을 이유로 제주 일부를 영구적으로 희생시킬 수 있다. 나오미 클라인(Naomi Klein)은 『이것이 모든 것을 바꾼다』에서 '희생지대'(sacrifice zone)라는 개념을 소개한 적이 있다. 희생지대는 "경제성장의 원대한 목표를 달성하기 위해 신경 써서 돌볼 필요도 없고, 오염물을 투입하거나 고갈시키거나 파괴해도 되는 장소"(클라인, 2016: 248)를 말한다. 하지만 희생지대의 개념이 반드시 경제성장을 전제하는 건 아니다. 희생지대는 그 내용이 무엇이든 진보 혹은 발전의 이름으로 특정 지대에 영구적인 해악(害惡)을 구조화할 때 쓰일 수 있다.

제주개발체제는 개발 공간을 반복적으로 끊임없이 재생산해야만 한다. 공간의 생산 과정은 동시에 자연의 생산 과정이기도 하기에, 이 과정에서 제주개발체제는 특정 자연을 영구적으로 파괴하여 개발 공간을 생산하기도 한다. 곧 제주개발체제는 일종의 '희생지대'를 창출한다. 탑동 연안은 바로 이런

'희생지대' 가운데 하나였다. 탑동 연안 전체가 오염되었다는 의미가 아니다. 제주 발전을 위해 탑동 연안 일부는 포기되고 파괴되어도 좋다고 본다는 의미이다. 개발과 파괴 그리고 희생이 한 지역에 공존한다. 하지만 개발체제는 파괴를 창조로 여기며, 희생을 진보로 정의한다. 곧 개발 이외의 역사는 체계적으로 잊힌다.

　이런 점에서 개척지는 구조적으로 희생지대일 가능성이 높다. 하지만 전통적인 희생지대와는 다르다. 오염물을 투입하거나 고갈시키거나 파괴해도 좋은 곳은 대부분 인간에게 매력이 없는 장소들이다. 하지만 개발 부동산 개척지는 다르다. 매력이 없다면 팔리지도 않기 때문이다. 부동산은 팔려야 한다. 희생지대는 매력을 자본화하기 위해 파괴되는 그 장소의 또 다른 요소들로 구성된다. 고갈시키거나 파괴해도 좋은 요소들이다. 저렴한 자연이 이때 다시 등장한다. 단지 연안의 일부만 포기하는 게 아니다. 희생지대가 만들어지려면 희생양이 되는 사람들이 필요하다. 희생지대는 아무도 없는 지역이 아니라, 삶이 발생하는 장소일 수도 있다. 나오미 클라인이 보여준 희생지대 대부분은 인간이 거주하지 않는 공간이었다. 하지만, 한국에서는 인간과 장소의 인위적인 분리를 통해 희생지대를 만들어 내는 경우가 많다. 권위주의에서 민주주의로의 이행은 이런 희생지대의 창출 조건을 예전보다 어렵게 만들기는 했다. 그러나 희생지대의 발생 구조 자체를 바꾸지는 못했다. 민주주의는 희생의 구조를 해체하지 못했다. 단지 동의에 기초한 희생의 구조를 내세웠을 뿐이다.

· · · ·

제4장

한국 공유수면 매립의 원형구조:
식민통치와 공유수면 제도의 도입

현대 공유수면 제도의 작동 방식을 이해하고자 할 때 공유수면 제도가 한국에 어떻게 도입되었는지 살펴보는 건 큰 도움이 된다. 필립 맥마이클은 『거대한 전환』에서 "개발은 식민 지배 시대에 기원을 두고 있다"(맥마이클, 2013 : 31)라고 말한 바 있다. 이는 한국 공유수면의 매립 역사에서도 타당하다. 현재 한국 공유수면 관련 법률의 원형이 되는 최초의 법령은 1923년 도입된 「조선공유수면매립령」이다. 이 법령의 배후에 바로 식민개발이 있다. 일제 강점기 때 송도 연안에서 추진된 개발을 연구했던 유창호는 "지금까지도 문제가 되는 과도한 공유수면 매립 정책의 근원이 일제의 국유지미간법과 공유수면매립법에 있음"을 상기시킨 바 있다(유창호, 2014 : 4).

  일제 강점 아래 만들어진 공유수면 관련 최초의 법령이 연안 관리가 아니라 '매립' 관리 법령이라는 점이 중요하다. 근대적 법형식 아래에서 연안 개발에 필요한 절차를 구체화하려는 시도였다. 이는 한국 공유수면 제도의 출발점 자체가 개발과 매립에 있다는 걸 보여준다. 조선시대 간척을 연구한 박영한과 오상학에 따르면, 한반도는 바다와 접해 있는 면이 많고 서해안과 남해안에는 넓은 간석지가 발달해 있어 일찍부터 간척이 행해져 왔다고 한다. 하지만 "조선시대까지는 전통적인 방식에 의해 소규모로 이루어졌다면 일제강점기부터는 근대적인 방식에 의한 간척이 대규모로 진행되었다"(박영한·오상학, 2004: 1)라고 두 학자는 말한다. 「조선공유수면매립령」은 그 대규모 매립 개발을 위한 법적 근거였다. 해방 이후에도 유지된 이 법령은 제정 39년 만인 1962년에 새롭게 정비된다. "5·16 쿠데타군의 의결 기구인 국가재건최고회의는 1962년 1월 20일, 33개의 법률을 일괄 제정하면서 법률 986호 '공유수면매립법'을 통과시켰다."[35] 1962년에 정비된 「공유수면매립법」은 현대 한국 공유수면 법률의 기초로 평가된다.

하지만 이 법률 또한 하천, 바다, 습지 등을 메워 폭발적으로 늘어나는 개발 수요를 충족하려는 의도로 만들어진 법이었다. 1960년대 중후반부터 그리고 실제로 다양한 매립 개발이 이 법에 기초해 이루어진다. 이런 점에서 일제강점기 때 만들어진 공유수면 제도의 역사적 성격 곧 개발을 목적으로 매립 우위 관점에서 공유수면을 관리하는 성격은 근본적으로 바뀌지 않았다. 이후 공유수면 매립을 둘러싼 사회적 비판과 관련 갈등이 불거지면서 여러 번의 개정으로 법률 내용은 변화했다. 특히 1990년대를 지나면서 공유수면 제도 안에 연안 관리 측면이 크게 강화되었다. 그 중심에 있는 게 1999년에 연안의 통합관리를 내세우며 제정된 「연안통합관리법」이다.[36] 하지만 현재까지도 연안 관리와 개발 매립이 경합할 때, 매립이 여전히 먼저 고려되는 경향이 있다. 일제강점기 식민지 개발 차원에서 만들어진 연안 매립의 역사적 구조가 현재까지도 파괴적인 유산을 남겼음을 알 수 있다.

---

35 서울경제, 2021.01.19., "[오늘의 경제소사] 1962년 공유수면매립법 제정"

36 「연안통합관리법」 이전에도 연안과 관련된 오십여 개의 법률이 있었다. 이 법은 그 법들을 연안의 종합관리라는 목표 아래 하나의 개별 법률로 통합한 데 그 의의가 있다고 한다. 「연안통합관리법」의 제정에는 국내외 차원의 압력 모두가 중요했다. 특히 많은 연구가 1970년대 이후부터 본격화된 국제적인 연안 관리 노력과 프로젝트의 영향을 강조하고 있다. 연안관리법에 관해 참고한 논문들로는 김민배(2000), 박종화 외(2001), 채우석(2009) 등이 있다.

1. 「어업령」(漁業令)과 "공공용 수면"

근대적 공유수면 개념의 원형은 1910년 전후로 도입된 것으로 보인다. 하지만 '공유수면'이란 단어로 나타나지는 않았다. 1911년 6월 조선총독부는 「어업령」을 공포했다. 일본의 「어업법」을 모방해 만든 법령이었다. 여기에 "공공용 수면"이란 개념이 적용되었다. 「어업령」은 어업의 정의와 종류, 면허 기간, 법령 위반 시 제재 내용 등을 명시했는데, 이때 어업을 "공공용 수면에서 영리 목적으로 수산 동식물을 잡거나 양식하는 업"으로 규정했다(제1조). "공공용 수면"이 당시에 정확히 무엇을 가리키는 개념인지는 불명확하지만, 이 표현은 현재까지 이용되고 있다. 현대 법에서는 "공공용 수면"을 국가와 지자체 그리고 공공단체가 소유 및 관리하는 내수면으로 정의한다. 현대 법령은 인공적으로 조성된 수면을 가리키는 내수면을 대상으로 한다는 점에서 1910년대 "공공용 수면"과는 그 포함 대상이 다르다. 어업 행위가 내수면에서만 이루어질 수는 없기 때문이다.

만약 이런 차이에도 불구하고 "공공용 수면"이 국가와 지자체, 공공단체가 소유 및 관리하는 수면을 가리키기 위해 도입된 개념이라면, 이 개념은 일차적으로 민간인이 소유하거나 관리하는 '사유수면'과는 다른 유형의 범주를 가리키기 위해 도입되었을 확률이 높다. 그렇다면 "공공용"과 "사유"가 대립하는 개념으로 이용된 것이다. 그리고 "공유수면"은 이런 "공공용 수면" 가운데 국가가 소유한 수면을 가리키는 개념일 수 있다. 이는 조선총독부법령 제47호인 「조선공유수면취체규칙」 제1조에서 "공유수면이라 함은 바다·호수·늪 기타 공공용 국유수면으로"라는 표현에서 잠정 확인할 수 있다. 따라서 공공용 수면이 공유수면보다 더 넓은 범위이고, 영어의 "Public waters"와 더 근접한 번역이라고 말할 수 있다. "공공용"(公共用)이란 단어 뜻 자체가 해당 수면이 공공의 목적으로 사용되는 수면이라는 점을 나타내기 때문이다. 무엇보다 "공공용"은 이용의 관점에서 접근한다.

이런 관점에서 보면, 1911년 도입된 「어업령」은 광의의 "Public waters"

개념에 기초했다고 볼 수 있다. "공유수면"이라는 개념 논리가 성립될 수는 있었지만, 이는 1923년 「조선공유수면매립령」이 나타나기 전까지는 사용된 흔적이 없다. 1910년대 "공공용 수면"과 1920년대 "공유수면"의 관계는 매우 흥미로운 계보학적 질문이지만, 단지 여기에서는 "공유"(公有) 이전에 "공공용"(公共用)의 단계가 있었고, 특정한 역사적 경로를 거치면서 두 단어가 다른 행정관리 계열로 분화되었다 걸 기억하는 것만으로 충분하다.

「어업령」에서는 어업권도 규정했는데 "조선 총독의 허가를 받아 어업을 하는 권리"(제1조)로 공공용 수면을 구획하거나 전용하여 어업을 행하는 권리였다. 어업권을 부여받은 어업권자는 해당 어장에서 배타적인 권리를 인정받았다. 이를 "전용어업제도"라고 부르는데, 「어업령」을 통해 만들어졌다(최치훈, 2019: 186). '배타적'이라는 건 해당 어장에서 나오는 모든 자원에 대해 경제 권리를 독점한다는 의미이다. 이런 점에서 어업권으로 우리나라 최초의 자본주의적 사적 소유에 기반을 둔 어장 관리 제도 기반이 이루어졌다고 보고 있다(소재선·임종선, 2012: 137-138).

그럼에도 「어업령」은 "종래의 관행에 따라 그 어장에서 어업을 하는 자의 입어(入漁)를 거부하지 못"하도록 했다(제5조1항). 비록 어업권이 배타적 권리로서 인정받는다고 하더라도 연안 공동체의 공동자원체제(commons)로서 이용되어 온 역사성과 그에 기반을 둔 이용의 권리 곧 소유와 분리된 이용의 권리를 어업령이 인정한 것이다. 표면적으로 볼 때 근대 사적 소유에 기반을 둔 어장 제도와 충돌한다고 보이는 이런 연안 공동체의 관습적 어업을 인정한 이유는 일본이 식민 본국의 제도를 복제 이식해 조선에 법령을 만들었기 때문으로 보인다. 연안 공동체의 관습적 권리를 보호할 필요가 있었던 일본은 공유수면 제도를 도입하면서도 그 안에 관습적 권리의 인정 공간을 만들어 놓았다. 이를 통해 관습적 권리를 법적 권리로 변환하고 통합하였다.

그러나 조선총독은 군사상 혹은 공익상 필요를 근거로 어업권 면허를 취소할 수 있었다(제10조1항). 따라서 모든 어업권 관련 권한이 조선총독에게 집중돼 있었고, 그의 허가 아래에서만 가능했기 때문에, 어업령 이후 조선 어업은 사실상 식민국가의 관리 아래로 통합되었다고 할 수 있다. 이런 구조 아래 식민국가는 스스로 복제 이식한 제도를 식민지배 정책의 필요에 따라 선별적으로 적용하거나 변형했다. 제임스 C. 스콧은 지역적 관행에 근거하는 토지 소유권을 매우 단순하고 정형화된 소유권 제도로 전환하는 것이 근대 국가 발전에서 필수적인 일이었다고 서술한 바 있다(스콧, 2010: 67-68). 이런 관점에서 본다면 어업령에 나타난 자본주의적 사적 소유 또한 식민국가의 관리에 필수적인 행정적 단순화의 단계였다. 하지만 식민국가에는 또 다른 차원도 있었다. 바로 합법적 사적 소유가 제국주의적 침탈의 경로였기 때문이다.

「어업령」의 이런 정치사회적 구조는 일본의 연안 어장 침탈로 현실에서 나타났다. 일본의 조선 연안 어장 침탈은 「어업령」 이전부터 이미 진행 중이었다. 일본 어민들이 합법적으로 조선 연안에 진출하게 된 건 1883년 「조일통상장정」이 맺어진 이후였다. 함경도, 강원도, 경상도, 전라도 연해까지 진출했다고 한다. 일본은 1894년 청일전쟁 이후 일본 어민의 조선 연해 진출을 더욱 장려하고 1905년 러일전쟁 이후에는 일본어민이 조선 연안에 이주어촌을 건설하는 걸 지원했다. 그런데 중요한 제약이 있었다. 대한제국은 외국인의 토지 및 조선 연해 소유를 법적으로 금지했다. 다시 말해 외국인들은 연안에서 어업권을 확보할 수 없었다. 이를 부정하는 동시에 일본인에게 조선인과 동등한 연안 어업권을 보장하고자, 당시 통감부는 1908년 11월 7일에 「어업법」을 제정한다.[37]

「어업법」은 어업을 다룬 최초의 근대적 법체계였다.[38] 「어업령」과 유사하게 면허어업제도를 도입하였고 어업권을 규정했다. 단지, 이때는 농상공부대신의 허가를 받아야 했다. 1911년 「어업령」으로 일본 어민이 조선 연안에서 합법적으로 어업 활동을 할 수 있는 법적 토대가 형성되었다. 허가 주체도 조선총독으로 변경되었다. 어업면허의 취득과 어업권의 행사가 조선총독에게

---

37   한국민속대백과사전, "한국어업법" 항목. 검색일: 2022년 11월 26일
38   일본에서는 1901년 「어업법」이 제정되고, 1902년부터 시행되었다.

집중되어 있었기에, 조선총독부는 이를 활용하여 일찍부터 조선 어장에 침투해 있던 일본 어민을 중심으로 연안 어장을 재편할 수 있었다. 특히 1912년에 「어업조합규칙」과 「수산조합규칙」이 만들어지는데, 일본 어민들은 「어업령」과 이 두 규칙을 활용해 조합을 만들고 조선 연안에서 어업권을 장악했다. 또한 어업면허의 유형도 조선총독이 정하게 되어 있었는데, 총독부는 면허를 세분화하여 신식 어업은 일본어민에게만 차별적으로 허가했다. 이때 1906년 발간된 『한국수산지』는 일본 어민들의 연안 어장 경영을 돕는 지침서로 활용된다.[39] 「어업령」의 이런 식민지 수탈 성격은 이후 전국 각지에서 상실된 어업권을 회복하거나 이를 방어하려는 어민 항쟁이 일어났다는 점을 통해 간접적으로 알 수 있다.

제주에서도 '잠녀 항쟁' 혹은 '잠녀 투쟁'으로 알려진 어민 항쟁이 1931년부터 1932년 1월까지 약 3개월 동안 발생했다. '잠녀'는 제주 바깥에서 '해녀'라고 부르는 이들로, 제주에서 부르는 말이다.[40] 잠녀가 만든 조합이 역으로 잠녀의 경제활동을 침해하고 횡포를 부리자, 이에 맞서 일어난 게 출발이었다. 일각에서는 잠녀 투쟁을 순수한 경제투쟁의 차원에서 인식하기도 했지만, "시간이 지남에 따라 단순한 생존권 투쟁이 아닌 항일운동으로 자각되는 과정"(박찬식, 2007: 49)을 거쳤다는 시각이 우세하다. 지금은 "제주 해녀항일운동"이라는 공식 이름을 부여받아, 제주시 구좌읍 하도리에 "제주 해녀항일운동 기념 공원"도 조성되어 있다.

---

39 해사신문, 2019.2.17., "100년 전 어부들의 대한독립만세, 해양박물관 전시"

40 권귀숙은 "'해녀'라는 호칭은 일제 시대의 산물이므로, 그 이전부터 내려온 '잠수'라는 호칭을 써야 한다는 주장들이 있다"라고 소개한 바 있다(권귀숙, 1996: 227). 이때 권귀숙이 참조한 연구들로는 강대원(1973)과 한림화·김수남(1987)이 있다. 권귀숙은 제주의 해녀가 '전통'의 산물이기보다는 "일본 식민 자본주의와 가장 가까운 변경에 위치했던 제주도가 '근대화'하는 과정에서 나타나는 새로운 집단으로 이해되어야 한다"라고 주장한다. 근대 "조직의 경험과 임노동의 경험을 지는 일종의 직업집단"이라는 점에서 "근대의 산물"이라는 것이다(권귀숙, 1996: 235).

1931~1932년에 전개된 이 잠녀 항쟁은 그 자체로도 중요하지만, 탑동 문제 연구에서도 일정한 의미가 있다. "탑동 문제"가 잠수회의 투쟁으로 시작되면서, 여기에 결합한 학생들이 자신의 투쟁을 1930년대 잠녀 투쟁까지 거슬러 올라가 정당화했기 때문이다. 박찬식에 따르면 이는 단지 탑동 운동만의 사례는 아니었다. 그에 따르면 제주 잠녀 투쟁은 해방 이후 "제주도민의 저항성을 보여준 대표적 사례"로 운동가들에게 인식되었고, 이런 인식이 1980년대 후반 "민주화운동의 분위기가 고조됨에 따라 일제하 대중운동에 대한 새로운 평가"가 이루어지면서 다시 복원되었다고 한다(박찬식, 2007: 40).

식민국가의 관리와 연안어업 침탈이 "공공용 수면"이라는 말과 함께 등장했다는 점에 주목할 필요가 있다. 이 점이 중요한 이유는 "공공"(公共) 즉 사회 구성원 모두에게 열려 있는 것을 가리키는 개념이 사실상 조선총독부라는 식민국가의 관리로 치환되었기 때문이다. "공공"의 권리가 보장되려면, 이를 뒷받침하는 국가가 필요하다. 공공용 수면이 기본적으로 국가적 공간이기 때문이다. 그런데 식민지에는 바로 그 공공의 권리를 보장할 인민의 국가가 없었다. 빈자리는 식민국가가 메꾸었다. 식민국가는 그 국가적 공간을 향해 합법적 권한을 내세우며 공공용 수면을 연안을 침탈하고 개발을 추진하는 방식으로 이용했다. 어쩌면 십여 년 뒤인 1923년에 만들어진 「조선공유수면매립령」에서 "공공용 수면"이 아닌 "공유수면"이란 명칭을 이용한 데는 바로 이런 연안 식민개발의 구조가 반영되어 있을지도 모른다. "공공용"이란 표현이 담지 못하는 "공유"(公有) 곧 국가의 소유라는 뜻이 더욱 강하게 투영되었기 때문이다. 무엇보다 '이용'의 관점에서 '소유'의 관점으로 연안 이해가 변경되었다.

2. 1923년 「조선공유수면매립령」

일본은 1923년 3월 「조선공유수면매립령」을 제정해 1924년부터 시행했다. 이 법은 일본 본토에서 1921년 4월 제정된 「공유수면매립법」을 모법으로 삼아 만들어졌다. 「조선공유수면매립령」은 전문 3조와 부칙으로 된 법인데 그 기본 방향은 일본의 '공유수면매립법'을 조선에 적용하는 데 있었다. 내용 측면에서 본다면, 공유수면 매립에 조선총독의 허가를 받아야 하고, 준공인가를 받는 즉시 매립지를 소유하는 권리를 취득한다는 점이 핵심이다.

매립면허 절차 등은 1924년 6월에 제정된 「조선공유수면매립령 시행규칙」에 규정되어 있다. 즉, 매립면허를 받고자 하는 자는 출원인의 주소, 성명, 매립 장소와 면적, 매립 목적, 매립 공사 착수 및 준공 기간 등이 기재된 원서를 조선총독에게 제출하며, 매립 공사 계획설명서, 비용명세서, 구역 내 권리 소유자의 동의서, 5만분의 1 지형도 등의 서류와 도면을 첨부하도록 하였다.[41]

일제 치하에서 간척사업이 어떻게 전개되었는지 살펴보면 해당 법령이 필요했던 이유를 보다 더 잘 이해할 수 있다. 보통 일제하의 간척사업을 2단계로 나누어 본다. 1920년을 전후로 그 이전을 1단계, 그 이후를 2단계로 나눈다. 1단계는 1907년에 제정된 「국유미간지이용법」에 의해 간석지도 국유미간지로 취급되어 농상공부대신의 허가를 받아 간척사업을 하도록 한 단계이다. 이때 간척사업이 성공하면 그 토지를 불하받을 수 있고, 지세(地稅)는 준공 이듬해부터 5년간 그 토지가 소재한 도내 최열등지 지세의 1/3만 내도록 하였다.

제2단계는 1920년 이후의 적극적인 간척 단계이다. 일제는 1920년의 조선 산미증식계획과 1926년의 산미증식갱신계획 등 미곡증산 정책의 하나로 간척사업 및 토지개량사업 관련 제도와 기구 등을 정비하였다. 즉, 1923년 3월에 「조선공유수면매립령」을 제정하는 한편, 1920-29년의 10년에 걸친 토지 개량 기본조사로 전국의 간석지 면적과 분포, 난이도별 면적 등을 파악했다. 그 외 토지개량사업 대행 기구, 공사비 국고보조, 저리자금 알선 등의 지원

---

41 행정안전부 국가기록원, 지적아카이브, "공유수면매립면허" 항목.(검색일: 2022년 11월 26일)

시책을 마련하였다.[42]

여기에서 알 수 있듯이 공유수면 매립 관련 법령의 제정은 일본이 ① 식민지배에 필요한 영토 가독성을 높이고 ② 영토 이용을 식민국가로 집중하는 과정 일부였다. 그래야만 식민국가의 전략을 효율적으로 그리고 행정적으로 적용할 수 있었다. 이는 당연히 공유수면을 둘러싼 식민 관료제적 지배를 구축하고 강화하였다. 한마디로 말한다면 공유수면 매립은 식민경제를 구조화하고자 자연을 인프라로 변형하는 과정이었다. 매립된 곳에 토지가 만들어지고 항만이 들어서고 공장이 만들어졌다는 이유로 공유수면 매립을 인프라라고 말하는 것은 아니다. 그와 같은 물질적 구현은 중요하다. 하지만, 보다 심층적으로는 자연을 조직하여 인간의 환경을 만드는 행위 그 자체가 조선의 연안을 인프라로 변형한다. 공유수면 매립은 바로 이와 같은 연안 인프라 형성의 핵심 방법이었다.

「조선공유수면매립령」을 따를 때 매립면허 발급은 국가의 역할이었다. 식민국가의 구조가 어떻게 반영되어 있는지를 보여주는 관련 법령의 특징이 있다. 1923년 「조선공유수면매립령」은 일본법을 모방했다고는 하지만 두 지점에서 달랐다. 일본 「공유수면매립법」은 제2조에서 "매립을 하는 자는 지방장관의 면허를 받아야 한다"고 규정하여, 지방장관에게 위임한다. 그러나 「조선공유수면매립령」에서는 "지방장관은 조선총독"으로 한다고 규정하여 조선총독만이 권한을 지녔다. 또한, 일본 「공유수면매립법」은 제3조에서 "전조의 면허는 지방장관이 기간을 정하여 소재지의 시/정/촌의 의견을 모아 행하여야 한다"라고 규정하고 있지만, 조선 공유수면 매립에서는 그 규정이 제외됐다. 다만 제2조에서 보상금액 협의가 조정되지 아니할 때 재결을 청구할 권한만 두었다.

이에 따라 조선의 공유수면 매립 구조는 매우 중앙집중적인 형태를 띠게

---

[42] 행정안전부 국가기록원, 지적아카이브, "공유수면매립면허" 항목. (검색일: 2022년 11월 26일)

되었고, 해당 연안을 이용하는 권리자들의 동의 없이도 위에서 매립을 부과할 수 있는 구조가 만들어졌다. 단지 보상 문제만 남을 뿐이다. 이런 일제강점기 공유수면 매립 구조는 해방 이후 근대화 과정에도 존속하여 강한 국가의 계획과 공유수면을 연결하는 핵심 토대가 되었다. 데보라 코웬의 말처럼 인프라에 각인된 과거의 권력관계는 인프라가 지속하는 한 미래에까지 그 영향력을 미치며 지속된다(Cowen, 2017). 공유수면 매립으로 구축된 식민 인프라는 바로 그러한 권력관계를 자신의 물질성 안에 보유하면서도 마치 그 모든 것에서 자유로운 '자연'인 것인 양 중립적 인프라로 보인다. 하지만 바로 이런 자연적 중립성이 식민 인프라를 그 이후에도 존속시키는 가장 큰 추진력이었다.

3. 미간지(未墾地)로서의 공유수면과 사적 소유의 발생

유창호(2014)는 「조선공유수면매립령」을 이해하는 흥미로운 제안을 한 바 있다. 그는 한일합병조약 이전인 1907년에 만들어진 「국유미간지이용법」의 연장선상에서 이 매립령을 이해하는 독법을 제안했다. 일제는 당시 대한제국에 압력을 가해 민유(民有) 이외의 원야, 황무지, 초생지, 소택지, 간석지를 국유미간지로 규정하는 「국유미간지이용법」을 1907년 제정한다. 미간지(未墾地)란 미개간지(未開墾地)의 준말로 "아직 개간하지 못하였거나 개간하지 아니한 땅"을 말한다. 이때 '개간(開墾)'이란 버려둔 땅을 논밭 등으로 만드는 행위이다. 바꾸어서 말하면, "국유미간지"라는 규정 제정은 개간에 필요한 사전 작업이었다.

흥미로운 점은 이 '개간'이란 개념이 토지에만 쓰이지 않고 바다나 바닷가 혹은 산림지 등을 경작지 또는 그 밖의 목적으로 이용하기 위해 토지를 조성하고 개량하는 활동에도 쓰인다는 점이다. 바다나 바닷가의 개간은 '간척(干拓)'이라 하여 구분하기도 하지만, 그 본래 의미는 개간과 동일하다. 개간의 관점을 공유수면 매립에도 투영할 때 생기는 문제는 공유수면이 그 자체로 일종의 '미간지'로 규정된다는 데 있다. 곧 토지 이전의 버려둔 땅처럼 규정된다. 「국유미간지이용법」을 통해 "농상공부대신의 허가를 받아 대여 형태로 간척사업을 할 수 있었다. 농상공부대신은 간척사업이 성공하면 그 토지를 불하하고, 지세도 감면해 줄 수 있었다."[43] 물론 일본인도 이 법을 이용했다. 일본에 간척이 개방되었다.

공유수면 또한 개간이 이루어져야 하는 국유 미개간지가 되면, 그 버려둔 바다를 개간하는 이에게 소유권을 부여하는 근거가 될 수 있다. 존 로크는 『통치론』에서 다음과 같이 말한 바 있다. "그가 자연이 제공하고 그 안에 놓아둔 것을 그 상태에서 꺼내어 거기에 자신의 노동을 섞고 무언가 그 자신의 것을 보태면, 그럼으로써 그것은 그의 소유가 된다."(로크, 1990: 35) 미개간지는 로크를 통해 접근한다면 인간의 실천이 개입하기 이전의 자연이 되며, 노동은 그 자연을 소유하는 정당한 근거가 된다. 우리가 기억해야 할 점은 로크의 이 논리가 영국 제국주의의 지리적 팽창을 위한 논리이기도 했다는 점이다.

식민지배는 무엇보다 영토 점령이었고, 따라서 핵심 문제는 '땅'을 차지하는 문제였다. 식민지배는 영토를 차지하여 그 땅의 자원뿐만 아니라 그 영토에 속한 이들을 통치한다. 흥미로운 점은 이런 식민통치의 확립 과정이 법과 제도의 범주를 만들어 영토를 향한 강제력을 확보하는 과정이기도 했다는 점이다. 이는 20세기 식민지배가 근대국가의 논리와 문명적 우위 등 근대성의 파장 안에서 진행된 지배이기 때문에 발생한 현상이다. 일본의 식민지배 초기 기간 이루어진 다양한 법 제도의 창안도 군사적 점령에 바탕을 둔 강탈을 근대 지배의 합리화 과정과 연계하려던 산물이다. 이는 물론 식민지 행정체계의 확립을 요구했고, 이는 그 이전에 없던 관료적 지배 양식을 만들어 냈다.

국유미개간지의 입장에서 이렇게 정의되고 관리되는 공유수면은 매립이라는 식민 개발의 양식을 통해 공유를 사유로 전환하는 자연 관리 제도가 된

---

[43] 행정안전부 국가기록원, 기록으로 만나는 대한민국, "바다를 메꿔 땅을 만들다: 간척사업" 항목. (검색일: 2022년 11월 26일)

다. 이 측면에서 보면 공유(公有)는 근대적 사적 소유로 이동할 때 등장한 과도적 양식으로 규정된다. 이는 두 가지 차원에서 중요하다. 하나는 공유가 사실상 국유와 동일시되어 국가의 전제적인 처분 대상이 된다는 점이다. 다른 하나는 공유와 사유의 경계가 사실상 불분명해지는 동시에 사적 소유의 성격 자체가 공을 배제한 독점적이고 배타적인 약탈적 성격을 띠게 된다는 데 있다. 이는 '공유(公有)'라는 제도가 만들어졌지만, 그 실제 내용은 국가의 독점 재산이나 개인의 사적 소유로 양분화되어, 공(公)에 있는 또 다른 의미의 차원 곧 공공의 이용을 보장하는 차원이 식민지배의 공유수면 매립 제도 구축 과정에서 소멸했다는 걸 의미한다.

이는 한국에서 소유가 같은 사적 소유라고 하더라도 전제적(專制的)인 성격을 띠게 되는 역사적 이유를 설명해 준다. 이런 식민지 공유 모형안에서는 점령과 소유가 구별되지 않으며, 소유는 해당 자원과의 관계를 일차적으로 고려한다. 곧 해당 자원과 인민의 결합 관계는 부차적인 문제가 되며, 그로 인해 국가 기획안에는 언제나 인민의 추방과 영토의 전유가 가능한 기획으로 남아 있다. 이는 일종의 '군사적 상황정의' 안에서 공유가 파악되는 방식이라고 말할 수 있다. 여기에서 공유를 실현하는 방법으로 군사적 방법이 채택될 가능성이 나타난다. 미개간지의 개간 형태로 진행된 공유수면 매립 안에 한국 사적 소유의 약탈적 투기와 군사적 행정주의의 기원이 들어 있다.

4. 연안 수직적 관리체제: 조합과 국가

공유수면 개념과 관련 제도 특히 어업법의 도입과 함께 연안을 대상으로 이중 관리 체제가 형성됐다. 법을 통해 뒷받침되는 근대 제도가 도입되었지만, 그 제도 안에는 역사적으로 관행이 된 연안 공동체의 어업 행위 특히 '입어(入漁)' 관행이 통합되었다(김인유, 2017: 149). 연안 공동체는 자체의 규칙을 따라 어업을 관리해 왔다. 1910년에 발간된 『한국수산지』에는 제주도에서 오랫동안

'어업계'를 조직하여 어업을 공동경영 하였다는 기록이 있다. 이런 연안 공동체의 행위가 이제 국가적 공간에서 이루어지려면 국가의 승인 아래 이루어져야 했다.

공유수면 관리라는 근대행정제도의 도입은 기본적으로 어업 목적의 바다 이용을 국가에서 면허를 받거나 신고하는 행위 곧 면허어업으로 변경하였다. 일본은 그 권리의 주체로 '조합'을 이용했다. 일본에서도 같은 방식이 이용됐다. 일본은 본토에서 1901년 어업법을 만들었고, 1910년에는 이를 개정한 바 있다. 이 방식이 이후 조선에 이식된다. 그에 따라 일본은 어업계를 어업조합으로 전환하려 시도한다. 일본은 어업조합 관련 법을 1912년 4월 제정한다. 형식적으로 일본과 유사해 보이지만, 그 목적은 일본 본토와 달랐다. 식민국가 안으로 기존 관습적 제도를 통합하여 식민동원체제를 형성하는 데 그 주요 목적이 있었다.

1929년「조선어업령」개정과 그 이후「조선어업조합규칙」제정으로 1930년대 전국의 어촌에는 200개가 넘는 어업조합들이 빠른 속도로 만들어졌다(유창호, 2014: 23). 그래서 어업조합을 매개로 "20세기 전반기를 통해서 국가와 어촌사회의 관계는 공유수면의 이용을 놓고 관리자와 면허자라는 수직적 협력 관계로 고착"(노상호, 2015: 424)된다. 국가 소유와 조합 이용이라는 이중방식으로 공유수면 관리가 구조화되는 것이다. 물론 국가는 공공의 필요를 보장해야 한다는 이유로 조합 이용을 제한 가능하다.

이때 조합은 어업권의 취득 주체가 되며, 그들의 권리는 일종의 물권 곧 재산권으로 보호받는다. 어업권의 본질은 "특정 수면을 독점적, 배타적으로 이용하여 그 이익을 향유할 수 있도록 어업의 면허에 의하여 부여되는 권리"(소재선·임종선, 2012: 135)라는 데 있다. "1908년「어업법」제정으로 어업의 영역과 재산권으로서의 어업권이 보장되고, 1911년「조선어업령」제정으로 모든 어업이 면허어업, 허가어업, 신고어업으로 나뉘게"되었다(유창호, 2014: 19). 또한, 1930년「조선어업령」은 어업권을 민법상 물권으로 하고 토지관련 규정을 준용했다. 이 어업면허가 중요한 이유는 어업권이 하나의 물권으로 인정되어, 공유수면의 매립 과정에서 발생하는 공동어장의 상실에 대한 물적 피해 보상이 가능해지기 때문이다.

연안의 수직적 이중관리체계는 연안 공유수면 매립에서 나타나는 기본 갈등 구조를 형성했다. 공유수면 제도는 연안 바다를 둘러싼 이전의 전통적인 관계를 해체하고 연안을 근대 소유권 제도 안으로 편입하였다. 그리고 이 방법을 매개로 식민국가는 연안 가독성을 높였고 그에 따라 통제력도 강화했다. 이는 이전부터 일본이 진행해 온 조선 연안 조사의 연장이었다.

이미 일본은 1890년대부터 1900년대에 걸쳐 여러 차례 조선의 바다를 조사한다. 『조선통어사정』(1893), 『조선국원산출작복명서』(1895), 『조선수로지』(1894), 『조선어업협회순라보고』(1898~1900), 『한해통어지침』(1903), 『한국수산지』(1908~1911) 등이다. 연구자들에 의하면, 이 연구들은 당시 조선의 어업 상황은 물론이고 연해 지역 주민들의 생활상을 매우 구체적으로 기술하고 있다고 한다(이근우, 2019). 일본은 이를 근거로 그 이전과는 비교할 수 없는 연안 독해 능력을 보유하였다. 가독성을 갖춘 식민국가의 제도는 그 이전에 없던 통제력을 확보했다.

공유수면은 연안을 이용하는 인민을 위한 제도가 아니라 조세 징수와 연안 개발 그리고 토지 투기를 위한 제도였다. 식민국가는 이제 자신이 수립한 법과 제도에 따라 공유수면에 대한 배타적이고 독점적인 관리자로서 자신의 계획을 연안에 부과할 수 있게 되었다. 이 과정에서 역설적으로 식민국가는 연안을 추상화하고 보편화하였다. 전국적으로 동일한 객관적 기준이 만들어졌기 때문이다. 그래서 국가 지식이 확장되던 그 순간에 구체성의 결여가 발생한다.

매립 개발은 연안 공동체의 권리보다 우선하여 고려되었다. 매립 개발은 ① 식민국가의 영토 이용 전략에 종속되어 있었을 뿐만 아니라, ② 중앙의 통제력에 기초하고 있기에 지방의 현실을 고려하지 않았다. ③ 이는 연안 공동체를 향한 구조적이고 체계화된 무시를 동반한다. 제도가 권리를 보장한다고 하지만 이런 점에서 형식적이었다. 또한 권리 보장의 문제는 물질적 보상 문제로 협소화되었다. 공동자원체제에 중대한 영향을 미치는 연안 매립의 이런 구조는 공동자원체제와 긴밀하게 엮인 삶의 방식 및 경제를 영위하는 연안 공동체에 기본적으로 부등가교환을 강제한다.

더구나 연안 매립은 매립으로 발생하는 토지의 소유에만 주목할 뿐, 연안 그 자체의 변화와 그 연안 공동체가 이후 매립된 연안과 어떤 관계를 맺고 있느냐에 관심을 두고 있지 않았다. 연안의 작동을 국가는 주로 효율적 생산과 토지 발생만의 관점에서 단순하게 관리하였다. 그 결과 연안은 그 변화가 초래하는 위험에 노출되어야만 한다. 이는 국가 통제의 바깥에 있는 위험으로 국가의 공유수면 관리를 언제나 불안정하게 만들었다.

연안은 장소다. 연안 공동체가 때로 연안 공유수면을 하나의 상품처럼 구매하고 소비할 수 있는 대상으로 취급한다고 하더라도, 그들은 장소를 버리지 않는다. 곧 연안과 함께 살아가야 한다. 하지만 이 장소와 함께 머무는 삶은 고려의 대상이 되지 못했다. 또한 매립 탓에 경제적 보상을 받는다고 하더라도, 매립 이후 나타나는 또 다른 위험과 변화된 조건에 연안 공동체가 직면하면서, 매립 문제를 다른 방식으로 경험할 가능성을 열어두었다. 그러나 매립에 따른 경제적 보상은 그 삶의 양식을 보상하는 게 아니기에, 위험과 변화는 언제나 그 장소에서 삶을 유지해야만 하는 인민의 과제로만 남았다. 이런 점에서 연안 매립과 공동체 사이의 갈등은 기본적으로 자원을 추출하고 빨리 떠나려는 이들과 그 장소에서 오랫동안 살아가며, 거주해야 하는 이들 사이의 "시간에 관한 전망"(닉슨, 2020: 44)을 둘러싼 갈등이기도 하다. 롭 닉슨은 "장소는 내부와 외부로부터 이루어지는 변화에 맞서 끊임없이 재협상해야 하는 시간적 성취다"(닉슨, 2020: 45)라고 말했는데, 함께 깊이 고민해 보아야 하는 주제이다.

국가는 이 문제를 언제나 행정의 문제로만 처리했다. 제임스 스콧은 독일의 과학적 삼림 관리를 비판적으로 독해하는 글에서 그 숲을 "행정가의 숲"(스콧, 2010: 50)이라고 부른 적이 있는데, 이는 공유수면에도 그대로 적용 가능한 말이었다. 공유수면은 "행정가의 바다"였다. 국가는 문서를 통해 바다를 관리했다. 그리고 문서를 검토해 매립을 허가했다. "근대 국가의 건설자들은 단순히 묘사하고 관찰하고 지도화하는 것에 그치지 않고, 사람과 경관을 자신의 관찰 기법에 맞춰 형상화하고자 노력한다."(스콧, 2010: 138) 이런 관점에서 연안의 '공식적 경관'(official landscape)이 만들어질 때, 롭 닉슨(Rob Nixon)의 지적처럼 토착적 경관(vernacular landscape)은 감지되지 않는 경향이 있다.

공식적 경관은 "관료적, 객관적, 추출 지향적 방식으로, 때로 무자비하리만치 도구적인 방식으로 대지를 다룬다."(닉슨, 2020: 43) 다시 한번 롭 닉슨을 인용한다면, "오랜 세월에 걸쳐 축적된 문화적 의미망을 망가뜨리고, 온갖 생명체, 아직 태어나지 않은 존재, 죽어서도 살아 있는 영적 존재가 지배하는 토착 경관을 마치 '아무도 살고 있지 않은'(uninhabited) 장소인 양 취급하는 것이다."(닉슨, 2020: 44). 그리고 바로 이러한 강제적 경관 조성 혹은 부과에 맞서 때로 그 장소는 롭 닉슨이 말하는 '빈자의 환경주의'가 발생하는 조건이 된다.

제5장

1차 탑동 매립 이전:
한국 공유수면 매립 약사(略史)와 몇 가지 제주 사례

한국 정부는 1991년부터 「공유수면 매립 기본계획」을 수립하고 있다. 이 계획은 10년 단위로 이루어진다. 「제2차 공유수면매립 기본계획」을 수립한 2001년 이전에는 공유수면 매립 관련 통계를 별도로 작성하거나 관리하지 않았다. 공유수면 매립 현황 통계를 처음으로 종합한 게 2007년이라고 한다(윤성순·장정인·신철오, 2018: 26). 전 세계에 걸쳐 연안 관리의 중요성이 부상한 때가 1980년대이다. 우리나라에서도 국가 차원의 공유수면 종합 관리가 1991년부터 시작되었다는 점을 고려한다면, 2007년은 매우 늦은 것이다. 하지만 국가 공식 통계가 2007년 시작되었다고 하더라도, 그 이전에 여러 필요로 작성된 관련 기록들이 있다. 이 기록을 보면 아주 정확하지는 않다고 하더라도, 한국에서 공유수면이 얼마나, 어떤 방식으로 매립됐는지 추측해 볼 수 있다.

많이 알려진 건 1971년부터이다. 윤성순·장정인·신철오(2018: 27-28)는 해양수산부에서 집계한 통계자료에 근거해 1971년부터 2017년까지 공유수면 매립 사업 시도별 누진 실적을 정리했다. 이 자료를 보면, 제주에는 그 기간 총 21건의 매립계획이 있었다. 그중 16건이 실제 준공이 이루어졌고, 매립 면적은 62만 7천 56㎡에 달한다. 그런데 이 자료를 신뢰하기 어렵다. 2021년 제주 언론에 보도된 내용에 따르면, 1차 기본계획 시기인 1991년부터 2001년까지 67만 5천500㎡가 매립되었고, 2001년부터 2011년까지 진행된 2차 계획 시기에는 48만 500㎡가 매립됐다.⁴⁴ 두 자료에서 제시한 규모가 너무 다르다. 상황으로 본다면, 제주 언론에서 취재한 내용이 더욱 사실에 가깝게 느껴진다.

하지만 1971년 이전의 제주 공유수면 매립 규모를 다룬 정보는 더욱 찾기 힘들다. 흩어져 있는 다른 정보들을 종합하여 구성해 내야 한다. 일제강점기부터 1970년대까지 제주 공유수면 매립 역사는 탑동 운동 이전의 공유수면 매립 과정이 어떻게 이루어졌는지 이해하는 데 중요하다. 제주개발체제의 원형이 역사적으로 구성되어 본격적으로 등장하는 시기였기 때문이다. 모든 사례를 살펴볼 수 없어, 이 시기를 이해하는 데 도움이 되는 몇 가지 사례를 선정하였다.

물론 식민지 시대 이전에도 제주에서 연안 매립은 있었다. 기억할 만한 사례로는 고영철 선생이 제주도 "축항공사의 효시"라고 불렀던 1730년대의 화북포 공사가 있다. 제주목사 김정(金政, 1735~1737 재임)은 화북포에 방파제를 만든 인물로 알려져 있다. 당시 화북포는 제주로 오고 가는 데 중요한 곳으로 조천 포구와 함께 제주의 관문이 되었던 포구이다. 제주로 부임하는 목민관이나 김정희, 최익현 등 유배인들도 이 포구로 제주에 들어왔다.⁴⁵ 그런데 "화북포가 얕고 비좁아 항만이 불완전하여 풍랑이 일 때는 항 내에서 파선되는 일이 자주 일어나는 등 배를 부리는 데 불편함이 많았다"라고 한다. 그래서 제주목사 김정이 영조 13년 쌀 3백 섬을 내어 만 명의 일꾼을 모아 공사를 진행했다. 당시 제주 인구가 6만 내외라고 본다면, 엄청난 규모의 대역사(大役事)였다.

고영철 선생은 "그런데 1702년 이형상 목사가 그린 탐라순력도 화북성조(禾北城操)에는 이미 방죽이 그려져 있는 것으로 보면 김정 목사가 처음으로 성창을 만든 것이 아니라 이미 있는 것을 확장했다고 보는 것이 옳을 것이

---

44 제주의 소리, 2021.06.10., "제주바다 30년간 축구장 180개 크기 매립됐다"
45 한라일보, 2022.09.19. "제주 옛 해상 관문 화북포구 가치 알린다"

다"라고 했다(고영철, 2017). 포구(浦口)가 제주에서 차지하는 위상을 고려할 때, 포구를 보완하는 매립은 단지 화북포만이 아니라고 하더라도 반복해서 전개되었으리라 예상된다. 하지만 쌀 3백 섬과 만 명의 일꾼을 모아 공사를 진행했다는 점에서 확인할 수 있듯이 연안 매립을 포함하는 포구 축항 공사는 그 자체로 매우 비용이 많이 들고 많은 인원을 동원해야 하는 일이기에 언제나 할 수 있는 일은 아니었다. 또한 이는 대부분의 대규모 토목공사가 그랬듯이 지역의 필요를 반영한다고 하더라도, 관과 지역 유지 등 지배계급의 동원 능력에 의존한다.

포구 등과 관련한 매립만 있었던 것은 아니다. 또 다른 흥미로운 사례는 종달리 간척이다. 제주 구좌읍 종달리에는 "신착-개 앞바다 간척사업 옛터"라는 곳이 있다. 종달리 간척 역사가 흥미롭다. 종달리는 제주에서 최초로 염전이 만들어진 지역인데, 최대 소금 생산지였다고 한다. 종달리 사람들을 '소금바치'라고 불렀다고 하니, 종달리와 소금이 얼마나 깊이 연관되어 있는지 알 수 있다. 이는 종달리 마을 앞에 드넓은 모래펄이 있어 가능한 일이었다. "1900년대 초 종달리 마을 353호 가운데 160명이 소금 생산에 종사했고 소금을 생산하는 가마도 46개나 있었다고 한다."[46]

1899년 채구석이란 대정 군수가 종달리 갯벌을 막아 농토로 이용하고자 간척을 시도한다. 농지가 부족한 제주에서 간척으로 농지를 확장하려 한 사업이다. 둑을 쌓아 논을 만들었다. 이를 제주에서는 '제1수답'이라고 부른다. 하지만 지반이 견고하지 못해 아래에서 바닷물이 올라와 결국 실패했다. 제주의 벼농사를 연구한 정근오(2014: 56)에 따르면, 제주에서 쌀을 재배할 수 있는 지역은 용천이 풍부하고 평지가 있는 지역뿐이었다고 한다. 그래서 일부 마을만이 벼농사를 할 수 있었다. 그 외 지역은 인공 수리시설이나 간척 등으로 벼농사를 할 수밖에 없었는데, 종달리도 그런 마을 가운데 하나였다.

이후에 다시 전 구례 현감이었던 송상순이 이 땅을 매입하여 다시 둑을

---

46 김승욱, 2020.5.14., "제주 최초의 염전, 최대의 소금 생산지…종달리", Jnuri

쌓는 대규모 공사를 벌였고, 바다 쪽에는 양어장, 육지 쪽에는 수답을 만들었다. 이 수답은 '제2수답'이라 한다. 송상순은 이후 이 땅을 다른 이에게 매각하였다. 하지만 그 후 수리시설도 제대로 되지 않고 관리도 소홀해지면서 논은 차츰 습지로 변해가 지금은 갈대밭이 되었다. 1970년대만 해도 논밭을 경작했다는 이들이 있다고 하는데, 습지로 변한 이후에는 제주에서 유명한 철새 도래지가 되었다.[47] 관리가 안 된 이유에는 도 외에서 싼값으로 쌀이 들어오기 시작한 영향도 있었다. 쌀값이 폭락하자 본업인 밭농사에 집중했기 때문이다. 폐답이 된 후에는 동네 아이들의 축구장으로 이곳이 이용되기도 했다. 한 인터뷰를 보면 "종달리가 지역 축구 최강"이었던 때도 있었다 한다.[48] 종달리는 모든 간척 혹은 공유수면 매립이 성공하는게 아니라는 걸 보여준다. 매립이 이루어진다고 하더라도 자연의 일에 적응하지 못한다면 중장기적으로 매립은 실패하고 만다. 한 신문에 제주 역사 답사 기행을 쓴 바 있는 김승욱은 이곳을 이렇게 표현했다.

> "그때 논으로 간척된 땅의 상당수가 갈대밭으로 변했다. 논농사가 마땅치 않았던 거다. 나록을 생산해 보려는 당시의 절박함이 이해되나 지금의 관점에선 탑동 매립으로 잃어버린 제주시 탑아래 해안가만큼이나 아쉽다."[49]

1. 식민개발과 제주 산지항 사례

일본의 식민통치 기간은 연안 매립 개발의 근대적 원형이 만들어진 기간이었다. 단어로만 본다면 '간척'이란 용어 자체가 일제강점기 이후 사용된 말이라

---

47 제이누리, 2019.09.27., "종달리 지미봉에 올라 바라보는 전망"
48 제주투데이, 2022.6.28., "종달리 마을에 숨겨진 시리고 애틋한 이야기"
49 김승욱, 2020.5.14., "제주 최초의 염전, 최대의 소금 생산지...종달리", Jnuri

고 한다(이민석, 2020: 113). 무엇보다 이 기간에 이루어진 연안 매립이 공유수면 제도 아래서 이루어졌다는 점에서 현대 공유수면 매립을 이해하는 데도 중요하다. 연안 공유수면 매립은 주로 항만, 군항, 배후 신도시 건설과 일본 기업의 연안 이용 등을 목적으로 진행되었다. 일제가 산미증산계획 아래 군량미 조달을 목적으로 대규모 매립사업을 진행했다는 점에서 알 수 있듯이, 당대 매립에는 식민지 침탈적 성격이 강하게 내재해 있다. 하지만 그렇다고 모든 매립을 완전하게 외부에서 강제로 부과된 개발 계획만으로는 볼 수 없다. 그 목적이 무엇이든 개발에는 "식민 지배자들이 식민지 주민들의 물질적 조건을 향상해 주면서 식민 지배를 유지하려고 한 실용적인 노력"(맥마이클, 2013: 90)의 차원도 있었기 때문이다. 모두 그렇지는 않겠지만, 일부 매립은 위에서 부과한 것만큼이나 아래에서 만들어 간 사업일 수도 있다. 광범위한 "식민지의 회색지대"(윤해동, 2008)가 존재할 수 있다는 의미다. 하지만 이는 본 연구의 중심 연구 질문을 넘어선다. 아쉽지만 후속 연구를 기대할 수밖에 없다.

다만 한 가지 예는 제시할 수 있다. 일제 강점기 시절 제주 산지항의 축항 과정을 조사한 현미애의 연구에 따르면, 초기 산지항 축항 공사는 "당시 제주의 상황으로서는 꼭 필요한 항만시설 확충을 제주면의 요구"로 진행했다고 한다. 하지만 그 중심 세력은 해운, 운송업자가 주축이 된 지역 유지와 일본 사업자들의 동맹 기구인 "축항기성동맹회"가 맡았다(현미애, 2020: 75). 단일 사례이기는 하지만 이 사례는, 연안 항만 개발이 단순한 민족적 대립의 도식으로 파악하기 어려운, 지역의 필요와 계급의 균열 그리고 일본과의 협력이라는 다층적 차원을 가지고 있을 가능성을 보여준다.

권혁재(1999: 168-169)에 따르면, 1919년 438만 정보에 달하던 총 경지면적이 1940년에는 451만 정보로 늘었다고 한다. 그 가운데 개간 및 간척으로 늘어난 게 13만 정보였다. 한 정보가 통상 3천 평을 가리킨다고 하니, 우리가 흔히 사용하는 여의도 면적을 이용하면, 여의도 면적의 약 154배에 달하는 바다가 개간 및 간척되었다. 농지조성을 위한 간척도 중요하지만, 항만 공사로 인한 매립도 무시하기 힘들다. 총독부는 군사전략과 식민지 자원개발 및 유출 목적으로 항만 공사를 진행했다. 항만 공사로 매립된 연안 규모를 정확하게 알기는 어렵다. 하지만 추측해 볼 수 있는 자료는 있다. 1984년 1월 6일자 매일경제에는 8·15 광복 당시 우리나라 항만시설이 38개였고, 일제가 항만을 건설하는 과정에서 약 1백만 평에 달하는 해면을 메웠다는 보도가 실려 있다.[50]

육지와 비교한다면 제주에서의 매립은 압도적으로 연안 이용과 연결되어 있다. 제주발전연구원[51]이 펴낸 보고서 가운데 조선총독부 관보 내용을 정리한 연구가 있다. 이 연구를 따르면 당시 제주 공유수면 매립 허가는 주로 연안 공장의 축조나 도로 및 택지 조성, 항만 공사와 확장 등에 이루어졌다. 현대 제주 공유수면 매립의 내용 또한 이때와 거의 같다. 역사적으로 본다면 근대 제주 연안 인프라(infrastructure)의 역사적 원형이 이때 만들어졌다고 할 수 있다. 제주항, 한림항, 모슬포, 서귀포, 성산포 등 5개 항 관련 기록들이 우선 눈에 띈다. 그 가운데서 가장 흥미로운 사례는 1921년 이후부터 개발에 들어갔다고 알려진 제주항이다. 고구마 기름을 짜는 공장에 필요한 전용부두 건설이 그 주요 목적이었다고 알려져 있다. 그 기름은 군사용 비행기의 연료로 보급되었다.

제주항의 이전 명칭은 산지항이었다. 산지천이 바다로 들어가는 하류에 있는데, 그 이전에는 '건입포'라고 불렸다. 늦게 잡아도 500년대부터 건입포를 이용했다고 하니, 그 역사가 매우 오래다. 17세기 중반에 이르면 제주도 내에서 가장 규모가 크고 번성하는 포구로 성장했다. 일제강점기가 시작되면서 건입포 항만 개발이 본격적으로 이뤄졌다. 1920년 조선총독부는 건입포를 서귀포항 및 성산포항 등과 함께 2등급 항구로 지정했다. 그리고 1926년부터 방파제 축조 공사를 시작했다. 이 공사는 1929년 완성되었는데, 지금 탑동 연안의 경계를 이루는 제주항 서쪽 방파제가 바로 이것이다. 이때부터 건입포는 본격

50　매일경제, 1984.1.6., "우리의 국토(35) 항구건설"
51　현재는 '제주연구원'이다.

19세기 말의 산지항. 1890년에 찍은 사진인 것으로 추정한다.
출처: 제주도청 홈페이지

적으로 '산지항'으로 일컬어진다. 제주항으로 명칭이 바뀐 때는 1968년 항만법이 제정될 즈음이다. 1978년 제주항 종합개발계획이 확정되면서 제주항 개발이 다시 출발하는데, 그때 개발이 현재까지 계속되고 있다고 할 수 있다.

산지항의 역사가 흥미로운 건 1920년대 후반 대대적인 축항 공사가 이루어질 때, 그 매립에 필요한 돌을 구하고자 제주읍성 대부분을 헐었다는 점이다.[52] 지금은 읍성의 흔적을 찾기가 쉽지 않다. 읍성이란 과거에 관아(官衙)가 있는 지방의 읍치(邑治) 고을을 둘러싸고 있던 성을 말한다. 도성이란 이에 반해 종묘와 왕궁을 둘러싼 성을 말한다. 제주읍성도 그런 읍성의 하나였다. 역사학자들의 말을 들어보면 제주읍성은 조건 건국 이전부터 있었던 것으로 보이고, 멀게는 탐라국 시대로까지 거슬러 올라갈 수도 있다고 한다. 이런 제

---

52 다른 항구들도 시점 차이는 있지만 기본적으로 유사하다. 한림항의 경우 1934년 전라남도가 공사비 12만 원을 들여 최초로 방파제를 축조했다고 한다. 그리고 1936년과 37년에는 3만 원을 들여 방파제를 연장했다. 일본 어업 자본가의 진출 기지로 조성하고자 했다는 분석이 있다.

주읍성이 허물어져 매립 자재로 쓰이게 된 데는 잘 알려지지 않은 맥락이 있다.

1907년 "일제가 내각령 1호로 성벽처리위원회를 구성하면서 한양 도성 등 조선의 모든 성곽을 헐어 없애는 작업에 착수"한다. 이유는 크게 보면 두 가지였다고 한다. 하나는 도성이나 읍성이 조선의 얼과 역사를 간직하고 있다고 보아 이를 말살해 버리기 위해서였고, 다른 하나는 의병이 성을 활용하는 걸 막기 위해서였다고 한다. 그리고 "1910년 한일 강제 병합 이후에는 읍성 철거령이 반포되어 제주도를 비롯한 전국의 읍성 성벽이 철거되고 말았다."(김지환, 2022: 200).

역사학자 김지환은 도성의 성벽 철거를 둘러싼 또 다른 이야기도 들려준다. 그는 성벽처리위원회가 만들어진 시점에 주목한다. 당시 철도가 부설되면서 서울의 유동 인구가 많이 늘어났다. 이때 일본인으로 구성된 도시계획위원회가 만들어지는데, 성벽처리위원회는 그 직후 구성된다. 도시계획위원회는 도로의 확장과 개량을 포함한 도시 정비 계획을 수립했는데, 그 내용 가운데 성벽을 철거하여 교통로를 확대한다는 방침이 있었다고 한다. 이런 정책은 근대 일본의 주요 도시 정책 가운데 하나이기도 했다. 김지환은 다음과 같이 설명하고 있다. "일찍이 일본은 자국 내에서 1873년에 폐성령을 반포하여 성벽 관련 시설을 근대화를 방해하는 장벽으로 간주하여 철거를 단행하였다. 이러한 일본의 인식에 친일파 관료들이 영향을 받아 성벽 철거가 근대화의 불가피한 과정이라 공감했던 것이다."(김지환, 2022: 200)

제주읍성을 허물어 연안 매립 자재로 활용하는 행위에도 이런 맥락이 작동하고 있다고 추측할 수 있다. 한편으로는 성벽이 낡은 과거를 상징하는 인공 구조물로서, 제주 식민개발과 근대화를 가로막는 장벽으로 인식되었을 수 있다. 그 읍성을 허무는 일은 따라서 그 자체로 근대화를 향한 진일보가 된다. 다른 한편에는 정치·군사적 의미도 있었을지 모른다. 허물어지는 건 단지 물리적 성벽이 아니라, 그 성벽을 뒷받침하던 국가 및 사회의 질서이기 때문이다. 제주일보에 제주읍성이 허물어지는 과정이 실린 적이 있다. 이를 옮겨보

면 다음과 같다.[53]

"1913년부터 시작해 성문과 성벽과 정자와 누각들이 매년 단계적으로 차례차례 헐려 나갔다. 1926년부터는 산지항 방파제 공사가 대대적으로 진행되면서 엄청난 양의 암석들이 필요해졌다. 읍성을 헐어낸 돌들은 모조리 여기로 운반되어 바다 매립과 축항 공사에 쓰이게 된다. 제주읍성의 성벽을 구성했던 그 많은 돌들은 거의 대부분 지금의 제주항 주변 바닷속이나 방파제 그리고 항만 건물 등에 묻혀 있는 것이다."

2. 광복 이후 1950년대 전후 재건기

연안포털에 의하면 "광복 이후 공유수면 매립 사업은 정부와 국제연합민사처 원조에 힘입어 일제강점기하에서 시행 중에 중단되었던 사업을 수행"했다고 한다. 물론 신규사업도 있었다. 1951년에 추진된 강화 간척사업이었다. 광복 이후 최초의 신규사업이었는데, 정부를 대행해 대산수리종합연합회가 직영으로 추진했다고 한다.[54] 이는 바꾸어서 말한다면, 해방 이후에도 일제강점기하에서 진행하던 공유수면 매립사업의 타당성이나 그 필요성 등을 체계적으로 검토하기보다는, 당시 구축한 연안 인프라 계획을 그대로 받아들여 계속 추진하는 구조였다는 걸 의미한다. 하지만 이마저 한국전쟁 때문에 제대로 수행될 수 없었고, 기존에 있던 연안 인프라마저 파괴되었다.

한국전쟁 이후 연안 공유수면 매립은 국가 재건의 일환으로 추진된다. 1953년 정부는 국가 재건 사업을 선언한다. 이때 정부는 국토 재건 사업의 우

---

53 제주일보, 2021.4.7., "탐라 이래 제주의 심장 제주읍성 '성안'"
54 해양수산부 연안포털, "공유수면매립은 언제부터 시작되었나요?" 항목. 검색일: 2022년 11월 26일

선순위를 정했는데, 첫째 항만, 둘째 하천, 셋째 교량, 넷째 도시계획 등의 순서였다. 항만, 하천, 교량은 모두 이동양식(mobility) 인프라였다. 이런 순서로 재건하는 이유로 정부는 수송망을 원활히 하여 물자 수송을 신속히 하고 하천을 정비하여 식량을 증산하려는 것이라고 설명했다. 이때 개수 공사를 진행할 항만을 10개를 뽑았는데, 그 안에 제주항이 들어있었다.[55]

제주도는 한국전쟁 이전에도 이미 전쟁 피해를 본 상황이었다. 일본의 군사기지로 활용되면서 그 군사적 피해도 고스란히 떠안고 있었기 때문이다. 예를 들면, 일제강점기 말기 이루어진 폭격으로 한림항은 호안 연장 50m와 물양장 100m가 파괴되었는데, 그 이후 복원되지 않아 1955년 당시 한림항은 어항으로서 역할을 하기 어려운 상황이었다는 기록이 있다.[56] 알려진 바에 따르면, 미국 공군과 잠수함이 일본의 군사기지를 파괴하고자 1945년 7월에 한림항을 공격했다. "한림항의 일본군 군기고에 대한 미군기의 공습으로 그 속에 쌓여있던 폭탄이 폭발"하는 사고가 발생했다. 지역 언론 '제주의 소리'에 "김종민의 다시 쓰는 4·3"을 연재한 김종민은 당시 공습 과정에서 일본군의 옥쇄 작전뿐만 아니라 미군의 폭격으로 많은 사람이 죽거나 다쳤다고 한다.[57] 기록에 의하면 한림항 공습으로 "민가 파손 400호, 사망자 30여 명, 부상자 200여 명"이 발생했다(제주도, 1982: 432).

정부가 전후 재건을 선언하기는 했지만, 실제 개발 프로젝트를 지원하는 정부 역량은 제한적이었다. 1954년 조선일보는 "공전하는 재건계획"이란 이름으로 "당국의 무력한 현실"을 꼬집는 기사를 내보냈다. 재건계획은 꿈 같은 일이라는 내용이다. 항만 건설도 언제 이루어질지 알 수 없다는 내용도 있

---

55   조선일보, 1953.8.6. "재건사업 구월에 착수"

56   디지털제주문화대전, "한림항" 항목. (검색일: 2022년 11월 26일)

57   김종민, 2017.3.21., "불바다 위기 제주…일본엔 '최후보루', 미국엔 '점령해야 할 섬'", 제주의소리

다.[58] 1950년대 중반부터 정부가 미국의 원조를 받게 되면서 상황은 조금씩 개선된다. 하지만 부만근 교수에 따르면 제주도는 한국전쟁의 "직접적 피해를 입은 지역이 아니라는 이유로 전후 복구 대상에 제외"되어 "정부투자가 이루어지지 않아 개발사업을 제대로 추진하지 못하였다"(부만근, 2012: 36)라고 한다.

항만도 마찬가지였다. 고영철은 "정부 재정 형편이 어렵다고 제주의 항만 투자에 소홀"했다는 점을 지적하고 있다.[59] 이런 이유로, 제주항이 전후 재건계획에 포함되기는 했지만 1950년대까지는 상황이 나아지지는 않았던 듯 하다. 따라서, 제주의 본격적인 개발은 「제1차 경제개발5개년계획(1962-1966)」이 시행되고, 이와 함께 국토계획의 근거가 된 국토건설종합계획법 (1963년)이 수립된 1960년대 초반부터라고 많은 이들이 보고 있다. 또한 법은 있었지만 "1960년대에는 국토계획이 수립되지 않은 데다 제주 개발을 위한 종합계획도 없었기 때문에, 지역개발은 경제개발5개년 계획에 근거하여 경제개발사업의 일환으로 부분별로 추진"(부만근, 2012: 36)되었다고 한다.

3. 1960년대 이후 근대화 프로젝트와 공유수면 매립

개발 프로젝트는 그 출발부터 제3세계의 산업화 촉진 프로젝트였다.(맥마이클, 2013: 128) 필립 맥마이클은 "개발이 국가의 공식적인 프로젝트로 자리 잡은 것은 20세기 중반에 이르러서였다"(맥마이클, 2013: 34)라고 분석했다. 20세기 중반은 바로 식민지가 해방되어 탈식민화와 함께 자신의 국가를 만들어 나가는 국면이었다. 이런 탈식민화는 개발에 새로운 의미를 부여하게 되는 데, 경제발전을 주권 회복의 차원에서 이해하는 양식이다(맥마이클, 2013: 94). 맥마이

---

[58] 조선일보, 1954.2.16. "공전하는 재건계획"

[59] 고영철, 2013.08.26., "건업동 제주항", 고영철의 역사교실. (검색일: 2023년 9월 22일)

클의 설명처럼, "식민 지배가 끝나면서 신생 독립국의 정치 엘리트들은 성장과 세수 창출, 그리고 정당성 확보를 위한 과업으로 개발을 받아들였다."(맥마이클, 2013: 117)

특히, 이런 개발 프로젝트는 전 지구적 냉전 구도 안에서 특별한 의미를 부여받았다. 제2차 세계대전과 한국전쟁 이후 세계 질서를 재편하려던 미국은 개발을 냉전체제의 형성에 연계했을 뿐만 아니라 각국의 개발을 후원하는 역할을 했다. 이때 이미 개발된 국가와 저개발된 국가를 구분하는 이분법이 등장했다. 미국은 저개발 국가에서 사회주의 운동과 관련 정부의 등장을 방지하고자 해당 국가를 지원하기 시작하였고, 냉전체계 아래서 이 국가를 보호하는 책임을 떠맡았다(맥마이클, 2013: 117).

한국 개발 프로젝트는 1961년 군사쿠데타 이후 수립된 박정희 권위주의 정부 주도로 국가의 공식적인 프로젝트로 등장한다. '근대화'라는 기획으로 진행된 이 개발 프로젝트는 산업화 프로젝트이기도 했지만 동시에 국토개발 프로젝트이기도 했다. 여기서 발견되는 특징 중 하나는 국토확장이라고 말할 수 있다. 그 중심에 간척사업이 있다. 공유수면 관련 제도가 다시 정비된 때도 1962년이었다. "이 시기 간척사업은 국토개량, 농업생산 기반 확충 및 난민 구제 사업의 성격으로 추진되었는데, 1962년 공포된 「공유수면매립법」은 사업의 목적별로 건설부, 농림부, 보건사회부를 지정함으로써 주관부처의 관여하에 사업이 시행되도록 하여 간척사업이 본격적으로 행정적 지원을 받도록 하였다."[60]

건설부도 1962년 만들어졌다. '건설' 자체가 국가 중심 목적 가운데 하나가 되어 국가 중앙행정부처로 등장했다. 공유수면 매립은 바로 그 국토 건설에 필요한 조건을 확보하는 행위였다. 건설부가 추진한 매립 실적은 놀라울 정도다. 1971년 말 그러니까 건설부가 만들어지고 난 후 10년 동안에 건설부

---

[60] 행정안전부 국가기록원, 기록으로 만나는 대한민국, "바다를 메꿔 땅을 만들다: 간척사업", 검색일: 2022년 11월 26일

는 총 2천8백42만 9천 평의 국토를 확장했다고 발표했다. 이는 모두 바다를 매립해 국토를 조성한 사업으로 1년에 평균 2백84만 평이 늘어난 셈이다. 그런데 더 놀라운 사실이 있다. 이 기간에 허가된 공유수면 매립 면허가 무려 1억 7천7백 31만 평(2천3백21건)이었다는 점이다. 하지만 그 가운데 16%에 해당하는 건만이 완공되었다.[61]

 1960년대 국가의 공유수면 매립은 ① 인구 증가 ② 영토의 한계라는 규모 담론을 바탕으로 정당화되었고, 그 결과는 대규모 간척사업의 실시였다. 실제 인구보다, 인구 담론이 더 중요했다. 곧 국가가 인구를 어떻게 이해하고 있느냐가 더 큰 영향을 미쳤다. 인구 증가는 근대화 과정이 마주한 거대한 위기 상황이자 장애물로 인식되었고, 이는 개발 프로젝트의 생산주의(productivism)를 강화했다. 인구 증가는 농업 생산량을 발전시켜야 하는 이유였고, 국토의 한계를 부각시키는 변수였다. 국토확장은 이 두 문제를 해결하는 생산주의적 대안이었다. 산업화와 함께 발생한 급속한 도시화 그리고 값싼 노동력을 확보하려는 요구 등도 모두 이와 연결되어 있었다. 일부 연구자는 공유수면 매립이 그 대안으로 선택된 데에 또 다른 이유도 있었다고 보고했다. 공유수면 매립이 "지역주민에 대한 강제수용을 피하고 재원을 절약할 수 있는 유력한 방식"(정원욱·김숙진, 2016: 545)이었다고 한다.

 하지만 "실제로 간척사업은 대규모 재정투입에 따른 경제적 부담과 경제정책 기조가 중화학공업 육성으로 전환되면서 1960년대 말부터는 위축되었다."[62] 이와 함께 공유수면 매립 기획은 여전히 국가 중심으로 이루어지지만, 간척사업은 1970년대를 지나면서 민간기업 프로젝트로 바뀐다. 개발 방식도 소규모 개발 방식에서 대단위 종합 개발 방식으로 바뀐다. 무분별한 난개발을 막는다는 이유였다. 하지만 민간기업은 간척사업으로 대규모 토지를 소유

---

61 경향신문, 1972.03.23., "국토 2천8백42만 평 확장"
62 행정안전부 국가기록원, 기록으로 만나는 대한민국, "바다를 메꿔 땅을 만들다: 간척사업". (검색일: 2022년 11월 26일)

할 수 있었고, 이는 이후 막대한 이익을 낳는 부의 근원이 되었다. 계화도 지구 사업, 아산·삽교천 지역 간척 등을 포함하는 평택지구 개발사업 등이 대표적 사례이다.[63] 1980년대 초반 이후에는 비(非)농업 목적의 대규모 간척사업이 활발해진다. 중동지역 건설경기가 침체하자, 국내 경기부양과 유휴인력 및 장비를 활용하고자 대규모 간척사업을 기획한다. 이때는 농지보다는 복합산업단지 조성에 초점을 맞추었다.[64]

이 사례가 보여주는 것처럼 국가는 기간산업인 중요산업을 위해 민간 매립을 적극 조장하는 방향으로 움직였다.[65] 1973년 제정 공포된 「산업기지개발촉진법」은 이를 가장 분명하게 보여주는 예였다. "「산업기지개발촉진법」은 별도의 매립면허를 받지 않아도 간척·매립을 통하여 산업기지 개발이 가능하도록 제도적 기반을 마련해 주었다. 그 결과 간척지 개발사업은 주변의 사회적 여건 및 자연 생태계를 대규모로 훼손하는 환경문제를 일으켰다."[66]

국가로 모든 권력이 집중된 군부 권위주의체제에서 이와 같은 공유수면 매립은 재벌기업 특혜 및 간척지 분양을 둘러싼 비리와 투기행태의 반복 역사였다. 박정희 대통령 본인도 이미 1970년 7월 10일에 "공유수면 매립 사업이 이권화하는 경향이 있다"라며 당시 김학렬 경제부총리에게 철저히 감독하라고 지시까지 했다.[67] 하지만 공유수면 매립은 1980년대 후반까지 이른바 '노다지' 사업이라 불렸다. 재개발 사업이나 토지형질 변경 사업에서는 개발이익

---

63 행정안전부 국가기록원, 기록으로 만나는 대한민국, "바다를 메꿔 땅을 만들다: 간척사업". (검색일: 2022년 11월 26일)

64 행정안전부 국가기록원, 기록으로 만나는 대한민국, "바다를 메꿔 땅을 만들다: 간척사업". (검색일: 2022년 11월 26일)

65 매일경제, 1971.11.8. "하역시설 근대화"

66 1973년에 제정·공포된 「산업기지개발촉진법」은 별도의 매립 면허를 받지 않아도 산업기지 개발이 가능하도록 제도적 기반을 마련해 주었다. 그 결과 간척지 개발 사업은 주변의 사회적 여건 및 자연 생태계를 대규모로 훼손하는 환경문제를 일으켰다.

67 서울경제, 2021.01.19., "[오늘의 경제소사] 1962년 공유수면매립법 제정"

이 통상 투입된 사업비를 밑도는 데 반해, 공유수면 매립사업은 사업비의 5배 이상 개발이익이 난다고 알려졌다. 하지만 이런 민간 주도 매립 사업이 많은 비판을 받자 1986년 건설부는 해안 매립 사업에서 ① 소규모 개발을 대단위 개발로 ② 단일용도 개발에서 다목적 용도 개발로 ③ 민간주도를 공영개발로 각각 전환한다는 방침을 세웠다.[68]

국가의 영토 확장 전략 및 산업 보호 전략 그리고 민간기업의 대규모 토지 사적 소유 및 투기적 이익 확보는 한국 공유수면 매립 면허가 남발되는 현상을 만들었다. 1966년 매일경제 기사에 따르면 실제 매립실적이 7%에 불과해 건설부의 매립 허가 남발과 사후관리 소홀을 지적하는 기사가 있었다.[69] 매일경제는 그 원인으로 매립 사업이 "이권화 내지는 정치적인 외세에 의해서 면허 사무가 취급"되어 왔기 때문이라고 비판했다. 이런 매립 면허의 남발은 한국 공유수면 매립의 성격을 보여줄 뿐만 아니라, 이후 탑동 2차 매립이 일어나게 된 주요 원인을 제공한다는 점에서 매우 중요하다.

4. 1960년대 이후 제주 개발과 공유수면 매립

1962년부터 1966년 9월 30일까지 건설부가 허가한 공유수면 매립 면허 건수 기록이 있다. 제주는 61건으로 총 2만 5천 평 규모라고 한다. 이는 매립 면허 허가 기록일뿐이므로, 실제 매립 실적은 다를 수 있다. 1972년 경향신문은 건설부가 지난 10년 동안 제주에서 5만 2천 평을 매립했다고 보도했다. 1960년대 제주에는 크게 보면 세 가지 방향에서 개발이 이루어진다. ① 관광 개발 ② 특용작물 재배 ③ 어업기지 개발. 개발 '붐'이 불었다. 이 모든 건 1960년대부터 본격화된 국가의 제주 개발 프로젝트의 결과였다. 도시화도 급속하게 진행

---

68 매일경제, 1986.2.3. "경제부처 업무계획 〈5〉 건설부"

69 매일경제, 1966.10.25., "사후관리 소홀한 공유수면 매립"

되면서, 도시권이 팽창되었다. 국가 개발 프로젝트와 도시화 이 모두는 연안 개발의 압력을 높였고, 이는 공유수면 매립을 불러왔다.

당시 정부는 항만과 연근해어업의 근대화라는 이름으로 이에 필요한 인프라를 강화하는 계획을 수립했다. 수산청은 1971년까지 어민 소득을 두 배로 늘린다는 계획을 수립한다. 제2차 경제개발계획 기간과 일치하는 「수산 진흥 5개년계획」이다. 이 계획에는 '연근해어업근대화' 전략이란 이름으로 어선 대형화 및 교체, 어로 장비의 근대화, 처리가공 및 유통시설의 확장, 양식 적지 지역에 대한 집중투자, 연안 영세 어민 대책으로 어촌계의 협업화 조성,[70] 어업의 기본시설인 방파제, 선착장, 물양장 등 정비 및 확장, 어항 정비 확장 등 연근해어업을 위한 기반시설 구축이 포함됐다.

또한, 항만 근대화 전략도 수립되었다. 당시 중앙정부는 1970년도에 착수해 1981년까지 제주항을 포함한 10개 항을 상공항으로 개발할 계획을 세웠다. 항만은 현재도 그렇지만 수출 무역의 필수 인프라였다. 이에 선박의 대형화, 화물의 컨테이너화, 하역의 전문화 등 화물량의 증가추세에 대비하여 하역시설, 운반시설, 보관시설 등의 '근대화' 및 시설 확충 등을 위한 항만 개발 시책이 마련되었다. 이런 개발은 당연히 연안 개발 및 매립을 동반한다. 그뿐만이 아니다. 상품의 이동비용 등을 줄이고자 인근에 임해 공업지구 건설도 함께 진행된다. 이 또한 중·대규모 연안 매립을 요구한다.[71]

연근해어업근대화 전략과 항만 근대화 전략이 국가 차원에서 연안 전체를 다루는 일반 전략이라면, 1960년대부터 제주에는 이와 연동된 하지만 지리경제학적 위치를 활용하는 고유한 영토분업 계획이 나타난다. 이는 두 차원이었다. 하나는 한일어업협정 이후 한일어업자금을 이용해 제주도를 전초기지(前哨基地) 성격의 어업 근거지로 개발한다는 구상이었다. 어업 근거지가 되

---

[70] 1962년 공포된 수산업협동조합법에 기초해 종전의 어촌계가 제주어업협동조합으로 통합된다.

[71] 경향신문, 1969.10.13., "새 모습 띠는 항만 흑색 선단 따라 본준설"

려면 역시 다양한 인프라가 필요했다. 1965년에 이미 "태풍이 올라올 때 고기잡이배들을 보호하기 위해 4킬로의 방파제를 만들고 고기를 쉽게 풀 수 있도록 1.5킬로의 물양장을 신설한다. 또 토사로 메워지는 항구를 준설 또는 매립하는데" 3년 동안 1억 7천여만 원을 쓴다는 계획이 나왔다.[72]

다른 하나는 자유항 구상이다. 박정희는 1963년 제주항을 '자유항'(自由港)으로 구상해 보라는 지시를 내렸다. '자유항'이란 관세 제도상 항구의 일부 또는 전부를 외국으로 간주하여 관세법을 적용하지 않는 항구를 말한다. 이 구역 내에서는 외국 화물의 적재나 보관, 가공 따위가 자유롭게 허용된다. 현재 제주도는 「제주국제자유도시 기본계획」 및 「제주특별자치도 설치 및 국제자유도시 조성을 위한 특별법」에 따라 '국제자유도시'를 제주도의 발전 방향으로 설정하고 있다. 국제자유도시는 사람과 자본, 그리고 상품의 이동이 자유로운 국제도시를 말하는데, 바로 이 구상의 원형이 1960년대 '자유항' 구상에 있다고 말할 수도 있다. 이런 관점에서 본다면 제주 근대화는 매우 일관되게 제주를 관세 제도상 외국으로 간주하는 전략과 함께했다고 말할 수 있다.

1968년 항만법이 제정된다. 이즈음부터 산지항의 명칭이 제주항으로 바뀌고, 무역항으로도 지정된다. 그리고 1978년 제주항 종합개발계획이 확정되면서 제주항의 정비, 확대가 본격적으로 이루어졌다. 항만 개발은 한 번 이루어지면 그 자체로 지속적인 항만 규모 확장의 압력을 만들어 낸다. 선박의 대형화가 이루어지면서 기존 항만으로는 더 큰 선박을 수용할 수 없게 되기도 하고, 화물량이 증가하면 당연히 시설 확충 요구도 나타나기 때문이다. 일단 규모가 커지면, 더 큰 규모로 인프라를 변경하는 것 외에는 현실적인 경로가 없다. 이런 인프라 팽창 압력은 반복적인 항만 용지 확보 계획 수립을 요구하며, 공유수면 매립은 그 현실적 방도로 제시된다. 2020년 현재 진행 중인 제주항 확장 공사도 이런 대규모 인프라의 물리적 확장 동학이 반영된 사업이었다.

항만 팽창은 연안 매립뿐만 아니라 제주도의 또 다른 자연 파괴도 동반

---

72 경향신문, 1965.7.5. "한일 협정 조인 후 어업계는 변하고 있나"

했다. 예를 들면, 1978년 10월 31일 자 동아일보에는 1986년 완공을 목표로 진행되고 있던 제주항의 방파제 축조 공사를 비판하는 기사가 실렸다. 한국자연보존협의회라는 단체가 당시 제주지역 자연훼손을 조사했다고 한다. 동아일보는 그 조사를 인용하여, 방파제 축조에 필요한 매립 재료를 얻고자 제주도 일대의 용암석 등 천연자연석과 해변의 기괴 암석이 마구 채취돼 쓰이고 있다고 고발했다.

한국자연보존협의회 조사반은 제주항 방파제 축조 공사를 맡은 대창기업이 굴착기 등 중기까지 동원해 건천인 호아두루내 계곡 연장 4킬로미터가량을 파헤쳐, 그 절경은 파괴되고 돌무더기만 난무하는 채석장이 되었다고 확인했다. 또한 구엄리의 기암절벽은 남포질[73] 등으로 무너졌다. 구엄리의 경우 바다를 높이 10여 미터의 기암절벽이 병풍처럼 둘러싼 곳인데, 이곳 역시 한림항의 방파제 공사로 파괴됐다. 더욱이 이 채취 공사는 정부의 허가를 받고 이루어진 합법적 공사였다고 한다.[74]

항만만이 아니다. 제주 근대화에 필요한 다른 주요 인프라도 연안 입지를 원했고, 건설 과정에서 공유수면을 매립했다. 한국전력은 1963년에 제주발전소를 준공했다. '디젤' 발전소였다. 당시 이 발전소는 제주도종합개발사업을 뒷받침하는 기반 시설로 이해되었다.[75] 그러다 1970년 제주화력발전소를 준공했다. 제주도 전력 공급이 디젤 발전에서 화력 발전으로 넘어가는 단계였다. 이 준공식에는 박정희도 참여했다고 알려졌다.[76] 그만큼 중요성이 큰 사업이었다는 이야기다. 화력발전은 기름으로 전기를 발생시키는데, 당시에는 국내 마지막 화력발전소가 되리라 예측했다.

---

73 남포를 터뜨려 바위 따위의 단단한 물질을 깨뜨리는 일. 남포는 다이너마이트를 말한다.

74 동아일보, 1978.10.31., "자연보호 역행, 제주항 개발"

75 조선일보, 1963.6.30., "어제 준공식"

76 경향신문, 1970.3.20., "제주화전 준공 박 대통령 참석, 시설용량 1만 kw"

한전은 1979년 제주화력발전소를 제주시 삼양 지역 원당봉 북쪽 해안지대로 옮기기로 한다. 제주항이 확장되면서 제주화력발전소를 옮겨야 했다. 1981년 말까지 발전 용량 2만kW 규모의 발전소 시설을 완공하는 게 목표였다. 옮길 터를 확정한 후 한국전력은 이 일대 토지 매수에 착수했다. 당연히 공유수면 매립도 있었다. 한전은 수용 토지 대상 지주들이 땅값을 올리고자 토지 매수를 거부하면 토지수용령을 적용해 강제 매입하기로 했다.[77] 하지만 실제 공사는 늦어져 1981년 6월 23일에야 시작되었다. 실제 완공은 1984년 8월 3일에 이루어졌다. 삼양리에 만들어진 이 발전소는 '북제주화전'으로 불린다.

제주에는 당시 남제주군 안덕면 화순리에 또 다른 화력발전소가 있었다. 이를 '남제주' 화력발전소라고 부른다. 한전이 완전 국산화에 성공한 첫 번째 화력발전소라고 한다.[78] 1977년 6월부터 공사를 시작해 1980년 7월부터 가동된 이 화력발전소[79]는 인근 연안 공동체에 심각한 위험을 초래했다. 발전소가 냉각수로 사용한 바닷물이 다시 바다로 배출돼 생계의 터전인 공동어장이 오염되었고, 톳, 소라 등이 서식하는 '먹돌'을 하얀 석회 성분으로 변질시키는 바람에 해산물이 멸종 위기에 직면했다. 더구나 공동어장 온도가 높아지면서 해녀가 물길을 하다 다치거나 혹은 병을 얻는 일까지 발생했다. 그러나 이 사건은 잊혔다. 남제주화력발전소는 근대화 프로젝트라는 이름으로 제주에서 진행된 공유수면 매립이 어떤 방법으로 진행되었는지 보여주는 사례라고 할 만하다. 제주 인민들은 경제적인 피해를 넘어 생명을 위협받는 상황으로까지 내몰렸지만, 보상은커녕 그 문제조차 제대로 쟁점화하지 못했다.

당시 발전소 건설은 제주의 전력 필요를 충족하려는 이유도 있었지만, 무엇보다도 제주도 관광 개발에 따라 늘어날 것으로 예측된 전력 수요를 충당

---

77 경향신문, 1979.11.24., "제주화전 이설 부지를 확정"
78 매일경제, 1980.7.5., "국산화1호 남제주 화전 완공"
79 매일경제, 1980.7.3., "한전 남제주 화력발전소"

하는 데 그 목적이 있었다.[80] 제주도에는 1990년까지 6개의 화력발전소가 운영됐다. 이후 제주에서의 화력발전은 오랜 시간이 지난 후에 전면 금지된다. 흥미로운 점은 금지 이유도 바로 제주도 관광 개발에 있었다는 점이다. 1991년 당시 동력자원부는 제주도를 이른바 '청정에너지 지역'(clean enertopia)으로 지정하고, 청정에너지 공급구역으로 시범 개발하기로 한다.

    1960년대부터 나타난 제주의 급속한 도시화 전개도 연안 공유수면 매립 압력을 높였다. 건설부는 1976년 6월 제주시 건입동 삼도리에 도로 및 택지 조성을 위해 해면 7천1백 평을 제주시가 매립하는 걸 승인했다.[81] 삼도리는 제주의 중심 지역이다. 또한, 북제주군은 1980년에 세화 공유수면 6천7백85평에 매립 사업을 추진했다(이문교, 1997: 291). 이곳이 지금 "세화 공유수면 매립지"로 불리는 곳이다. 구좌읍 평대리 세화 공유수면 매립지에는 용천수가 나오는 3개의 큰 샘이 있었다고 한다. 제주역사를 기록하는 고영철은 공유수면 매립이 이 샘에 미친 영향을 한 주민의 말을 빌려 설명한 바 있다. 그 마을에서 한평생을 살았다는 한 주민은 "30여 년 전 매립을 하고 난 이후 물이 줄기 시작해 현재는 물이 나오지 않고 있다. 때문에 사람들의 발길도 끊겨 옛 모습을 찾을 수 없다."(고영철, 2019)라고 말했다.

---

[80] 매일경제, 1984.8.3., "북제주 내연발전소 가동 개시"

[81] 매일경제, 1976.6.16., "공유수면 매립 승인 제주해면 7천여 평"

제6장

제1차 탑동 공유수면 매립

1976년 6월 16일에 제주시는 탑동 공유수면 매립 허가를 받는다. 그리고 6월 24일에는 바로 착공식을 진행했다. 제주시가 매립 허가를 받는 주체가 된 배경이 있다. 반드시 지켰다고 보기는 어렵지만, 건설부는 1970년대에 개인이 신청한 공유수면 매립은 일절 허가하지 않겠다는 방침을 세웠다. 개인 사업자가 공유수면 매립 허가를 받고도 기한 내에 공사를 끝내지 못하는 일이 대부분이었기 때문이다. 대신 건설부는 공유수면 매립은 국가 또는 지방자치단체가 직접 실시토록 했다. 물론 개인 사업자도 매립을 할 수는 있었다. 하지만 개인 사업자가 신청하려면 그에 준하는 특별한 사유가 있어야만 하고, 경제장관회의 의결까지 거쳐 허가받아야만 했다.[82] 1차 탑동 매립 면허는 제주시가 냈지만, 실제 건설은 '대신개발'이라는 회사가 추진했다.

여러 이유가 있었다. 방파제가 낡아 해일 피해를 방지하지 못한다는 이유도 있었고, 우회도로를 만들어 도심 교통 혼잡을 해소해야 한다는 내용도 있었다. 하지만 탑동 공유수면 매립 계획의 실제 중심 내용은 연안에 '임해관광단지'를 조성하는 것이었다. '임해(臨海)'란 바다에 가까이 있는 상태를 말한다. 바다와 도시가 바로 맞닿는 탑동 연안의 지리적 특성을 활용하여 탑동 연

---

[82] 매일경제, 1970.11.7., "개인에 불허, 외면 동명복재에 부산 공유수면 매립 허가"

안을 관광단지로 조성한다는 계획이었다. 이를 위해 제주시는 1977년까지 2년 동안 약 7천 평을 매립하고 그 주변에 6백40m의 해안순환도로를 개설한다는 계획을 세웠다.[83] 비용은 총 1억 1천만 원으로 예상했다. 제주시는 임해관광단지가 조성되면 이곳에 대규모 수족관, 주차장, 휴게소를 만든 이후 관광시설을 유치하고자 했다.[84]

    그러나 매립 공사는 지연되어, 처음 예상보다 3년이나 지난 1980년 5월에서야 종료된다. 공사비도 총 8억 9천만 원이나 들었다. 연안에 옹기종기 모여 있던 초가집들도 이때 헐린다. 그 위로 해안도로가 만들어졌다. 제주에서는 이를 '1차' 탑동 매립이라고 부른다. 언제부터 탑동 연안을 임해관광단지로 만들려는 구상이 들어섰는지는 확인 못 했다. 다만 제주학연구센터가 펴낸 『제주학개론』154쪽에 1970년대의 주요 사회변화 가운데 하나로 "70.4.10. 제주시, 탑동 해안매립공사착수"라고 되어 있다. 별다른 출처 없이 "제주사회의 시대적 구분과 특징"이란 표 안에 들어 있는 문장이다. 이는 김호선의 석사학위논문(2001)에도 들어 있는 도표이다. 하지만 그도 별다른 설명 없이 이렇게 밝혔다. 우리가 현재 알고 있는 탑동 매립의 역사가 정확하다면, "70.4.10. 제주시, 탑동 해안 매립공사 착수"라는 정보는 부정확한 것이거나, 1차 탑동 매립과는 다른 유형의 매립을 의미할 수도 있다. 현재로서는 알 수 없다. 반대로 만약 그들이 밝힌 이 날짜가 유의미한 정보라면, 우리는 탑동 매립이 1970년대에 들어서면서부터 이미 어떤 방식으로든 진행 중이었다고 추론할 수 있다. 그리고 이는 최소한 1960년대 중후반부터는 탑동 매립이 구상되어야 가능한 일이다. 물론 모두 추론일 뿐이다.

---

[83] 매일경제, 1976.06.24., "제주시 임해관광단지 조성위해 공유수면 매립 착공"

[84] 매일경제, 1976.06.24., "제주시 임해관광단지 조성위해 공유수면 매립 착공"

1. 1970년대 제주 개발 프로젝트

1차 탑동 매립을 이해하려면 1970년대 중후반 전개된 국가의 제주 지역개발 프로젝트를 우선 알아야 한다. 통상 1962년부터 제주도 개발을 둘러싼 정책적 관심이 서서히 등장하고(윤양수, 1991: 353), 제주도를 자유지역으로 지정하여 개발하자는 구상이 나온 1963년부터 국가 주도로 제주 종합개발이 출발했다고 보고 있다. 작성된 계획 차원에서만 본다면 제주 개발은 군사쿠데타 정부가 주도한 1964년 「제주도 건설 종합계획」이 그 출발점이다.[85] 이후 국가주도 개발 계획은 여러 차례의 수정 혹은 변형 과정을 거친다. 오정준(2006: 903)은 다음 쪽 표와 같이 제주도 개발 계획의 역사를 정리한 바 있다.

    본 연구 맥락에서 중요한 계획은 1971년 이루어진 「제주도종합개발계획」과 1973년의 「제주도 관광종합개발계획」이다. 1971년 계획으로 중문단지 개발이 결정되었고, 1973년 계획에서는 국제 수준의 관광지 조성 계획이 수립되었다. 이 두 계획이 제1차 탑동 공유수면 매립의 배경이 된다. 물론 그 이전인 1960년대에도 제주 관광 개발 계획과 구상들이 나왔지만, 이를 현실화시킬 토대가 부족해 실행되지 못했다. 예를 들면 1963년 국무총리 직속의 '제주도지역개발연구회'는 제주를 중계 무역과 물류 처리 중심지로 육성하는 자유항 조성 방안을 최초 검토했다. 그러나 자유항 조성 방안은 홍콩을 넘어서기 어렵고, 개방화가 국가안보에 부정적인 영향을 끼친다는 이유로 무산됐다.

    1964년에는 건설부가 「제주도 건설 종합개발계획」을 제시했다. 이 계획이 관광 개발에 초점을 맞춘 최초의 제주 관련 국가계획으로 알려져 있다. "그러나 실제로 이행되지 않았으며 향후 제주 개발 방향을 제시하는 기본 자료"로 활용됐을 뿐이라고 한다. 1966년에는 제주지역이 태백, 영산강 지역과 함께 특정 지역으로 고시됐다. 제주도는 이 고시로 국토개발 사업에서 우선적 투자를 받는 지역이 됐지만, 정작 재원 확보가 안 돼 이번에도 계획 수준에 머

---

[85] 동아일보, 1996.11.01., "제주를 특정 지역으로"

개발 계획		연도	개발 주체	개발 내용
관광 기반 조성 단계	자유항 건설	1963	국가재건 최고회의	최초의 제주도 개발계획
	제주도 종합개발계획	1964	건설부	사전조사의 성격
	특정지역 지정 및 기초조사	1966	건설부	특정지역으로 고시
국제관광지 추진단계	제주관광 종합개발계획	1973	청와대	본격적인 관광개발
	특정지역 제주도 종합개발계획(안)	1983	제주도 국토개발원	국제자유지역, 관광개발, 지역개발을 망라한 종합개발
국민관광지 전환단계	특정지역 제주도 종합개발계획	1985	건설부 국토개발원	국민관광을 기반으로 한 국제관광유도
특별법 단계	제주도 종합개발 계획의 재검토	1989	한국개발 연구원	제주도만을 대상으로 한 특별법 제정의 필요성 언급
	제주도 개발특별법	1990	제주도	제주도 특별법 시안
		1990	제주도	제주도개발특별법
	제주도 종합개발계획 (특별법에 의거)	1994 ~ 2001	제주도	제주도 주민의 번영추구, 자연경관 및 환경보전체제의 확립, 사회간접자본 및 생활편의시설 확충, 장기적 안목에서의 계획 집행

물렀다.[86]

하지만 1970년대는 달랐다. 1971년 정부는 「1차 국토종합개발계획 (1972-1981)」 확정에 따른 후속 조치로 10년 단위 계획인 「제주도 종합개발계획」을 수립했다. 이 계획에서 정부는 제주도를 국제관광지로 조성하고자 인프라를 확보하는 방안과 해안 및 중산간 등 지대별 토지 이용 구상 방안을 제시

---

[86] 한라일보, 2019.4.23., "제주 개발 정책 사(1): 제주국제자유도시"

했다. 2년 뒤인 1973년에는 정부가 10년 동안 5,073억 원을 투자하는 내용의 「제주도 관광종합계획」을 확정하고 핵심 3대 개발 전략을 제시했다. ① 중문, 제주시, 서귀포 등 주요 관광지를 개발하는 한편 ② 수산, 축산, 감귤 등 관련 사업을 육성하며, ③ 도로, 공항, 항만 등 관광 기반 시설을 확충한다는 내용이었다. 1978년부터 실제로 중문에 1단계 개발사업이 진행되었다. 1973년부터 1982년까지 제주지역에 투자된 돈이 3천116억 3천7백만 원에 달했다는 보도가 있다.[87]

    1차 탑동 매립은 이와 같은 제주 국제관광지 조성 전략이 물질화되던 때에 추진된 사업이었다. 그 중심에는 유명 관광지를 중심으로 관광호텔, 쇼핑센터 그리고 각종 위락시설 등이 유치하는 '관광단지' 모델이 있었다. 산업시설과 그 지원시설을 특정 지역에 모아 인접 및 집적 효과를 기대하는 산업단지처럼, 관광 또한 그런 식으로 개발하겠다는 모형이었다. 제주시는 탑동 연안에 바로 이런 관광단지 곧 '임해 관광단지'를 조성하고 싶어 했다. 관광단지 조성에는 대지가 필요했고, 연안 공유수면 매립은 그 대지 조성의 방법이었다. 탑동 임해 관광단지는 이때부터 탑동 연안의 미래가 된다.

2. 제주시와 도시개발, 그리고 재정 부족

탑동 공유수면 매립의 주목적이 1970년대 제주 관광 개발 프로젝트와 연동된 임해 관광단지 조성에 있다는 건 분명하지만, 매립이 단지 관광 개발만으로 정당화되지 않았다는 점도 기억해야 한다. 제주시가 탑동 매립을 신청한 또 다른 이유에는 제주시가 직면한 '도시문제'가 있었다. 당시 제주시장이던 강경주 시장을 인터뷰한 내용이 1976년 1월 21일 동아일보에 실렸다. 그는 1976

---

[87] 강진일보, 2014.7.22., "호남인 제주 이주 50주년 특별기획(5): 제주도의 형편은 어땠나"

년의 주요 사업 내용을 다음과 같이 설명했다.[88]

"시세로 거둬들이게 될 5억 5천만 원을 건설사업에 투자하겠다. 금년도 시 본예산 19억 가운데 공익사업비가 39%, 산업경제비가 3%, 사회복지비가 7% 등의 비율이다. 올해는 주로 변두리 농촌부락과 제주시 도심을 연결시키는 산업도로 건설에 힘쓰며 시내 원정로의 교통난 해소를 위해 해변가인 탑동 일대 8천여 평을 매립, 새 간선도로를 만들어 교통망을 외곽지대로 분산시킬 계획이다."

이 인터뷰에는 "시내 원정로의 교통난 해소를 위해" 탑동을 매립한다고 말하는 내용이 있다. '교통난'이라는 단어는 당시 제주가 얼마나 빨리 도시화하고 있었는지 보여주는 단어이기도 하다. 제주도에서 교통난이란 말은 1960년 이전까지만 해도 교통수단의 부재를 의미하는 말이었다. 1940년대 중후반부터 1950년대 중후반 사이의 일간지를 보면 이를 확인할 수 있다. 1947년 9월 5일 조선일보에는 "3만의 인구를 가지고 있는 제주도의 교통기관이라고는 자동차밖에 없는데, 이도 '다이야'의 부족으로 도민의 고통에 막대한 위협을 주고 있다"라면서 '교통난'이라는 단어를 쓰고 있다.[89] 여기서 '다이야'는 '타이어'를 말한다. 타이어가 없어 그나마 있는 자동차도 잘 이용하기 힘들다는 기사다.

1955년 9월 24일 조선일보에는 "제주도 교통난 타개책 건의안 제출"이란 제목의 기사가 실렸다.[90] 그 내용은 국회의원들이 제주도의 '교통난' 타개를 위해 ① 목포와 제주도 간에 오백 톤급 선박 두 척을 매일 정기적으로 운행 ② 제주 비행장의 활주로를 대한항공사가 인수하도록 해 정기항로를 개설해

---

88 동아일보, 1976.01.21., "인터뷰: 강경주 제주시장"
89 조선일보, 1947.09.05., "제주도의 교통난은 심각"
90 조선일보, 1955.9.24., "제주도교통난 타개책 건의안 제출"

달라는 것이었다. 1962년 1월 24일 조선일보에 실린 "관광산업 등에 민간투자 장려"라는 기사에도 제주 교통난이란 표현이 등장한다. 이때만 해도 '교통난'에는 제주도민이나 제주 외부 시민이 이용하는 교통수단이 부족하다는 의미가 강했다.

하지만 이런 '교통난'에 1960년대를 경유하면서 다른 갈래의 의미가 생겨났다. 교통기관이나 수단의 부족이 아니라, 교통 혼잡으로 교통 체계가 원활하게 작동하지 않는 상태라는 현대적 용법이 등장한다. 원정로는 현재 관덕로의 옛 이름이다. 칠성로와 원정로(관덕로)는 일제가 개발한 제주 상권의 중심지였다.[91] 그 이후에 신도심이 만들어지면서 예전보다 위축되기는 했지만, 현재까지도 여전히 제주 황금 상권의 한 곳이다. 특히 1960년대 칠성통은 제주 최고의 상권이었다. 관공서와 금융기관이 밀집해 있는 데다, 부유한 지역 토호들이 거주하고 있어 상권이 발달한다.[92] 지금은 원도심이라고 부르는 이 지역을 중심으로 1960년대 이후 다양한 개발사업이 추진되면서 도시인구가 급증하고 교통량도 크게 늘었다.[93] 원정로 교통난에는 이런 배경이 있었다.

제주시는 원도심의 차량 소통을 원활히 하고 도시 면모를 일신하고자 여러 도로 개발사업을 구상한다. 탑동 해안도로를 만들어 도심의 차량 흐름을 외곽으로 분산시켜 도심의 교통 혼잡을 해소하겠다는 구상도 그 하나였다. 1970년대 중반의 원정로 교통 혼잡 문제는 제주시가 본격적으로 도시 팽창이란 과제에 직면했다는 걸 알려주는 신호였다. 당시 제주시 인구만 본다면 1970년대 이후 매년 거의 2% 정도씩 증가해 왔다고 한다.[94] 인구 증가와 도시 규모 성장은 곧바로 일상과 경제생활에 요구되는 인프라 부족 문제를 제기

---

91 제주일보, 2016.9.26., "제주인 최초 상설 점포, 근대무역의 '주춧돌'"

92 김태일, 2016.5.28., "서점, 극장, 목욕탕...1970년대 제주 원도심에는?", 제주의소리

93 네이버 블로그, 한짓골이야기, 2016.11.21., "제주도 원심 한짓골의 옛 거리 풍경 (3)"

94 제주일보, 2003.2.15., "제주시 인구 5,567명 늘어"

1968년 무렵 남문로 사진이다. 제주도청 홈페이지에는 "교통 혼잡을 이룬 남문로"라는 제목이 붙어 있다. "마주 오는 버스와 전선수리차가 겹치면서 일대가 혼잡을 이루고 있는 가운데로 자전거를 탄 학생들이 지나고 있다."

출처: 제주도청 홈페이지

했다. 곧 제주에서 "도시문제"가 역사적으로 형성되기 시작했다. 이는 이후 보게 될 2차 탑동 매립으로 제기된 "탑동 문제" 해결 과정에 커다란 영향을 미친다.

하지만 1970년대 중반만 해도 지역 정부가 도로개설, 택지 조성, 하수도 사업 등 기반 시설 계획을 세운다고 해도 실제로 집행하지 못하는 경우가 많았다. 중앙정부의 지원도 한계가 있었다. 제주도도 상황이 비슷했다. 예를 들면 제주도는 1971년에 남제주군 일대 40여 개 촌락 주민 10만여 명의 식수난과 농경지 5천여ha의 용수 해결을 위해 중문면 강정천 용수 개발사업을 착공한다고 밝혔다. 하지만 곧 사업비 지원이 끊겨 공사는 1975년에 30%의 진척을 보인 채 중단됐다. 제주도는 1976년에도 관련 예산을 확보하고 있지 못했다.[95]

공유수면 매립은 이때 지역 정부의 재정 부족을 해결하는 한 방안일 수 있었다. 일단 공유수면 매립은 민간사업자가 자기 돈을 들여 매립 사업을 하

---

95 동아일보, 1976. 12. 27., "바닥난 지방재정 해넘기는 숙원사업"

므로, 지역 정부 차원에서는 돈이 들어가지 않았다. 그리고 일단 매립지가 만들어지면 그 매립지를 부동산업자나 다른 기업에 팔거나 임대하여 지대 이익을 얻었다. 이는 다르게 말하면, 개발수익을 노리는 외부 자본을 도내로 유치하여 일자리를 창출하는 효과도 기대할 수 있다는 의미였다. 지방재정이 허약한 조건에서 외부에서 자본을 끌어들이는 과제는 지역 정부에서 절대적인 중요성을 띠게 되었다. 지역 정부의 공무원들은 민자유치를 지역개발과 동일시하였고, 그 민자유치의 규모가 제주도의 경제발전과 동일시되었다. 공유수면 매립은 이 모든 일을 할 수 있는 수단이었다. 연안 공유수면은 지역 정부의 잠재적 부동산이 되었다.

3. 조직적 저항운동의 부재와 2차 매립의 사회적 토대

1차 탑동 매립 과정의 특징 가운데 하나는 매립에 맞서는 조직적인 저항이 발견되지 않는다는 점이다. 오히려 제주 운동사회는 탑동 매립에 당시 지역주민들이 폭넓게 동의했다고 보기도 했다. 1990년 8월에 나온 제주청년연합의 기관지 「제청련광장 7호」에는 다음과 같은 내용이 있다. "이 일대를 매립하여 노후한 방파제 시설로 인한 해일 피해를 막고, 비좁은 도로를 확장, 해안도로를 개설하여 임해관광단지를 조성한다는 제1차 탑동 공유수면 매립사업은 지역주민들의 비교적 원활한 협조 속에 1980년 5월 매립개발이 완료되었다."[96]

    실제로 1차 매립과 관련해 지역주민들이 저항하거나 반발했다는 공식적인 기록을 찾기는 힘들다. 어촌계의 반대나 저항을 발견하기도 힘들고, 영업 피해를 입은 횟집이나 상가가 문제를 제기했다는 기록도 아직 못 보았다. 다

---

[96] 1990.8.1. 「제청련광장7호: 1990.8.1.」, "탑동문제에 관한 보고서". 이 보고서 내용이 《숨비소리》라는 매체에 2019년 1월에 다시 게재된 바 있다. 탑동 매립 이야기가 다시 불거졌기 때문이다. 그런데 현재는 이 기사를 찾을 수 없다(검색일: 2022년 11월 26일).

만, 짧은 언급들이지만 도로 건설 과정에서 인근 부동산 소유주들과 마찰이 있었다는 기록은 있다. 이와 비슷하게 당시 연안에 있던 집의 소유주와 이주나 소유권을 둘러싸고 분쟁이 있었을 수도 있다. 아쉽지만, 분명한 자료는 아직 없다. 하지만 개인적 수준에서 어떤 불만이나 불평 혹은 억울함 등이 있다고 하더라도, 유의미한 집단 반대 행동으로 발전하지 않은 건 사실인 듯 하다.

부만근은 『제주지역 주민운동론』에서 "1980년대 초반까지만 해도 주민운동이 별로 일어나지 않았을 뿐만 아니라 운동 전개 과정에서 주민들의 요구는 주로 진정, 건의와 같은 제도적이고 온건한 방법에 의존하였다"라고 분석한 바 있다. 이는 또 다른 가능성을 살펴볼 수 있게 한다. 진정 혹은 건의와 같은 제도적이고 온건한 방법이 어쩌면 사용되었을 수도 있기 때문이다. 그래서 제주청년연합이 "비교적 원활한 협조"가 이루어졌다고 판단했는지도 모른다. 물론, 관련 기록이나 자료가 없어 지금은 모두 추측일 뿐이다. 다만 만약 ① 연

1970년대 제주측후소 쪽에서 서쪽으로 촬영한 탑동 매립 전의 제주 시내.
출처: 제주도청 홈페이지

안 공동체의 "비교적 원활한 협조"가 실제로 존재했고 ② 불만이 있다고 하더라도, "제도적이고 온건한 방법"을 통해 요구를 전달하는 수준이었다면, 우리가 설명해야 할 과제는 왜 연안 공동체가 이런 방식으로 1차 매립에 관여했느냐이다. 현재 수준에서 이 질문을 완전히 해명하기는 어렵다. 하지만 부족하나마 그 배경은 추론해 볼 수 있다.

탑동 공유수면 어장은 1977년 10월 13일 「수산업법」 제3조에 따라 제1종 공동어업 어장으로 분류되고, 어촌계가 어업면허를 받아 관리하기 시작한다. 물론 어촌계는 그 이전부터 탑동 연안 어장을 활용해 왔다. 변한 것은 어촌계의 지위였다. 그 이전까지 공동어장에 대한 권리는 수산업협동조합에 속했다. 하지만 이제는 어촌계가 바로 어업권을 획득할 수 있었다. 이런 변화는 1975년부터 본격화됐다. 한국은 1975년에 수산업협동조합법을 개정하여 어촌계의 법인화를 촉진했다. 새마을운동 영향이 컸다. "어촌계로 하여금 지선 어장을 협업어장으로 이용하게 함으로써 어촌계를 어촌 새마을운동의 주역으로 육성하여 지선 어업권의 소득증대에 기여하게 하기 위한 조치"(소재선·임종선, 2012: 144-145)로 볼 수 있다는 해석이 있다.

    1975년 수산업협동조합법이 중요한 이유는 이 법 개정으로 "어촌계도 어업협동조합과 같이 공동어업의 면허를 받을 수 있게 되었"을 뿐만 아니라 "수협이 보유하고 있던 공동어업권이 어촌계로 이양"(최치훈, 2019: 180)되었기 때문이다. 제주 어촌계도 1977년에 관련 법 개정의 영향을 받아 어업권을 획득한다. 본 연구에서 주목하는 지점은 이러한 어업권 이양이 탑동 계획 수립 이후에 이루어졌다는 점이다. 곧, 어촌계는 1차 탑동 매립 계획 수립 당시 어업권의 법적 주체가 아니었다.

    1차 탑동 매립 계획이 1970년대 초중반에 이루어졌다는 점을 고려할 때, 제주시나 매립업자가 동의받아야 할 주요 대상은 따라서 어촌계보다는 어업권을 보유한 수산업협동조합이었을 가능성이 크다. 만약에 동의 절차가 진행되었다면 말이다. 수산업협동조합은 어촌계에 비하여 상대적으로 국가 종속적인 특성이 강하며, 이는 국가 정책에 반하는 선택을 사전에 조직 내부에서 배제하는 조건이 될 수 있다. 혹은 조직 내부 압력을 동원해 동의를 수월하게 조직할 수도 있다.

    그리고 어촌계가 그 동의 과정에서 배제되었다고 하더라도, 어촌계가 자신의 권리를 적극적으로 행사할 조건이 보장되지 않았을 가능성도 크다. 사회운동의 동원 과정을 분석하는 연구자들이 오랫동안 지적해 왔듯이 "불만은 그것 자체에 의미를 갖게 하고, 상대자를 형성하며, 가치에 준거해 요구를 정당화하는 어법을 찾아야 한다."(느뵈, 2015: 76) 곧 동원의 문법이 존재해야 하고, 무엇보다 이를 조직할 토대가 있어야 한다. 하지만 군부 권위주의체제 아래에서 지역 정부를 상대로 설정하고 자신의 불만을 비제도적인 수단으로 표출하는 동원의 조직화는 1970년대 말까지도 매우 제한적일 수밖에 없었다. 게다가 사회운동의 경험도 빈약했다. 이상철에 따르면, "1980년대 전반까지는 자생적인 사회운동이 별로 발생하지 않았다. 대부분의 운동은 정부와 관계를 가졌거나 아니면 반정부적인 자세가 거의 없는 것들이었다."(이상철, 2002: 168) 곧 동원의 정치적 기회구조가 매우 허약했다고 볼 수 있다. 이런 조건에서 불만은 온건한 제도적 경로를 따라 제기될 가능성이 크다. 이상철도 이렇게 판단했다. "그러다보니 불만이 있더라도 주민들의 요구는 주로 진정·건의와 같은 제도적이고 온건한 방법에 의존하여 표출되었다."(이상철, 2002: 168)

그러나 무엇보다도 당시 문헌 기록이 보여주듯이, 탑동 개발이 필요하다는 연안 공동체의 광범위한 합의가 있었을 수도 있다. 당시 제주청년연합의 분석에 따르면, 1차 매립은 "지역주민의 개발 욕구와 제주시 당국의 개발 의지가 대체로 일치되어 초기에는 비교적 성공적인 개발이었던 것으로들 평가" 받았다고 한다. 우선 탑동 연안이 반복적인 월파 피해로 고통받는 지역이었다는 점을 다시 기억할 필요가 있다. 방파제가 있었지만, 그 방파제는 노후화되어 제 기능을 하고 있지 못했다. 아마도 "지역주민의 개발 욕구"는 바로 이 문제와 연관되어 있을 가능성이 크다. 심지어 1차 매립이 이루어지던 기간에도 큰 피해를 입었다. 1979년 1월 29일 탑동 일대에 해일이 일어 가옥 12동이 전파되고, 32동이 반파, 79동이 침수됐다.[97] 제주시가 말하는 교통 혼잡과 도로 건설의 필요도 일정한 합의의 요소가 되었을 수 있다. 이영권 제주투데이 논설위원도 "1차 매립은 제주시가 월파 방지와 도로 개설을 원하는 주민의 요구와 맞닥뜨려 큰 잡음 없이 끝났다"라고 강연 중 말한 바 있다.[98]

만약 이런 추측이 맞는다면, 당시 탑동 매립은 연안 파괴나 공동체의 이익 침해가 아니라, 연안 '생활' 환경의 개선으로 인식되었을 가능성이 크다. 곧 연안 인프라의 개선이다. 주민의 처지에서 본다면 1차 탑동 매립의 핵심은 해안도로와 방파제였다. 또한, 매립이 이루어지기는 했지만, 상대적으로 먼바다까지 나가지 않고 조업할 수 있었다. 탑동 일대를 찍은 항공사진이 공개된 바

---

[97] 조선일보, 1979.1.30., "집 123동 완파-침수"
[98] 제주투데이, 2022.07.15., "욕망은 나쁩니까"

있다. 이 항공사진 중에는 1967년 사진도 있었는데, 방파제와 약간의 거리를 두고 앞부분에 파도가 부서지는 모습이 찍혀 있다. 1979년 항공사진에는 바로 이 파도가 부서지는 지역까지 매립이 진행되어 있다. 다시 말하면, 먹돌이 있던 해안 경계까지만 매립이 됐다.[99] 따라서, 조간대를 잃어버리기는 했지만, 공동어장의 핵심인 수심 10m 이내의 바다는 크게 손상되지 않았을 가능성이 있다. 이는 잠수회가 문제를 제기하거나 잠수회와 사이에 갈등을 줄이는 데 영향을 미쳤을 수 있다.

그리고 제주시가 계획하고 민간이 개발했지만, "이 매립을 통해 창출된 개발이익은 바로 제주시와 지역주민들에게 돌아갔다."[100]고 보는 견해가 당시에 있었다고 한다. 매립으로 형성된 대지 위에 주차장을 만들어 민간사업자에게 매각하였고, 이 덕분에 제주시가 상당한 수익을 올렸다는 이야기가 있다.[101] 하지만 구체적으로 어떤 방식으로 개발이익이 환원되었는지는 불분명하다. 다만 제주에서 일고 있던 개발 붐과 탑동 연안의 안전 등 여러 요구가 어떤 접점을 형성했다고 볼 수 있다. 여기서 핵심은 그 구체적 내용보다는 그런 인식 자체 곧 개발이 모두의 이익으로 돌아왔다고 보는 경험이다. 제주에서 활동해 온 김동주 박사는 이런 탑동 1차 매립 개발의 성공이, 2차 사업을 검토하게 된 배경이 되었다고 언급한 바 있다(김동주, 2010).

제주시는 1차 매립지를 민간에게 팔았다. 「제청련광장7호」는 매립 분양 이후를 이렇게 기술했다. "그 후 매립지역에 횟집과 호텔들이 들어서면서 탑동지역은 제주시민은 물론 관광객들에게도 해변 휴식처로서 각광을 받게 되었다." 1차 매립 이전에도 탑동은 제주시민이 자주 찾는 공간이었다. 매립이 이루어지기는 했지만, 먹돌 등 자연 해안도 일부 남아 있었다. 도심 바로 옆이어서 접근하기도 좋았다. 서부 방파제 쪽엔 1960년대 중후반부터 횟집이 하

---

99   제주KBS, 2016.05.04., "또 대규모 매립 계획 탑동 개발 어떻게 진행됐나"

100   제주청년연합, 1990.8.1. 「제청련광장7호: 1990.8.1.」, "탑동문제에 관한 보고서"

101   제주KBS, 2016.05.04., "또 대규모 매립 계획 탑동 개발 어떻게 진행됐나"

나둘 들어섰다. 1차 매립이 이루어지고 좀 시간이 지나면서 횟집이 더 늘었다. 상인들은 1980년대 후반부터 현재의 제주 횟집 거리 원형이 만들어졌다고 말한다.[102]

　　탑동 일대의 도로 체계도 확장되었다. 1980년에는 중앙로터리와 탑동 사이에 도로가 개설되어, 자동차 접근성이 좋아졌다. 현재 중앙로터리는 사거리인데, 이 도로로 바뀌었다. 그 이전에는 오랜 세월 삼거리였다.[103] 이 모든 일은 탑동의 땅값에 영향을 미쳤다. "이 과정에서 탑동의 땅값은 하늘 높게 치솟아 매립시공자와 제주시는 큰 이윤을 남겼다."[104] 그런데 1987년 5월 30일 경향신문 보도에 따르면, 매립지를 시에서 매입할 때, "제주시로부터 더 이상의 매립을 허가하지 않겠다는 확약을 받았다"라는 내용이 있다.[105] 이는 매립지 판매 시에 시청과 매입자 사이에 일정한 계약이 있었을 수도 있다는 점을 보여준다. 그러나 어떤 이유에서 이런 계약이 있었는지는 알려지지 않았다. 제주시는 이 약속을 지키지 않았다. 1차 매립이 끝나고 얼마 지나지 않아 바로 2차 매립 계획을 세웠기 때문이다. 이 계약을 근거로 1차 탑동 매립지에 거주하는 주민들은 2차 매립에 반발하기도 했다.

102　한라일보, 2014.7.17., "골목, 그곳을 탐하다(11): 서부두"

103　JIBS, 2022.12.7., "동맥경화 심해지는 제주시 대동맥 '중앙로'…원래 '삼거리'였던 중앙로터리"

104　제주여민회, 2007, 『제주여민회 창립 20주년 기념 제주여성합본호 (1987~1993)』, 13쪽.

105　경향신문, 1987.05.30., "제주탑동 앞바다 매축 개발 해녀·주민들 크게 반발"

제7장

탑동운동 발생의 맥락: 정치적 기회의 역사적 변화

공개적으로 유의미한 조직적인 항의가 나타나지 않았던 1970년대 후반 1차 매립과 달리 1980년대 후반에 진행된 2차 매립 때는 대규모 조직적 저항이 발생했다. 같은 장소에서 추진된 유사한 사건에 10여 년 만에 이처럼 다른 반응이 나타난 이유를 이해하려면, 제2차 매립이 제1차 매립과는 이질적인 맥락에서 발생했다는 걸 알아야 한다. 사회운동 연구는 이런 맥락의 변화를 포착하고자 '정치적 기회'(political opportunity) 연구라고 알려진 접근법을 발전시켜 왔다.[106] 정치적 기회 개념은 주로 사회운동의 성패를 설명하려는 목적으로 발전해 왔지만, 더 폭넓게 이해한다면 사회운동의 발생과 관계된 맥락 변화를 살펴보는 데도 도움을 줄 수 있다.

정치적 기회 이론의 변이는 매우 다양하다. 하지만 그 핵심은 존재한다. 정치적 기회 이론은 ① 통상 '자원'(resources)이라고도 불리는 운동으로 발전

---

[106] 정치적 기회 이론이라고 불리기도 하지만, 정치 과정(political process) 이론이라는 이름이 보다 많이 사용된다. 이 이론의 중심에는 미국 사회운동을 연구하는 1970년대와 80년대 미국 사회학자들이 있다. 이 계열의 대표적인 학자로는 찰스 틸리(Charles Tilly), 피터 아이싱어(Peter Eisinger), 시드니 태로우(Sidney Tarrow), 데이비드 스노우(David Snow), 데이미드 마이어(David Meyer), 더글라스 맥아담(Douglas McAdam) 등이 꼽힌다.

할 수도 있는 공통의 불만, 박탈 등의 경험과 그 인식을 전제한 후 ② 사회운동의 조직적 힘(organizational strength)과 ③ 기존 정치체계가 제공하는 정치적 기회(political opportunities)의 상호작용을 추적한다. 여기에서 '정치적 기회'란 정치체제가 변화에 열린 정도 혹은 그 조건의 함수이다. 단순하게 말한다면, 곧 자원, 운동과 환경의 상호작용을 정치적 기회구조라는 개념으로 포착하려는 이론이라 할 수 있다. 이 이론에 따르면 운동의 조직적 힘은 중요하지만, 그만큼이나 환경 곧 마주한 정치체계가 자신을 향한 도전을 어떤 방식으로 처리하는지도 중요하다.

물론 정치적 기회가 자동으로 운동을 발생시키지 않는다. 하지만, 이런 기회구조의 변화는 과거와 동일한 불만이라고 하더라도 이전과 달리 조직적 운동으로 성장하고 발전하는 데 영향을 미칠 수 있다. 또한, 운동이 일단 발생한 이후에도 정치적 기회구조가 우호적이지 않다면 실패하기 쉽다는 점에서, 정치적 기회구조의 변화는 특정 운동이 탑동 운동과 같은 대규모 운동으로 전개되는 데 중요한 조건이 된다. 일반적으로 정치적 기회는 정치적 다원주의의 증가, 억압의 쇠퇴, 통치 혹은 체제 내 엘리트의 분화, 정치적 권리구조의 동학 등 여러 요인에 의해 영향을 받는다고 알려져 있다. 여기에서는 정치적 기회구조 이론을 그대로 적용하기보다는 그 통찰을 부분적으로 수용하여, 탑동 운동 발생의 맥락을 구성하는 정치적 기회의 다양한 차원을 살펴본다.[107]

---

[107] 정치과학과 사회학 영역에서 정치적 기회 이론을 활용하면서 이 개념에 새로운 변수나 기제를 끊임없이 추가하면서(Meyer and Minkoff, 2004: 1458), 정치적 기회가 사회과학 개념으로 작동하기 힘든 수준에 도달했다는 비판도 있다. 예를 들어 갬슨과 마이어는 "정치적 기회 구조 개념이 사회운동 환경의 모든 측면을 빨아들일 위험에 처했다"(Gamson and Meyer, 1996: 275)라고 경고한다. 이런 경고를 수용하는 관점에서 본다면 본 연구에서 사용한 '정치적 기회'는 개념이라기보다는 그 문제의식에서 영감을 받았다고 말할 수 있을지도 모른다. 물론 이런 활용조차 정치적 기회 개념을 보다 명료하고 조심스럽게 사용해야 한다고 권고한 연구(Meyer and Minkoff, 2004: 1458)로부터 비판받을 수 있다.

1. 1980년대 후반 제주 전역으로 확장된 개발 프로젝트와 88올림픽 유치가 창출한 압력

1차 탑동 공유수면 매립의 배후에 1970년대 수립된 국가 제주 개발 계획이 있었듯이, 탑동 운동의 직접적인 환경은 1985년 이루어진 제1차 「특정 지역 제주도 종합개발계획」으로 조성된다. 국가계획의 변동과 지역개발 그리고 사회운동의 주기가 연동되어 있다는 점이 제주지역 사회운동사의 특징 가운데 하나라고 말할 수 있을지 모른다. 원래 정부는 「특정 지역 제주도 종합개발계획」을 1982년부터 2001년까지 20년에 걸친 장기계획으로, ① 지역개발계획, ② 관광 개발 계획, ③ 국제자유지역 조성 계획 등 3개 부문으로 구성하고자 했다. 하지만 "1984년 경제장관협의회에서 국제자유지역 조성 계획은 자유지역으로서의 발전 가능성 불투명, 재정투자 과다 및 투자 효과의 불확실성 등의 이유로 유보되고 국민관광을 중심으로 하는 국제 관광단지의 조성만이 결정되었으며 계획 기간도 1991년까지 단축하여 확정되었다."(윤양수, 1991: 356)

1985년부터 1991년까지 진행된 제1차 「특정 지역 제주도 종합개발계획」의 핵심은 결국 국제적 수준의 관광단지 개발이었다. 그리고 이를 위해 관광단지를 "중문관광단지에 국한하지 않고 제주 전역"으로 확장하여 설치하는 공간적 팽창을 시도한다(김종기·좌승희·고동희 외, 1989: 58). 구체적으로는 중문을 포함해 성산포와 표선에 대규모 관광단지를 개발하고, 강정, 송악산, 협재, 용연 등 제주 전역에 27개의 관광지구를 만들고자 했다.[108] 관광단지 개발은 단지 특정 관광명소 개발로만 끝나지 않고, 그 단지 운영에 필요한 기반 시설 공사나 확충을 요구한다. 이에 도로포장과 항구 개발, 제주항과 서귀포항의 확장 등이 동시에 진행되었다. 관광단지에 필요한 인프라는 계속 확장했지만, 제주 일상생활을 지탱하는 상하수도 등 생활 인프라에는 상대적으로 공공투자를 하지 않았다. 이런 생활 기반 시설의 저발전은 현재까지도 제주 동료

---

[108] 매일경제, 1987.9.28., "제주지역 땅 투기 술렁"

시민의 일상생활을 괴롭히는 인프라 조건이 되고 있다.

　　1988년으로 예정되어 있던 서울올림픽은 이때 관련 계획 추진에서 중요한 역할을 했다. 올림픽으로 수익을 창출하고, 국제 수준의 관광지로 제주를 홍보하려면 개발기간을 앞당겨야 했기 때문이다. 하지만 계획은 세웠지만, 재정은 부족했다. 그 결과 정부는 개발에 필요한 재정을 대부분 민간 자본 유치에 의존했다. 1987년 9월 28일 매일경제는 당시 제주도 개발국장의 말을 인용하고 있다. 그는 "민자 유치를 위해 올해부터 도내 모든 관련 기관에 민자 상담실을 운영하고 있다"라면서, "돈만 들고 오면 토지매입부터 사업계획 허가 절차까지 모든 행정력을 동원해 처리해 주고 있다"라고 밝혔다.[109] 담당 공무원 그것도 권한과 책임을 보유한 '개발국장'의 이 발언은 당시 제주 개발 체제가 민자유치에 어느 정도 의존하고 있었는지 보여준다. 당연히 특혜 시비가 끊이지 않았다. "모든 행정력을 동원해 처리"하는 일은 결국 고위급의 판단 없이는 이루어질 수 없기 때문이다.

　　제주 전역으로 관광단지 프로젝트가 확산하고, 민간 자본이 개발을 주도하면서, 개발 자본과 주민의 갈등 또한 제주 전역으로 퍼져나갔다. 정부는 개발 속도를 끌어 올리고자 그 갈등을 억제하거나 통제하고자 했고, 민간 자본에는 투자 대가로 개발이익을 보장해 주고자 했다. 게다가 이런 두 과정이 과거와 같은 방식으로 추진되었다. 그 결과, 개발 입지로 선정된 장소의 주민은 법률이 보장하는 보상을 거의 받지 못했을 뿐만 아니라, 개발 공사로 또 다른 피해를 보아야만 했다. 하지만 이 피해는 공식 제도 내에서 해결되기 쉽지 않았다. 그런데다 부동산 투기로 상승한 토지가격의 수혜는 대부분 개발기업이나 그 토지를 소유한 외지 부동산 투기꾼들에게 돌아갔다. 탑동을 포함해 1980년대 후반 제주 전역에서 동시다발적으로 주민운동이 분출한 배경이 바로 여기에 있다.

109　매일경제, 1987.9.28., "제주지역 땅 투기 술렁"

2. 민주화의 정치 공간

탑동 운동 이전에도 공유수면 매립은 있었지만, 2차 탑동 공유수면 매립 이전에 연안 매립이 제주 사회 전체의 쟁점으로 부상한 적은 아직 보고된 바 없다. 민주화의 정치 공간은 이 점에서 중요하다. 민주화가 열어낸 정치 공간이 없었다면 탑동 운동은 매우 달랐을지 모른다. 1987년 민주화는 권위주의 정부 아래에서 억압되었던 주민들의 불만과 요구를 다양한 방식으로 표현하고 분출하는 정치 공간을 확장했다. 비록 타협에 의한 민주화라는 한국 민주화 이행의 구조로 인해 그 정치적 기회가 왜곡되고 제한되어 있었지만, 민주화는 전국적으로 주민들의 불만과 요구를 집단행동으로 조직하는 데 필요한 일정 공간을 열어주었다.

1989년 나온 『이제사 말햄수다』라는 제목의 제주 4·3 증언집의 발행은 민주화가 열어낸 정치 공간을 보여주는 가장 분명한 사례이다. 스무 명의 목격담과 경험담을 담은 이 증언집에 대해, 인류학자 권헌익은 4·3 이후 그 긴 시간 강제되어 온 침묵을 넘어 "공공의 영역으로 진입한 말하기 행위"의 시작을 알려주는 사건이라고 평한 바 있다(권헌익, 2020: 212). 권헌익은 이 말하기 행위가 가능해진 1989년이라는 특정 시점에 대해서는 별도 분석을 하지 않았다. 하지만 그가 말한 "말"을 할 수 있는 공공의 세계는 민주화 없이 열리기 힘들었다.[110]

권헌익은 또한 『이제사 말햄수다』에 그 이상의 의미가 있다고 덧붙인다. 말의 공간이 바로 제주에서부터 열렸다는 점이다(권헌익, 2020: 215).

"이와 같은 말하기의 실천은 다른 지역보다 제주에서 먼저 힘차게 전개되

---

[110] 물론 여기에는 더 긴 역사가 있다. 제주 4·3항쟁의 기억 복원과 진상 규명을 위한 노력과 투쟁의 역사는 양정심(2008)의 4장 "항쟁 그 후: 망각과 금기에 대한 저항, 그리고 절반의 승리"를 참조하자.

어 전국 차원에 영향을 준 선구적 사례가 되며 다른 지역에 모범을 제시했다. 이런 점에서 『이제사 말햄수다』가 대표하는 공적 발언의 행위가 한국의 사회정치적 풍경에 결정적인 변화를 가져왔다고 해도 과장이 아니다. 더 넓은 역사적 시각에서 보자면 탈냉전의 세계에 대해 특히 아시아 차원에서 의미 있는 개입이었다고 할 수 있다."

물론 해방, 국가 형성 그리고 한국전쟁을 맥락으로 하는 4·3항쟁과 노동과 생활 문제가 중첩된 탑동 매립에 맞선 항의를 동일선상에서 비교하기는 어렵다. 그럼에도 탑동 운동과 동일한 시기에 진행된 『이제사 말햄수다』라는 "말하기의 실천"은 민주화 공간 속의 제주에 다른 지역보다도 먼저 자신의 지역 문제에 목소리 곧 '항의'(抗議, voice)(허시먼, 2016)할 수 있는 토대가 있었다고 우리가 상상할 수 있는 근거가 된다.

동시에 한국 민주화는 단지 목소리를 위한 공적 공간만을 열어준 것이 아니라, 그 목소리를 뒷받침하는 강력한 운동사회의 공간 혹은 유산 또한 만들어 냈다. 권위주의체제와 오랫동안 투쟁하면서 역사적으로 형성된 이 운동사회는 표출된 주민들의 불만과 요구와 만나, 기존 개발체제에 도전하는 전 지역적 정치동맹을 형성하는 매개가 되었다. 제주 전역에서 주민들의 불만과 요구가 분출되어 나온다고 하더라도, 이와 결합하는 운동사회가 발전되어 있지 않았다면 탑동 운동은 단지 분산된 주민운동의 하나로 기억될 수도 있었다. 당시 운동사회의 평가를 인용한다면, 탑동 운동은 민주화 이후 "87년 6월 투쟁 이후 투쟁역량이 강화"된 당시 제주지역 민주단체들이 맞이한 첫 번째 생존권 투쟁이었다(제주여민회, 2007: 13). 운동사회에서 "탑동 문제"가 중요한 의미를 지닌 또 다른 이유였다.

그러나 목소리에 열린 공적 공간의 창출이 반드시 조직화된 집단행동으로 발전할 필요는 없었다. 이는 민주화의 정치 공간에 내재한 또 다른 한계 때문이었다. 민주화에도 불구하고 기존에 존재하던 정치적 중재 제도들은 동료 시민이 겪는 일상의 문제나 갈등을 조정할 정도로 강하지 못했다. 일군의 학자들은 현대 사회운동을 의회, 미디어, 정당 등 동료 시민의 목소리를 정치체제 안으로 투입하는 정치적 중재 제도들의 실패에 대한 하나의 반응으로 볼 수 있다고 제안한 바 있다(스콧, A. 1994: 171). 사회운동에 관한 이와 같은 다원주의적 이해는 사회운동의 발생 원인을 정치적 중재의 실패라는 제한된 관점에서만 파악하는 문제가 있지만, 그럼에도 한국 민주화의 이중적 성격 혹은 "운동에 의한 민주화"와 "타협에 의한 민주화"라는 민주화 이행 구조에 내재한 정치 공간의 특성을 이해하는 데 도움을 준다. 군부 권위주의체제 아래에서 구조화된 시민사회와 정치체제 사이의 틈과 균열 그리고 불일치는 ① 운동에 의한 민주화를 촉발하는 조건이 되기는 했지만, ② 그 표출된 목소리를 매개하는 정치적 중재 제도 역시 허약하게 만들었다. 따라서 동료 시민은 정치적 중재보다는 이해와 요구를 규합하고 표명하기 위한 대안적 수단으로 사회운동 혹은 집합적 저항행위를 선택할 가능성이 높았다.

3. 토지 문제: 도덕과 감정

제주 사회가 토지개발과 맺어온 집단적 경험과 이에 대응해 온 제주 운동사회의 역사는 민주화가 열어낸 정치 공간에서 중요한 역할을 했다. 제주 근대화 프로젝트의 일환으로 추진되어 온 개발 프로젝트는 장소 판매의 경험을 제주 인민의 일상적인 공통 경험으로 만들었다. 그 중심에는 "1960~80년대 개발독재 시절의 정경유착, 재벌에 특혜 주기, 불평등 따위"[111]가 있다. 민간기업과 권력자 그리고 외지 부자들은 바로 이런 구조적 권력을 활용하여 제주 토지를 대규모로 사들이고, 때로는 판매하여 막대한 이익을 얻었다.

　이뿐만이 아니다. 제주 인민은 국가 정책사업이나 지역발전이라는 명분 아래 자신의 토지나 촌락이 함께 이용하던 공유지 또는 제주의 아름다운 장소

111　한겨레21, 2011.10.18., "제주는 제2의 강남이다."

가 팔려나가거나 혹은 사실상 빼앗기는 경험을 반복적으로 해왔다. 이는 제주 인민의 처지에서 볼 때, 제주가 돈 있고 힘 있는 사람들의 손에 놀아나는 것으로 보이는 경험이었다. 더구나 그 대부분은 제주에 뿌리를 내리지 않고 있는 외지인들이었다. 운동사회 안에서는 이 문제가 더욱 분명한 언어로 나타났다. 제주사회문제협의회가 1988년 10월 평민당사에서 농성 중인 제주도민의 투쟁을 지지하며 낸 성명서에 다음과 같은 표현이 나온다.[112]

> "제주도민의 의사를 배제한 채 시행되었던 그간의 제주도 개발계획은 제주도민 사이에 면면히 흐르던 공동체적 삶의 전통을 파괴하면서 독점자본가 및 투기꾼들의 배를 살찌우는 방향으로 계속되어 왔다. 그 결과 현상적으로만 보아도 제주도는 퇴폐와 향락의 비생산적인 장소로 전락하고 있으며, 이러한 현상과 결부하여 독점자본가 및 투기꾼들에 의한 토지투기 및 사취가 가속화되고 있다."

이런 점에서 제2차 탑동 매립이 제주개발체제가 반복해 온 투기 역사의 맥락과 연결된 일은 자연스러웠다. 게다가 이번에는 공동의 삶이 이루어지는 삶의 터전 그 자체가 문제였다. 제주사회문제협의회의 논평에도 이 점이 두드러진다. 다시 한번 인용한다.

> "독점자본가들의 제주도에 대한 투기는 단순히 토지에만 그치지 않는다. 그들은 제주도민들의 공동체적 삶의 마지막 보루라고 할 해녀 공동어장에까지 손을 뻗쳐 공유수면을 매립하고 거기서 생기는 여러 이익을 부당 취득하려 하고 있다."[113]

---

112 제주사회문제협의회, 1988.10., "평민당사에서 농성 중인 제주도민의 투쟁을 지지한다!"

113 제주사회문제협의회, 1988.10., "평민당사에서 농성 중인 제주도민의 투쟁을 지

탑동 운동 조사 과정에서 만난 한 분에 따르면, 1970년대에 이미 제주 출신 운동가들 가운데는 개발독재 비판과 제주 사회 변혁의 한 전략으로 제주 토지의 소유와 분배 구조 분석에 관심을 가지고 이를 조사하는 이들이 있었다고 한다. 이는 1980년대 운동사회의 인식이 돌출적인 현상이 아니라는 걸 보여준다.

물론 이런 활동에는 단지 제주만의 경험이 아니라, 1970년대 초부터 등장한 부동산 개발과 투기 붐이라는 전국적 경험이 반영되어 있다. 2017년 1월 9일 한겨레가 보도한 한 기사에 따르면 "박정희 정권은 허허벌판 강남을 국내 최초의 신도시로 개발했다. 개발은 성공적이었다. 1963~77년 사이에 서울시 전역의 지가는 87배 수준으로 크게 상승했고, 강남지역의 지가는 176배가량 폭등했다."[114] 강남발 투기 열풍은 이후 전 국토로 번져 나간다. 베트남 전쟁의 영향도 있었다. 베트남 전쟁으로 벌어들인 외화가 국내에 풀렸고, 건설회사들은 베트남 '특수'를 국내에서도 이어가고자 했다. 그러려면 부동산 개발이 필요했다. 이에 부동산 투기 열풍이 분다. 특정 재벌만의 열풍이 아니었다. 부동산 투기는 중산층이라고 하는 한국 특유의 계급 구조 형성과 함께 전국적으로 번져 나갔다.[115]

1970년대 언론 보도를 따르면 당시 제주도 전역에서 부동산 투기 붐이 일었다. 관광 개발이 본격화되면서 서울 등지에서 땅투기꾼들이 제주로 몰려든다. 한 예로 1978년 여름 국세청은 제주 투기 일제 단속을 내걸고 부동산 특별조사반을 제주에 파견한다. "제주도에 파견된 특별조사반은 서울서 몰려든 토지투기꾼들이 해발 8백~1천2백 미터 지점인 한라산 중턱 임야를 평당 20~80원씩 사들인 다음 자기들끼리의 전매를 통해 8백~4천 원으로 올려" 팔

지한다!"

[114] 한겨레, 2017.1.9., "강남땅 투기 원조는 박정희였다"
[115] 한겨레, 2015.3.6., "전쟁특수 호황 속에 땅 투기가 시작되다"

고 있다고 보았다.[116] 제주에서 중산간 지역이라고 부르는 임야이다.

제주 출신 운동가에게 이런 부동산 투기는 도덕적 분노를 일으켰을 수 있다. 하지만 이 분노는 단지 운동가만의 감정은 아닐 확률이 높다. 투기로 팔려나가는 토지는 제주 인민들에게 무엇보다 도덕의 문제일 수 있기 때문이다. 토지와 도덕의 접합은 인지적인 문제라기보다는 감정의 차원에서 형성된 제주 인민들의 공공성에 뿌리를 내리고 있다. 이런 인민의 공공성은 인민들의 일상적인 삶의 구조 안에 존재하며, 그들의 일상적 경험을 통해 만들어진다. 인민의 공공성 안에 내재한 도덕적 감각 혹은 도덕적 감정은 운동 동원이 이루어지는 기본 토대가 되기도 한다. 알베르토 멜루치(Alberto Melucci)의 말처럼, 바로 그 감정 안에서 일상생활을 구성하는 "대안적인 의미 틀"이 형성된다. 이 도덕적 감정은 이 감정과 충돌하는 계기가 발생하기 전까지는 잠재되어 있다. 하지만 이런 "잠재성이 비활동을 의미하지는 않는다. 오히려 저항 또는 대립의 잠재력이 일상적 삶의 구조 자체 속으로 스며"(재스퍼, 2016: 153에서 재인용)들어 있다고 보아야 한다.

토지가 부당하게 권력자에게 팔려나가는 일을 직접 보고, 옆에서 듣고, 다른 이들과 이야기를 나누면서 형성된 인민 전체의 공통 상상은 바로 그 인민의 일상적 삶의 구조 안에 있는 도덕적 감정이 도덕적 저항으로 발전하는 계기가 될 수 있었다. 물론 그 감정은 말 그대로 잠재적이기 때문에, 반드시 가시적 '저항'으로 나타나지는 않는다. 그렇게 되려면 이 잠재성을 성공적으로 동원하는 촉매가 필요하다. 곧 인민의 공공성과 공명하는 목표와 저항 수단을 제시하는 행위자가 있어야 한다. 탑동 운동이 주목받는 이유 가운데 하나는 바로 그 행위자가 인민 스스로였기 때문이다.

토지 문제와 연결된 이와 같은 일상화된 도덕 감정 때문에 탑동 운동이 발생했을 때, 그 사건은 강력한 도덕적 문제 제기로 제주 사회에서 여겨졌을 가능성이 크다. 무엇보다도 관여하고 있는 이해당사자들이나 지역에 강한 귀

---

116 동아일보, 1978.6.15., "국세청 제주 투기 일제 단속"

속 감정을 보유한 집단에는 도덕적 충격이 될 가능성도 있었다. 만약 그렇다면 주민 조직의 투쟁은 이와 같은 도덕적 토대와 상호작용하며 나타났을 수 있다. 도덕적 충격은 도덕적 분노로 발전하기 쉽고 이런 감정은 사회운동과 같은 정치 행동에 참여하거나 이를 지지하는 정치활동의 토대를 형성한다(재스퍼, 2016: 220). 도덕적 충격을 거론하는 것이 탑동 문제에 경제적 문제 혹은 장소 판매의 수익 분배 등을 둘러싼 이해관계의 거래 등과 같은 문제가 없었다는 뜻은 아니다. 조성윤이 남긴 기록처럼, 보상금의 규모는 그 무엇보다 중요했다. 하지만 그렇다고 하더라도, 탑동 매립이 특정한 도덕적 충격의 맥락과 그것이 부여하는 제약이 없었더라면, 제주 사회 전체의 쟁점으로 규모상승(scaling up)하기는 어려웠을 수 있다.

4. 공유수면 매립 제도의 변경과 매립 면허 남발

1986년 8월 27일 정부는 공유수면 매립에 관한 법 개정안을 마련하여 입법 예고하였다. 여러 조항이 바뀔 예정이었다. 이전까지는 공유수면 매립 시에 매립지 내의 피해만 보상하면 되었으나, 개정 이후에는 인근지역의 피해까지 보상해야 했다. 당시 내용을 보도한 언론 기사에 따르면 피해보상 의무를 확대하여 "간척에 따른 어민 피해를 극소화"하기 위한 방침이었다고 한다.[117] 대단위 매립 사업 탓에 해안 환경뿐만 아니라 지역주민의 삶이 파괴되는 문제에 국내 관심이 높아지면서 나타난 대응이었다.

하지만 탑동 운동 맥락에서 더 중요한 변화는 공유수면 매립지의 소유구조 변화에 있다. 과거와 달리 해당 매립 공사에 들어가는 총사업비에 상당하는 매립지만을 매립자가 소유하는 방식으로 바뀐다. 이전까지는 국유지와 공공용지를 제외한 나머지 전체를 매립업자가 소유할 수 있었다. 1986년 등장

---

117 중앙일보, 1986.8.27., "간척 피해 인근 해역까지 보상"

한 이 방식은 그 이후 몇 차례 진행된 법령 변화에도 바뀌지 않았다. 법령 변화에 따른 매립지의 소유 구조 변화를 정리하면 다음 쪽에 있는 표와 같다(한국해양수산개발원, 2013: 69-70).

매립업자의 소유 규모를 사업비 상당으로 제한하는 이런 방식이 1986년에 등장한 이유는 그동안 대기업이 공유수면 매립으로 막대한 이익을 독점하는 행위가 많은 비판을 받아 왔기 때문이다. 계기는 현대의 서산 간척사업이었다. 현대는 1979년부터 여의도 면적의 38배에 이르는 서산 앞바다 간척 공사를 시작한다. 당시 법에 따르면, 간척지는 모두 현대 소유가 된다. 이에 막대한 간척 토지를 특정 사업자, 특히 재벌이 전부 소유하는 데에 반대하는 여론이 일어났다. 동아일보 1991년 8월 19일 기사가 이를 보여준다. 그 기사는 "간척지를 특정 사업자가 소유하는 데 대한 여론의 화살이 계속되자 정부는 지난 86년 사업비와 적정 이윤 이외에는 정부가 개발이익을 환수토록 공유수면 매립법을 개정하게 된다"라고 설명하고 있다.[118]

또한, 공유수면 매립과 직접 연결되지는 않지만, 1980년대부터 중반 토지개발에 따른 개발이익을 다시 환수하는 문제가 사회 쟁점으로 부상한 것도 영향을 미쳤을지도 모른다. "땅 투기"로 대표되는 부동산 문제가 악화하자, 부동산 투기를 억제하고자 개발이익을 사회로 환수하는 제도에 관한 논의가 전두환 정권 내부에서도 나오고 있었기 때문이다. 1985년 국회 예결산위원회에 참석한 당시 김성배 건설장관은 "토지개발 이익의 공공 환수를 높이기 위해 세제 및 행정 측면에서 연구를 계속하고 있다"라고 언급하기도 했다.[119] 부동산 투기에서 발생하는 개발이익의 환수나 공유수면 매립지의 대규모 사적 소유 방지는 모두 개발이익의 독점이란 점에서 같은 지평에 있었다.

이런 여러 조건 속에서 공유수면 매립 관련 법률이 1986년 12월 31일 개정될 예정이었다. 따라서 1986년 12월 31일이 지나 매립 면허를 취득하는 경

---

118 동아일보, 1991.8.19., "재벌 '노다지 사업' 간척공사"

119 조선일보, 1985.11.10., "시위 학생 징집 중지하라"

법령 변화에 따른 매립지의 소유권 취득 내용 변화

시기	매립지의 소유권 취득 : 내용
62년 1월 20일 이후	① 매립 면허 받은 자가 매립지의 소유권 취득 ② 국가시설로 필요한 토지는 국유 ③ 기타 공용 또는 공공용에 사용할 토지는 지자체에 귀속
65년 11월 25일 이후	① 매립 면허 받은 자가 매립지의 소유권 취득 ② 도로/호안/안벽/물양장/방파제/방사제/돌제/배수시설로 필요한 토지는 국유 ③ 기타 공용 또는 공공용에 사용할 토지는 지자체에 귀속
86년 12월 31일 이후	① 매립 면허 받은 자가 공용 또는 공공용 매립지를 제외한 매립에 소요되는 사업비에 상당하는 매립지의 소유권 취득 ② 공용 또는 공공용의 매립지 사업비의 100분의 10에 해당하는 이윤과 1년간의 자금 회수 기간에 대한 건설이자를 합한 금액에 상당하는 매립지를 제외하고 남은 매립지는 국가에 귀속 ③ 공용 또는 공공용의 매립지는 국가 또는 지방자치단체에 귀속 ④ 제2, 3항에 의해 국가에 귀속된 것을 제외한 잔여 매립지는 매립 면허를 받은 자가 취득
97년 4월 10일 이후	① 빈지, 공용 또는 공공용 매립지를 제외한 매립지 중 매립에 소용되는 사업비에 상당하는 매립지는 매립 면허를 받은 자 ② 빈지, 공용 또는 공공용 외에 매립지 중 사업비의 100분의 10에 해당하는 이윤과 1년간의 자금 회수 기간에 대한 건설이자를 합한 금액에 상당하는 매립지를 제외하고 남은 매립지는 국가에 귀속 ③ 공용 또는 공공용의 매립지는 국가 또는 지방자치단체에 귀속 ④ 제2, 3항에 의해 국가에 귀속된 것을 제외한 잔여 매립지는 매립 면허를 받은 자가 취득
99년 8월 9일 이후	① 공용 또는 공공용 매립지는 국가 또는 지자체에 귀속 ② 매립된 바닷가에 상당하는 면적은 국가에 귀속 ③ 제1, 2항 해당 매립지 외에 총사업비에 상당하는 매립지는 매립 면허를 받은 자가 취득 ④ 제1, 2, 3항 외 잔여 매립지는 국가에 귀속

우, 그 이전에 비해 매립에서 얻는 수익이 크게 줄어든다. 이런 제도 변경은 정부와 민간기업이 결탁하여 공유수면을 매립하던 방식에 일정한 위협이 됐다.

정부는 법 개정 이전에 민간기업에 최대한의 이익을 보장해 주고자 매립 면허를 남발한다. 입법 예고가 1986년 8월 2일 있었는데, 정부는 그때부터 12월 30일까지 13건의 공유수면 매립 면허를 발급한다. 연간 매립 면허 발급 횟수가 1982년 2건, 1984년 1건, 1986년 상반기 3건이었던 점에 비추어 보면, 이는 정부가 매립업자들이 개정법의 적용을 받지 않도록 허가를 내줬다고 볼 수 있다. 동아일보는 이 사태를 다음과 같이 비판했다. "정부가 만든 법을 빠져나갈 수 있는 길을 스스로 열어주는 모순된 모습을 보였다."[120] 탑동 매립 면허도 바로 이때 발급된다. 면허권자는 제주해양개발과 범양건영이었다.

제주시는 1985년 1월 도시기본계획을 확정 발표한 바 있었는데, 그 안에 탑동 매립 계획은 없었다. 당시 도시기본계획은 한 번 확정되면 5년간은 변경될 수 없었다. 그러나 어떤 이유 때문인지, 1985년 5월 건설부가 두 차례에 걸쳐 도시기본계획의 변경을 지시한다. 탑동 매립 계획은 이때 포함된다. 계획이 변경되자 범양건설과 제주해양개발은 매립 면허를 신청했고, 1986년 12월 24일에 승인을 받는다. 면허 신청 한 달 만이었다. 더구나 당시 제주지사가 두 차례에 걸쳐 자연환경 보존 및 수산자원, 해양환경 보호 등을 이유로 건설부에 매립 반대 의견을 냈으나 무시됐다. 만약 1주일 뒤에 면허를 얻었다면, 두 회사는 새로운 법에 따라 총사업비의 10%까지만 수익을 낼 수 있었다. 추정치이므로 정확하지는 않지만, 어떤 이들은 범양건영과 제주해양개발이 기존 법의 보호 아래 약 15배 이상의 이익을 얻을 수 있게 되었다고 했다.[121]

---

120 동아일보, 1991.8.19., "재벌 '노다지 사업' 간척공사"

121 한겨레, 1988.08.06., "건설부, 특정업체에 매립면허"

제8장

2차 탑동 매립 계획과 면허, 동의 그리고 조작 의혹

제주시는 1987년 5월 22일에 탑동 일대 해안 5만 평을 매립하겠다는 내용을 담은 토지이용계획을 공람(供覽)에 부쳤다. 당시 계획에 따르면 5만 평에 이르는 총매립 예정지 가운데 50.3%는 공공용지로, 나머지 49.7%는 일반용지 및 상업지역으로 조성하게 되어 있었다. 공공용지에는 도로와 공원, 광장, 호안, 주차장이 포함됐다. 2차 탑동 매립 계획이 본격화되는 순간이었다. 공사는 1987년 7월 10일 시작되었다. 매립면허자는 제주해양개발이었고, 공사보증 시공업자는 범양건영이었다. 이들은 변경된 매립법 이전에 면허를 받았기 때문에, 매립이 완료되면 일반용지 및 상업지역 전체를 소유할 수 있었다.

1. 탑동 운동의 출발: 2차 탑동 매립 계획

2차 탑동 매립 계획은 이미 1차 탑동 공유수면 매립이 종료된 1980년 5월 바로 직후라고 할 수 있는 1982년부터 논의된다. 1982년 12월 10일에 열린 경제장관회의에서 탑동 지구 74,050㎡(2만 2천 평)를 매립하기로 결정하고, 건설부 고시 제31호로 고지한다. 제주해양개발은 이를 근거로 1984년 7월 6일에 74,050㎡ 규모의 공유수면 매립 면허를 건설부에 신청한다. 제1차 면허 신청이었다. 하지만 반려당한다. 그러자 8월 14일에는 오히려 규모를 더욱 확장하여 165,000㎡(5만 평)을 매립하겠다며 면허를 신청한다. 제2차 면허 신청이다. 2차에서는 정부가 고시한 매립 면적보다 더 많은 면적을 메우겠다고 신청한 것이다.

제주해양개발의 대표는 백○○였다. 1990년 5월 11일 한국경제에는 국세청에서 조사한 상습 투기꾼 명단이 공개된다. 그런데 여기에 백○○ 대표의 이름이 올라와 있다.[122] 다른 자료가 없어 제주해양개발이 언제, 어떤 목적으로 만들어졌는지를 정확하게 알 수는 없다. 하지만 탑동 매립 사업에 참여하게 된 동기는 전후 사정으로 볼 때, 기본적으로 '땅 투기'일 가능성이 크다.[123] 당시 제주에는 제주도에 넓은 땅을 가진 개인이 법인을 세워 엄청난 땅값 상승을 기대하며 용도 변경이나 개발을 추진하는 사례가 많았다. 제주해양개발도 그 가운데 하나였다.[124]

백○○ 대표는 당시 북제주군 조천면 대흘리에서 가림목장이라는 목장을 운영한 이로 보인다.[125] 대규모 토지를 보유한 이였을 수 있다는 의미다. 이런 추측은 조성윤 선생이 논문으로 남긴 기록과도 일치한다. 그는 당시 자료를 근거로 이렇게 썼다. "제주해양개발주식회사는 자신이 직접 건설업을 하는 곳이 아니라 일종의 기획사업을 하는 회사로서 제주 사정에 밝아 지역 가운데 개발 가능한 지역을 골라 타당성을 검토하고 계획을 작성하여, 이를 바탕으로 서울 지역의 자본가들을 끌어들이고 이 과정에서 이익을 얻는 것을 목표로 삼고 있었다."(조성윤, 1992: 84)

---

[122] 한국경제, 1990.05.11., "국세청조사 상습투기꾼 명단(3)"

[123] 조성윤(1992: 84) 선생은 1차 탑동 매립 개발을 추진했던 제주시 강○○ 시장이 자리에서 물러난 이후 제주해양개발에서 이사장으로 취임했다는 사실을 근거로, 2차 탑동 매립 개발 구상이 그에게서 나왔다고 추론한 바 있다.

[124] 연합뉴스, 1991.12.24., "제주땅 1천4백만 평 용도변경 성사여부 주목"

[125] 매일경제, 1979.10.01., "도입 젖소 떼죽음"

그런데 제주해양개발이 2차 매립 면허 신청을 하고 일주일 후인 1984년 8월 21일에 탑동 인근 주민들이 매립 면적을 74,050m^2에서 165,000m^2로 확장해 주도록 건설부·제주도·제주시에 건의한다. 제주해양개발이 요구한 매립 규모를 수용해달라고 주민이 움직였다. 건의로만 머물지 않았다. 이십여 일이 지난 1984년 9월 10일에 탑동 인근 주민들이 해당 매립에 동의한다는 연명 동의서를 작성하여 제출한다. 그리고 9월 15일에는 제주해양개발 대표와 산지어촌계장, 삼도동잠수회장, 건입동잠수회장 사이에 작성된 동의서도 제출된다. 매립으로 영향을 받는 공동어장 당사자들이 매립에 사전 동의했다는 것을 확인하는 제출이었다.

그러나 2차 매립 면허 신청도 반려 당한다. 이유는 간단한 편이었다. 당시 제주도가 추진하고 있던 「제주도 특정 지역 개발계획」이 확정되지 않은 상태라 관련 매립 계획을 확정할 수 없었다. 게다가 알려진 바에 따르면, 제주도는 제주시와 달리 탑동 매립에 더욱 신중한 입장이었다. 제주도지사는 개발계획이 확정되지 않은 상태일 뿐만 아니라, 지역주민의 집단 반발이 우려되고, 공동어장을 이용하는 해녀도 보호하는 대책이 필요하므로 매립에 신중해야 한다는 의견서를 제출한다(정영신, 2021: 234).

제주해양개발은 포기하지 않고 이후에도 계속 면허 신청을 한다. 하지만 계속 반려당한다. 한 예로 제주해양개발은 1985년 11월 8일 여섯 번째 면허 신청을 하는데, 이 또한 반려당한다.[126] 1985년까지 제출한 모든 면허가 반려된 이유는 같았다. 정부가 1982년 탑동 지구 매립을 결정하고 고지하기는 했지만, 최소한 1986년 봄까지 제주시 기본계획에는 탑동 매립이 포함되지 않았다. 1985년 1월 10일 제주시의 도시기본계획이 확정되는데, 탑동 매립은 포함되어 있지 않았다. 그리고 1985년 3월 7일 「제주도 특정 지역 종합개발계획」이 확정 발표된다. 여기에도 탑동 매립은 포함되어 있지 않았다. 이때까지

---

[126] 경실련 경제부정의고발센터 보도자료, 1990.11.5., 『제주민주화운동사료집Ⅱ』, 533쪽

1982년 정부 고시는 단지 구상으로만 남아 있었다고 말할 수 있다.

그런데 1986년 5월 30일과 6월 11일 건설부는 두 차례에 걸쳐 제주도에 공문을 보내 제주도지사에게 공유수면 매립 기본계획지구 도시기본계획을 수립하라고 지시한다. 제주도는 반대 의사를 지니고 있었지만, 관련된 내용을 변경하여 1986년 7월 16일에 '제주도 도시기본계획 변경을 위한 공청회'를 개최한다. 1988년 국회 국정감사에서 탑동 매립 계획과 면허 허가 과정에 당시 건설부 장관이 압력을 가했다는 증언이 나왔다.[127] 탑동 매립 쟁점이 본격적으로 제주 사회에 부상한 시점은 이때로 보인다.

조성윤 선생에 따르면 "기본계획 변경이 공고된 뒤에도 제주도지사는 주민 동의를 빠짐없이 받아야 하고, 환경영향평가 후에 매립 면허를 발부할 것을 요청하고 있다. 그러나 이 의견 역시 무시된 채 추진되었다"(조성윤, 1992: 86)라고 한다. 탑동 매립이 본격적인 궤도로 들어서면서 제주해양개발은 1984년 9월 15일에 받았던 동의서를 첨부하여 1986년 11월 15일에 범양건영과 공동으로 매립 면허를 신청한다. 그리고 개발비용과 적정이윤을 제외한 모든 개발이익을 국가가 환수하는 새로운 공유수면 매립법 개정안이 발표되는 1987년 1월 1일 일주일 전에 면허를 받는다.[128]

공유수면 매립은 막대한 재원이 필요한 사업이기 때문에 정부는 이를 민간기업에 맡기고자 했다. 실제로 제주시도 공사비 확보 문제로 탑동 매립을 민간 개발업자에게 맡기는 쪽을 택했다.[129] 개발업자 선정은 공개입찰 형태로 진행됐다. 제주해양개발은 매립에 필요한 재원을 모두 단독으로 충당할 수 없어 범양건영과 짝을 이루어 범양건영이 공사보증을 하도록 했다. 범양건영은 많이 알려진 기업도, 매립 전문 기업도 아니었다. 광주에 소재를 두고 있던 범양건영은 당시에 약 30년의 역사가 있던 기업이기는 했지만, 주로 주한 미군

---

127   한겨레21, 2011.10.21., "제주는 제2의 강남이다"

128   제주KBS, 2016.05.04., "또 대규모 매립 계획 탑동 개발 어떻게 진행됐나"

129   제주KBS, 2016.05.04., "또 대규모 매립 계획 탑동 개발 어떻게 진행됐나"

공사를 한 까닭에 일반 시민에게는 잘 알려지지 않았다.[130]

이때 경쟁했던 기업은 대우와 대창기업이었다. 제주해양개발과 범양건영은 공공용지 비율을 대우와 대창기업보다 더 많이 할애한다는 조건으로 면허를 인가받게 된다. 대우와 대창기업은 44.8%, 제주해양개발과 범양건영은 50.3%를 적었다고 한다. 두 회사는 면허 인가 당시 공사비를 131억 5천여만 원으로 계상(計上)했다. 이외에도 공개입찰에 쌍룡종합건설 그리고 재경도민회가 참여했다는 기록이 있다. 재경도민회는 "제주 개발 차원이라면 제주민이 개발에 참여해야 한다"라는 입장이었다고 한다.[131]

공개입찰에서 선정되면서, 1984년부터 시작된 제주해양개발의 면허 인가 시도가 1986년 12월에 끝난다. 이때까지 제주해양개발은 총 7차례나 매립 면허 신청을 했었다.[132] 그 면허 신청의 표면적인 이유는 "시민 휴식 공간과 상업 공간의 확대"였다. 하지만 제주 사회는 그렇게 생각하지 않았다. 당시 예상 가격으로 할 때 매립지가 한 평에 천만 원 정도였기에, 제주해양개발과 범양건영은 공사비 130여억 원을 제외한다고 하더라도 2,350억 원 상당의 개발 이익을 가져간다고 제주 사회는 보았다. 면허는 받았지만, 실제 공사 추진 과정은 더 큰 문제였다. 연안 공동체와 도민사회의 저항과 개입 때문에, 공사가 계획대로 진행되지 않았다. 본격적인 탑동 공유수면 매립 반대 운동은 1988년 봄부터 나타났다. 이후 운동이 종결되는 1991년까지 4년간 제주는 탑동 공유수면 매립을 둘러싼 다양한 질문과 만나야 했다.

---

130 한국경제, 1989.04.27., "우리주를 말한다: 범양건영"
131 「먹돌」 창간호, 1988. 3. 26., 『제주민주화운동사료집II』, 457쪽
132 제주청년연합, 1990.8.1., 「제청련광장7호」, "탑동문제에 관한 보고서"

2. 1984년 매립 동의서 조작 의혹

제주해양개발은 1984년 9월에 산지어촌계의 매립 동의서를 건설부에 두 차례 제출한다. 건설부는 제주해양개발이 1984년 9월 10일과 9월 15일에 제출한 이 매립 동의서를 토대로 어촌계가 매립에 동의했다고 판단했다. 그런데 두 동의서 모두에 문제가 있다는 점이 이후에 알려졌다. 제주해양개발이 1984년 9월 10일에 제출한 동의서에는 177명이 서명했다. 그런데 그 177명 중 법적 권리자는 단 6명이었고, 나머지는 탑동 인근 주민들이었다고 한다. 다시 말하면 산지어촌계 회원이 아니라 탑동 주민의 매립 동의서 성격이 강했다. 이 때문에 9월 10일 동의서를, 이후 탑동 운동 진영은 완전 무효라고 주장한다. "공유수면에 관하여 실질적 권리를 가진 자의 동의를 구하지 않고 권리가 없는 주민의 동의를 첨부"[133]했다고 봤다.

더 심각한 건 9월 15일에 제출한 동의서였다. 이 동의서에는 3인의 이름이 올라와 있다. 산지어촌계장, 건입잠수회장, 삼도잠수회장 등이다. 문제는 동의하지 않음에도 동의서에 이름이 올라간 이가 있을 뿐만 아니라, 동의를 해준 이들 가운데 그런 권한이 없는 이도 포함되었다는 데 있었다. 탑동 운동이 전개되면서 이 동의서의 효력 문제가 쟁점이 된 이유다. 당시 해녀와 운동 진영이 1984년 9월 15일 제출 동의서가 효력이 없다고 주장한 이유는 두 가지였다. 첫째, 제주시수협 산지어촌계는 법인이 아니므로 어촌계장이 임의대로 매립에 동의할지라도 동의서로서 효력을 발휘할 수 없으며 둘째, 산지어촌계에서 총대회를 거친 적이 없는데도, 마치 총대회를 진행하여 전체 계원들의 동의를 얻은 것처럼 조작되었다는 이유였다. '총대회'(總代會)는 어촌계의 총회를 갈음하는 회의를 말한다. 계원이 50인을 초과하는 경우 둘 수 있다. 이 때문에 산지어촌계 삼도동 잠수회원 40여 명이 1988년 1월 23일 제주지검에 어

---

[133] 「제주여성」 4호, 20쪽

촌계장을 고소까지 하는 일이 발생한다.[134]

곧 제주해양개발이 9월 15일 제출한 사업동의서는 전체 권리 당사자들의 합의나 공동명의로 제출된 동의서가 아니었다. 어촌계 계장과 잠수회장 자격으로 제출되기는 했지만, 어장 상실을 동반하는 매립과 같은 쟁점에도 그들이 전체를 대표하여 동의할 수 있느냐가 문제의 중심이었다. 당시 수산업법 제35조와 36조는 어업권을 다른 이들과 공유한 이들은 다른 이를 대신해서 어업권을 처분할 수 없었다. 권리 당사자인 해녀도 어촌계를 일종의 공동사업계로 봤고, 주요 결정은 전체 회의를 통해 이루어져야 한다고 생각했다. 잠수회는 더욱 그랬다. 어촌계장과 잠수회장에게 대표 동의 권한이 없다고 본 법적 근거였다. 그래서 잠수회원들은 산지어촌계에선 전체 의견을 묻는 '총대회의'가 진행된 적이 없다는 사실을 근거로, 동의서가 마치 총대회를 진행하여 전체 계원들의 동의를 얻어 작성된 것처럼 "조작"됐다고 주장했다.

더 분명한 조작 근거가 있었다. 9월 15일 동의서에는 삼도잠수회장 '강달인'이란 이름이 보인다. 강달인 어르신은 1989년 내무위 국정감사에 참고인 자격으로 참석했다. 이 도장의 진위를 묻는 의원 질문에 강달인 어르신은 "어촌계장이 찍었다고 그럽디다"라고 대답했다.[135] 잠수회 회원들은 평소에 도장을 전부 어촌계에 보관하는데, 어촌계장이 강달인 어르신에게 묻지도 않고 도장을 찍었다는 답변이다. 강달인 어르신은 1984년에 제주해양개발이 한 번 찾아오기는 했는데, "여기 앞바다는 울의 무엇보다도 정말 귀중한 바다인데 매립하라는 말은 못 하겠습니다"라고 돌려보냈다는 말도 했다. 강달인 어르신에게 전체를 대표하여 동의할 자격도 없었지만, 어르신이 차마 동의할 생각도 못 했다는 뜻이다.

양보하여 제주해양개발이 제출한 동의서를 인정한다고 하더라도 또 다

---

134   이는 당시 제주대학교합동대책위원장이었던 양시경의 글 "탑동은 울부짖고 있다"(『제주인』, 113쪽)를 참조했다.

135   제주청년연합, 1990.8.1., 「제청련광장」 7호, "탑동문제에 관한 보고서"

른 문제가 있다. 그 동의서는 1985년 이전에 제출된 동의서여서 실제 매립 계획에 대한 동의가 아니었다. 동의서가 작성될 당시 매립 면적은 1982년 계획된 74,050㎡(22,000평)이었다. 하지만 그 이후 실제 매립 면허 신청에 있던 면적은 165,000㎡(5만 평) 이었다. 매립 면적이 배로 늘어난 상황인데, 과거의 동의서가 면허 신청서에 첨부되어, 인정받았다. 또 다른 형식 문제는 동의서를 받은 주체는 제주해양개발이지만, 실제 매립을 진행한 매립업자는 제주해양개발과 범양건영이라는 점이다. 마지막 7차 면허 신청할 때 범양건영이 결합하면서, 동의 주체와 면허 주체 사이에 차이가 생겼다. 이 모든 내용은 탑동 운동이 매립 허가 과정을 조사하면서 공개된 사실이다.

3. 1986년 7월 31일 공청회 조작 의혹

1984년 9월에 제출된 산지어촌계 동의서뿐만 아니라 탑동 매립 계획이 알려지게 된 계기인 1986년 공청회도 문제가 있었다. 1986년 7월 31일에 있었던 도시기본계획 변경을 위한 공청회에서 그 이전 계획에는 없던 탑동 매립이 포함된 안이 공개되었다. 도시계획법상 도시계획을 변경하려면 공청회를 열어 관계 전문가나 주민의 여론을 수렴해야 한다. 제주시청 회의실에서 열린 공청회에는 전문가 5인과 관련 기관 대표, 일반시민 120명 등 125명이 참석했다고 알려져 있다. 발표는 전문가 4인과 각계 대표 6인이 했다. 이날 논의 결과는 '공청회 의견서'의 형태로 보고되었는데, 문제는 의견서 내용과 당일 공청회 분위기가 매우 달랐다는 데 있었다. 공청회 의견서가 이후 조작되었다고 비판 받은 이유였다.

제주시장은 건설부에 공청회 결과를 보고하면서, "찬성 164, 반대 6, 조건제시 4"라고 마치 표결을 한 것처럼 의견서를 작성했다. 하지만 당일에는 표결이 이루어지지 않았다. 그리고 일반적으로 공청회는 안에 대한 설명을 듣고, 의견을 나누며, 입장을 확인하거나 수렴하는 방법을 모색하는 자리이지, 결정을 내리고자 표결을 진행하는 자리는 아니다. 그런데도 이런 보고가 올라갔다. 1989년 내무위 국정감사에 참여해 당시 상황을 보고한 한 교수의 말에 의하면, 공청회에서는 표결이 없었고, 더 중요하게는 참석자 태반이 반대하는 분위기였다고 한다. 게다가 단지 보고만 된 것이 아니라, 이 의견서가 매립 면허 발급 때에 참조되었다고 한다.

압도적 다수가 찬성을 택했다고 보고된 공청회 의견서와 달리 실제 분위기는 매우 달랐다. 그건 공청회가 있고 한 달 후인 1986년 8월 31일에 삼도동 잠수회장 강달인 등 33명을 포함한 도민 351명이 청와대에 탑동 공유수면 매립을 반대하는 '진성서'(陳情書)를 내었다는 데서도 확인된다. 알려진 진정서의 내용은 다음과 같다.

- 해양 환경영향평가와 생태계의 변화를 수년간 조사한 후 어장조성에 관한 사항을 도시기본계획에 반영할 것
- 어업권 사전 동의 및 피해 보상 대책을 관계 당국이 해녀들과 충분히 협의할 것
- 당장 시민 휴식 공간이 필요하다면 어장 피해가 없도록 하고, 매립 기본계획을 축소하며 또한 하수종말처리장 시설이 필요하므로 민원 소지를 없앨 것

하지만 진정(陳情)은 효과가 없었고, 현실은 이들의 바람과는 다른 방향으로 흘러갔다. 결국 1987년 5월에 매립이 확정된다. 잠수회나 인근 주민과 도민의 의견은 전혀 반영되지 않았다. 계획 축소도 이루어지지 않았고, 체계적인 환경영향평가도 없었다. 당시 관련 절차가 어떻게 진행되었는지를 추측할 수 있는 내용이 아주 뒤늦게 제주에 알려진 적이 있다. 2011년 한 제주 언론에 탑동 매립 당시 환경 영향 평가를 했다는 어떤 회사 임원의 기사가 실렸다. 익명을 전제로 한 보도라 그 내용의 신뢰성을 확인하기 어렵지만, 내용은

이렇다.[136]

"탑동 매립에 대한 환경영향평가를 하는데 처음엔 먹돌이 뭔지도 모르고 시작했고, 일이 다 끝나고 나서야 탑동 먹돌이 제주에서는 유일하게 그곳에서만 존재하는 중요한 의미가 있는 돌이라는 사실을 알고 제주도민에게 미안한 마음이 있었다고 말하데요."

환경 영향 평가 제도는 1977년 「환경 보전법」에 의해 처음 도입되고, 1981년 2월부터 본격적으로 실시된다. 대규모 개발 사업으로 인한 환경 훼손을 최소화한다는 취지였다.[137] 취지에서 알 수 있듯이, 이 제도는 개발을 막으려는 게 아니라, 개발의 피해를 최소화하기 위한 제도였다. 하지만 이런 제도 목표는 현실에서 배반당하기 일쑤였다. 개발을 정당화하는 제도로 악용되는 경우가 많았기 때문이다. 만약 제주 언론의 보도가 맞는다면, 환경 영향 평가는 탑동 연안에 대해 어떤 이해도 없이 이루어졌다고 밖에 말할 수 없다. 환경 평가가 말하는 '환경'에는 연안 공동체도 연안의 일도 없었다.

---

136 제주환경일보, 2015.4.6., "매립? '먹돌'이 뭔지도 몰랐대요."
137 한국민족문화대백과사전, "환경 영향 평가" 항목.

· · · · ·

제9장

탑동 운동의 발생:
공동자원체제 권리 인정과 연대 투쟁의 연계

탑동 공유수면 매립 반대 운동은 탑동 공유수면에 권리를 지니고 있던 어촌계나 횟집업자 등 연안 공동체와 매립업자 사이에 보상을 둘러싼 갈등에서 촉발됐다. 1962년에 변경된 법은 매립 할 때 발생하는 손해를 공유수면에 권리를 가진 자에게 보상하라고 규정했다. 또한, 사업을 시작하기 '이전'에 보상 내용을 당사자 간 협의하도록 했다. 이를 '선(先)보상 후(後)착공의 보상원칙'이라고 한다(장학봉, 2000: 3). 이는 "권리를 가진 자"에게 우선적 협상을 제도적으로 보장하여 그들의 권리를 방어하려는 원칙이다. 하지만 매립업자들은 보상 문제에 발목 잡혀 개발 시기가 늦추어지는 걸 원하지 않았을 뿐만 아니라, 보상 과정 자체를 협상의 대상으로 인식하지 않는 경우도 많았다.

탑동 매립업자인 제주해양개발과 범양건영도 마찬가지였다. 이들은 일방적으로 보상액을 결정하여 연안 공동체에 통보하는 방식을 택했다. 더구나 자신들이 원하는 방식으로 협상을 마무리하고자 일정 기간을 넘으면 보상을 받지 못한다고 연안 주민에게 거짓말을 하며 때로는 협박하기도 했다. 매립 동의뿐만 아니라 보상 협상 또한 다양한 형태의 조작과 기만 위에서 이루어졌다. 이런 보상 협상의 구조 탓에 연안 공동체 내에 보상을 둘러싼 불만이 상당했을 뿐만 아니라, 광범위하게 퍼져 있었다고 보인다. 보상 협상이 마무리되고 매립 공사가 시작된 이후에도 연안 공동체가 반복해서 추가 보상을 요구했다는 점에서 이 점을 간접적으로 확인할 수 있다. 탑동 운동의 출발은 바로 이러한 보상 협상 구조에 있다.

1. 공동자원체제에 대한 권리: 공동어장과 준총유 그리고 법적 권리

1953년 제정된 수산업법은 면허어업을 양식어업, 정치어업, 정소인망(定所引網) 어업, 정소부예망(定所浮曳網) 어업, 정소집어(定所集魚) 어업, 공동어업 등으로 유형화했다. 이후 1963년 이루어진 수산업법 제3차 개정에서 공동어업을 제1종부터 제3종까지 구분하였고, 1971년 제7차 개정에서는 제4종 공동어업이 신설되었다. 그리고 1995년 제14차 개정에서는 이전까지 공동어업이라 불리던 유형을 마을어업과 협동양식업이라는 두 유형으로 나누었다.

  탑동 연안 어장은 그래서 현재 용어로는 마을어업이고, 1963년 이후 법제도상으로는 제1종 공동어장이었다. "제1종" 공동어장이란 조개류, 해조류 또는 정착성 수산동식물을 채취하고 포획할 수 있는 공동 어업면허가 부여된 수심 10m 이내의 어장을 말한다(전윤철, 1969). 제1종 공동어장은 과거부터 연안 주민이 공동어업 대상으로 이용해 온 어장이라는 점에서 관행과 법이 만나는 영역이었다. 연안 공동체가 일단 어업면허를 획득할 경우, 면허권자는 관습을 넘어 법적으로 공유수면을 점용할 권리를 얻는다. 이때 그 권리의 기본 성격은 배타적이고 독점적이었다.

  그런데 제1종 공동어장 어업권에서 중대한 변화가 1975년 이후 발생한다. 1960년대 후반부터 연안 어장에서 자원감소와 어장 침식, 황폐화 등이 나타나고, 그 결과로 어촌계가 부실화된다(강경민, 2016: 398). 국가는 1975년 수산업법을 개정하여 그동안 법인격이 없다는 이유로 어업면허를 부여하지 않았던 어촌계에도 면허를 허용한다. 어촌계의 자율적 기능을 활성화해 어촌계 경영과 어장 문제를 동시에 해결한다는 구상이었다. 또한, 이때 어촌계가 누리는 어업권을 '총유(總有)'의 한 형태로 인정한다(옥영수, 2004: 27). '총유'란 공동소유의 한 형태로 공동결사의 권한이 가장 강한 형태의 소유이다. 바꿔 말한다면, 어업권이 1975년 이후 어촌계의 공동소유로 인정되기 시작한다. 이는 "연안 어장 제도의 골격을 바꿀 만큼 큰 변화"(옥영수, 2004 : 27)를 가져오는 계기가 됐다. 1975년부터 이루어진 시범적인 어업권 이양은 1981년을 거치며 대부분의 제1종 공동어장 어촌계에 적용되었다. 탑동에는 1977년부터 적용된다.

면허의 주체가 되지 못할 뿐 실제 활동 면에서 공동어장을 어촌계가 점용하고 있었기에, 공동어장과 연안 공동체 사이에 일견 어떤 변화도 없었다고 말할 수 있을지 모른다. 하지만 그렇지 않다. 비록 어촌계에 적용된 총유 규정이 종중이나 교회의 경우와는 다르기에, 총유가 아니라 준총유(準總有)로 바라봐야 한다는 법조계의 오래된 비판(김인유, 2018: 99)이 존재하지만, 그와 무관하게, 총유는 어촌계의 자율 경영을 담보하는 핵심 수단이 되었다. 어촌계는 총유를 기반으로 하나의 경영 단위로 부상했고, 경영 성과에 관해서는 스스로 책임을 져야만 했다. 이런 점에서 본다면 한국의 연안 어장 제도에는 이미 1970년대 중반부터 신자원경제학적 접근 곧 사적 소유를 발전시켜 자원 고갈이나 황폐화의 문제에 대응하려는 접근이 도입됐다고 말할 수 있을지도 모른다.

하지만 총유가 불러온 변화는 그 이상일 수 있다. 총유 기반 연안 어장 제도는 어촌계가 어장에 대해 공동소유 감각을 발전시키는 계기가 되어, 공동어장과 연안 공동체의 관계 변화를 촉발했을지도 모르기 때문이다. 비록 공동소유라는 형식이기는 하지만, 어촌계 내부에 공동어장을 자신들이 소유하는 바다 영역으로 바라보는 심상이 자리 잡는 역사적 계기라는 의미다. 물론 이는 하나의 추론일 수밖에 없다. 하지만 현대 제주 사회에서 어촌계가 연안 공동어장을 자신들의 소유물로 착각하여 자신들 맘대로 사고팔 수 있는 대상으로 여긴다는 비판이 나오고 있어, 아주 근거 없는 추론은 아니다. 탑동 운동 또한 이 맥락과 분리될 수 없다. 물론 이 공동소유의 감각이 반드시 장소 판매로 나타나는 건 아니라는 점도 기억할 필요가 있다. 중요한 건 법이 보호하는 '우리 것'이라는 공동소유의 감각을 바탕으로 과거와는 다른 권리 감정이 발전했을 가능성이다. 이는 사용가치의 관점을 보호할 수도 있지만, 이전보다 더욱 강력하게 교환가치의 시각에서 연안을 바라보도록 할 수도 있다.

탑동 공유수면 이용과 관련해 법으로 규정된 직접적인 권리 당사자는 어업권을 지닌 산지어촌계와 영업권을 지닌 횟집이었다. 산지어촌계는 제주시 건입동, 삼도동, 용담동 일대의 주민들을 조합원으로 하는 어촌계이다. 어촌계에는 우리가 해녀 혹은 잠녀라고 알려진 조합원들이 활동하는 잠수회도 있고, 배를 끌고 어업에 종사하는 이들도 있다. 탑동 연안과 인접해 있는 동네마다 잠수회가 있는데, 바로 용담, 삼도, 건입동 잠수회이다.

탑동 앞바다와는 삼도동 잠수회가 가깝고, 건입동 잠수회는 제주 항구 쪽이다. 그에 반해 용담동은 공항 쪽이라고 말할 수 있다. 같은 어촌계라고 하더라도 물질을 하는 바다의 경계가 분명하다. 강달인 어르신의 기억에 의하면 그 경계는 1960년대에 만들어졌다고 한다. 경찰이 찾아와 경계 표시를 만들라 해서 바닷속 커다란 돌에 밧줄을 묶어 테왁을 띄우는 식으로 경계를 만들었다 한다(정신지, 2017: 67-68). 경계가 있는 만큼 잠수회 별로 독립적으로 움직인다. 1960년대 제주에서는 어장 경계를 둘러싼 갈등이 많았다. 이유가 있다. 리나 동 혹은 촌락 간에 어장 경계를 둘러싼 오래된 갈등이 이때 터져 나오기도 했지만, 1962년 「수산업협동조합법」이 제정되면서 마을어촌계가 공식 제도로 인정되자, 새로운 어업면허를 받은 주체와 관습적으로 해당 영역에서 어업에 종사하던 이들 사이에 갈등이 많았다(강경민·민기, 2018: 5-6).

잠수회마다 피해 규모는 달랐다. "탑동 지구를 매립하면서 삼도동 잠수회의 잠수 구역은 모두 다 들어가 버리고 용담동과 건입동 잠수 구역의 일부가 매립"(조성윤, 1992: 101)되었다. 삼도동 잠수회가 탑동 공유수면 매립 문제에 가장 먼저 움직이고, 가장 늦게까지 도민사회와 함께 관련 문제 해결에 개입하였던 배경에는 이런 물리적 조건의 차이도 있을지 모른다.

또 다른 권리 당사자는 탑동에 있는 횟집들이다. 1960년대 중후반부터 들어섰다고 보이는 이 탑동 횟집들은 탑동 앞바다에서 나오는 수산물뿐만 아니라 그 경관을 이용해 영업 활동을 하고 있었다.[138] 한 지역신문이 취재한 상인의 말에 따르면 "1980년대 후반부터 가게가 본격적으로 늘었다"라고 한다. 다시 말하면 횟집이 늘어나는 시기와 탑동 공유수면 매립 시기가 전반적으로 겹친다는 이야기이다. 횟집들도 매립 공사 과정에서 자신들의 영업권에 피해가 발생하기 때문에 보상을 받을 수 있었다. 선보상 후착공 원칙으로 본다면, 매립업자는 매립 개시 이전에 보상 협상을 마무리해야만 했다. 그러나 제주해양개발은 "권리를 가진 자" 가운데 어촌계와는 협상을 마무리했지만, 횟집과는 협상을 끝내지 못한 채로 1987년 7월 10일부터 공사를 개시했다.

해녀와 피해 보상 합의가 이루어진 때도 그 몇 주 전인 6월 19일이었다. 보상 합의는 잠수회마다 다르게 이루어지기는 했지만, 전체적으로 본다면 약 5억 7천만 원 상당의 보상금이 주어졌다. 기록에 따르면 ① 공사 기간을 3년으로 예상하고 ② 해녀 한 명당 한 해 경제 피해액을 2백만 원으로 하여 ③ 95명에게 지급한 금액이었다(조성윤, 1992: 87). 조성윤 선생에 따르면, "해녀들로서는 탑동을 매립하면서 과연 얼마를 받아야 가장 정당한 보상인지를 계산할 능력이 없었기 때문에, 그리고 6백만 원이라는 돈을 한꺼번에 만져볼 수 있게 된 데서 오는 기쁨 때문에 보상금의 액수에 대한 불만은 별로 없었다"(조성윤, 1992: 87-88)라고 한다.

협상할 때 매립업자들이 매립 동의서를 함께 받았다는 기록이 있다. 동의 과정에 법적 하자뿐만 아니라 조작과 기만이 있었다는 지적을 염두에 두고 논란을 피하고자 새롭게 동의서를 받았다. 그런데 당시 동의서를 받을 때나 보상 협의 과정에서 해녀를 상대로 회유와 협박이 존재했다는 기록이 있다.[139] 증언에 따르면 "너희들이 동의를 안 해도 어촌계장 도장 하나면 된다. 그러면 너희들은 보상금도 받을 수 없다"라고 협박했다 한다.[140] 또한, 매립을

---

138 한라일보, 2014.7.17., "골목, 그곳을 탐하다(11): 서부두"

139 탑동문제해결범도민회, 1991.8., "탑동매립 무엇이 문제인가?"

140 1988.3.26.,「먹돌」창간호

하게 되면 매년 돈이 나온다고 거짓말도 했다고 한다.

그런데 영업권을 지닌 또 다른 피해 집단이었던 횟집 업자들과는 공사가 시작된 7월 10일까지도 합의를 못 했다. 합의가 이루어지지 않았는데도 공사가 진행되자, 횟집 업자들은 공사가 시작된 직후인 1987년 8월부터 탑동 매립 면허가 불법이라며 그 면허 취소를 요구하며 항의한다. 중심 단체는 횟집 주인들의 모임인 '탑동 번영회'였다. 주민 차원에서 탑동 매립 면허의 불법성 주창과 면허 취소 요구가 처음 나온 곳은 그래서 잠수회가 아니라 횟집 업자 쪽이었다. 합의는 몇 달 뒤인 1987년 12월에 이루어졌다. 그런데 보상금 규모가 잠수회와는 비교가 안 될 정도로 많았다. 이들은 해녀보다 5배 이상 많은 한 집당 약 3,500만 원을 받았다(조성윤, 1992: 88). 어업권자와 영업권자 사이의 이런 보상 규모 차이는 이후 어업권자인 해녀가 추가 보상 협상을 요구하는 이유가 되었다. 흥미로운 점은 이 보상 합의 이후 횟집 영업자들이 운동의 주체로 다시 등장한 기록을 찾기 어렵다는 점이다.

우리가 탑동 운동을 해녀 투쟁에서 시작했다고 기억하는 이유는 해녀들이 1987년 6월 19일 이루어진 보상 합의에 이의를 제기하면서부터이다. 이들의 투쟁 덕분에 탑동 공유수면 매립 문제가 수면 위로 부상하고, 대학생, 제주 운동사회와 각계각층의 인사들, 그리고 도민사회가 결합해 나간다. 후담이지만, 당시 모든 연안 공동체가 보상에 합의하거나 매립공사에 동의를 해주지는 않았다. 탑동 공유수면 매립이 완료되는 1991년 8월까지도 동의서를 쓰지 않은 6척의 멸치잡이 어민 입어권자와 3명의 할머니가 있었다. 이들은 이때까지 매립 보상을 받지 않았다.[141]

어떤 이유로 이들이 합의하지 않았는지는 알려지지 않았다. 그리고 탑동 운동진영 내부나 운동의 역사를 다룬 글과 기사에서도 이들의 문제는 제기되지 않았다. 망각된 역사라고 할 만하다. 탑동 운동에서 해녀 투쟁은 중요하다. 하지만 관련 쟁점을 처음 제기한 횟집 업자가 운동의 주체로 등장하지 못하고

---

141 탑동문제해결범도민회, 1991.8. "탑동매립 무엇이 문제인가?"

사라진 이유와, 끝내 매립 보상을 받지 않은 이들이 존재할 뿐만 아니라 그들을 기억하지 않는 이유를 우리는 언제인가 더 깊이 생각을 해봐야 할지도 모른다.

2. 생계 보장과 보상 재협상을 위한 해녀의 투쟁

1988년 3월 8일부터 삼도동 잠수회는 매립업자에게 피해보상 시정 및 약속 이행을 요구하며 농성에 돌입한다. 보상액에 불만이 있던 상황인 데다, 매립 시공사인 범양건영이 약속한 다른 내용도 제대로 이행하지 않자 직접 행동에 들어갔다. 이 농성은 4월 28일까지 약 50일 동안 진행된다. 하지만 그 이전에 이미 '진정'이라는 형태로 불만을 제기했었다. "1988년 1월부터 제주시, 도당국에는 물론 청와대와 당시 대통령선거에 당선된 노태우 당선자에게까지 여러 차례에 걸쳐 진정서를 발송하였다. 그러나 진정서는 받아들여지지 않았다."(조성윤, 1992: 88) 진정은 보상금 배분이 불공평하게 이루어졌으므로 시정해 달라는 내용이었다.

횟집 영업자들은 1987년 12월 영업 보상액 협상 합의를 통해 해녀보다 더 많은 보상액을 받는다. 이 사실이 이후 해녀 사이에 알려지면서 보상액을 향한 불만이 더 커졌다. 공동어장 상실로 인한 피해는 해녀가 더 직접적이고 손실도 큰데, 오히려 보상은 더 적게 받았다고 느꼈다. 게다가 매립업자는 해녀와 합의 당시 피해보상이 단 한 번으로 끝나지 않고, 매년 일정하게 지급한다고 잠수회를 기만했다. 집단행동을 촉발한 직접적 계기였다.

연관된 또 다른 약속 문제도 있었다. 매립업자인 범양건영이 "1987년 6월 19일의 합의각서를 무시하고 먹돌을 매립지 밖으로" 이동시키지 않고 공사를 진행해 어장 피해가 심각해졌다. 애초 잠수회와 범양건영 사이에 맺은 계약서 제6항에는 매립하는 공동어장 내에 있는 유용 석재(먹돌)를 매립선 밖으로 이동한다는 내용이 있었다고 한다. 그런데 범양건영은 이 약속을 어기고 먹돌도 함께 매립했다. 조간대를 구성하는 먹돌은 다양한 생물들이 서식하는 역할을 하기에, 해녀에게는 무척 중요한 자원이었다. 소라, 전복, 꼬막살이 등의 어린 종패들이 먹돌에 붙어 서식하고 자란다.

강달인 어르신의 표현에 따르면 매립 하는 곳이 모두 '물건'이 나오는 곳이기에, 먹돌이라도 매립 지역 밖으로 옮겨 놓으면 조금이나마 어로 활동에 도움이 될 것이라고 판단했다 한다. 그래서 보상 협상을 마무리하면서 그 조건 가운데 하나로 먹돌을 옮겨달라고 요구했다. 하지만 범양건영은 약속을 지키지 않았다. 삼도동 잠수회장이기도 했던 강달인 어르신은 탑동 문제를 회고하는 한 글에서 당시를 다음과 같이 기억하고 계셨다(정신지, 2017: 58-59).

"그 쇠귀신 닮은 놈의 새끼들! 이거 매립하민 일 년에 얼마쏙 나온댄 허영이네. 물건 나오는 데만 골라서 매립을 한다고 하잖아! 게난 그건 절대 안 된다 허멍 나가 일어난 거지. 그추룩 우릴 속여가지고 '탁' 매립을 허여신디, 행보난 어디 돈이 나오나? 물건은 나오나?"(그 소귀신 같은 놈의 새끼들! 이거 매립 하면 일 년에 얼마 나온다고 해놓고, 물건 나오는 곳만 골라서 매립을 한다고 하잖아! 그래서 안 된다고 내가 일어난 거지. 그렇게 우릴 속여서 매립을 했는데, 해보니까 어디 돈이 나와? 물건은 나와?)

1988년 3월 8일에 삼도동 해녀 43명은 "어민생계 보장하라", "범양건영은 계약을 철저히 이행하라"는 구호를 외치며 농성을 시작했다. 바로 이 농성이 이후 3년간 전개되는 탑동 공유수면 매립 반대 운동의 출발점이 되었다. 농성을 방해하거나 위협하는 행정당국과 경찰의 행위도 있었다. 행정당국은 마을 쓰레기를 치우지 않고 내버려 두기도 했고, 경찰이 해녀 남편 등 가족을 위협하기도 했다 한다(조성윤, 1992: 87-90).

탑동 연안의 명물이자 해녀가 공사 지역 밖으로 옮겨달라고 요구했던 '먹돌'은 해녀 농성 투쟁의 상징이 되었다. 농성하는 해녀 투쟁과 결합한 대학생들이 만든 유인물의 이름도 『먹돌』이었다. 하지만, 조성윤(2010: 87)은 '먹돌' 관련 범양건영의 합의 불이행은 단지 운동의 표면적인 요구였고, 실제 요구는 보상 규모였다고 쓴 바 있다. 이런 점에서 지금 시각에서 본다면, '먹돌'은 오히려 운동의 상징과 현실 사이의 괴리를 보여주는 장치일지도 모른다.

이 농성은 운동 그 자체를 목적으로 조직된 단체나 특정 활동가들이 주도하는 투쟁이 아니라, 평범한 해녀가 어촌계라는 자신들의 노동조직을 중심으로 목소리를 내는 집단행동이었다. 탑동 운동의 성격을 무엇보다 주민운동에 있다고 보는 관점은 바로 이 점 곧 탑동 연안을 자신의 장소로 하는 이들이 저항의 주체가 되었다는 점에 주목한다. 하지만 운동의 배경이나 객관적 동인 외에 해녀가 왜, 어떻게 저항의 주체가 되었는지는 아직도 잘 모른다. 우리는 아직 탑동 운동 '내부'를 이해하고 있지 못하다. 본 연구의 한계이기도 하다.

클라우스 오페(Claus Offe)는 "실제로 삶과 생존 자체가 위협당하고 있다면, 기존의 '게임의 규칙'에 대한 어떤 공식적인 충성도 그러한 본질적인 질문에 비교하여 덜 중요한 것으로 쉽게 불신당하게 된다."(오페, 1993: 115)라고 말한 적이 있다. 오페의 이 분석은 해녀의 투쟁을 이해하는 데 통찰을 줄 수 있다. 연안 매립은 큰 사건이었고, 탑동 공동어장의 보상 문제는 중요했다. 하지만 해녀에게 삶과 생존의 갈림길 정도는 아니었다. 이런 점에서 해녀가 기존 '게임의 규칙'을 완전히 불신할 정도의 압력 상황에 놓여 있지는 않았다. 그보다는 횟집과의 보상액 차이에서 나오는 불만과 매립 과정에서 존중되지 않는 어로 활동에 대한 불만 등이 더 큰 이유였다. 죽음보다는 피해의 문제였고 정당하게 보상받지 못하는 몫에 관한 불만이자 억울함이었다. 이런 점에서 기존 '게임의 규칙'이 부당하게 적용되는 현실에 항의하는 성격이 강했다. 아마도, 횟집의 피해보상이라는 대안 경로가 실제 작동했다는 점이 중요했을 것이다. 규칙이 다르게 작동하는 걸 옆에서 본 것이다.

피해는 분명 반발의 조건이고 때로 큰 저항으로 연결되기도 하지만 이는 어디까지나 잠재적일 뿐이다. 잠재적인 가능성이 저항과 반발로 나타나려면 여기엔 다양한 요인이 필요하다. 더욱이 1차 탑동 매립과 차이가 존재하므로 이는 설명이 필요하다. 그러나 충분한 설명 근거를 아직은 갖고 있지 못하다.

단지 두 요소가 개입했을 가능성을 추측할 뿐이다. 권위주의체제와 달리 민주화 이후 공간은 도전자들에게 기존 체제에 저항할 더 많은 동기를 부여하는지도 모른다. 이 공간이 실제로 그런 정치적 기회구조로 존재했는지와 이는 약간 차이가 있다. 해녀가 '용기'를 내는 데 필요한 주관적 결단에 영향을 미쳤는지가 중요하다. 또 다른 하나는 1975년부터 어촌계가 어업권을 사실상 소유하게 되면서, 어촌계의 공동어장에 대한 감각이 변했을 가능성이다. 어업권의 어촌계로의 이양은 공동어장 피해 발생시 어촌계에 직접적인 재산권 피해보상을 가능케 한다. 다르게 말하면 '우리 것'에 다른 이들이 피해를 줬다는 집단적 심리가 작동했을 가능성이 크다. 하지만 분명하지는 않다.

만약 '우리 것'인데도 정당한 보상이 이루어져 있지 않다는 불만이 누적되어 있고, 게임의 규칙이 차등적으로 불공정하게 작동했다는 판단 그리고 그 판단을 실행할 용기가 있었다면, 어촌계의 투쟁은 매우 빠르게 조직될 수 있었다. 많은 연구가 '운명 공동체'에 속해 있는 인민일수록 투쟁에 필요한 응집력과 연대를 동원하는 데 유리한 조건을 확보하고 있다는 점을 보여준다(스콧, 2020: 231). 위험한 일을 오랜 기간 함께하며, 일에 내재한 위험을 줄이고자 협력해 왔고, 또한 어장을 공동으로 관리하는 규율이 내면화된 잠수회는 자신들의 목소리를 집단으로 조직하는 데 분명 유리한 조건을 갖추고 있었다. 물론 그 규율은 함께 문제에 맞서지 않는 동료 작업자에 대한 비난이나 압력으로 작동했을 수도 있다. 그럼에도 제임스 C. 스콧이 말한 바처럼 "동료들 사이의 사회적 압력은 그 자체로는 피지배자들의 강력한 무기다."(스콧, 2020: 323) 어촌계는 강력한 집단행동을 조직할 수 있는 역사와 경험 그리고 미시 구조를 보유하고 있다.

농성 과정 중, 매립 면허 발급 자체가 불법이라는 인식이 확산하면서, 농성은 단순 보상이나 먹돌 보장 문제를 넘어 매립 면허 취소와 불법 매립 공사 중단의 구호로까지 발전했다. 여기에는 횟집업자들이 이미 먼저 매립의 불법성을 주장했었다는 점도 영향을 미쳤을 것이다. 불법 매립이라는 주장은 매립업자를 압박하여 보상 협상에 임하도록 하는 효과도 있었지만, 그 자체로는 추가 보상 협상과는 결이 다른 요구였다. 해녀 피해보상과 탑동 공유수면 자체의 매립 불법성 인정 사이에는 긴장이 있을 수밖에 없기 때문이다. 이런 긴장은 투쟁이 진행 중일 때는 분명하게 나타나지 않으며 혼란스럽게 섞여 있지만, 일단 합의가 이루어지면 상황이 달라진다. 농성을 전개했던 잠수회는 1988년 4월 28일 계약 불이행에 따른 피해보상 문제에 합의한다. 산지어촌계 해녀(삼도동, 건입동, 용담동)에게 추가로 2억 5천만 원의 보상을 해주는 각서를 받아냈다. 그러니까 보상 측면에서 본다면 약 50일 정도 만에 갈등이 해소된다. 하지만 추가 보상 협상을 요구하는 투쟁 공간 속에서 제기된 문제 곧 탑동 매립의 불법성과 공사 중단의 요구는 해결되지 않고 남았다.

    삼도동 해녀의 투쟁이 끝나자, 1988년 6월 29일부터는 용담동 잠수회가 또 다른 농성 투쟁을 전개한다. 탑동 공유수면 매립 과정에서 용담동 공동어장이 황폐해지고, 배양 중이던 전복, 소라, 자연산 해조류가 심각한 피해를 입은게 발단이었다. 매립지로 흘러드는 하수가 그대로 배출되어 용담동 공동어장을 오염시켰다. 조성윤 선생의 논문에 따르면 해양 환경 오염을 막으려는 어떤 조치도 행해지지 않았다고 한다(조성윤, 1992: 93). 자료를 보면 농성 며칠 전인 6월 25일 오전에 잠수회원 6명이 현장사무실을 방문하기도 했다. 하수 탓에 발생한 어장 피해를 제기하자 당시 관리자는 "현재 철근 공사가 되어 있는 부분만 콘크리트 공사를 하고 완전히 굳은 다음 설치물을 제거한 후 하수관 입구를 막아주겠다고 약속"[142]을 하였다고 한다. 하지만 범양건영은 이 약속을 지키지 않았다.

    1988년 6월 30일 용담동 해녀 9명은 연명으로 범양건영에 '진정서'를 보낸다. 탑동 매립공사 과정에서 병문천 하구에 있는 양식장 방향으로 하수구를 내는 바람에 양식장에 매일 오물 및 유해물이 유입되고 있다는 내용이었다. 이들은 이 양식장이 용담동 영세 어민의 "호구지책을 의존하고 있는 생명선"이라고 강조하면서 확인한 피해액만 당시 시가로 전복 약 4,000개에 해당하

---

[142] 제주시 삼도 2동 1172 고복란 외 6명. 1988.7.18. 질의서

는 2,000만 원 상당이고, 바닷속 피해는 예상할 수도 없다며 진정한다. 해녀들은 공사 계획 변경과 함께 피해보상을 함께 배려해 주길 바라며 진정서를 마무리했다.[143]

용담동 해녀는 범양건영이 매립 면허 시에 "인근 어장 피해가 없도록 공사할 것"을 조건으로 면허를 발급받았다는 점에 주목했다. 그래서 계속 어장 피해가 발생한다면 공사가 지속되어서는 안 된다고 보았다.[144] 하지만 1988년 7월 13일에 제주 MBC가 방영한 한 프로그램에 출연한 범양건설의 어떤 차장은 "현재 용담 바다의 오염은 하수관 시설 공사와는 상관없이 병문천에서 방류되는 생활 폐수로 인해 어장오염이 가중되고 있고 비가 와서 흘려보내 버리면 아무런 피해가 없다"라고 주장한다.[145] 자신들의 책임을 부정한 것이다.

이제 용담동 잠수회는 1988년 7월 30일에 범양건영을 상대로 1988년 4월 8일에 범양건영과 용담동 잠수회가 맺은 합의를 무효화한다고 통보한다. 이들은 범양건영이 4월 8일에 합의한 내용 예를 들면 소라초 24개를 용담 어장 구간에 설치하여 준다거나 전복 종패 살포 사업 및 작업으로 인한 기타 손해에 보상해 주기로 한 금액을 모두 제공하지 않았다는 등을 근거로 들었다. 무효화 통지와 함께 용담동 잠수회는 자신들이 1988년 4월 8일에 받은 5백만 원도 반납하겠다고 밝혔다.[146] 용담동 잠수회는 또한 다음과 같은 이유로 매립 면허 취소를 요구했다.[147]

"1986년 12월 24일 매립 면허 발급시 매립 면허 조건에 의하면 매립공사

---

143 고복난 외 8인의 진정서. 1988.6.30.

144 제주시 삼도 이동 1172 고복난 외 6명 질의서. 1988.7.12.

145 제주시 삼도 이동 1172 고복난 외 6명 질의서. 1988.7.12.

146 고복난 외 6명. 1988.7.30. 합의각서 무효에 관한 건

147 1988.10., "제주시 탑동 공유수면 매립건", 당시 국정감사에서 이원배 의원이 한 질의

시공 전에 선보상한 후 시공하도록 되어 있는바 현재 용담잠수회에 대한 피해보상이 이루어지지 않고 있고 피해보상도 강구하고 있지 않으므로 본 면허는 취소되어야 한다."

조성윤 선생은 용담동 잠수회가 매립 면허 '취소'를 요구하게 되는 과정을 매우 중요하게 기록했다. 면허 취소 요구는 당시 주로 학생 집단 내부에서 나왔다. 그런데 용담동 잠수회가 해양 환경 오염을 근거로 학생운동과는 별개로 "새로운 각도에서 매립 면허의 취소를 요구하는 운동을 스스로 시작한 것"(조성윤, 1992: 93)이다. 이는 학생과 해녀 사이에 간극이 줄어들면서 각기 또 다른 경로로 매립 면허 취소가 공동의 목표가 되어가는 과정이 존재했다는 걸 드러낸다. 바로 이런 이유로 보상이 종료된 이후에도 일부 해녀 집단이 매립 면허 취소 투쟁과 함께 하게 된다.

용담동 해녀가 투쟁 중이던 9월, 용담동 해녀, 제주시 민주단체 그리고 개발 문제로 고통을 받고 있던 또 다른 제주의 현장들인 한림, 서귀포, 조천·신촌, 성산 성산포 등의 지역주민이 함께 '제주지역 주민주체 개발결정권 쟁취 공동 대책위원회'를 결성한다. 이는 당시 제주 전역에서 산발적으로 진행되던 여러 투쟁이 제주 종합 개발에 대항하는 공통의 투쟁이란 인식 아래 이루어진 연대 조직이었다. 조직 이름이 보여주듯이 "주민주체 개발결정권"은 공동 투쟁의 핵심 요구 사항이었다.

주민이 주인이 되는 개발 결정 권한에 대한 요구라고 풀어 쓸 수 있는 이 구호에서 알 수 있듯이, 당시 제주는 ① "누구를 위한 개발인가?"라는 질문이 상당한 공감대를 얻을 정도로 주민과 개발 프로젝트 사이에 갈등이 확산하고 있었을 뿐만 아니라, ② 개발의 민주화를 위해서는 주민에게 관련 결정권을 부여해야 한다는 대안도 등장하고 있었다. "주민주체 개발결정권 쟁취"라는 하나의 구호 아래 연대가 형성 및 확산하고, 해녀 투쟁도 계속되었지만, 범양건영은 용담동 공동어장 문제를 계속 무시했다.

이 때문에 1988년 10월 15일 공동대책위원회 명의로 용담동 잠수회 6명과 어린이 3명이 함께 평민당 중앙당사 농성에 돌입한다. 지금은 보기 힘든 장면이지만 반독재 투쟁과 민주화 운동 과정에서 유의미한 정치정당의 중앙당사 곧 서울 지역 중앙당사를 점거 농성하는 일은 많았다. 전국 공론장의 중심으로 진입하는 동시에 제도정치의 공간을 열어내려는 전술적 의도였다. 곧 갈등을 사회화하기 위한 하나의 전술이었다. 이런 경우, 해당 정당은 사건에 직간접적으로 개입할 수 있는 명분을 얻었다. 주민 측면에서 본다면, 당사 점거는 전국적 영향력과 일정한 정치력을 갖춘 정당정치를 자신의 사안에 동원하는 수단이었다.

용담동 잠수회가 농성에 진입한 시기는 특히 국정감사 기간과 겹치기도 했다. 평민당 당사 농성에는 국정감사에 참여하는 평민당 의원들을 압박하려는 의도도 있지 않았나 추측된다. 실제로 농성 과정을 기록한 일지를 보면 평민당 부총재, 의원 등과 면담을 하기도 했고, 당시 평민당 총재였던 김대중 전 대통령이 문제의 조속한 해결을 위해 힘쓴다고 약속했다는 내용도 나온다. 그리고 실제로 11월 1일에는 평민당 이원배 의원과 이길재 대외협력위 위원장이 동석한 상황에서 범양건영 박희택 사장과 면담했다는 내용도 나온다. 농성단의 기록에 의하면, "박희택은 합의각서 주장에 대해 반박하면서도 극한 상황까지 가지 않도록 사정하는 모습을 보임"이라고 되어 있다.[148]

용담동 잠수회가 서울로 상경한 또 다른 이유가 있다면 범양건영의 본사가 서울에 있었기 때문이기도 했다. 실제로 평민당 농성단은 1988년 10월 19일에는 서울 방배동에 있는 범양건영 본사에 항의 방문을 하러 갔다. 그러나 범양건영에서는 "소방호스로 찬물 세례까지 퍼부으려고 하면서 협박"을 하였다고 한다.[149] 10월 28일에도 2차 항의 시위가 있었다. "120여 명이 참석하였으며 총신대 입구 역까지 거리 행진하면서 시민들에게 홍보하였으며 스프레

---

148 제주지역 주민주체 개발결정권 쟁취 공동대책위원회, 1988.11.8., "제주시 탑동 불법매립을 고발한다"

149 제주지역 주민주체 개발결정권 공동대책위원회 소속 용담잠수회 농성자 일동, 1988.10.28., "제주도 해녀들이 애국시민께 드리는 글"

이 작업과 계란 세례가 있었"다고 한다.150

여러 노력 끝에 범양건영과 용담동 해녀 사이에 1988년 11월 28일, 어장 피해보상 문제가 타결된다. 9천9백9십만 원에 하수처리시설 미비로 인한 피해보상에 합의했다(제주여민회, 2007: 13). 이와 함께 47일간에 걸쳐 진행되었던 평민당 당사 농성도 마무리한다. 김대중도서관에 해녀들이 제주로 귀향하기 전에 당사에서 김대중 총재 그리고 관련 당직자들과 기념 촬영한 사진이 남아 있다. 1988년 12월 2일 촬영한 이 사진에는 당시 김대중 총재가 "47일간 당사에서 생존권 투쟁을 했던 해녀들(제주시 탑동 해안 매립으로 인한 작업장 피해)을 만나 평민당 대외협력국의 노력으로 매립업체로부터 피해보상을 받게 된 것을 축하

1988년 12월 2일. "제주시 해안 탑동 매립으로 인하여 해녀 작업장 피해로 의한 생존권 투쟁을 위해 평민당에서 47일간 농성 끝에 우리 당 대외협력국의 노력으로 범양건영(매립업체)으로부터 피해보상과 인근 어장 황폐 제반 대책에 대한 해결을 본 후 귀향하기 전 기념 촬영"
출처: 연세대학교 김대중도서관

---

150 제주지역 주민주체 개발결정권 쟁취 공동대책위원회, 1988.11.8., "제주시 탑동 불법매립을 고발한다"

하다."라는 행적 설명이 붙어 있다. 여기서 매립업체란 범양건영을 말한다.

결과적으로 볼 때, 1987년 1차 협상을 포함하여 탑동 운동에서는 세 차례에 걸쳐 잠수회 보상이 이루어졌다. 2차는 삼도동 잠수회의 투쟁을 통해 이루어졌고, 3차는 용담동 잠수회의 싸움 덕분이었다. 이를 정리하면 다음과 같다.[151]

순서	내용	총액
1차 (1987년 6월)	권리자들의 동의 없이 면허를 받은 이후 이를 정당화하기 위해 사후적으로 수협과 어촌계를 동원하여 동의서 확보 후 보상	5억 7천
2차 (1988년 5월)	1차 보상 당시 합의각서 내용을 무시하여 공사를 진행하여 생겨난 막대한 어장 피해에 대해 삼도동 해녀들이 3개월에 걸친 농성 투쟁을 진행, 이에 대한 보상	2억 5천
3차 (1988년 11월)	하수처리시설에 대한 불법 공사로 인해 용담동 공동어장이 황폐화되자, 용담동 해녀들이 6개월에 걸쳐 투쟁	9천9백9십만

3. 연대 운동의 확산

삼도동 잠수회가 농성에 돌입한 이후 약간의 시간차를 두고 1988년 3월 23일 '제주대학교 탑동불법매립공동대책위원회'(이하 제주대 탑대위)가 구성된다. 제주대에 다니고 있던 학부생이 중심이 된 조직이었다. 제주대 탑대위는 잠수회의 농성과 적극 결합하고자 했다. 3월 26일에는 도내 5개 단체[152]가 함께 『먹돌』이란 이름의 소식지를 발행하면서 탑동 공유수면 불법 매립 의혹과 이

---

151   전단지 「탑동」, 민주쟁취국민운동제주본부 외 4개 단체

152   5개 단체란 민주쟁취 국민운동 제주본부, 제주문화운동협의회, 제주여민회, 한국기독교청년회 제주연합회, 서귀YMCA연맹, 흥사단 아카데미 등이었다(조성윤, 1992: 89).

를 둘러싼 해녀의 투쟁을 전체 도민사회에 확산하고자 노력한다. 소식지 이름이 '먹돌'인 것에서 알 수 있듯이 제주대 학생들과 당시 사회단체들은 해녀 투쟁을 일차적으로 생존권의 문제로 이해했다. 학생들은 또한 매립 면허를 발부한 건설부 장관, 제주도지사, 제주시장, 제주해양개발 대표 등을 불법 매립 면허로 제주지검에 고발하거나, 산지어촌계장을 공문서위조 혐의로 제주지검에 고발하는 운동 등을 전개했다. 그러나 제주대 탑대위가 고발한 건은 1988년 11월 17일 제주지검에서 불기소 처분된다. 이후 다시 광주고등검찰청에 항고했으나, 이 또한 1989년 2월 16일에 기각 처분된다.

1988년 11월 18일엔 제주대 교수 82명이 「탑동 문제의 정당한 해결을 위한 제안」이라는 성명을 발표했다. 용담동 해녀가 서울 평민당 당사를 점거하고 농성하던 기간이었다. 교수들은 성명서에서 제주시 탑동 공유수면 매립 사업은 국가가 소수 대자본가에게 이익이 돌아가도록 엄청난 특혜를 제공한 대표적인 사례라고 주장했다. 당시 제주시 내에 있는 12개의 단체도 해녀 투쟁에 동참했다. 이로써 탑동 운동은 특정 장소 기반 공동체의 집단행동 수준을 넘어 도 전체 규모로 상승하는 추진력을 얻게 되었다. 이런 운동의 단계 상승 과정은 낯선 것이 아니다. 한국 민중운동 진영 및 민주화 운동 과정에서 흔히 발견되는 운동 연대의 형성 과정과 같았기 때문이다. 지역주민의 투쟁 현

장이 발생하면 이에 조직적으로 개입하려는 대학생의 투쟁조직이 만들어지고, 그 후 사회운동 부문 전체가 주민운동을 뒷받침하기 위해 공동의 연대체를 만드는 방식이 바로 그것이다.

한국 사회운동 운동의 단계 상승이 이런 과정으로 전개된 이유가 무엇인가는 흥미로운 질문이라고 할 수 있다. 아직 분명하지는 않지만, 197~80년대 민중운동이 갈등의 사회화 과정에서 주로 국가와 마주해야만 했던 경험이 큰 영향을 미쳤을 가능성이 있다. 압도적인 힘의 불균형이 내재한 국가에 맞서려면 "사회운동 진영 대부분이 망라된 최대주의 동원을 통해 뒷받침되는 거대 사회운동으로의 재편"(김명수, 2020: 119)이 필수적이기 때문이다. 다른 정치 매개 경로가 제약된 상태에서, 국가와 맞서 온 오랜 역사를 지닌 한국 사회운동의 경험이 단기간에 운동 규모를 상승시키는 연대전략을 일종의 상식으로 만들었을 수 있다.

물론 여기에는 또 다른 이유도 있다. 사회운동 연구자들에 따르면 상호협력적 저항 단체들의 창출과 그 협력에는 상징과 인지틀(frame)이 중요한 역할을 한다. 탑동 운동에서 핵심 역할을 했던 인지틀은 '민중'이었다. 한국 사회운동사에서 1970년대에 다시 복원된 민중은 강력한 동원 능력을 지닌 인지틀이었다. '강력'하다고 말하는 이유는 이 인지틀이 운동진영의 이론이나 전략 혹은 전술적 차이에 따른 파편화를 넘어서는 상징적 통합 효과를 발휘해 왔기 때문이다. 제주 사회운동은 해녀 투쟁을 자신들이 보유한 가장 보편적인 인지틀이었던 민중 담론 안에서 해석하였다. 바로 '민중 생존권'이라는 담론이다. 민중 담론은 기존 체제와 대립을 전제하는 동시에 민중과 결합을 윤리-정치적 문제로 제기한다. 민중을 향한 헌신은 개인 운동가에게는 삶의 윤리이자, 조직적으로는 운동의 도덕적 토대이다. 따라서 민중 인지틀 안에서 일단 탑동 운동이 해석되면, 탑동 운동과의 연대는 윤리-정치적 문제가 되고, 민중을 억압하거나 탄압하는 제주 개발체제에 공동으로 투쟁하는 정치사회적 상황정의가 등장한다.

탑동 운동이 연안 공동체의 장소 기반 투쟁을 넘어 제주 전체 사회운동의 공통 의제로 부상하면서, 탑동 운동은 주변적 위치를 벗어나 지배적인 제주 개발체제에 도전하는 정치사회적 동맹을 형성하는 계기가 되었다. 이 정치사회적 동맹은 제주개발체제의 역사적이고 구조적 문제를 인식하고는 있었지만, 실제 투쟁은 제주개발체제의 비합리성에 항의하는 방어적 투쟁 기조를 유지했다. 탑동 운동이 주민운동과 사회운동의 연합 그리고 이를 지지하는 잠재적 도민과 폭넓은 정치사회적 동맹을 형성할 수 있었던 이유는, 운동이 그 자체로 어떤 혁명적 의제를 제기하거나 분명한 개혁 과제를 앞세웠기 때문이 아니라, 제주개발체제의 비합리성과 폭력성이 드러난 구체적 사례로 탑동을 이해하고 이에 문제를 제기하는 방식을 택했기 때문이다. 동시에 탑동 운동은 그 문제의 근원을 '외부'에서 제주에 부과되는 비합리적 부패와 폭력의 구조로 제시하였다. 제주 운동사회는 탑동 운동의 정치적 대립축을 국가와 제주도정 그리고 범양건영 등을 한편으로 하는 지배세력과 제주 민중의 적대로 인식했다. 이와 같은 [외부-내부]의 정치적 대립 구도는 제주 사회에 역사적으로 구조화되어 있던 불만과 연동되면서 잠재적인 옹호자를 동원하는 중요한 기제가 될 수 있었다.

하지만 바로 이와 같은 정치사회적 동맹의 구조가 운동의 한계가 되기도 했다. 민중, 구조적 불합리에 관한 시민의 상식, 제주와 육지의 대립 등과 같이 이질적인 여러 요소가 결합하여 형성된 폭넓은 정치적 동맹이었기에, 운동이 주요한 선택을 내려야 하는 순간에 직면하면 심각한 분열이 발생할 수 있었다. 분열은 문제에 방어적으로 대응하는 차원에서는 잘 나타나지 않지만, 대안을 적극적으로 선택해야 하는 상황에서는 분명하게 나타나는 경우가 많다. 한 대안의 선택은 다른 대안을 지향하는 이들과 대립 공간을 형성하고, 갈등의 통제가 적절하게 이루어지지 않는다면 기존에 형성되어 있던 정치적 동맹 내부에 균열을 내기 때문이다. 또한, 동맹의 구성 집단이나 개인들은 당연히 제주개발체제에도 일관된 입장을 공유하지 않았다. 바꾸어 말한다면, 제도 내의 진입이나 협상 국면이 펼쳐지면 큰 혼란에 휩싸일 수도 있었다. 따라서 폭넓은 정치사회적 동맹 곧 범도민운동의 형성은 운동을 주변에서 중심으로 진입하도록 돕는 긍정적 조건이지만, 중심에 진입하여 제주개발체제에 도전할 수 있게 되는 바로 그 순간에 제주개발체제와 어떤 방식으로 상호작용할지를 둘러싼 균열에 직면할 가능성이 컸다.

4. 보상 합의와 권리의 인정 그리고 그 역설

탑동 이전에도 공유수면 매립은 있었지만, 별다른 피해보상 사례가 발견되지 않는다. 항만이나 공항 혹은 공공용지를 위한 매립이 진행되었을 경우, 사실상 어업권의 박탈이 있었음에도 제주에서 별도의 국가 보상이 눈에 띄지 않았다. 직접적인 자료를 찾을 수는 없었으나, 1988년 9월 7일《제주의 소리》제8호에 실린 한림항 개발계획에 반대하는 한림 지역 해녀의 투쟁 기록은 그 이유를 추론할 자료가 될 수 있을지도 모른다. 이 기록에 의하면, 당시 해녀가 피해 보상을 요구하자 북제주군 등 관계 당국에서는 국가가 보상한 '선례'가 없다며 거부했다. 또한, 어업권을 내줄 때 보상을 안 받겠다는 각서를 받았다는 기록도 나온다.

만약 이와 같은 방식이 한림 지역에서만 이루어진 것이 아니라면, 최소한 당시까지 국가 및 지역 정부는 정부가 추진하는 매립 사업에서는 연안 공동체의 보상 권한을 인정하지 않았다고 할 수 있다. 연안은 아니지만 다음과 같은 기록도 있다. "1950년대 이승만 대통령은 한라산 중산간에 송당목장을 건설할 계획을 세웠다. 송당목장 일대는 예전부터 마을 공동 목장으로 사용된 곳이었다. [...] 그런데 정부는 이 땅을 국가에 무상 임대할 것을 요구했다."[153] 비록 30년 전 상황이지만, 국가가 인민의 토지 소유권을 강탈하는 이런 구조는 이후에도 근본적으로 변하지 않았다고 보인다. 조성윤의 다음과 같은 언급은 이런 구조가 제주개발이 본격화되는 1970년대 이후에도 개발 사업의 기본

---

153 한겨레21, 2011.10.18., "제주는 제2의 강남이다"

특성이었음을 보여준다. "70년대 이후 제주도에서는 중문관광단지 개발이라든가 신제주 개발 등 수많은 개발 사업이 진행되었는데, 대부분 주민들은 거의 보상을 받지 못한 채 집과 농토를 내놓고 쫓겨나고 있었다."(조성윤, 1992: 88)

탑동 연안 공유수면 매립은 물론 국가가 직접 보상의 책무를 지는 사업은 아니라는 점에서 이런 역사적 사례를 기계적으로 참조하기는 힘들다. 하지만 이런 역사적 맥락 안에서는 민간 매립업자들도 국가의 행위를 다른 수단으로 반복할 가능성이 크다. 국가가 인정하지 않는 인민을 기업이 인정할 이유가 없기 때문이다. 국가 그 자체가 불법적 약탈을 일삼기 때문에 국가도 이를 방조한다. 탑동 매립과 같이 매립 허가 자체가 특혜였을 경우는 더욱 그렇다. 제주도 당국도 마찬가지였다. 범양건영은 탑동 연안 공동체와 협의하는 데 집중하지 않았고, 법이 정한 절차도 무시했다. 범양건영은 보상금액을 일방적으로 책정하고 이의 수용을 종용하는 권위주의적 방법으로 보상 협상에 임했다. 때로는 잠수회를 압박하고자 고소하기도 했다. 보상을 협상 대상으로 바라보지 않는 태도가 반영된 행위이다.

한국에서 보상은 연안 공동체 인민과 협상하여 조정되는 행위가 아니라, 객관적인 조사와 평가가 필요하다는 이유로 감정 전문가의 손에서 결정된다. 전문 평가기관이 피해의 범위와 그 보상비용을 산정하고, 감정 평가기관이 최종적으로 보상액을 산정하는 보상 절차가 이를 보여준다. 매립업체는 이런 전문기관의 견해가 구속력이 있는 객관적인 조사와 평가 결과라는 이유로 일방적으로 인민에게 제시한다. 그 결과 보상 협의는 사실상 이 결과를 수용할 것인지 말 것인지를 둘러싼 문제로 환원된다.[154]

민간 매립업자와 연안 공동체의 보상 협상에서 외부 전문기관은 당사자

---

154 장학봉(2010: 3)은 이 점이 일본과 한국 간 보상 문화의 핵심적인 차이라고 지적했다. 일본의 보상은 '협상'을 바탕으로 하지만, 한국은 조사 및 평가를 바탕으로 한다는 것이다.

간 협의가 실패할 경우, 이를 중재하려는 의도로 법 제도상에 포함되어 있었다. 그런데 현실은 처음부터 연안 공동체와 협상하는 걸 회피하고, 자신들의 의지를 부과하려는 형식으로 외부 전문기관이 동원된다. 보상의 객관적이고 과학적인 기준을 마련한다는 목적으로 도입한 피해조사와 감정 평가가 사실은 어민과의 타협을 대체하여, 신속한 매립공사를 진행하려는 가속 수단으로 활용됐다. 이는 단지 공유수면 매립만이 아니라, 한국에서 국가와 자본이 인민의 토지와 바다를 약탈할 때 매번 등장하는 일종의 보편적 과정이었다. 이런 의미에서 토지를 다루는 부동산업자와 이를 둘러싼 전문 평가기관 및 감정 평가기관의 동맹 구조가 한국 토지 약탈 문제의 한 축이란 점은 분명하다. 하지만 연안 공동체의 인민들 다수는 생계 활동을 해야 하기에, 불만이나 항의를 언제까지나 끌고 갈 수는 없다. 매우 큰 고통을 동반하기 때문이다.

따라서 잠수회 해녀가 투쟁으로 협의 공간을 창출하고, 보상 범위를 확장해 물적 피해 보상을 획득한 일은 중요하고 유의미한 성과였다. 이는 부분적으로 두 조건 곧 ① 매립업자가 국가가 아닌 민간 자본이었기에 협상 압력에 국가보다 노출되기 쉬웠다는 점과 ② 보다 결정적으로는 민주화 국면에서 이루어진 연안 공동체와 도민사회 압력이 상당했기 때문으로 보인다. 하지만 이를 가능케 한 힘은 무엇보다도 연안 공동체가 공동자원체제(commons)로 공유수면을 관리해 온 역사와 경험에서 나왔다. 인민에 고통을 부여하며 개발을 추진하는 정부와 자본의 가학증 구조 안에서, 그 고통과 대면하면서도 함께 문제를 풀어나가는 역량 자체는, 연안 공동체의 공동작업 과정에서 형성된 공동성 없이 설명될 수 없기 때문이다.

탑동 이전에는 다수의 제주도민이 자신의 권리를 박탈당하면서도 어떤 보상도 받지 못했다는 점에서 볼 때, 이런 피해보상의 획득은 따라서 피해보상 그 이상의 의미였다. 제주개발체제 내에 형식적으로 존재했지만, 무시당하던 연안 공동체의 권리를 보상의 형태로 인정받았기 때문이다. 만약 탑동 운동의 이런 성과가 없었다면, 탑동 운동 이후 전개된 개발 피해 보상 요구는 탑동과 마찬가지로 매우 나쁜 조건에 처했을지 모른다. 탑동은 중요한 선례였다.

아마도 조성윤 선생이 "해녀들이 보상금을 받아냈다는 사실이 그동안 개발에 무저항적인 태도를 보여왔던 제주도민들에게 대단히 충격적인 소식으로 받아들여졌다. 이에 힘입어 각 지역주민들의 요구가 여러 가지 형태로 분출하기 시작하였다"(조성윤, 1992: 90)라고 쓴 이유도 여기에 있을 것이다.

그러나 보상에는 문제가 있었다. 하나는 연안 공동체에 피해보상이 진행되면서, 매립의 불법성을 주창하며 매립 반대를 요구하던 운동은 동력을 상실할 위험에 처했다. 이는 실제로 주민운동과 도민운동 사이에 잠재된 갈등 가운데 하나였다. 제주대 대책위원회는 해녀의 피해보상 합의에 반대했었다고 한다. 합의 이후엔 매립 면허 발급 과정의 비리를 밝히기 어렵다는 견해 때문이었다(조성윤, 1992: 90). "그러나 해녀들은 50일에 걸친 장기간의 농성 과정에서 매우 지쳐 있었고, 면허 투쟁으로 가게 되면 자신들이 보상을 받기 어려울 것이라고 생각하여 학생집단의 반대를 물리치고 협상에 응하였다."(조성윤, 1992: 90)

연안 공동체의 생존권 보장 요구는 탑동 운동의 출발점이었고, 다양한 집단과 개인들이 이 운동과 연대하는 공통 요소였다. 그런데 보상 합의는 비록 제한적인 수준이나마 해당 갈등의 해소를 의미했다. 또한, 보상 수용은 법 차원에서 탑동 매립의 불법성을 사후적으로 승인하고, 매립에 연안 공동체가 '동의'한다는 신호로도 해석할 수 있었다. 범양건영이 보상과 함께 동의서를 받았다는 점은 그래서 중요하다. 이는 피해보상의 역설이었다. 피해 공동체가 바로 그 피해를 준 제주개발체제의 연안 매립에 동의하는 집단으로 전환하는 역설이 발생하기 때문이다. 곧 연안 매립을 정당화한다.

또 다른 문제도 있었다. 매립 동의를 통한 피해보상이 제도화하면서, 보상 그 자체의 관점에서 공유수면 매립에 접근하는 태도가 강화될 수 있었다. 제주도에서 공유수면 관련 업무를 하는 어떤 공무원은 어촌계가 공유수면을 자신의 소유인 것으로 오해하여, 연안개발업자들에게 권리를 포기하고 동의를 해주는 사례가 종종 나타나고 있다고 말한 바 있다. 제주지역 활동가인 라해문도 한 인터뷰에서 유사한 비판을 한 바 있다. 해양개발을 보상하는 탓에 연안 공동체가 바다를 점유하는 권리를 바다를 소유한 권리로 바라보는 심상을 발전시켰다고 그는 보았다(라해문·김진숙, 2017: 244). 물론 탑동 운동이 이런 변화의 유일한 요소라고 말하기는 어렵다. 하지만 보상의 시작점이었다.

이런 점에서 어촌계는 때로 연안 매립을 반대하는 역할을 하기도 했지만, 때론 연안 개발에 동의하는 역할을 하기도 했다. 실제로 탑동 공유수면 매립 이후에도 제주에서는 여러 차례의 대규모 공유수면 매립이 진행되었지만, 탑동 수준의 운동이 발생한 적은 없었다. 유일한 예외가 있다면 해군기지 건설이 추진된 강정 연안 공유수면 매립 반대뿐이었다. 하지만 강정 매립 반대 또한 해군기지라는 군사기지 건설 문제와 중첩된 문제였다는 점에서, 공유수면 매립 자체에 항의하는 강도 높은 조직적 저항은 탑동 운동 이후 일어나지 않았다고 말할 수 있다.

매립 피해와 그 보상의 정상화 혹은 제도화가 작동하면서 어떤 역설이 나타난다고 하여 그 책임을 탑동 운동으로 바로 환원할 수는 없다. 혹은 어촌계만으로 그 책임을 환원할 수도 없다. 성공한 운동의 특성을 분석해 온 학자들은 "작고, 지역화된 승리"(small, localized win)가 운동을 앞으로 나아가게 하는 계기가 될 수 있다고 본다(Azmat, Ferdous and Couchman 2015). 하지만 이는 분명하지 않다. 더 정확한 표현은 아마도 "작고, 지역화된 승리"를 더 큰 규모의 변화를 이루는 계기로 발전시키는가 그렇지 못한지가 운동의 성패에서 중요한 역할을 한다는 것일 수 있다. 탑동 연안 공동체의 작은 승리 곧 공유수면 매립 제도가 보장하고 있지만 현실화하지 않았던 피해보상의 권리를 인정받고, 물적 보상을 받은 승리는 이런 점에서 이중적이었다. 단기적으로는 여러 새로운 도전 논리를 바탕으로 권리의 수용 범위를 확장하는 운동을 만들었던 반면, 장기적으로는 자신이 이룬 바로 그 승리를 전유한 또 다른 체제와 마주해야만 했기 때문이다. 운동과 체제는 끊임없이 상호작용하며, 운동의 승리는 영원하지 않다.

· · · ·

제10장

탑동 개발이익 환수:
범도민운동과 공동자원체제 권리의 확장 투쟁

범양건설과 탑동 잠수회 사이에 피해 보상을 둘러싼 추가 협상이 1988년 11월 말을 지나며 마무리되기는 했지만, 연안 공동체가 재보상을 요구할 때 함께 등장한 매립 자체의 불법성 쟁점은 여전히 남아 있었다. 일부 잠수회는 피해 보상 합의 이후에도 이 문제를 계속 제기했다. 한 예로 탑동 해녀 40여 명이 1989년 5월 22일에 매립 면허 부여 과정을 재수사하라고 촉구하며 제주지방검찰청을 찾아 농성하기도 했다. 매립 사업의 불법성을 인정받아 1986년 12월 24일 제주해양개발과 범양건영이 받은 매립 면허 자체를 무효화겠다는 시도였다. 탑동 운동은 계속됐다.

공유수면 매립 면허를 취소하려는 노력은 탑동 운동이 사실상 종료되는 1991년까지도 계속 이어진다. 1990년 11월 5일, 경실련은 범양건영과 제주해양개발에 부여된 매립 사업의 면허 무효 확인 심판 청구서를 건설부에 제출했다. 그러나 건설부는 매립 면허 신청과 발부가 적합하게 이뤄졌다며 이를 기각했다. 1991년에도 관련 시도가 있었다. 1991년 4월 18일에 제주 어민과 해녀 47명이 건설부 장관을 상대로 공유수면 매립 면허 처분 무효 확인 청구 소송서를 서울고법에 제출했다.

이런 노력이 지속될 수 있었던 데는 1989년에 접어들어 탑동 매립 면허

당시 평민당 김대중 총재가 1989년 10월 22일 제주를 방문했다. 평민당 제주도지부 결성대회 참석하여 시국강연을 하기 위해서였다. 이후 김대중 총재는 제주도 자연사박물관을 둘러보고, 탑동 매립지 현장을 찾았다. 사진은 용두암에서 탑동 매립 공사 현장을 가리키며 신순범 의원과 함께 이야기를 나누고 있는 모습이다. 탑동은 당시 지역에서 전개된 대표적인 5공비리 사건으로 알려졌다.

출처: 연세대학교 김대중 도서관

발급 과정을 둘러싼 다양한 폭로가 이어진 것이 큰 영향을 미쳤다. 당시 제주도지사였던 장병구 지사가 제주신문과 한 인터뷰나 1989년 이루어진 국회 국정감사에서 면허 발급 과정을 둘러싸고 도내에서 일었던 다양한 의혹이 실제 사실로 확인되었기 때문이다. 하지만 이런 흐름 속에서도 운동의 중심 요구는 1989년 1월을 거치면서 다른 방향으로 이동하고 있었다. 운동의 국면 전환이 일어나고 있었다.

그 전환점은 삼도동 잠수회와 건입동 노인회가 탑동 매립으로 발생하는 개발이익의 환수를 요구하며 1989년 1월 중순에 농성을 벌인 사건이었다. 당시 1월 13일부터 연속적인 투쟁이 전개된다. 이를 정리하면 다음의 표와 같다 (조성윤, 1992: 94 내용을 정리).

이 농성을 계기로 탑동 운동과 도민사회에서 개발이익 환수 문제가 전면으로 부상한다. 운동 국면이 ① 정당한 피해 보상과 불법 매립 반대에서 ③ 매

1989년 1월 13일	시청 항의 방문
1월 14일	제주해양개발 항의 방문
1월 16일	제주지방검찰청 현관에서 농성
1월 20일	제주해양개발 항의 방문
1월 22일	탑동매립 현장에서 공사저지 농성 시작
1월 26일	농성 5일째인 26일 경찰이 강제진압으로 농성 해산

립 개발이익의 환수 방향으로 전환했다. 여기에는 운동 조건의 변화가 가장 큰 영향을 미쳤다고 알려져 있다. 매립 공사가 1988년 7월부터 시작되어 1989년에는 이미 매립이 상당히 진행된 상태였다. 현실적으로 공사를 되돌리기 어렵다고 판단한 주민운동과 도민사회는 개발이익 환수라는 문제를 전면화한다.

불법 개발이익을 제주 사회로 환원해야 한다는 요구는 운동 초기부터 있던 주장 가운데 하나였다. 하지만 이때부터는 도민사회의 중심 의제로 부상한다. 정당한 피해 보상은 어업권을 보유한 연안 공동체 당사자의 문제였기에 도민사회는 이때 간접적인 연대운동의 형태로 개입할 수밖에 없었다. 하지만 개발이익 환수는 달랐다. 이는 제주 도민 전체와 연관된 문제였기에 도민사회는 더욱 적극적으로 직접 당사자의 처지에서 개발이익 환수 문제에 개입한다. 탑동 개발이익 환수를 위한 범도민운동이 형성된 배경이다.

1989년 10월 22일에 김대중 총재가 탑동 매립지 현장을 방문하자, 김 총재에게 탑동 매립의 불법 근거를 설명하는 모습이다. 전지에 "제주도민은 왜 탑동 땅을 환수받아야 하는가!"라고 써있다.
출처: 연세대학교 김대중 도서관

1. 탑동 개발이익 환수를 위한 범도민운동으로의 전환

당시 제주 사회에서는 탑동 매립업자들이 매립지를 모두 분양하면 약 2천억 원 정도의 개발이익을 올릴 수 있다고 보았다. 대규모 개발이익이라는 비판이 일자 제주해양개발은 1989년 1월 23일에 개발이익금 전액을 제주 사회의 복지에 환원하겠다고 발표한다. 하지만 구체적인 후속 조치가 취해지지는 않았다. 표리부동(表裏不同)한 위선적 태도라는 비판이 일었다. 이런 분위기 속에서 1989년 2월 21일에 제주도 내 9개 단체[155]가 모여 민주쟁취국민운동제주본부 사무실에서 '탑동개발이익환수투쟁 도민대책위원회'(이하 도민대책위원회)라는 범도민운동 단체를 결성하며 공동 대응에 나선다. 당시 도민대책위원회 준비위원회 명의로 나온 1989년 2월 10일 자 「탑동 개발이익환수투쟁 도민대책위원회 결성에 관한 건」이란 문서에는 아래와 같이 도민대책위 결성의 필요성이 나와 있다.[156]

> "지금까지 싸워왔던 학생, 잠수회, 민주단체들은 잠수(해녀) 문제로만 축소되어왔던 인식을 제주지역 전체 이익의 문제로 확대시키고 고립분산된 싸움을 반성하면서 단결하여 개발이익금이 육지자본가에게 넘어가는 것을 막고 제주지역의 발전에 쓰여지게 하기 위해서는 범도민적 차원에서 대책이 강구되어져야 한다고 의견을 모았습니다."

'개발이익 환수'라는 담론 자체는 이미 1970년대 초반부터 한국에서 폭넓게 쓰이던 담론이었다. 그러나 이 담론이 한국 사회에 전면화된 때는 1980

---

[155] 삼도동잠수회, 제주교사협의회, 제주문화운동협의회, 제주여민회, 제주청년연합, 국민운동 제주본부, 제주노점상연합회, 제주대탑대위 등

[156] 탑동개발이익환수투쟁 도민대책위원회 준비위원회, 1989.2.10., "탑동 개발이익환수투쟁 도민대책위원회 결성에 관한 건

년대 말이었다. 3저 호황 속에서 돈이 토지시장 그리고 주택시장으로 몰리면서 주거 문제와 관련된 갈등이 심화하였다(김명수, 2020: 3장 참조). 이에 민주화 이후 1988년부터 '개발이익 환수' 담론이 투기 억제와 개발이익의 공정 분배를 위한 대안으로 부상하여, 1989년에는 법으로 제도화되기까지 한다(임윤수, 2006: 8). 토지공개념 확대 도입을 목표로 만들어진 '개발이익환수법'이 국회를 통과했다. 이 법안의 대상에는 공유수면도 포함되었다.[157] 탑동 운동의 개발이익 환수 주장에서 이런 국가 맥락의 변화를 직접 확인하기는 어렵다. 하지만 탑동 매립 개발이익의 환수가 민주화 이후 열린 개발이익 환수라는 국가 정치 공간의 등장과 궤적을 같이한다는 점은 흥미로운 점이라고 볼 수 있다.

인용문에서 볼 수 있듯이 개발이익 환수 문제가 전면화한 배경에는 당시 운동진영 내부의 고민도 큰 영향을 미쳤다. 인용문에서 우선 1988년 3월부터 근 1년간 계속되어온 투쟁과 많은 단체의 연대에도 불구하고 여전히 탑동 문제가 제주 사회에서 해녀 문제로 인식되는 있다는 점을 확인할 수 있다. 탑동 운동이 전체 제주의 보편 문제가 아니라 특수 집단의 문제와 연관된 운동이라는 인식은 탑동 운동을 고립시킬 위험일 뿐만 아니라, 운동을 제주 전체의 운동으로 상승시키는 데 현실적인 장애가 되었다. 이에 반해 개발이익의 제주 사회로 환원 문제는 해녀의 피해 보상이나 생존권 보장 문제와 달리 탑동 문제를 제주시민 전체가 관여하는 보편적인 문제로 규모 상승(scaling up)할 수 있는 잠재적 능력이 있다고 운동사회가 판단했다고 보인다. 기존 운동 상황을 반성하며 변화된 조건에 맞추어 새로운 운동 의제에 맞는 전략적 대응을 모색한 결과였다.

범도민운동에 필요한 운동 역량 결집의 조건이 열린 것도 중요했다. 당시 제주 운동사회는 탑동 운동 말고도 또 하나의 중요한 투쟁을 전개하고 있었다. 지금은 송악산 투쟁 혹은 "송악산 군사기지 설치 반대 운동"이라고 불리는 운동이었다. 제주도 서귀포시 대정읍에는 '알뜨르' 비행장이라고 불리는 곳

---

157   경향신문, 1989.12.07., "토지공개념, 내년 3월 시행",

이 있다. 일제강점기 당시 중국 내륙을 폭격하기 위해 일본이 만든 비행장인데 해방 이후에는 국방부가 비상활주로로 이용하였다. 송악산은 바로 알뜨르 비행장 옆에 있는 산으로, 그 경관이 아름다워 많은 이들이 좋아하는 장소이자 유명한 관광지이기도 하다. 이에 건설부는 송악산 관광 개발계획을 발표한 바 있고 지역주민도 그 개발에 큰 기대를 하며 기다리는 상태였다. 군사기지 지역이라 오랫동안 개발에 제약이 있었기 때문이다.[158]

그런데 제주신문이 1988년 8월 12일에 송악산 관광 개발계획이 백지화되고 송악산 일대가 군사시설보호구역으로 설정되었다고 보도한다. 탑동 운동이 한창 일어나 제주의 쟁점으로 부상하던 국면이었다. 먼저 움직인 이들은 이번에도 청년이었다. 대정지역 청년들을 중심으로 '모슬포 군 비행장 설치 결사반대 대책위원회 준비위원회'가 만들어진다. 이후 대정지역 주민들뿐 아니라, "제주도 내 대학생들과 재야·사회단체들도 군사기지 설치계획을 중요한 문제로 인식하고 대응하기 시작"(강남규, 황석규, 김동주, 2016: 9)한다.

특히, 대학생들은 "제주시에서 발생한 탑동 불법 매립 반대 운동을 지원하기 위해 연합조직을 만들어 놓고 있었으므로, 대부분 군사 기지 반대 운동에도 이 네트워크를 활용해 쉽게 참여할 수 있었다."(조성윤·문형만, 2005: 14) 이는 사회운동 부문에서 바라본다면 제한된 역량 안에서 탑동 투쟁뿐만 아니라 송악산 투쟁에도 결합해야 한다는 걸 의미했다. 곧 한 곳에만 집중할 수 없는 운동 지형이 펼쳐졌다. 게다가 송악산 투쟁은 군사기지에 반대하는 투쟁이었다. 이는 제주 운동사회를 역사적으로 형성해온 운동 정체성과 곧바로 충돌하는 갈등 의제였고, 운동사회 전체는 이 문제에 몰입할 수밖에 없었다. 4·3을 경험한 제주에서 군사기지는 운동사회에 4·3의 다른 이름이었다.

주민과 제주 도민 그리고 제주 사회운동 부문의 조직적 저항이 발생하자 국방부는 송악산 군사지역 지정을 전면 재검토하겠다고 발표한다. 정부 정책의 이런 기조 변화와 함께 주민들의 저항 열기는 빠르게 식었다고 알려져 있

---

158 알뜨르 비행장의 역사에 관해서는 조성윤(2012)을 참고하자.

다. 또한 "대학생들 또한 겨울방학에 접어들면서 운동 역량은 급속히 약화했다."(강남규, 황석규, 김동주, 2016: 9) 송악산 투쟁의 열기가 식어가자, 송악산 운동에 결합했던 운동사회는 탑동 매립 반대 운동에 다시 결합할 수 있는 정치적 시간을 확보하게 되었다. 곧 개발이익 환수 문제를 도민사회 의제로 부상시키는 데 필요한 조직적 동원이 가능해졌다.

도민대책위원회는 사회운동 이론의 관점에서 볼 때, 다수의 운동을 공통의 목적 아래 연

송악산 군사기지 설치 결사반대 도민대책위원회 결성 및 규탄대회 포스터

합시켜 하나의 거대한 운동을 만들어내려는 정치적 동맹(political alliance)이라고 말할 수 있었다. 일반적으로 사회운동 이론에서는 이와 같은 정치동맹의 구성이 사회운동의 성공에서 중요한 역할을 한다고 보고 있다. 운동 연합으로 운동 역량을 강화할 수 있을 뿐만 아니라 운동 '외부'에게서 지원받거나 혹은 동맹을 구성하는 데도 유리하다고 보기 때문이다(Nardini et al. 2021: 122).

개별 운동이 직면한 한계를 보완하고자 한국 사회운동은 이미 일제 강점에 대항하는 반식민지 독립 투쟁, 해방 공간에서의 국가건설 투쟁, 한국 전쟁 이후의 다양한 사회 쟁점과 문제들에 대응하는 과정, 반독재 민주화 투쟁에서 무수한 정치동맹을 건설한 경험이 있었다. 이런 누적적 경험은 제주 운동사회 또한 마찬가지였을 것이다. "범도민대책위원회"라는 명칭과 그 조직의 운영 방식 등은 이런 점에서 한국 사회운동의 역사 안에 이미 존재하는 전술 목록 혹은 운동 전술을 반영한 선택이라고 볼 수 있다.

마이클 왈저는 『운동은 이렇게』라는 책에서 "시민들의 정치활동을 뒷

'송악산군사기지설치 결사반대 도민대책위원회 결성대회 및 규탄대회'가 1988년 10월 30일 오후 대정읍 주민과 도내 18개 사회단체회원, 학생 등 2000여 명이 참가한 가운데 제주북초등학교 운동장에서 열렸다. 사진은 규탄대회가 끝난 후 참가자들이 북초등학교에서 광양초등학교까지 평화대행진을 벌이는 모습이다.

출처: 제주도청 홈페이지

받침하는 조직은 권력이 그 조직 내부의 어디에 위치하느냐에 따라 크게 세 종류로 나눠 볼 수 있다"(왈저, 2021: 93)고 말한 바 있다. ① 간판 집단(front group) ② 중앙집중화된 민주주의(centralized democracy) 집단 ③ 일종의 연방제 집단이 그것이다. 왈저는 이 조직 유형 구분을 운동조직 내부의 권력 구조를 통해 운동의 전개 구조를 추론해보는 도구로 이용했다. 왈저의 유형론에 따라 본다면 '범도민대책위원회'는 우선 '간판 집단'의 유형이라고 말할 수 있다. 간판 집단은 말 그대로 시민의 앞에서(front), 시민에게 해당 쟁점을 확산하면서, 대규모 시민 동원을 시도하고, 이를 수단으로 압력 정치를 펼친다(왈저, 2021: 96). '간판 집단'의 등장이 갖는 가장 큰 의미는 '범도민대책위원회'라는 명칭이 보여주듯이, 운동의 전선을 도민과 체제 사이의 대립으로 규정하고, 이 전선으로 도민 전체를 동원하는 프로젝트 집단이라는 점이다.

시민은 이 조직의 내부적 결정 과정에 일상적으로 참여하지는 않는다. 다만 운동이 표방하는 대의를 지지하며, 이 집단이 시민의 이름으로 활동하는 것에 동의한다. 이런 점에서 일종의 '우산' 집단이라고도 말할 수 있다. 참여와 결정은 일반 시민 수준이 아니라, 대책위를 구성하는 운동조직들의 수준에서 이루어진다. 대책위의 활동은 이 조직이 파견한 전문 활동가와 대표로 이루어지는 이른바 '지도부'로 이루어진다. 이런 점에서 '대책위'라는 형식은 간판 집단이면서도, 중앙집중화된 민주주의 집단의 형태 그리고 때로는 사안에 따라 참여 조직들 사이의 합의에 기반을 둔 연방적 특성도 보여준다. 여러 조직이 모인 정치적 동맹 조직이기 때문이다.

도민대책위는 결성 이후 탑동 불법 개발이익을 제주로 환원해야 한다는 점을 제주 사회에 알려 나가는 동시에, 범양건영과 정치권 그리고 제주 정부 등에 이를 요구하는 다양한 활동을 전개했다. 예를 들면 관련 유인물을 유포하거나 도내 대학에 소자보를 붙였고, 불법 이익 환수를 위한 간담회 등을 조직하고자 노력했다. 서명운동도 벌여 1989년 3월 6일에는 탑동 불법 개발이익 환수를 위한 국회 청원서가 1,627명의 이름으로 국회에 공식 접수되기도 한다.[159] "또한 도민대책위원회는 탑동 국회 청원 승리를 위한 범도민 결의대회를 진행하고, 건설부 장관에게 보내는 공개 질의서도 발표했다(강남규, 황석규, 김동주, 2016: 8).

2. 탑동 문제의 공식화와 이의 해결을 위한 도민 정치의 경합

도민대책위원회가 도내 운동사회 공동조직이었다면, 이와 결을 달리하는 또 다른 단체가 다른 경로로 만들어진다. 바로 제주도정이 직접 관여해 조직된 '탑동문제협의회'이다. 1989년 6월 5일부터 도지사, 시장, 국회의원 등이 참여하여 탑동 개발이익 환원을 위한 추진위원회를 구성하자는 논의가 나온다. 이

---

159 탑동불법개발이익환수투쟁 도민대책위원회, 1989.3.12., "탑동불법개발 이익 환수투쟁 경과보고" 유인물

논의체가 약 일주일 후인 6월 13일부터 '탑동문제협의회'라는 이름으로 회의를 시작한다. 여기에는 배경이 있다. 지역 여론의 압박 특히, 개발 이익 환수에 도지사가 적극적으로 나서라고 요구한 지역 국회의원과 교수사회의 압박이 크게 작용했다고 알려져 있다(조성윤, 1992: 96).

중요한 점은 협의체를 구성하면서 이미 조직되어 있던 도민대책위원회는 배제하고, 도지사와 제주시장이 협의하여 이 단체를 구성했다는 점이다. 초기 협의회는 25명으로 구성되었고, 여기에는 3명의 도민대책위원회 출신 인원이 들어 있기는 했다. 하지만 이들은 도민대책위원회 '대표' 자격이 아니라, 각각 가톨릭, 주민, 교수 대표 자격으로 참여하였다. 나머지는 모두 평소 도정에 협조해온 지역 유지들이었다(조성윤, 1992: 96). 그래서 당시 도민사회에서는 탑동문제협의회를 도지사의 '인선'으로 '위'에서 만들어진 조직이라고 비판적으로 보았다. 일부 운동단체들이 탑동문제협의회를 "반도민적·반민주적 괴물"[160]이라고 강력하게 비판한 이유도 여기에 있었다. 이후 비판 여론을 의식한 도지사는 도민대책위원회가 추천하는 대표 3명을 추가하여, 협의회를 28명으로 구성하였다(조성윤, 1992: 96).

도민대책위원회가 운동 단체 주도의 정치동맹 성격이라는 점을 떠올린다면, 도민대책위원회가 왜 탑동문제협의회를 강력하게 비판했는지 이해하기 쉽다. 탑동문제협의회는 그 구성이 보여주는 바와 같이 도지사, 시장, 국회의원 등 제주 통치를 책임지는 통치 엘리트를 포함하고 있었다. 운동사회 관점에서 볼 때, 이들은 탑동 운동의 정치적 대표이기보다는 그 문제의 일부였다. 하지만 탑동문제협의회를 제주 개발체제와 완전히 일치시키는 건 어렵다. 오히려 탑동문제협의회의 성격은 제주 개발체제가 마주한 강력한 저항 속에서 이를 조정하고 변형하는 다른 정치 경로를 모색하는 데 있었다. 탑동문제협의회 자체가 제주 개발체제에 정치적 조정이 필요한 때가 도래했다는 점을 보여준다고 말할 수 있다.

---

160 제주의소리, 1989, "탑동개발이익 환수, 불법매립지 '토지환수투쟁'"

흥미로운 점은 "탑동 문제"라는 표현이 도민대책위원회가 아니라 바로 이 탑동문제협의회의 구성 과정에서 중요한 의미를 갖는 언어로 출현했다는 점이다. "탑동 문제"라는 표현의 출발점이 어디인지 정확하게 알 수는 없지만, 탑동문제협의회 이전에 유포된 자료에서는 이 표현을 찾기 어렵다. 탑동문제협의회가 등장한 이후 "탑동 문제"라는 표현은 제주 통치엘리트뿐만 아니라 운동사회도 사용하는 공통의 언어로 자리를 잡는다. 물론 두 진영이 동일한 언어를 사용한다고 하더라도, 그 "문제"를 이해하는 방식은 달랐을 수 있다. 하지만 이런 차이에도 불구하고 "탑동 문제"라는 표현이 준공식적 지위를 획득하게 되면서, 탑동은 "운동의 장소"에서 해결되어야 할 "문제의 장소"로 다시 규정되는 동학이 발생한다. 하지만 "문제의 장소"로 탑동을 문제화하는 힘이 운동에서 출현했다는 점에서 "탑동 문제"에는 운동의 장소와 해결되어야 할 문제의 장소라는 이중 요소가 공존하며 갈등하는 구조였다. 탑동 문제가 역사적으로 형성되고 있었다.

도민대책위원회가 구성된 이후 약 4개월 뒤에 탑동문제협의회가 출범하게 되면서, 두 단체는 범도민사회라는 정치 지평 차원에서 누가 탑동 문제를 대표하느냐는 문제를 둘러싸고 정치적 경합 관계를 형성하게 되었다. 이런 경합 속에서 탑동문제협의회는 매립의 불법성을 인정하면서 상업용지 중 50%를 환원하라고 요구하는 결의문을 1989년 8월 7일에 발표했다(한국민주주의연구소, 2006: 28). 하지만 범양건영은 이런 요구를 들어줄 생각이 없었다.

1989년 9월에 국회 내무위에서 제주도 국정감사를 한다. 서경림, 양시경, 강달인 씨 등이 참고인과 증인 자격으로 증언했는데, 제주 도민사회에서는 국정감사를 통해 탑동 매립의 불법성이 증명되었다고 보았다. 따라서 도민사회의 측면에서 볼 때 불법 개발이익의 환수는 당연한 권리였다. 그러나 업자들은 이 요구를 수용할 의사를 보이지 않았다. 박희택 당시 범양건영 회장은 1989년 국회 국정감사장에서 "(개발이익 제주 일부 환원은) 절대로 받아들일 수 없다. 제주에서 번 돈은 제주에서만 쓰고, 강원도에서 번 돈은 강원도에서만 쓰라는 법이 있는가"[161]라고 크게 반발한 것으로 알려져 있다.

하지만 상황은 범양건영에 불리했다. 국회 내무위원회는 국정감사 결과 보고서에서 건설부에는 면허 취소를, 제주도정에는 면허발급 관련자들을 문책 고발하도록 요구했다. 또한, 당시 김대중 평민당 총재는 개발이익이 지역사회로 환원되지 않을 경우, 국회 차원에서 국정조사권을 발동할 수 있다고 지역사회에 약속한 상황이었다(정영신, 2021: 238). 이런 상황과 불법 개발이익 환수 여론이 높은 걸 활용하여 제주도정은 범양건영을 압박했다. 1989년 11월에 이르면 전체 매립 공정의 92% 정도가 마무리된다. 그런데도 제주도정은 도시설계 승인을 해주지 않았다. 도시설계 승인을 압박 수단으로 활용했다. 이에 매립지에서 상하수도시설, 도로포장 등 기반 시설 공사가 착수되지 못했다.

그러다 1989년 11월 2일에 탑동 문제의 향후 진로에 중대한 영향을 미치는 사건이 발생한다. 당시 도지사와 범양건영 회장 사이에서 개발이익 환원과 관련된 단독 합의가 이루어진다. 개발이익을 도내 병문천 복개 공사의 형식으로 환원한다는 내용이었다. 당시 범양건영은 "개발이익을 환수받는 대상은 주민들이 아니라 자치단체이므로 매립지나 현금이 아니라 제주시가 필요로 하는 시설물을 조성하여 기부하겠다고 주장"(정영신, 2021: 238)했다고 한다. 이때 제주시가 병문천 복개 방안을 협상안으로 제시했다(조성윤, 1992: 98).

범도민운동은 도지사와 범양건영 회장 간의 밀실 합의라며 강력하게 비판하며 반대했다. 도민대책위원회도 곧바로 도지사 규탄 성명을 발표하고, 단독 합의 무효화를 선언했다. 1989년 11월 8일에는 제주도지사가 도민의 의견을 무시하고 병문천 복개 공사를 개발이익 환원 방법으로 합의했다며 이의 백지화를 주장하는 "탑동 단독 합의 무효화 선언 도민결의대회"를 관덕정 앞에서 진행하기도 했다.[162] 도민위원회뿐만이 아니었다. 도지사의 '인선'으로 구성되었다고 비판받았던 탑동문제협의회까지도 "사전 협의 없는 도의 일방적

---

161 한겨레21. 2018.3.12., "제주는 제2의 강남이다"

162 탑동불법개발이익 환수투쟁 도민대책위원회, 1989.11.8., 유인물

처리"라며 단독 합의를 비판하면서, 협의회의 자진 해산까지 선언했다. 그런데 조성윤 선생은 협의회가 자진 해체된 배경을 조금 다른 시선으로 기록했다. 도지사의 합의와 제주도민의 요구 사이에서 내부적으로 동요하다가 협의회 위원이라는 자격 자체를 내려 놓았다고 한다. 그는 이것이 "제주도지사가 위촉한 지방 유지들이 주된 구성원이었던 탑문협의 한계를 그대로 보여주는 것"이었다고 평가했다(조성윤, 1992: 99).

11월 11일에는 제주지역 교수 83명이 「탑동 개발 문제의 정당한 해결을 위한 제안」이라는 제목으로 성명을 발표했다.[163] 대학생들은 정당 당사를 점거하는 투쟁에 들어갔다. 민정당과 신민주공화당, 통일민주당, 평화민주당 등 야당의 당사가 점거 농성의 대상이 되었다. 일부 대학생은 단식 농성을 하기도 했다. 당시 유인물에는 다음과 같은 말이 있다.[164]

> "3일째 굶어가면서 호소합니다. 부디 탑동 매립지는 환수되어야 할 땅임을 기억해 주시고, 만나는 사람마다 탑동이야기를 전하여 주십시오. 탑동은 시민의 휴식공간으로 마땅히 환수되어야 합니다. 삼촌! 지금 찾지 않으면 다시는, 영원히 돌려받지 못합니다."

단식은 12일간이나 진행되었다. 그러나 사태 해결을 모색하는 구체적인 노력이 보이지 않자, 제주 각계의 인사 124명이 모여 "탑동 매립 문제는 제주도민의 권리로서 도민의 의사가 수렴된 상태에서 해결"되기를 바란다며 1989년 11월 19일에 '탑동문제해결범도민회'(이하 '범도민회')라는 새로운 단체를 결성했다.[165] "탑동 문제"라는 표현이 계승되고 있다는 점에서 알 수 있듯이, 이 표현은 공식화되고 있었다. 범도민회의 목표는 탑동 단독 합의를 무효로 하는

---

163 제주지역 교수 83명, 1989.11.11., "탑동 개발 문제의 정당한 해결을 위한 제안"

164 탑동불법개발이익 환수투쟁 도민대책위원회. 1989.11.10., [속보1] 유인물 "3일 동안 굶어가면서"

165 탑동문제해결범도민회. 1989.11.19., 성명서

동시에 탑동 문제에 관여했던 모든 단체를 모두 포괄하는 조직체를 만드는 데 있었다. 형식 측면에서 본다면 '범도민회'는 범도민대책위와 같이 탑동 문제 해결이라는 공통의 목적을 공유하는 모든 제주 도민을 하나의 동맹으로 결합하려는 일종의 정치동맹(political alliance)이었다.

그런데 범도민대책위원회가 아니라 범도민회라는 새로운 조직이 필요했던 이유는 범도민대책위원회와 탑동문제협의회로 양분되었던 탑동 운동 옹호 진영을 다시 하나로 통합할 필요성이 제기되었기 때문으로 보인다. '단독 합의 반대'라는 최소 조건을 중심으로 도내 통합 전선을 구성한다는 계획이다. 이 경우 "탑동 문제"는 탑동 투쟁이나 운동보다 더 많은 집단과 개인을 아우를 수 있는 언어였다. 통치 엘리트와 같은 "위", 주민과 시민이라는 "아래", 학생 집단이나 청년 혹은 운동단체 등과 같은 "옆" 모두가 이미 이 언어로 소통하고 있었기 때문이다.

많은 이들이 주목하지 않았던 측면의 하나는 범도민회가 그 목적을 "탑동 문제"의 "해결"이라고 했다는 점이다. 범도민회의 또 다른 의미가 있다면 바로 이와 같은 운동과 문제 해결이라는 양대 범주로 이분화되었던 두 흐름이 하나로 통합하면서 "탑동 문제"를 제주 사회에서 하나의 사회 역사적 쟁점으로 형성하여 정상화했다는 데 있었다. 이런 점에서 탑동 문제는 단지 운동만의 산물이 아니라 운동과 체제가 상호작용하면서 만들어 낸 산물이었다.

3. 탑동 문제의 "종결"과 행정협약

범도민회의 등장과 함께 "탑동문제의 종결"이란 담론이 전면에 부상한다. 예를 들어 범도민회는 1989년 12월 2일에 「탑동문제의 종결을 위하여」라는 성명을 발표한다.[166] 이전까지 탑동 문제에 쓰이던 표현은 "협의"나 "해결"이었

---

166 범도민회, 1989.12.2., "탑동문제의 종결을 위하여"

다. 문제를 협의하여 해결하는 일과 문제를 종결시킨다는 것은 표면적으로 본다면 문제가 해결되어야 종결된다는 점에서 같은 뜻의 다른 표현처럼 보이기도 한다. 하지만 '종결'은 결말, 끝, 마무리, 결론 등의 뜻에 가깝다면, 해결은 해답을 찾는 일에 가까운 일이었다. 따라서 다른 단어가 도민사회 내에서 등장했다면 이는 도민사회가 탑동 문제를 바라보는 태도에서 어떤 변화가 일어나고 있다는 걸 의미했다. 곧 도민사회가 2년여 동안 지속해 온 탑동 문제를 마무리하겠다는 의지가 반영된 담론이었다. 이 때문에 일각에서는 탑동 문제가 종결되어야 하는 때가 되었다는 점에 동의하면서도, 종결 그 자체에만 초점을 맞출 때 또 다른 문제가 발생할 수도 있다는 점을 지적하기도 했다. 제주청년연합은 「탑동문제 종결의 원칙」이라는 유인물에서 다음과 같이 밝혔다.

"탑동문제는 종결의 시점에 다다른 것으로 보인다. 그러나 결코 문제의 종결만을 서둘러서는 안 된다. 신중치 못한 종결은 종결이 아니라 또 다른 문제의 시작일 뿐이다. 종결의 원칙은 분명해야 하며, 또한 제대로 지켜져야 한다."

탑동 문제 종결을 조직 목적으로 제시한 범도민회는 이를 위해 탑동 문제의 "현실적 해결 방안"을 1989년 12월 2일에 도민사회와 제주도, 사업자에게 제시한다. 1989년 12월 30일 자 「탑동소식」이란 유인물에는 이 안을 다음과 같이 설명하고 있다.[167]

"탑동도민회에서는 …… 탑동문제협의회가 제시했던 50% 환원안을 다소 후퇴하여 상업용지 2만 5천여 평의 35%인 8,750평을 협상 단일안으로 마련하여 업자와 관계 당국에 대하여 문제 해결을 위한 협상을 제의하기에 이르렀습니다. 이 단일안을 최소한으로 제시할 수밖에 없었던 것은 그간의

---

[167] 탑동문제해결범도민회, 1989.12.30., "탑동소식"

도민 내에 존재해 온 갈등 구조를 극복하고 탑동문제가 대국적으로 승화되도록 하기 위함이었으며 기존의 모든 대안을 집대성하는 방향이었던 것입니다. 그리고 이에 따른 도민 여러분의 비판을 겸허하게 감수할 각오로 마련하였습니다."

범도민회가 자신의 안을 "현실적 해결 방안"이라고 부르는 이유는 크게 보면 두 가지였다. 하나는 탑동 문제 해결의 구조적 한계를 인정한 안이라는 의미였다. 범도민회는 "광주민주화운동, 그 밖의 5공 비리가 그러하듯이 탑동 불법 매립 역시 현 한국 사회의 구조적인 한계로 인하여 현실적인 타협 방안을 모색하지 않을 수 없었"다고 말했다.[168] 근본 해결이 구조적으로 어렵기에 현 역사적 상황이 허용하는 범위 내에서 문제를 마무리하는 경로를 모색해야 한다는 고민이었다. 다른 하나는 도민사회, 제주도정 그리고 사업자 사이에서 합의를 도출하고자 요구안을 최소화하는 방안을 택했다는 점이다. 최대 요구를 내세워 현 갈등 구조를 계속 유지하기보다는 수용 가능한 타협안을 제시하여 탑동 문제를 종결하는 것이 "탑동문제가 대국적으로 승화"되는 경로라고 판단했다. 탑동 개발이익을 제주 사회로 환원하는 요구는 유지하면서도 그 환원의 범위를 현실화하자는 안이었다.

범도민회의 안이 얼마나 후퇴한 안인지는 통치 엘리트가 주도한 탑동문제협의회의 요구안보다도 적은 개발이익의 35% 수준에서 환원을 요구했다는 데 잘 드러난다. 하지만 범도민회의 단일안에 대해, 최소한 1989년 12월 말까지 제주도와 사업자 쪽에서는 회신이 없었다. 범도민회는 해를 넘겨 1990년 2월까지 회신을 촉구하며 그에 대응하는 활동을 해나갔다. 그러다 제주 도민사회의 내부 균열 계기가 된 큰 사건이 발생한다. 1990년 2월 16일에 당시 범도민회 대표였던 임문철, 고창훈, 양승부, 양영수 대표와 범양건영 박희택 회장 사이에 비공식적인 협상이 진행됐다. 그리고 다음 날인 1990년 2월 17일에

---

168 탑동문제해결범도민회, 1989.12.30., "탑동소식"

오리엔탈호텔에서 범도민회 5인 대표와 범양건영, 제주시 사이에 3자 간 잠정 합의안이 도출된다.[169] 합의 내용은 범양건영이 "병문천 2.3km를 복개하여 제주시에 기부채납하고 탑동 매립지 1천 평의 가격에 상당하는 20억 원을 장학기금으로 제주시에 출연한다"는 것이었다(부만근, 2012: 409). 제주시는 이에 필요한 행정지원을 협조하겠다고 했다. 범도민회가 1991년 8월에 만든 「탑동 매립 무엇이 문제인가?」라는 문서를 보면 "제주시장이 강력하게 병문천 복개를 고집하여" 합의안에 병문천 복개가 들어갔다는 내용이 나온다.[170]

2월 17일에 제주시, 범도민회 그리고 범양건영 간에 탑동 문제 합의가 이루어졌다는 소식이 1990년 2월 19일에 한라일보 머리기사로 세간에 알려진다. 이와 동시에 제주 사회운동 부문 내에서는 강력한 비판이 제기되고 범도민회에 맞선 반발이 일어난다. 한 예로 제주대 총학생회는 "도저히 이해할 수 없는 합의사항"이라고 말하면서 합의사항의 "전면무효화"를 요구했다.[171] 또한 탑동 운동에 참여해 왔던 다양한 단체들은 범도민회를 비판하는 성명을 발표하며 범도민회를 압박하였다. 이 단체들 사이에서는 2월 17일 합의안이 그동안의 민중 투쟁을 배제한 "밀실 합의" 혹은 "밀실야합"이라는 견해가 널리 퍼져 있었다. 또 한번 밀실 합의 논란이 일었다.

결국 1990년 3월 6일에 열린 제2차 탑동문제해결범도민회 회의에서도 2월 17일 합의안을 거부한다. 범도민회는 이날 회의에서 잠정 합의안을 거부하고 수정 협상안을 제시하여 재협상에 나서기로 한다. 곧바로 다음날인 3월 7일에 범도민회는 제주시장과 박희택 회장에서 잠정 합의안이 부결되었음을 알렸다. 그리고 3월 8일 4개의 수정 제안을 발표했다.[172]

169　탑동문제해결범도민회. 1990.6.30., "탑동문제에 대한 제주도민의 당면과제"
170　탑동문제해결범도민회, 1991.8., "탑동매립 무엇이 문제인가?"
171　제주대학교 총학생회, 날짜미상, "성명서". 내용으로 볼 때 한라일보 보도가 나온 직후라고 보인다.
172　탑동문제해결범도민회. 1990.3.8., "탑동범도민의 재협상안에 대한 입장"

⑴ 장학금을 20억에서 40억 원으로 증액
⑵ 탑동잠수회 추가 피해 보상
⑶ 병문천 복개에 대해 철저한 환경영향평가를 실시하여, 공사가 가능하지 않을 경우 대책을 제시할 것
⑷ 제주시가 범양에 행하는 행정지원에서 기존의 면허조건(고도제한 완화) 변경은 절대 허용할 수 없음 ② 도시균형발전과 시민생활을 저해하는 행정지원은 절대 불가 ③ 제주시와 범양건영 간의 행정지원에 관한 내용은 구체적으로 시민에게 공개되어야 함

    이 요구도 이후 범도민회 상임대표회의와 공동대표들과의 협의에서 내용이 수정된다. 중요한 건 1990년 3월 22일에 열린 범도민회 상임대표회의다. 이 회의에서 병문천 복개로 환원 방식을 고정하지 않고 그 대신에 "200억 상당의 시민 숙원 사업"을 요구하기로 했다. 2~3개월간 시민 의견을 수렴하고 과학적 타당성을 검토한 후에 사업 내용을 결정하자는 안이었다. 범도민회는 이 안을 가지고 3월 28일 제주시장을 만나 범도민회의 요구사항을 전달한다. 그런데 바로 그날 제주시는 이미 3월 8일 범양건영과 합의각서가 교환되었다고 발표한다. 그리고 이날 제주시는 탑동 도시설계 용역을 맡겨 1990년 5월 7일까지 용역을 끝낼 계획이라고 발표한다. 이제는 범도민회도 빠진 상태에서 양자 간에 합의를 해버렸다.

    범도민회는 1990년 3월 28일에 이와 관련해 바로 성명을 발표하는 데 "탑동 매립 문제는 매립 사업자인 범양건영과 제주시 당국 간의 행정협약이 체결됨으로써 매듭 단계에 이르렀다"라고 평가하면서 자신들의 요구사항이 제주시가 행정협약을 체결할 때 반드시 정리 포함되어야 한다고 요구했다.[173] 협의에서 배제되었음에도 매우 약한 대응이었다. 다른 단체들의 대응은 더욱

---

173 탑동 문제 해결을 위한 범도민회, 1990.3.28., "탑동 개발이익 환수에 따른 행정협약에 대한 우리의 의견"

강경했다. 제민협 민생대책위 등 7개 단체는 1990년 4월 2일 "제주도민 우롱하는 행정협약 반대한다"라는 입장으로 기자회견을 한다. 범도민회는 이때까지 협약 내용을 구체적으로 파악하고 있지 못했다.

범도민회는 이후 행정협약의 내용을 파악하고자 제주시장과 4월 10일, 제주도지사와 4월 25일에 면담한다. 이때 200억 환원을 이행 보증하기가 어렵다는 내용과 병문천을 복개하겠다는 강한 의사를 확인한다. 강경한 제주도정의 의지를 확인한 이후에 범도민회는 1990년 5월 2일 범도민회 협상 대표 회의에서 ① 도민이 납득할 수 있는 이행 보증을 요구하고, ② 병문천 복개에 관한 공개적인 주민 의견 수렴과 과학적 타당성 검토를 요구하기로 다시 그 방향을 수정한다.

하지만 범도민회의 요구는 결국 수용되지 않았다. 이런 상황 속에서 1990년 6월 12일 범양건영은 「제주시민들에게 드리는 약속」이라는 제목으로 일간지 하단 전면광고를 통해 병문천 복개와 20억 장학금 환원을 공개적으로 약속한다. 도민사회에서는 이 광고가 사실상 범양건영이 200억 원 이행 보증을 거부하면서 2·17 잠정 합의를 백지화하는 내용이라고 보았다. 이에 범도민회는 바로 다음 날인 1990년 6월 13일에 범양건영의 지면 광고에 맞서 반박 성명을 발표한다. 범도민회의 투쟁은 이제 1990년 2월 17일 이루어진 도민회의, 범양건영 그리고 제주시장 3자 간에 이루어진 잠정 합의 혹은 3월 8일에 제주시와 범양건영 간의 행정협약 내용을 둘러싼 투쟁으로 전개되었다. 범도민회 내부에서 이는 사실상 운동이 종결되는 마지막 단계로 이해되고 있었고, 운동단체의 비판 성명과 달리 행정협약이 등장한 이후 운동의 동력은 현저하게 떨어졌다.

4. 권리의 확장과 미완의 기획: 레스 콤뮤네스의 권리와 그 자치 모형

매립의 불법성은 관련 개발이익을 지역사회로 환원해야 한다고 도민사회가 주장할 수 있었던 강력한 근거였다. 도민운동 단체들은 "도민의 재산이나 다름없는 공유수면"이 불법적인 과정으로 매립되고, 그 이익마저 "특정 업자의 이익으로 독점"되는 일이 발생했다고 규탄했다. 따라서 매립 그 자체는 물리적으로 되돌릴 수 없다고 하더라도 개발이익의 독점만은 막아야 한다는 공통의 입장이었다. 이 주장에는 1986년 12월 31일에 개정된 공유수면 매립법도 동원되었다. 불법 매립이었기에 면허가 부여된 이전 법이 아니라, 개정법에 따라 공사비를 제외한 그 차액만큼의 개발이익은 지역사회가 환수해야 한다고 주장했다. 그리고 공유수면 그 자체가 "도민의 재산"이었기에, 그 매립으로 상실된 공유수면에 대응하여 그 환수 방식은 매립으로 형성된 대지여야 한다고 보았다. 곧 도민의 공동 대지를 요구한다.

개정법을 동원하기는 하였지만, 도민운동의 요구에 법적 근거는 없었다. 공유수면 매립에 관한 법률에 "공유수면에 관하여 권리를 가진 자"에게 손실 및 피해를 보상하도록 규정하고 있지만, 이때 권리자는 공유수면을 직접 이용하는 어업권자와 영업권자 등만을 포괄한다. 따라서 운동단체들은 법이 보장하는 권리와는 다른 의미에서 공유수면을 향한 전체 도민의 권리를 주장했다고 보인다. 진 L. 코헨(Jean L. Cohen)과 앤드루 아라토(Andrew Arato)의 지적처럼, 근대 권리가 법의 실정화를 전제로 하지만, 권리가 실정법으로 축소될 수는 없다(코헨, 아라토, 2013: 93). 이 권리는 제주 도민사회 안에 내재하는 관습적인 규범이자 문화 혹은 하나의 상식에서 나왔다.

현대적 관점에서 돌아본다면, 당시 권리 주장의 근거는 로마법에 나와 있는 '레스 콤뮤네스'(Res communes)였다고 볼 수 있을지 모른다. 에밀 뒤르켐(Emile Durkheim)은 이를 다음과 같이 설명한 바 있다. "만인에게 속해 있고 본성상 어떤 전유에서도 벗어나 있는 것이기 때문에 누구에게도 속하지 않는 물건"(뒤르켐, 1988: 221)이라고 말이다. 바다와 바닷가는 이런 레스 콤뮤네스의 대표적인 유형이었다. 이런 전통에서 볼 때, 탑동 연안은 모두에게 속해 있기에, 그 자체로 누구의 것도 될 수 없어 '거래할 수 없는 것'(res extra commercium)의 범주에 속할 수 있었다. 물론 당시 도민사회가 이 개념을 알았다고 말할 수는 없다. 하지만 공유수면을 도민 공동의 재산으로 바라보는 시각에는 레스 코뮤네스와 동일한 관습적 상식 혹은 인민적 공공성의 윤리가 존재한다고 볼 수 있다.

국가와 자본은 그런데 소유할 수 없고 거래할 수 없는 바로 이 레스 코뮤네스를 매립하여 소유하고 거래할 수 있는 대지로 전환한다. 도민사회가 반복해서 탑동 공유수면 매립을 '약탈'이라고 비판한 이유는, 매립이 모두에게 속해 있는 것을 특정한 개인의 것으로 만들기 때문이었다. 따라서 개발이익의 환수는 단지 피해 보상이 아니라, 상실된 도민 재산을 되찾는 활동으로 해석되었다. 이때 중대한 전환이 일어났다. 사실상 매립과 함께 '레스 코뮤네스'로서 공유수면이 소멸했다고 하더라도, 그 공유수면을 메워 발생한 대지 또한 레스 코뮤네스로 유지되어야 한다고 주장했기 때문이다. 레스 코뮤네스의 상실은 레스 코뮤네스의 창출로 되갚아야 한다는 이런 원칙은 현재까지도 계속되고 있는 공유수면 매립 법령의 기본 구조를 뒤흔드는 제안이었다. 매립자의 사적 소유권을 인정하는 법령과 달리 도민사회는 모두의 것은 그 물리적 속성이 전환된다고 하여도 모두의 것으로 남아야 한다는 원칙을 제안했기 때문이다.

하지만 그 원칙을 어떻게 구현하는지는 다른 문제였다. 탑동 개발이익의 환수를 요구하긴 했으나, 어떤 구체적 대안이 도민사회에 있지는 않았다. 또한, 환수 과정은 매립업자와 타협하는 걸 전제하기에 탑동 운동에는 그 자체로 중대한 도전일 수밖에 없었다. 비록 조작이라고 하더라도, 구법에 따라 면허를 받은 매립업자의 개발이익을 환수하는 일은 그들과 타협하지 않고는 불가능했다. 탑동 운동이 협상 전략으로 이동할 때, 그 결과는 이중적일 수밖에 없었다. 협상 전략은 제주개발체제의 헤게모니 안에 자신의 요구를 통합하는 계기가 될 수도 있지만, 보다 근본적이고 전환적인 기획을 포기하고 체제의 헤게모니를 인정하고 역설적으로 강화하는 계기일 수도 있기 때문이다(Agnes, 2001: 263).

범양건영은 매립지의 일부 가격에 상당하는 돈을 지급하겠다고 했지만, 당시 도민사회가 원했던 핵심적인 방식은 돈이 아닌 '땅'으로의 환수였다.

1989년 제주대학교 교수 72명이 "도민들에게 정말 필요한 것은 돈이나 몇 채의 건물이나 다리보다 땅이다"라고 주장하는 성명을 발표했다.[174] 도민대책위 공동대표를 맡았던 당시 양영수 신부도 매립자가 개발비용 10%를 뺀, 나머지를 땅으로 모두 지역에 환원해야 한다고 주장한 바 있다. 화폐로 보상을 받을 경우, 그 관리의 문제뿐만 아니라 용도도 문제가 되기 때문에, 땅으로 받아 그 공간을 도민을 위한 공간이자 매립으로 바다를 잃은 해녀들의 생활도 뒷받침하는 공간으로 활용하자는 제안이었다.[175]

물론 여기엔 현금에 대한 공포와 분배와 관리라는 현실적 문제가 반영되었다. 퍼거슨의 말처럼, "금전을 매개로 한 관계를 사회적·도덕적 연대의 대척점"(퍼거슨, 2017: 15)으로 바라보는 시각이 전제되었을지 모른다. 또한, 현금 보상의 문제점을 연안공동체에서 직접 확인한 이후이기도 했다. 하지만 단지 현금 보상에 대한 불안 때문만은 아니었다. 바다가 도민 공동의 재산이었으니, 그 바다를 메워 만든 대지 또한 도민 공동의 재산으로 전환해야 한다는 문제의식이 있던 것이다.

월간 『제주인』에서 진행한 설문조사에서도 응답자 1,000명 중 650명이 '땅'으로 환원되기를 바랐다고 한다. 그리고 용도 또한 유사하게 공원이나 휴식처, 문화적인 사업 등을 위한 것이 대부분이었다.[176] 탑동문제협의회도 환원 비율에 있어, 일정한 차이는 있을 수 있지만, 유사한 논리와 주장으로 총매립용지 가운데 공공용지를 제외한 상업용지에서 50%를 지역사회에게 환원하라고 주장했다.[177] 이를 위해 개발이익을 다루는 '관리위원회'가 제주해양개발 대표의 제안으로 구성된 적이 있었다. 제주해양개발은 반대운동이 거세어지

---

[174] 월간 제주인, 1989년 8월호, "탑동개발이익 제주사회 환원 촉구한다", , 108쪽.

[175] 월간 제주인, 1989년 8월호, "환원은 돈이 아닌 땅으로: 양영수 신부 인터뷰", 『월간 제주인』, 119쪽

[176] 월간 제주인, 1989년 8월호, 32-37쪽.

[177] 탑동문제협의회, 1989.8.3., "50%를 지역사회에 환원할 것을 제시한다",

자, 자신에게 돌아올 이익 전체를 제주도민에게 내어놓겠다고 밝혔다. 그러면서 이를 위해 학생, 해녀, 종교계, 법조계, 학계, 언론계 대표로 구성된 관리위원회에 모든 재산권을 위임하겠다고 말하였고, 이에 따라 잠정적인 관리위원회가 구성되었다.

그러나 제주해양개발 대표는 권한을 위임하지 않았고, 결국 관리위원회는 "아무런 일도 하지 못한 채" 해산했다(조성윤, 1992: 94). 만약 개발이익 환수가 병문천 복개로 귀결되지 않고, 관리위원회가 매립지 관리 책임을 위임받게 되었다면, 탑동 운동은 도민 공동의 자원을 도민과 주민에게 되돌리는 새로운 실험을 전개했을지도 모른다. 그러나 제주해양개발의 사실상 제안 철회로 그 조건이 확보 안 되면서, 탑동 운동은 매립지의 대안 운영 기획과 모형을 상상할 계기 자체를 갖지 못했다. 또한, 만약 현실화하였다고 해도 문제는 남아 있었다. 당시 담론에서는 환원받은 땅을 도민들을 위한 쾌적한 휴식 공간과 생활공간 그리고 심각한 문제로 부상한 교통 문제 해결 공간인 주차장으로 활용하는 것 외에 구체적인 언급은 찾아볼 수 없기 때문이다.

개발이익 환수로 도민 공동의 공유지 혹은 공동자원체제(commons)를 만든다고 하더라도 병문천 개발과 중첩되는 또 다른 도시개발 방식의 연장 속에서 상상이 이루어졌다. 이는 당대에 공동자원체제로 도민 공동의 토지를 상상하고 운영하는 방식에 구조적 한계가 존재한다는 걸 의미한다. 공동자원체제에 관한 상상은 도시화의 확장이란 구조적 경향과 마주할 수밖에 없었고, 도민 모두의 이익이라는 문제설정은 그 경향 안에서 도민 모두가 자유롭게 접근할 수 있는 휴식 공간이나 교통 문제 해결 등의 지평 위에서 구상된다. 제주시가 병문천 개발을 계속 주장하는 이유이기도 했다. 이는 현재까지도 마찬가지다. 모두의 공동자원체제는 모두를 위한 개발의 양식 곧 공공공간의 형성이란 이름으로 진행되는 또 다른 개발과 만난다. 현대 도시개발의 대부분이 공원과 주차장을 거래 조건으로 제시하는 이유이기도 하다. 우린 여전히 탑동 문제와 멀리 떨어져 있지 않다.

· · · ·

제11장

탑동운동의 탈동원화와 매립의 종료 그리고 운동의 성과

범양건영이 합의를 하기는 했지만, 매립업자들의 반복적인 약속 철회와 기만을 경험한 도민운동은 그 합의 이행을 강제할 보장 방안을 찾았다. 이른바 합의 '이행 보증' 문제는 1990년 6월 이후 탑동 운동의 핵심 쟁점이 되었다. 범도민회는 범양건영이 약속한 200억 원 상당의 공사에 대해 확실히 이행 보증하라고 요구했지만, 범양건영은 그 가운데 10% 정도만을 보증했다.[178] 하지만 제주시는 확실한 보장이 없는 상황에서도 도시계획 등을 변경하려 했다.[179] 도시계획 변경은 매립지에 필요한 기반 시설을 공급하는 걸 의미했고, 이는 사실상 매립사업의 종결을 뜻한다. 도민회는 범양건영과 제주시 모두를 비판하면서 탑동 문제를 도민운동 주도로 종결하고자 여러 활동을 진행한다. 하지만 탑동 운동은 이런 활동에도 운동 내외 조건이 변화하고, 탈동원화가 가속되어 소멸 단계로 향하고 있었다.

　운동의 탈동원화는 모든 사회운동에서 나타나는 하나의 순환이다. 동원의 국면이 있다면 동원이 해체되는 탈동원화의 국면이 있다. 탈동원화가 반드시 운동의 쇠퇴로 귀결되지는 않지만, 쇠퇴는 언제나 탈동원화와 함께 한다.

178　탑동문제해결범도민회, 1990.7.7., "제주도민께 알려드립니다."

179　제주민족민주운동협의회 외, 1990.7.16., "성명서"

기억해야 할 점은 운동의 '쇠퇴'는 그 자체로 운동의 실패와는 다르다는 점이다. 운동의 실패는 쇠퇴의 한 원인이지만 쇠퇴와는 구분되어야 한다. 운동은 그 목적을 달성한 이후, 곧 성공 때문에 쇠퇴할 수도 있다. 쇠퇴하지 않는 운동은 없다. 모든 운동에는 역사가 있기 때문이다. 하지만 그 쇠퇴의 구조는 다를 수 있다.

사회운동을 연구하는 학자들은 운동의 쇠퇴(衰退, decline) 이유로 여러 원인을 찾아냈다. ① 성공 ② 조직적 실패 ③ 포섭(co-optation) ④ 억압 ⑤ 주류 사회의 인정(establishment within mainstream society) 등이다(Christiansen, 2009: 2). 탑동 운동의 쇠퇴도 일정 정도는 이 모두와 관계가 있었다. 하지만 다른 요소도 작용했다. 더 큰 갈등과 만나면서 탑동 운동이 대면하던 갈등이 그 갈등으로 치환된다. 이 새롭고 더 큰 갈등은 탑동 운동의 갈등과 같지 않았지만, 탑동 문제를 다른 방식으로 통합하는 갈등이었다.

1. 다른 갈등의 부상과 현안의 이동: 제주개발특별법 경합국면의 부상

'탑동 문제'의 종결 방안이 쟁점이 되고 있던 1990년 초중반에 도민사회 전체는 탑동 문제만을 집중적으로 다룰 수 없는 상황에 다시 직면했다. 지역 현안이 탑동 문제에서 제주개발특별법 문제로 매우 빠르게 이동하고 있었다. 탑동 문제 종결을 둘러싸고 범양건영에 약속 이행 보장을 요구하던 국면은, 2024년 현재까지 제주의 지난 30년을 규정하는 최상위 법 규정인 제주특별법 제정이 도민사회의 현안으로 부상하던 국면이기도 했다. 이행 보증의 문제는 탑동 문제에서 마지막 문제이기도 했지만, 제주개발특별법 문제에 비한다면 약한 갈등이었다. 이에 반해 제주개발특별법을 둘러싼 갈등은 민주화 이후 민주주의 공간에서 제주라는 지역 정체성을 둘러싼 갈등 가운데 가장 강도 높은 갈등이었다. 왜냐하면 제주가 무엇이며, 어떠하고, 어떤 방향으로 나가야 하느냐는 지역정체화를 둘러싼 치열한 정치적 경합공간이 형성되었기 때문이다.

1989년에 한국개발연구원(KDI)은 용역보고서를 통해 「제주도개발특별조치법」(특별법) 제정을 제안했다. 이어 1990년 4월 23일에는 제주도 연두순시 자리에서 당시 노태우 대통령이 "도지사가 모든 권한과 책임을 가지고 제주개발을 할 수 있도록 특별법 제정을 검토하라"고 지시했다. 그러다 특별법 제정을 논의한 민자당 당정협의회 등의 내용 곧 「제주도개발특별조치법」 시안이 1990년 8월 27일에 제주 도내 일간지인 제민일보를 통해 도내에 최초로 공개되었다. 이 법안을 정기국회에 부쳐 연내 통과하겠다는 추진 세력의 방침이 알려지면서, 제주 도민사회의 여론이 들끓기 시작했다(한국민주주의연구소, 2006: 65).

1990년 9월부터 본격적인 활동이 일어났다. 9월 4일 제주대학교 사회발전연구소는 "특조법 문제점 토론회"를 개최했고, 제주 도내 12개 농민단체는 법 제정 유보를 촉구하는 성명을 발표했다. 제주민족민주운동협의회 등 9개 단체도 법안 폐기를 요구하는 성명을 발표했다. 흥미로운 점은 당시 특조법을 둘러싼 제주 도민사회 혹은 운동사회의 대응이 '유보'와 '폐기'로 양분됐다는 점이다. 이는 30여 년이 지난 현재까지도 유사하다. 제주특별법의 원칙적 폐기를 요구하는 견해가 있는가 하면, 현실 조건을 이유로 특별법의 개정 혹은 수정을 요구하는 흐름으로 나뉘어 있기 때문이다. 이는 제주 지역정체성 정치의 기본 구도를 형성하는 쟁점이라는 점에서 그 출발은 바로 1990년부터 전개된 제주특별법 제정 반대운동이라고 할 수 있다.

도민사회의 대응은 계속되었다. 하지만 1991년 3월 18일 당시 노태우 대통령은 제주도청 업무 보고에서 "조속한 입법조치"를 지시한다. 그러다 1991년 5월에 접어들면서 전국적인 반정부 투쟁이 전개된다. 지금은 '91년 5월 투쟁'이라고 부르는 투쟁 국면이다. 제주 또한 이런 전국적 맥락과 함께 움직였다. 1991년 5월 22일에 '특조법 및 UR 대책위'는 "특별법 결사반대! 특별법 제정 지시한 노태우 퇴진!"이라는 성명을 발표한다. 91년 5월은 탑동 운동이 사실상 종료되는 때였다. 운동사회의 최대 쟁점은 이제 탑동이 아니었다. 제주특별법 관련 투쟁은 모든 투쟁을 압도했다. 그리고 치열한 반정부투쟁이 전개된다. 1991년 5월은 탑동만의 시간이 아니었다.

흥미로운 점은 제주 탑동 매립지에 만들어진 광장이 특별법 제정 강행 반대 투쟁의 집회 장소로도 이용되었다는 점이다. 예를 들면 1991년 11월 20일에는 탑동 매립지 광장에서 "제3차 범도민 궐기대회 및 고 양용찬 열사 정신 계승결의대회"가 진행되었다. 대회를 끝난 뒤 참가자들은 "제주대 풍물패를 앞세우고 탑동~동문로터리~중앙로 등을 거쳐 3km 남짓 떨어진 광양로터리까지 차도를 따라 평화행진을 벌였다."[180] 탑동 매립지가 또 다른 대규모 도민운동의 장소로 이용되는 순간이었다.

이는 두 경향이 교차하는 순간이기도 했다. 하나는 상징적 장소로서의 탑동이었다. 민주화 이후 민주주의 공간에서 전개된 제주개발체제와 주민 및 시민의 대립을 보여주는 상징적 장소의 하나인 탑동에서 진행된 특별법 강행에 항의하는 대규모 도민 궐기는 그 의도와 무관하게 "회고를 통해 그 장소와 결합"(게바우어, 뤼커, 2019: 183)한다. 특별법 강행 반대 운동은 이런 점에서 탑동 매립지에 각인된 역사와 상징의 위력을 불러낸다. 하지만 그 작용은 상호적이다. 특별법 강행 반대 운동이 탑동에 또 다른 역사를 추가하여, 그 역사와 상징의 위력을 배가했다.

그러나 동시에 특별법 강행 반대 운동은 탑동 매립지에 만들어진 '광장'을 이용하였다. 대규모 도민 궐기에 적합한 도시 공간으로 탑동 매립지 광장을 선택했다. 이는 탑동 매립지 광장이 제주개발체제 반대 세력에게도 의미 있는 도시 인프라로 기능하기 시작했다는 걸 뜻한다. 운동은 단지 탑동의 상징적 차원만 취하는 것이 아니라, 그 물질적인 기능과 공간의 규모를 함께 선택했다. 그래서 역설적으로 회고를 통해 탑동의 상징이 강화되는 그 순간에, 물질적으로 탑동 매립지는 도시 인프라로 인정받고 정상적으로 기능한다. 탑동이 인프라가 되는 그 순간, 탑동은 장소가 아니라 하나의 배경 공간으로 후퇴한다. 역사적 장소로서의 탑동과 도시 인프라로서의 탑동이 교차하면서, 탑

---

180 한겨레, 1991.11.21., "제주개발법 반대 궐기대회 시민·학생 3천명 참가"

동의 재(再)일상화가 이루어지고 있었다.

2. 탑동 문제 관련 범도민사회의 분열과 축소

운동의 탈동원화가 일어난 또 다른 이유의 하나는 합의 이후에 범도민회 내에서 발생한 심한 내부 분열 때문이었다. 범도민회는 형식상 도민대책위원회를 확대 개편하는 형태로, 최대 다수 동맹의 형태로 탑동 문제에 접근하기 위한 노력이었다. 하지만 범양건영, 행정당국과 탑동 문제 종결 방안을 협상하는 과정에서 내부 분열에 직면했다. 현실적인 타협 방안을 제시해야 한다는 압박 속에서 대표들이 합의한 안이 범도민회 내부에서 부결된 일이 그 공개적 계기였다.

내부 분열은 사회운동 연구에서 조직적 실패로 분류된다. 밀러(Miller, 1999)는 파편화(fractionalism)와 폐쇄화(encapsulation)가 나타나는 경우가 많으며, 이는 사회운동 조직의 실패 원인 중 하나라고 분석한 바 있다. 탑동 운동에도 이와 같은 조직적 실패 곧 파편화와 폐쇄화의 경향이 나타났다. 합의 내용을 둘러싼 이견들은 끝내 범도민회의 활력을 떨어뜨렸고, 나중에 범도민회는 매우 축소된 상태로 남게 되었다. "협상 대표로 나섰던 사람들은 범도민회에서 빠져나가고, 실망한 상당수 대표들이 더 이상 회의에 참석하지 않게" 되었던 것이다(조성윤, 1992: 101).

운동의 동원 과정에서 도민을 결속하며 그들에 목적을 부여하며 정체성을 만드는 중핵 조직의 역할을 하였던 범도민회의 분열과 축소는 운동의 탈동원화를 가속하는 계기가 됐다. 범도민회는 남아 있었지만, 범도민운동이라는 위상을 잃어버렸을 뿐만 아니라 운동의 경로를 바꾸어 낼 만한 도민 동원력도 이제는 없었다. 견제할 강력한 힘이 소멸한 상태에서 제주시는 단독 합의한 경로를 따라 탑동 문제를 종료하기 위한 절차를 추진한다.

이는 부분적으로 범도민회 혹은 그 전신인 도민대책위원회를 구성하는 방식과 그 구성 단체의 조직적 한계 때문이기도 했다. 범도민회와 도민대책위원회는 전체 도민을 호명하는 조직이었지만, 그 골격은 당시 구성되었던 단체 곧 '조직'을 기초로 했다. 각 단체는 자율적으로 운영하면서, 범도민회나 도민대책위원회에는 대표를 파견하였다. 당시에 조직은 상대적으로 장기적인 활동을 보장하는 수단이기는 하지만, 그 대중 기반은 허약한 편이었다. 그리고 파견된 대표들을 중심으로 "교수, 신부, 목사 등 사회적 명망이 있다고 생각되는 인사들을 끌어들여 공동대표로 삼아 공동대표제로 운영하였다."(조성윤, 1992: 103)

그 결과 두 가지 구조적인 한계가 있었다. 하나는 도민과 범도민회 혹은 도민대책위원회 사이의 간극이고, 다른 하나는 그 중심 골격인 범도민회와 구성 단체 사이의 간극이다. 이 두 간극은 여러 현실 조건과 역사적 한계와 만나 대표 중심의 범도민회 운영으로 귀결되었고, 이런 운영 방식은 두 간극을 더욱 강화한다. 그 결과, 대표 단위에서 이루어진 내부 분열과 사실상의 탈퇴는 범도민회 혹은 도민대책위원회라는 범도민 정치적 동맹의 동력을 약화할 수밖에 없었다.

3. 탑동 매립 공사의 종료

매립은 완료되었지만, 제주시의회는 건설부에 매립준공검사의 유보를 요청했다. 범양건영이 합의한 이행 보증이 분명하지 않다는 이유였다. "이렇게 되자 제주시는 사업시행자를 설득한 끝에 매립지 1,400여 평에 대한 근저당설정을 받아내게 되었으며," 이를 근거로 제주시의회에서 승인을 얻는다. 제주시는 1991년 6월에 탑동 공유수면 매립지를 새로운 도시설계 지구로 공고하며, 1991년 12월 27일에 마침내 준공검사가 이루어져 4년여에 걸친 탑동 공유수면 매립 공사가 사실상 종료 단계에 진입했다(부만근, 2012: 410). 이와 함께 탑동 운동도 사실상 역사적으로 종료되었다. 개발이익 환수 차원에서 합의된 병문천 복개와 장학금 제공 문제가 여전히 남아 있었지만, 탑동 문제는 이제 약속의 이행 문제로만 남게 되었다.

도시설계 계획 과정에서 제주시는 면허 발급 조건에 포함되었던 규정인 건축물 높이를 5층 이내로 제한한다는 규정을 해안 쪽 6개 구역에 대해 35m까지 완화, 사실상 8~9층의 건물을 지을 수 있도록 해줬다. 고도 제한의 완화는 사실상 상업시설의 집중 및 바다 조망을 활용한 숙박시설 유치를 더 원활하게 하려는 조치였다. 주민은 이 조치로 기존 시가지의 바다 조망이 차단되었을 뿐만 아니라 땅값 상승 및 기존 상권의 위축, 해양 환경 오염의 심화가 나타날지 모른다고 우려했다.[181]

두 번째 매립이 완결된 1991년 이후 탑동 해안가는 시멘트와 아스팔트 부지로 만들어진 인공해안으로 변하고 말았다. 해녀 고시열 할머니의 말씀에 의하면, "매립한 바다는 전복 해삼이 많이 나던 좋은 바다인데 이제는 바다도 죽고 아무것도 안 나서 멀리까지 물질을 가야"하는 상황이 되었다고 한다. 매립 이후 바닷물도 깊어지고 해산물도 옛날처럼 많지 않다. 매립 이전에는 "바다도 얕고 썰물 때 물이 빠지면 오분자기, 소라, 보말들이 널려" 있던 곳이었다.[182]

탑동 매립지에서는 비극적인 사건도 있었다. 매립 전부터 탑동 연안에는 포장마차 영업을 하는 이들이 있었다. 그런데 1990년부터 탑동에서 포장마차 영업이 허용되면서 그 숫자가 크게 늘었다. 주변 상인들과 이때부터 마찰을 빚기 시작한다. 그러던 중 1991년 자신의 포장마차를 철거당한 한 청년이 분신자살하는 비극이 발생했다.[183] 한국일보에 "제주시 탑동로"에 관한 글을 기고한 문헌학자 김시덕은 "탑동로 주변의 포장마차는 탑동 매립의 결과물이면서도 비극의 산실"이었다고 말했다(김시덕, 2020). 하지만 이를 기억하는 이는

181　한겨레, 1991.3.5., "제주 '탑동' 매립 6년째 줄다리기"
182　디지털제주시문화대전, "탑동". (검색일: 2019년 4월 16일)
183　한겨레, 1991.9.4., "포장마차 강제철거 비관 '억척 삶' 20대 분신자살"

제주시민과 관광객들이 탑동 방파제를 찾아 더위를 피하고 있다. 한때 탑동 해변에는 포장마차가 즐비해 많은 이들이 즐겼다. 포장마차는 2000년 10월에 철거되었고, 현재는 청소년 쉼터로 탈바꿈했다.

출처: 제주도청 홈페이지

현재 거의 없다.

매립지는 모두 5만 평이었다. 이 가운데 2만 6천 평은 도로, 공원, 주차장 등 공공시설 용지로 기부채납할 예정이었다. 범양건설은 그 나머지 2만 4천 평을 각종 상업 및 위락시설 단지로 개발하고자 했다. 범양건영은 여기에 특급관광호텔 등 호텔단지, 콘도미니엄단지, 백화점, 쇼핑센터 및 관광 판매시설, 스포츠 레저시설, 해녀회관 및 관람·집회시설과 금융 및 일반업무시설을 유치한다는 계획을 세웠다. 제주 제2의 중심 상업지역으로 개발한다는 말도 나왔다.[184]

하지만 계획대로 매립지 개발이 이루어지지는 못했다. 준공된 지 3년이 넘도록 매립 대지에 건축시설물 유치가 유보돼 있었기 때문이다. 당시 중앙일보는 그 이유로 "최근 몇 년간 금융실명제 실시와 부동산 경기 침체 등으로 소

---

184 매일경제, 1992.01.13., "제주 임해 관광단지 올해부터 본격 개발"

유주들이 건축물 신축을 꺼리는 바람"때문이라고 기록했다.[185] 김영삼 정부가 들어서면서 진행된 경제 개혁과 부동산 시장 침체가 겹치면서 매립지 판매가 예상대로 이루어지지 않았다. 이는 범양건영의 계획을 변경시키는 주요 계기가 되었다.

1994년 10월 6일 매일신문에는 "제주 탑동 매립지 임해관광지로"라는 기사가 실렸다. 범양건영은 직접 개발하는 면적을 7천 평으로 축소했다. 그리고 나머지는 다른 업체들에 매각하기로 했다. 범양건영은 개발계획 차질을 이유로 제주시에 약속한 병문천 개발이나 장학금 지급 등의 약속을 제대로 지키지 않았다. 이는 이후 계속 갈등 사항으로 남는다. 1995년 봄이 되면서 관광호텔 등의 신축이 추진된다는 소식이 알려진다. 이후 호텔, 대형매장, 탑동광장, 해안산책로 등이 만들어지면서 현재 탑동의 모습이 형성되기 시작했다.

매립으로 인한 물리적 공간 변화는 공간이 주는 정서도 변화시켰다. 매립을 포함해 모든 건축 행위는 "인간에게 일종의 환경"이 되며, 이런 건조환경은 정서에 영향을 미치기 때문이다(투안, 1999: 175). '정서'라는 게 사람의 마음에서 일어나는 여러 가지 감정, 기분, 분위기 등을 말한다면 이 정서는 그 사람의 장소 경험과 이해에 의존한다. 이-푸 투안은 또한 장소에 대한 지식보다 장소에 대한 '느낌'을 획득하는 데 더 오랜 시간이 걸린다고 말했다. 만약 이 말이 맞는다면 그런 정서의 변화를 가장 잘 이해하는 이는 탑동이란 장소의 경험을 주기적이고 반복적으로 경험해 온 이들이다.

오랫동안 바로 이 탑동을 경험해 온 한 시민은 탑동 일대가 "그전에는 밀물과 썰물의 변화도 알 수 있고 바닷가에서 걷기도 했는데 지금은 너무 인공적이어서 삭막하게 느껴진다고 아쉬워했다."[186] 그 자리에는 현재 탑동해안로가 설치되어 있다. 탑동해안로는 여전히 무더운 여름에 더위를 식히는 장소로 주목을 받고 있지만, 바다와 상호작용하는 과정은 과거와 달라졌다. 그래

---

185 중앙일보, 1995.03.02., "3년 방치 탑동 매립지 관광호텔 등 신축 추진"
186 디지털제주시문화대전, "김홍식 할아버지의 일생의례", 검색일: 2018년 12월 15일

서일까, 누군가는 매립 이후 탑동 풍경이 "죽음의 풍경"으로 변했다고 절망했다. 하지만 모두가 그렇지는 않았다. 인공화된 탑동 매립지 위에 세워진 여러 시설들을 이용하고자 여전히 많은 이들이 탑동을 찾고 있다. 바다를 보러 오는 이도 많다. 탑동의 과거를 경험하지 못했던 이들에게 지금의 탑동은 이미 주어진 환경으로 존재한다. 연안은 변화된 조건에서 또 다른 방식으로 자연과 인간의 접점을 형성하고 있다. 그렇게 탑동 매립지는 연안 공동체와 제주시민의 일상 안으로 들어왔다.

4. 탑동 운동의 성과와 구조적 한계

탑동 매립의 법적 종료와 함께 운동도 소멸하였다. 하지만 운동이 남긴 성과를 평가하는 문제는 간단하지 않다. 보상 합의와 개발이익 환원 합의라는 탑동 운동의 역사적 과정에서 볼 수 있듯이, 탑동 운동은 갈등의 사회화를 통해 탑동 문제를 제주 사회의 주요 쟁점으로 규모 상승(scaling up)하는 데 성공했다. 또한, 완전하지는 않지만 피해 보상이라는 차원에서 연안 공동체의 권리를 인정받았고, 개발이익의 환수 차원에서는 도민의 공동자원체제(commons)에 대한 권리를 주창하여 이를 부분적으로 관철했다. 하지만 그 구체적인 내용은 지방정부와 기업 사이의 왜곡된 타협 구조를 통해 이루어져, 운동에 외부적으로 부과되었고 운동은 이에 맞섰지만 결국 극복하지 못하였다. 이런 점에서 합의는 운동이 만든 것만큼이나 제주개발체제가 부과한 것이었다.

　　탑동 문제를 구조적 차원 혹은 구조적 모순의 차원에서 바라보는 시선은 이와 같은 타협의 한계를 운동의 실패와 동일시하려는 유혹에 빠질지도 모른다. 이런 시각에서는 "현 상태 전체에 도전하는 대안적인 사회의 창출"(스콧, A., 1994: 182)만이 운동의 성공이 되기 때문이다. 하지만 앨런 스콧의 지적처럼 "실패와 통합을 동등시하는 것은 사회운동의 물신화된 견해"(스콧, A., 1994: 183)의 한 유형일 뿐이다. 통합과 운동의 실패는 같지 않으며, 때로 운동에서 통합은 완전하지는 않지만, 승리의 한 기준이 될 수 있다. "이것은 운동이 계속 존립한다는 것이 목적 그 자체가 아님을 의미하고 있다. 왜냐하면 사회운동의 활성화는 제도화되었건, 제도화되지 않았건, 정치적 표현의 다른 형태라는 맥락에서만 이해할 수 있기 때문이다."(스콧, A., 1994: 185)

윌리엄 갬슨(William A. Gamson)의 지적처럼 "성공은 규정하기든 힘든 관념이다."(Gamson, 2014: 383). 갬슨은 운동의 성공을 운동이 끝나는 시점에서 운동이 얻는 두 유형의 성과의 조합으로 바라보는 견해를 제안한 바 있다. 하나는 수용성(acceptance)으로 적대자 집단이 도전자 집단의 도전을 정당한 행위로 인정하고 그들의 요구를 수용하는지 유무이다. 다른 하나는 도전자 집단이 어떤 새로운 혜택(new advantage)을 얻었느냐이다(Gamson, 2014: 383). 갬슨은 이를 표로 정리했다(Gamson, 2014: 384).

해결된 도전의 성과(outcome of resolved challenges)

		수용성(acceptance)	
		충분(full)	없음(none)
새로운 혜택 (new advantage)	많음 many	충분한 대응 (full response)	선제적 대응 (preemption)
	없음 none	포섭/편입 (co-optation)	실패 (collapse)

실제 운동의 성과는 갬슨의 표처럼 분명한 이분법으로 나타나지 않는다. 갬슨도 현실 운동은 보다 복잡하다는 점을 알고 있었다(Gamson, 2014: 384). 그럼에도 갬슨의 분류표는 운동의 성과가 '충분한 대응'에 가까울수록 성공에 접근했다고 볼 수 있도록 돕는다. 갬슨을 따른다면, 탑동 운동은 완전히 승리하지도 않았지만, 완전히 패배하지도 않았다. 탑동 운동은 제주개발체제가 자신들에 반응하도록 만들었지만 충분하지 않았으며, 새로운 혜택을 얻었지만 충분하지 않았기 때문이다.

구조적인 측면에서 본다면 탑동 운동은 제주개발체제의 한계로 인해 출현하고, 바로 그 한계가 재구성되는 과정에서 종료되었다. 하지만 한계는 그대로 존속하고 타협을 통해 문제가 봉합되었기 때문에, 탑동 문제에 내재한 타협될 수 없는 차원 곧 탑동 문제를 발생시킨 역사적이고 구조적인 차원의 문제는 그대로 남았다. 바로 이 차원이 탑동 운동 이후 제주에서 치열하게 진행된 제주특별법을 둘러싼 광범위한 도민운동과 연결되는 부분이었다. 따라서 탑동 운동과 제주특별법 도민 운동은 구조적 차원에서 연결되어 있었고, 규모 면에서 더 큰 운동으로 상승했다고 말할 수 있을지도 모른다. 탑동 운동과 제주특별법 운동의 연이은 발생은 제주개발체제가 더 이상 과거와 같은 방식으로 작동할 수 없다는 점을 보여주었다. 따라서 이 운동을 통해 제주개발체제의 능동적 재구성이 이루어지는 계기가 형성된다. 제주개발체제는 국가 중심의 개발 전략과 지역의 필요 그리고 주민의 동의를 더욱 확장적으로 통합하는 전략으로 나아간다.

  탑동 운동은 피해 보상 합의와 개발이익 환원이라는 중요한 역사적 선례를 만들어 내기는 했지만, 이를 구체적인 사회제도로 공고화하는 사회변화를 만들어 내지는 못했다. 하지만 제주개발체제의 헤게모니 확장이란 점에서 바라본다면 탑동 운동은 제주개발체제가 과거와는 다른 방식으로 아래의 동의를 확보하기 위한 제도적 공간을 열어내는 데 중요한 역사적 사건이자 선례가 되었다고 평가할 수 있다. 운동의 결과가 운동 당시의 시공간이 아니라 연결되는 다른 운동의 시공간 속에서 나타난다. 제주개발체제는 이제 탑동 이전으로 돌아갈 수 없었다. 제주개발체제가 새롭게 형성되는 역사적 이행의 계기가 된 것이다. 하지만 개발 프로젝트의 헤게모니가 확장되었다고 하더라도 그 한계는 여전히 존재하기 때문에 탑동 문제는 다른 방식으로 제주 신개발체제 안에서 반복될 가능성이 구조적으로 존재했다. 실제로도, 또다시 반복되는 대규모 매립 개발 속에서 탑동 문제는 이후 다른 방식으로 반복되어 현실화하였다.

제12장

탑동 운동과 미완의 유산:
"주민주체개발" 권리의 주창과 제주개발체제와 통합

> "만약 국면이 역사를 만든다면,
> 모든 것은 조율되는 순간에 달려 있다."
> 애나 로웬하웁트 칭

1988년에는 탑동 운동만 있었던 것이 아니다. 제주 다른 지역에도 개발을 둘러싼 많은 갈등이 있었고, 동시적으로 터져 나왔다. 탑동 공유수면 매립 반대 운동은 국가 제주개발 계획과 밀접하게 연결되어 있었다. 다른 곳도 마찬가지였다. 1985년에 건설부는 제주도종합개발계획을 마련했다. 이 계획에 따라 1991년까지 총사업비 1조 2천9백4억 원을 들여 위락, 숙박시설과 골프장, 상가 등을 건설해 제주를 국제 수준의 관광지로 만들고자 했다. 제주 곳곳에서 개발 문제가 불거진, 게다가 동시에 나타난 배경이었다.[187] 물론 모든 항의가 국가계획 때문만은 아니었다. 항만 공사나 하수처리장 건설과 같은 또 다른 유형의 개발 공사가 있었다. 관광 개발과 구분한다면, 인프라 개발이었다. 하지만 이 둘은 연결된 경우가 많았고, 유사한 과정으로 진행되었다. 그리고 제

---

[187] 한겨레, 1988.09.02., "제주 종합개발에 주민들 반대 회오리"

주 주민과 시민사회도 이를 하나로 인식하였다. 바로 '제주도 종합개발'이다. 그 결과 개발에 이의를 제기하며 다양한 장소에서 반대와 저항 운동이 발생했다. 이 관점에서 본다면 탑동 운동은 그 운동의 일부였다. 탑동 운동과 여타 운동들은 자신의 장소 문제에 대응하면서도, 공동으로 제주개발체제에 항의하는 질문을 제기했다. "주민주체 개발결정권"은 이 질문에 관한 연대 운동의 응답이었다. 이는 끝내 수용되지 않았다. 하지만 질문은 남아 제주개발특별법 반대 투쟁과 연결되었고, 현재까지도 제주 사회의 자기 이해에 큰 영향을 미치고 있다.

체제가 운동의 요구를 완전하게 통합하지 않았다고 하여 제주개발체제가 그 이전과 동일한 건 아니다. 개발체제는 탑동 운동을 포함해 동시다발적으로 분출한 운동에 대응해야만 했다. 운동은 지배와 권력이 없는 빈 곳에서 발생한 운동이 아니었다. 개발체제 또한 마찬가지다. 단기간의 지평에서 바라보면 운동은 거대한 체제에 어떤 영향도 못 미치는 것처럼 보이지만, 기념비적 사건이 발생하거나 반복적 도전과 저항이 누적되면 체제는 변화의 압력을 수용하기도 한다.

따라서, 탑동 운동과 제주개발체제의 관계를 단선적인 대립 관계로 파악할 수 없다. 모든 체제는 능동적으로 존재한다. 제주개발체제도 언제나 지배와 권력의 능동적인 재구성 '과정'으로 존재했다(윌리엄스, 2009: 183). 탑동운동이 제주개발체제에 도전하여 이를 변형하는 중요한 역사적 계기였다면, 그 변형 과정은 제주개발체제의 능동적 대응 과정이기도 했다. 제주개발체제는 탑동 운동의 도전 중 일부는 통합하고, 일부는 배제하며, 자신의 질서를 보완하고 확장하는 방향으로 대응했다.

그 결과 탑동 운동의 유산은 이중적이었다. 한편으론 제주개발체제에 도전하는 제주 도민사회 형성의 역사적 계기였지만, 다른 한편으론 제주개발체제가 권위주의와는 다른 방식으로 자신을 구성해 나가는 계기가 됐다. 이런 이유로 탑동 운동이 확보한 권리의 공간들은 이후 자신의 대립물로 진화하기도 했다.

1. 1980년대 후반 제주 주민운동의 분출과 제주 개발의 주체라는 질문

1988년 11월 8일에 '제주지역 주민주체 개발결정권 쟁취 공동대책위원회'가 펴낸 자료집에는 "제주지역 종합개발에 따른 주민들의 반발이 거세게 일고 있는 지역"이란 제목 아래 그림이 실려 있다. 이 그림만 본다면 당시 무려 24곳에서 반발 및 저항 행동이 발생했다. 물론 그 강도는 모두 다를 수 있다. 그 가운데 몇 장소의 사례만 소개하면 다음과 같다.[188]

- 1986년부터 한림항 개발 공사로 공동어장이 훼손되었다. 해조류와 해산물이 매립공사로 바다 안에 매몰되어 버리거나, 암석 폭파용 폭약에서 나온 독극물로 어장의 절반 이상이 황폐해졌다는 기록이 있다. 이에 한림 잠수회를 중심으로 51명의 해녀와 그 가족 2백50여 명이 피해보상을 요구하며 싸움을 시작했다. 서귀 잠수회도 싸움에 나섰다. 1975년 방파제 착공 이후 1987년까지 해산물 수확량이 현저히 감소했다고 그들은 주장했다. 방파제 공사로 어장 규모가 줄어들었을 뿐만 아니라, 속칭 '자구리' 지역은 분뇨 때문에 피해가 막심하다고 했다.[189]

- 조천과 신촌의 경우에는 대섬 유원지 개발 문제가 있었다. 지역주민들은 공유수면 매립 동의의 무효 그리고 유원지 조성 계획 철회를 요구했다. 성산포에서는 성산포 해양관광단지 개발계획으로 80여 가구가 철거될 위기에 직면했다. 주민들은 철거대책위를 만들어 대응에 나섰

---

[188] 당시 주민운동 현황은 부만근(1998; 2017), 정영신(2021), 제주민주화운동사료연구소(2016), 제주민주화운동사편찬위원회(2013) 등에 정리되어 있다. 더 전체적인 파악을 원하는 이는 이 논문과 자료집을 참조하자.

[189] 이에 관해서는 『제주의 소리』 8호, 9쪽, "개발이냐 개나발이냐!"

다.¹⁹⁰

　탑동 문제로 용담동 해녀가 투쟁하던 그때, 용담동 해녀, 제주시 민주단체 그리고 개발 문제로 고통을 받고 있던 또 다른 제주의 현장들인 한림, 조천과 신촌, 성산포, 서귀포 등의 지역주민들이 함께, '주민주체 개발결정권'을 내걸고, 1988년 8월 19일 '제주지역 주민주체 개발결정권 쟁취 공동대책위원회'를 결성했다. 공동대책위는 공동결의문에서 "제주 개발은 누구를 위한 것인가?"라고 물으면서, 그 대안으로 "주민주체"의 원리를 제안했다. 정부나 기업이 아니라 그 삶의 장소를 지키는 주민을 위한 개발, 그리고 주민의 방식으로 주민이

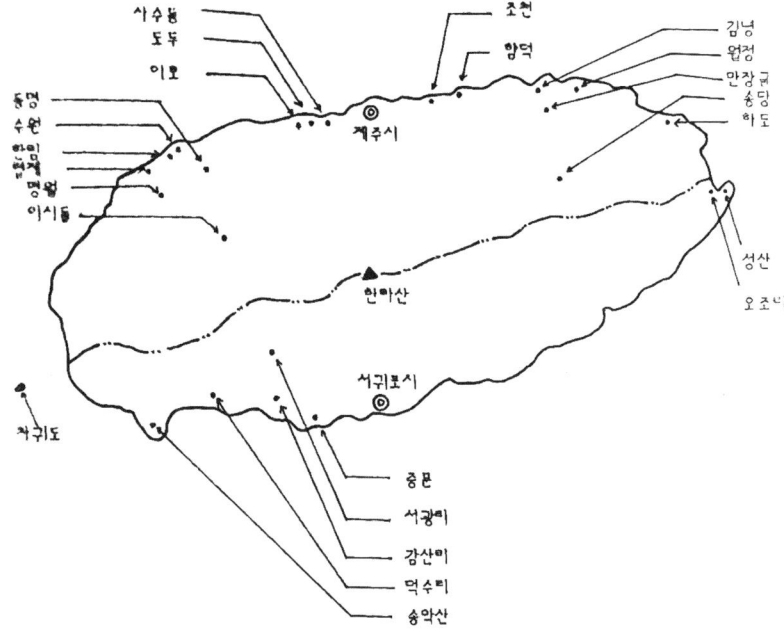

1988년 11월 당시 운동사회가 직접 그린 주민들의 저항이 거세게 일고 있던 지역
출처: 제주지역 주민주체 개발결정권쟁취 공동대책위원회, 1988.11.8. "제주시 탑동불법매립을 고발한다"

190　이에 관해서는 『제주의 소리』 8호, 9쪽, "개발이냐 개나발이냐!"

결정하는 원리를 주창한다.

주민주체의 원리는 두 가지 차원에서 중요한 의미를 지닌 원리였다. 우선 이 원리는 제주 근대화를 관통하는 핵심인 개발에 대해 1970년대 이후 지속된 문제 제기를 응축해, 하나의 대안으로 구체화하여 표현한 원리였다. 제주여민회 편집부는 탑동 운동을 평가하면서 "개발의 주체는 지역주민이어야 한다"라고 말하는데, 이는 제주여민회만의 인식은 아니었다. 주민주체 개발의 원리는 당시 제주 도민사회의 공통 인식틀이었다. 또한 이 원리는 민주화 이후 나타난 다양한 현장들이 자신의 현장 문제를 설명하고, 다른 현장들과 자신을 연결하는 연대의 원리이자, 공동의 전략 역할을 했다.

'주민주체'라는 표현에는 주민을 판단과 결정의 주체로서 인정하고 긍정하는 자세가 전제되어 있다. 제주지역 주민주체 개발결정권 쟁취 공동대책위원회 결성식이 예고되어 있던 1988년 8월 19일, 집회에 참여하려는 주민들에게 경찰과 공무원은 "빨갱이"라고 위협하며, 집요한 방해 공작을 벌였다(강남규·황석규·김동주, 2016: 10). 게다가 대회 이후 평화대행진을 하려던 참여자들을 원천봉쇄하였다. 행진이 무산되자 참여자들은 "곧바로 농성장을 광양성당에서 제주대학교, 연동교회로 옮겨가며 14일에 걸친 농성을 벌였으며, 그 결과 도당국으로부터 부분적인 양보를 얻어내었다."(조성윤, 1992: 91)

권위주의 정부 입장에서 주민의 결집은 언제나 불온한 현상이었고, 그에 따라 반공주의에 기초한 군사적 상황정의 안에서만 주민을 이해했다. 이

제주지역 주민주체 개발결정권 쟁취 및 공동대책위원회 결성대회 포스터

런 상황정의 안에선 국가가 모든 판단과 결정의 유일한 주체로 남고, 주민은 단지 통치의 대상으로만 존재해야했다. 혹은 문제를 제기하는 주민은 자신만 알거나 더 많은 보상을 노린 이기적인 존재로 취급당하기 일쑤였다. 이렇게 본다면, 주민주체의 원리는 다른 유형의 주민이 등장하고 있다는 점을 보여주는 선언이라고 할 만했다. 자신의 장소에서 자신의 문제를 독립적으로 판단하고 결정하는 주민이다. 이런 점에서 민주화 이후 나타나는 장소 기반 제주 개발 반대운동은 과거와는 질적으로 다른 현대 '주민'의 형성 과정이기도 했다. 주민주체 개발결정권 쟁취 운동은 그 반영인 동시에 이를 촉진하는 대안 권리 창안 운동이었다.

2. 주민과 도민: 연대와 분화

탑동 운동을 하지만 주민의 관점으로만 볼 수는 없다. 주민의 형성 과정과 함께 민주화 이후 새로운 조건과 만나 활성화의 계기를 맞이한 지역 시민사회 곧 '도민사회'[191] 또한 탑동 운동과 연결되어 있기 때문이다. 탑동 운동은 민주화 이후 이렇게 동시에 형성되고 있던 주민과 도민의 연대와 분화가 함께 발생한 운동이었다.

주민은 도민과 달리 특정 장소와 결합한 존재로서, 전체사회가 아닌 장소 기반 공동체와 일차적인 관계를 맺는 주체이다. 공유수면 매립은 일차적으로 특정 장소의 문제였고, 이는 해당 장소를 공동이용자원(Common pool resources)으로 활용해 온 연안 공동체의 문제였다. 따라서 주민 주체의 등장과 능동화는 구체적인 장소의 귀속 문제로 나타났다. 운동단체들의 연대 또한 더 큰 정치적 목표가 존재하기는 했지만(조성윤, 1992: 102), 구체적인 장소의 주민

---

[191] "범도민"이라는 단어가 제주에서 언제, 어떻게 등장하여, 현재까지 어떤 맥락으로 사용되고 있는지 정리한 정영신(2021: 244-254)을 참조하자.

문제 해결을 위한 지원과 협력, 연대의 성격이 강했다. 탑동 문제를 일차적으로 "주민생존권 쟁취 투쟁"의 차원에서 파악하였던 당시 기록들은 이를 잘 보여준다.

도민사회와 주민운동의 결합은 각 장소 기반 투쟁을 고립시키지 않고, 통합하는 기표와 전략을 창출하는 조건이 됐다. 주민운동의 능동성은 바로 그 능동성의 조건인 장소를 넘어서는 순간 멈추기 쉽다. 이에 반해 도민사회는 장소성은 약했지만, 다원적인 장소들의 요구를 통합하여 이를 정치화하는 역량을 보유했다. 특히, 다른 지역과 비교한다면, 제주 운동사회는 장소 기반 주민운동에 매우 적극적으로 결합하면서, 이를 공론화하는 방식을 모색했다(정영신, 2021: 230). 이런 과정에서 주민생존권 쟁취는 도민사회를 거쳐, 주민주체 개발 결정의 권리라는 민주적 권리 창안을 위한 정치투쟁이 되었다. 이는 민주화운동의 유산이 민주화 이후 국면에서 지역 주민운동과 만나 더욱 확장된 권리를 창안하는 방향으로 나간 경로라고 볼 수 있다. 특히 탑동 운동은 다양한 주민운동을 상징적으로 통합하는 구심 역할을 하여, 장소 기반 반(反)개발 동맹을 형성하는 계기가 되었다는 점에서 중요하다. 곧 탑동 운동을 제주 전체를 지난 30년 동안 관통해 온 개발동맹과 반개발동맹의 역사적 대립 구도의 출발점으로 보는 이유다.

정영신 교수도 제주 사회운동에서 반복적으로 나타나는 양식 가운데 하나가 "읍·면·동·리 등 기초 단위에서 발생한 개발/반개발의 문제들이 광역 단위의 도민사회의 문제로 상승하는 '스케일의 정치'가 제주 정치와 운동에서 주요 동학으로 자리잡고 있다"(정영신, 2021: 223)라고 진단한 바 있다. 운동에서 '스케일의 정치'(politics of scale)란 결국 운동이 발생 현장을 넘어 다른 동학을 지니는 규모로 운동이 상승한다는 걸 의미한다. 이런 규모상승(sclaing up)은 정영신 교수의 지적처럼 탑동 운동 이후에도 반복적으로 출현하며, 대규모 항의와 동원을 가능케 하는 기본 형식이 되었다. 이는 다르게 말한다면, 주민 층위와는 다르게 작동하는 도민사회가 형성되어 있어야 가능한 일이었다. 그 출발점이 바로 탑동 운동이었다. 그래서 정영신 교수는 "탑동운동은 '주민'이라는 주민운동의 주체 이외에도 '도민'이라는 새로운 정치 주체를 제주 지방정치의 전면에 등장시킨 계기였다"(정영신, 2021: 225)라고 평가했다.

하지만 도민사회의 등장은 주민운동과는 독자적인 층위에서 공유수면 매립 문제를 정의하는 담론과 주체의 발전을 가져왔다. 곧 도민운동은 주민운동과 분리될 수 있었을 뿐만 아니라 갈등 관계를 형성할 수도 있었다. 도민운동은 민주화운동의 연속선상에서 전개된 운동으로, 운동을 전체 민중의 역사 속에서 총체적으로 파악하는 이념 경향이 강했다. 주민운동과의 연대 또한 전체 변혁운동이나 민주화운동의 발전을 위한 도구적 단계로 인식하기도 했고, 그에 따라 주민운동을 자신의 하위 단위로 보는 경향도 내재하고 있었다(조성윤·문형만, 2005: 19).

이는 도민사회의 정치적 토대가 주체의 측면에서 볼 때 주민과 다르다는 점과도 관계가 있다. 주민은 특정 장소와 관계 속에서 정의되는 데 반해, 제주 도민사회는 가깝게는 민주화운동 멀게는 반식민투쟁과 다른 국가 형성 및 분단체제에 대항하는 운동을 그 역사적 토대로 했고, 이 운동의 중심은 무엇보다도 대학과 강한 연계를 가진 당대의 비판적 지식집단들이었다. 물론 이런 계층 혹은 집단 구성의 범주 차이가 그 자체로 운동 전개 과정에서 순수하게 드러나지는 않는다. 그럼에도 당대 상대적으로 높은 교육 수준을 지닌 운동 주체의 조직은 주민과는 다른 운동 문화를 형성하고 있었고, 이는 민중의 투쟁에 대해 민중 자신의 해석과는 다른 해석을 발전시킬 소지가 컸다.

또한 만약 공간적으로 탑동 운동을 분석할 수 있다면, 도민운동은 '도시'에서 출발한 운동이고, 주민운동은 '농어촌' 운동 성격이 강했다.[192] 이념과 조직이 도민운동의 주요 기반이라면, 주민운동은 상대적으로 친족 공동체나 마

---

[192] '도시' 운동과 '농촌' 운동의 차이는 김상숙(2016) 연구를 참조해 재구성하였다. 1946년에 일어난 '10월항쟁' 연구를 통해 김상숙은 한국의 사회운동이 도시와 농촌에서 다른 구조와 성격을 갖는 형태로 전개되었다는 점을 보여주었다. 이런 맥락 차이는 현재까지도 지속되고 있다.

을 공동체 등이 운동의 기반이었기 때문이다. 도시와 농어촌이 만나는 연안으로서 탑동 운동은 이 두 운동이 만나는 공간적 중첩의 운동이기도 했다. 도민운동에 참여한 다양한 단체와 대학의 활동가들은 농어촌에서 자라나 도시에서 대학에 다니거나 그 영향을 받았다. 이런 성격이 단지 '민중'을 이념적 차원의 개념이 아니라 넓은 의미의 친족공동체 안에서 이해하는 경향을 만들었을 가능성이 있다. 제주에서는 흔한 말이지만 '삼춘'이 유인물 등에서 제주의 동료 시민을 호칭하는 단어로 활용된 이유도 어쩌면 여기에 있다. 하지만 이런 중첩이 두 운동 사이의 차이를 소멸시키지는 않았다. 도시운동은 이념 지향으로 나아갈 가능성이 컸고, 농어촌운동은 그럴수록 고립될 수 있었다. 그러나 공간적 중첩과 활동가 생애의 중첩이 두 운동의 차이가 적대적으로 발전하지 않도록 했다.

두 운동 사이에 존재하는 이런 불일치와 간극, 때로는 갈등과 모순의 지점을 개발업자는 이용하려고 하였다. 조성윤은 다음과 같은 기록을 남겼다(조성윤, 1992: 102).

"1988년 10월 용담동 해녀들이 어장 피해 보상을 요구하며 서울 평민당사에서 농성을 했을 때, 그들에게만 보상을 지급하면서 재야 단체와 연대 활동을 하는 삼도동 해녀들에게는 보상금을 지급하지 않았다. 또한 개발이익환수 운동 단계에서 범양건영은 삼도동 해녀들 가운데 일부에게 추가로 피해 보상을 해주겠으니 대신 탑대위에서 빠져나오라고 회유하였고, 이 회유가 부분적으로 성공하여 40여 명의 삼도동 잠수회 소속 해녀들 가운데 10여 명이 더 이상 운동에 참여하지 않겠다고 각서를 써주고 비밀리에 보상을 받고 말았다. 이는 잠수회 내부에 상당한 타격을 안겨 주었고, 운동이 소강 상태에 접어든 오늘날까지 이들 사이의 상호 반목과 대립이 계속되는 요인을 제공하고 있다."

주민과 도민이라는 두 집단적 주체의 동시적 형성 과정이 운동에 중첩된다고 할 때, 여기에서 제기되는 핵심 문제는 이런 균열을 넘어 주민과 도민의 전망을 조정하는 일이었다. 주민은 단기적인 관점에서 경제적 보상과 생활 문제를 제기하는 경향이 강했다. 그러나 장소와 결합한 주체이기에 일상의 시공간 속에서 문제가 해결될 때까지 그 문제와 함께 살아간다. 이에 반해 도민은 상대적으로 장기적이고 총체적인 지역사회의 전망 아래 공유수면 매립 반대 운동에 참여했다. 이런 도민사회는 의제 중심으로 움직인다. 곧 다른 의제가 발생하면 기존 의제를 다루는 데 한계가 있었다. 도민운동은 또 다른 차원에서 단기적이었다.

이는 삼도동 해녀의 농성 투쟁 국면과 용담동 해녀의 투쟁 국면에 제주 민주단체가 결합하는 양상이 달랐던 점을 통해 확인할 수 있다. 송악산 군사기지 쟁점이 불거지면서, 제주 민주단체들은 송악산 군사기지 반대 투쟁에 집중하게 된다. 탑동 문제를 송악산 군사기지 문제보다 부차적인 문제로 인식했기 때문이었다.[193] 이에 반해 주민은 장소를 선택할 수 없었다. 일상 장소가 박탈될 위기에 처할 때, 주민은 삶이 불안해지거나 가난해질지 모른다는 위협을 받는다. 이에 일상 유지를 선망하며, 이전 그대로 살아가려는 강한 동기를 갖는다. 하지만 도민사회는 그 정의상 동료 시민의 일상 문제를 정치 의제로 만들 수는 있지만, 그 자체로 일상을 살아가는 이들의 사회는 아니었다.

이는 공유수면과 관계하는 두 집단의 차이와도 관련 있다. 주민과 도민, 두 집단 모두 '우리'의 바다라고 말했지만, 주민에게는 레스 우니베르시타스(Res Universitatis)로서의 바다였다면, 도민에게는 레스 콤뮤네스(Res Communes)로서의 바다였다.[194] 곧 주민에게 바다는 일차적으로 일상의 지속이 걸린 노동의 바다로 자신들이 공동으로 관리하는 바다였다면, 도민에게 바다는 모두에게 상속된 선물과 같은 것으로 만인에게 열려 있어야 하는 자연이었다.

---

193 『제주여성』 제6호, 13쪽.

194 유스티니아누스 법전의 '거래 대상이 될 수 없는 것'(Res Extra Commericium)에 관해서는 장훈교(2023: 56)를 참조하자.

이런 차이 탓에 주민운동은 도민사회를 발전시킨 계기이기도 했지만, 주민운동의 이탈로 도민사회는 동력을 상실하기도 했다. 도민사회 내부에서도 이런 전망 조정의 문제가 공개적으로 부상한 적이 있었다. 탑동 주민운동이 보상 문제에 집중할 때였다.[195] 하지만 결국 조정되지는 못했다.

개발 문제를 둘러싼 주민과 도민 사이의 상호조정 문제는 그 이후 매우 중요한 쟁점이 되었다. 제주개발체제 안으로 주민 참여가 통합되면서, 주민과 도민사회의 갈등 관계가 본격화되기 때문이다. 2000년 초부터 진행된 송악산 개발을 둘러싸고 벌어진 지역주민과 도민사회의 대립은 그 중요한 예이며(조성윤·문형만, 2005: 21), 2018년 비자림로 도로 확장 공사에서 마주친 주민과 도민의 대립도 이 문제가 제주개발체제의 주요 문제임을 다시 보여준다. 제주개발체제의 변형 과정에서 주민은 더 이상 장소의 방어자만은 아니었다. 주민들은 주도적으로 장소 개발계획을 입안하거나, 부동산업자들과 결합하여 장소 판매를 위한 다양한 활동을 전개했다. 장소의 경계는 도민사회를 해당 쟁점 '외부'로 배제하는 효과를 발휘했다. 현대 주민은 장소와 자신의 관계를 개발 이익의 관점에서 파악했으며, 이는 장소 내에서, 그리고 도민사회 내에서 또 다른 갈등의 원천이 되었다.

3. 제주개발체제와 통합

담론 구조라는 면에서 본다면 주민 기반 장소 판매 현상은 1980년대 후반 제주 주민운동의 또 다른 역사적 경로였다. 주민주체의 원리는 다른 방식이기는 하지만 결국 심층에서는 개발 결정을 위한 권리였다. 당시 핵심 구호가 "개발권을 도민에게"였다는 점은 이를 분명하게 보여준다. 주민주체의 원리는 단지 개발 판단과 결정의 주체로서 주민을 내세운 것이 아니라, 외부에서 무엇

---

[195] 『제주여성』 제6호, 14쪽.

보다 국가가 제주에 부과해 온 개발에 저항하는 담론으로 등장했었다. 여기에는 "육지"의 차별에서 제주를 벗어나게 하려는 인식과 심리가 매우 중요한 역할을 했다.[196] 기간 제주 개발의 역사가 지역주민을 위한 개발이 아닌 오히려 "관과 육지재벌 간의 결탁"[197]으로 개발이익이 도외로 유출되어 온 역사라는 운동단체들의 역사 인식은 그 핵심이었다. 이런 인식에는 물질적이고 역사적인 근거가 있었다. 국가와 지역 정부의 무관심과 배제 구조 속에서 지역발전 문제는 오랫동안 방치되었으며, 그 결과 주민은 낙후된 생활환경과 불안정한 혹은 정체된 경제구조 속에 놓여 있었다. 이런 불만 속에서 개발은 기간 진행되어 온 '무시'에 맞선 인정투쟁이자, 지역 경제발전을 향한 열망, 무엇보다 참여의 동시적인 표현이었다.

이런 점에서 주민주체의 원리는 외부에서 부과된 제주 개발을 비판하며 주민을 동원하고 방어하는 데 유용한 담론이었지만, 제주 내부의 자생 개발을 비판하는 담론으로는 작동하기 힘든 구조였다. "누가 주체가 되어, 무엇을 목적으로, 어떻게 개발할 것인가?"[198]라는 질문을 제기하는 주민주체의 원리는 너무나도 쉽게 주민의 이익 옹호를 이유로 개발을 허용할 수 있다. 이상철도 이를 지적한 바 있다. 민주화 이후 제주도에서 개발과 관련된 주민의 불만이 터져 나오기 시작했지만, "불만은 개발 자체에 대한 반대가 아니다. 국가와 외지 대자본이 개발의 주체가 되고, 도민은 개발의 입안·시행·이익의 향유에서 배제된 외생적 개발전략에 대한 반대였다."(이상철, 2002: 169) 실제로 당시 지역주민들의 가장 큰 불만은 "관광개발사업에서 소외되고 개발의 이익이 자신들에게 돌아오지 않는 것에서 출발"했다. 그래서 "만약 개발업자가 개발의 대가로 일정한 돈을 지불하거나 그밖에 다른 타협책을 제시"(조성윤, 1998: 247)한

---

196 육지의 차별을 반복적으로 경험한 제주의 사회심리적 조건을 고려해야 한다는 지적은 이 글을 함께 읽고 토론해 준 정영신, 고희숙 두 선생님께서 말씀해 주신 내용이다.

197 1988년 제주지역 주민주체 개발결정권 쟁취 공동대책위원회 공동결의문

198 『제주여성』제6호, 11쪽

다면, 개발은 이루어질 가능성이 컸다.[199]

제주개발체제는 헤게모니의 확장을 위해 주민주체 개발결정권 안에 들어 있던 이와 같은 요구를 능동적으로 통합하는 방향으로 움직였다. 주민주체의 원리를 개발이익 재분배의 요구로 변형하여, 아래의 능동성을 체제 안으로 투입하려 했다. 민주화 이후 등장한 주민운동과 도민사회의 성장, 그리고 기간 축적되어 온 제주 개발 구조를 향한 불만과 비판 지형 때문에, 권위주의하에서 형성된 주민 배제와 무시의 개발 구조를 그대로 반복할 수 없는 지형이 발생했다. 이는 특히 1989년부터 1992년까지 「제주도개발특별조치법」의 입법과 실행을 둘러싼 강력한 저항으로 표현되었다. 동의를 얻는 안정적인 제주개발체제를 만들려면, 주민주체 개발 결정의 요구 일부를 변형 통합해야만 했다. 그 예의 하나가 1990년 4월 당시 노태우 대통령이 제주 개발은 제주도민에 의해, 제주도민을 위해 이루어져야 하며, 도지사가 모든 권한과 책임을 지고 개발해 나갈 수 있도록 특별법을 제정하거나 현행법을 개정하도록 하라고 지시한 사례이다. 이 발언은 이중적이다. 왜냐하면, 이 발언 이후 제주도에만 국한된 개발특별법 제정 경로가 부상하였기 때문이다. 그러나 막상 제주도개발특별법에는 도민 주체의 개발이란 항목이 빠졌다. 이 항목이 빠지자, 강력한 반대가 일어났다(오정준, 2003: 147). 이는 제주개발체제가 주민주체의 원리를 활용하는 전형을 보여준다.

1990년대 초반을 경유하면서 제주개발체제는 일부 변형된다. 그 방법은 두 경로였다. 하나는 주민주체 개발결정권에 존재하는 일부 요소를 제주개발 프로젝트 안으로 통합하는 경로였다. 「제2차 제주도종합개발계획」이 대표적인데, "주민들의 격렬한 저항으로 법안의 이념과 기본 구상에서는 주민이 주체가 되고, 개발과 보전을 조화시키며, 산업 및 지역 간 균형 발전을 강조하면서 개발이익의 지역 환원"을 포함했다(양수남, 2003: 206). 이는 주민주체 개발결정권의 표현과 일부 내용을 그 안에 통합한 것으로, 저항의 결과란 점에서

---

199 이상철(1998)도 참고하자.

중요한 전진이었다. 이로써 제주개발체제는 제도적 변화의 계기를 그 안에 포함할 수 있게 되었다.

하지만 전체 개발계획의 구조는 여전히 국가와 자본이 결탁해 추진했던 과거 개발 방식과 크게 다르지 않았다. 다시 한번 제주대 교수였던 이상철의 분석을 빌려 온다면, 1997년에 도정부와 주민에게 권한을 약간 더 부여하는 개발 방식의 변화만 존재할 뿐, 제주에서 개발 전략의 근본적인 변화는 없었다고 비판한 바 있다(이상철, 1997: 203). 오히려 주민 주체의 원리와 개발이익의 지역 환원이라는 문제설정은 국가와 대자본의 개발 방식을 유지하면서, 주민 곧 "돈 없는 사람들이 개발에 참여"하는 방식[200]을 여는 방법으로 개발체제의 하부구조를 확장하려 했다. 이런 조건에서 2003년 산방산 케이블카 공사를 추진했던 사계리 주민들처럼, 주민이 주도하여 개발계획을 발표하고, 자본을 직접 끌어들이는 방식도 나타난다.

이 두 경로는 모두 도정부의 자율성과 책임성을 확장한다는 명분 아래 도지사의 권한 강화로 귀결된다. 제주를 위한 개발이 되려면, 이를 책임지는 제주도정 권한이 강화되어야만 한다는 논리였다. 이런 제도 논리를 따라 중앙정부는 주민주체의 원리를 도정부의 권한 강화, 도정부 주도의 개발 추진 양식으로 재구성하면서, 형식상으로는 개발 프로젝트 뒤로 한 걸음 물러나는 변화를 만들어 내려 했다(이상철, 1995: 83). 이렇게 확장된 하부구조는 현 제주개발체제의 강력한 토대가 되었다. 다시 말하면 더 강력한 동의가 형성되는 조건이 제도적으로 확보되었다. 운동과 체제의 상호작용은 이처럼, 반개발 운동의 성과가 오히려 개발체제의 하부구조와 그 동의 토대를 확장하는 결과로 나타나기도 한다. 운동은 그 자신과 다시 대립하게 된다는 의미는 바로 이를 뜻한다.

---

200 시사저널, 1991.10.24., "개발 특별법에 제주 民火山 폭발"

• • • •

제13장

합의 이후: 병문천 복개와 재난, 그리고 반복개

1993년부터 범양건영은 병문천 복개 공사를 시작했다. 복개(覆蓋)란 일반적으로는 덮거나 씌우는 일을 말하는데, 건설 용어로는 하천에 덮개 구조물을 씌워 겉으로 보이지 않도록 하는 일이나 그 덮개 구조물 자체를 일컫는다. 당시 병문천은 하천 관리가 되지 않아 심각한 오염 상태였다. 복개가 대안으로 부상했다. 다른 이유도 있었다. 제주시는 병문천을 복개 하면서 만들어지는 공간을 활용하면, 도심 차량 흐름이 원활해지고 주차 공간도 대폭 확보할 수 있다고 바라보았다. 제주시가 범양건영에 병문천 복개를 강력하게 요구하여 합의를 끌어낸 이유였다. 탑동 운동에 처음부터 깊이 개입했던 인사인 양시경은 당시 다음과 같이 주장했다.[201]

> "병문천 복개에 따른 자연 재난, 환경오염, 생태계 파괴, 도심 과밀화 현상은 고려치 않은 채 단순히 일부 지역에 국한된 도시 교통 문제에만 염두를 두고 무리하게 사업을 추진하고 있어 새로운 불씨를 야기시킬 수 있다."

---

[201] 제주투데이, 2017.01.25., "1990년, 도민이 바랐던 '원칙', 2017년의 '원칙'은 어디에?"

이는 양시경만의 주장은 아니었다. 일부 전문가들도 주차장과 도로 확보는 오히려 교통 혼잡을 가중할 수 있다며 신중히 해야 한다고 경고했다. 이 경고는 이후 현실이 되었다. 병문천 복개로 또 다른 재난이 발생했다. 따라서 이 재난에 대응하여 대책을 마련해야만 했다. 일부를 들어내는 '반(半)복개'가 대안으로 선택되었다. 탑동 개발이익 환원 합의가 병문천 복개로 귀결되고, 그 선택이 또 다른 재난과 연결되며, 결국 그 복개를 완전 철회가 아니라 부분적으로 철회하여 재난에 대응하는 과정은, 탑동 운동 이후 제주개발체제가 직면한 새로운 도전과 과제가 무엇인지를 보여주는 동시에 탑동 운동 이후의 탑동 문제가 어떤 지형 속에서 다시 구성되고 있는지 예시한다.

흥미로운 점은 양시경과 전문가들이 지적한 병문천 복개 문제가 탑동 공유수면 매립에 내재한 바로 그 문제이기도 했다는 점이다. 하천을 매립하지는 않지만 복개로 인위적인 도시공간을 창출하고 이를 도로와 주차장으로 활용하려는 방식이기 때문이다. 개번 맥코맥(Gavan McComack)은 한 책에서 "코오베는 치수를 한다는 명목으로 도시를 흐르는 강과 냇물을 콘크리트로 복개하여 폐쇄된 하수관으로 변형시켜 버린 전형적인 도시였다."고 쓴 바 있다(매코맥, 1998: 41). 맥코맥의 분석을 빌려 온다면, 이런 도시는 코오베(神戶)만이 아니었다. 제주시도 동일한 선택을 했기 때문이다.

복개는 기본적으로 강을 하수관으로 만드는 정책이다. 하천오염을 이유로 하천을 닫아 거대한 하수용 도시 인프라로 활용하기 때문이다. 오염을 방지하는 하천 관리를 발전시키는 대신, 그 오염을 허용하는 걸 넘어 아예 하천 전체를 희생시켜 도시의 하수관으로 이용한다. 도시 성장을 위해 하천을 '희생지대'로 만든 셈이다. 탑동 공유수면 매립 이익이 또 다른 공유수면인 하천을 다른 방식으로 매립하는 현상이었다.

이런 역설과 함께 병문천 복개에는 탑동 운동과는 또 다른 점이 있었다. 도민사회의 반대와 우려에도 불구하고 병문천 인근지역 주민은 병문천 복개를 강하게 요구했다. 병문천 복개는 이런 점에서 탑동 문제 종결을 위한 타협안이 탑동 문제를 다르게 반복하는 방식으로 구현되었다고 말할 수 있을지도 모른다. 탑동 문제는 더 이상 육지 자본과 제주 인민의 대립 관계만으로 나타나지 않는다. 도시개발과 이를 향한 동의와 요구는 탑동 운동 이후의 탑동 문제를 지탱하는 또 다른 한 축이다.

1. 병문천 복개 공사 과정: 중단과 반복 그리고 종료

병문천은 제주시를 관통하는 마른 하천, 곧 건천(乾川)이다. 비가 오지 않는 날에는 하천이라고는 하지만 모두 말라 있다. 병문천은 한천, 산지천과 함께 제주시의 3대 하천 가운데 하나로 꼽힌다. 강순석 제주지질연구소 소장이 헤드라인제주에 "제주의 하천, 건천의 역할은 무엇일까"라는 글을 기고한 적이 있다. 그에 따르면 "제주에서 하천은 우선 한라산 고지대의 엄청난 강우량을 바다로 급속하게 이동시키는 배수로의 역할"을 한다.[202] 육지 사람 가운데는 아는 이들이 많이 없지만, 한라산에는 하룻밤 사이에도 육지부의 연평균 강수량에 맞먹는 비가 내리기도 한다. 그러나 건천의 역할이 얼마나 중요한지 알 수 있다. 강순석 소장의 말처럼, "만약 한라산 남북 사면에 건천이 없다면 해안가 마을은 모두 홍수로 사람이 살 수 없었을 것이다."[203] 하지만 놀랍게도 병문천 복개 과정에서 이런 건천의 기능은 고려되지 않았다.

 범양건영은 개발이익 환원 차원에서 당시 공업시험소 입구에서 제주 종합경기장 입구까지 병문천 하천 2,058m를 책임 준공하고, 장학금 20억 원을 출연한다는 내용으로 제주시와 협약을 체결했다. 공사비는 당시 기준으로 대략 200억 원에 달한다고 예상됐다. 제주시가 범양건영에 병문천 복개를 요구하는 데는 두 가지 이유가 있었다. 하나는 제주지역에서 발생하는 생활오수 등이 정화를 거치지 않은 채 하천으로 흘러들어 환경오염을 일으켰다. 당연히

---

[202] 강순석, 2021.6.8., "제주의 하천, 건천의 역할은 무엇일까", 헤드라인제주
[203] 강순석, 2021.6.8., "제주의 하천, 건천의 역할은 무엇일까", 헤드라인제주

하천 인근에서는 심한 악취가 날 수밖에 없었다. 병문천도 마찬가지였다.[204]

하천 관리가 잘 이루어지지 않는 문제도 있었지만, 근본적으로는 하수처리시설의 부족과 설계 문제가 있었다. 한국은 상수도 공급 인프라를 빠르게 확장하였지만, 생활오수를 처리하는 하수도 인프라는 매우 더디게 공급한 나라이다. 이 부족한 하수도 인프라 역할을 하천이 대신한다. 제주에서 빗물과 생활 오수를 분류하여 처리하기 시작한 건 1990년대 중반 이후였다. 그때부터 엄청난 돈이 투입되어 하수처리시설을 개선하고 하천오염을 줄이고자 노력하고 있지만, 2020년대에도 제주의 하천오염은 심각한 상태다.[205]

다른 하나는 교통이 혼잡하고 주차 공간이 부족해 병문천 인근 주민들이 큰 불만을 품고 있었다는 점이다. 제주시가 빠르게 팽창하면서, 도심의 교통 혼잡과 주차 공간 부족은 제주시의 고질적인 문제 가운데 하나였다. 하지만

1970년대 병문천 모습으로 옛 서문다리 위에서 찍었다.
출처: 제주도청 홈페이지

---

204 동아일보, 1994.02.03., "제주도내 하천오염 심각"

205 제주의 소리, 2021.9.16., "제주 화북천 하류로 오수가?…'냄새 나서 못 살겠다' 분통"

제주시는 도시 인프라에 투자할 재정 여력이 부족했다. 탑동 문제 합의는 이때 하나의 돌파구가 되었다. 하지만 당시에도 병문천 복개 구간을 도로나 주차장으로 활용한다고 하더라도 교통 혼잡은 오히려 가중된다는 비판이 많았다. 제주시는 이런 비판은 수용하지 않았다.

주민도 탑동도민회와 갈등을 빚으면서, '병문천 복개 추진위원회'에 참여하면서 이 개발을 지지했다. '병문천 복개 추진위원회'는 지역주민이 만든 위원회처럼 보이지만 그 실제 내용은 제주시가 기획한 "관변단체로 어용적인 성격"(조성윤, 1992: 100)이 강했다고 한다. 동장, 통반장을 중심으로 구성한 후, 주민을 조직하는 활동을 전개했기 때문이다. 하지만 주민의 자발적 참여가 완전히 배제된 조직도 아니었다. 병문천 복개가 환경 개선 효과뿐만 아니라 땅값 상승을 기대하는 개발 호재였기 때문이다(조성윤, 1992: 100).

복개는 당시 제주에서 낯선 것이 아니었다. 병문천뿐만 아니라 산지천, 한천 등 3대 한천이 교통난 해소 등을 이유로 복개 사업의 대상이 됐다. 제주시는 이미 1966년부터 81년까지 7차례에 걸쳐 건입동 산지천을 덮은 바 있다. 산지천은 제주시에 상수도가 보급되기 전 시민이 식수원으로 이용하던 하천이었다. 그런데 1960년대부터 시작된 제주 도시화 과정에서 산지천 인근으로 주거가 밀집되고 하천이 각종 오물로 오염되었다고 한다. 또한, 도시 공간이 부족해지면서 다양한 개발 압력도 있었다(이재섭, 2019: 131-132). 이런 상황에서 산지천 복개가 1965년에 결정되고, 1966년에는 도시계획도로 및 시장 대지로 고시된다. 이어 1966년 12월부터 복개 공사가 시작되었다. 그 위로는 상가건물이 들어섰다고 한다.

1991년 7월에 제주시는 병문천 복개 공사 시행에 앞서 6억 원을 들여 실시 설계 용역을 의뢰했다. 그리고 8월에도 두 차례에 걸쳐 실시 설계 용역을 입찰했으나 업체들이 나서지 않아 모두 유찰되었다. 제주시는 결국 병문천 사업 시행 주체로 범양건영을 정하고, 그 기간은 2년 6개월 내로 잡았다. 계획대로라면 1995년 6월 말까지 복개 공사는 완공되어야 했다. 하지만 범양건영은 병문천 복개도 성실히 진행하지 않았다. 공사가 1992년 12월부터 시작되기는 했지만, 범양건영은 여러 이유로 약속한 구간 전체를 복원하지 않았다. 당연히 완공되지도 않았고, 그 시점도 약속 기한을 훌쩍 넘었다. 게다가 한 번에 연속으로 공사가 진행되지도 않았다. 공사는 자주 중단됐다. 1993년 10월에 병문천 복개 공사가 3개월 가까이 중단됐다. 1995년 6월에도 범양건영이 재원이 없다며 공사를 중단했다. 1997년 7월에도 공사가 중단되었다.

그 이후 병문천 복개 공사가 답보상태에 머물자, 제주시는 범양건영에 공사를 조속히 마무리해달라는 촉구 공문을 매년 보낸다. 하지만 범양건영은 "매립지 분양이 지연되고 있어 개발이익이 별로 발생하지 않은 데다 기업 자금 사정도 악화했다"라며 사업을 미루었다.[206] 병문천을 연구한 이재섭에 의하면 "병문천 복개의 공기 연장은 복개 지역을 도로로 활용하여 구도심권 교통량을 분산하려던 제주시의 교통난 해소 정책에 차질을 주었다. 이로 인해 적십자회관 인근 주민들은 공사가 지연되어 불편이 계속되었다."(이재섭, 2019: 143) 우여곡절 끝에 병문천 복개는 약속한 구간을 채우지 못한 채 1999년에 사실상 종료되었다. 2백여 미터가 더 남은 상태였다. 하지만 문제는 여전히 있었다. 범양건영은 병문천 복개 외에도 20억 원 상당의 장학금 지급을 약속한 바 있다. 병문천 복개와 장학금 지급을 둘러싼 범양건영의 합의 이행 여부 문제는 1999년 이후 십 년이 지난 2009년까지도 계속 문제로 남았고, 관련 논쟁이 진행되었다.

2003년 당시 김태환 제주시장이 서울의 범양건영을 방문해 장학금 기탁을 요구했으며, 범양건영이 각서를 제주시에 제출했다는 소식이 제주에 알려졌다.[207] 탑동개발이익환수연대[208]는 2003년 11월 7일 제주시장을 만나 제주시와 범양건영 간에 협상한 내용을 청취하고, 그 내용을 제주주민자치연

---

206 경향신문, 2001.6.25., "제주 병문천 복개 언제 끝나나"

207 제주의소리, 2003.11.11., "탑동 매각되면 장학금 내 놓겠다"

208 이때는 제주경제정의실천시민연합, 제주주민자치연대, 제주참여환경연대가 환수연대를 구성하고 있었던 것으로 보인다.

대 게시판에 공개했다.[209] 제주주민자치연대에 따르면, 범양건영은 탑동 사업으로 이익이 실현되는 데로 장학금을 지급하겠다고 답변했다. 병문천 복개도 2004년 말까지 해결하겠다고 밝혔다. 하지만 그 협상과는 다른 사태가 2004년 전개됐다.

2004년 말 범양건영은 제주시를 상대로 소송을 제기한다. 공사 과정에 비용이 과다하게 지출돼 공사를 중단했으며, 장학금 지급 약정은 강압적 분위기 속에서 이뤄졌고, 채권소멸 시효도 지났다는 이유였다. 이를 근거로 범양건영은 제주시가 자신들의 토지에 설정한 근저당을 해제해야 한다고 요구했다. 근저당은 범양건영이 합의 이행을 압박하기 위해 그 보장 수단으로 제주시가 잡은 것이었다. 제주시는 이에 맞서 2005년 1월에 범양건영을 상대로 장학금 20억 원과 병문천 미복개구간 공사대금 16억 원 등 36억 원을 지급하라는 청구 소송을 제기한다.

첫 복개 후 현재의 중소기업은행 앞에서 본 산지천 모습이다.
출처: 제주도청 홈페이지

---

209   제주주민자치연대, 2003.11.10., "탑동개발 이익환수에 대한 제주시와의 간담회 결과"

법정 투쟁의 결론은 2007년에 났다. 제주지법은 제주시의 손을 들어 애초 약정대로 20억 원을 지급하라고 결정했다. 또 병문천 미복개구간 208m는 제주시와 범양건영이 6대 4로 분담해 1년 이내에 완공토록 했다. 그러나 법원은 이후의 사정변경도 인정했다. 기부채납 약정을 그대로 강제하는 건 1,500억 원 상당의 개발이익이 발생하지 않았기 때문에 부당하다고 판단했다. 범양건설은 실제로 매립지를 모두 매각하지 못한 상황이었다. 하지만 이때 병문천 복개는 1990년대와는 또 다른 문제와 만난다. 복개가 제주가 직면한 도시문제의 대안인지 더 이상 불확실했다.

2. 병문천 반복개 정비 사업

2016년 7월에 제주시는 병문천 하류 구조물 174m를 철거하고, 다시 병문천을 복원했다(이재섭, 2019). 병문천 복개 지구의 위험 문제가 반복적으로 제기되자, 구조물을 뜯어내고 하천 기능을 일부 복원하려 했다. 병문천 이전에도 이미 산지천 복개가 제주 사회에서 문제가 되었었다. 1990년대 이전부터 복개된 산지천 하류에서 장마 때마다 침수 피해가 발생하고, 복개 건물 기둥이 바닷물에 부식되는 등 건물의 안전도에 문제가 있었다.[210]

산지천 복개 지구에서 위험 문제가 본격적으로 등장한 건 이미 1991년부터였다. 1991년에 제주시는 복개 대지를 안전 진단해달라고 의뢰하였는데, 보수와 보강 방안이 없어 철거 후 재시공하라는 결과가 나왔다. 하지만 관련 건물주들이 반대했다. 다시 용역을 맡겼는데, 이때 응급 보수를 하면 2년은 버틸 수 있다는 결론이 나왔다고 한다. 제주시가 건물주들과 재건축 협의를 진행하였고, 1995년에는 거주자들이 이주하도록 조치했다(이재섭, 2019: 132).

근대 제주가 매우 허약한 기반 위에 만들어졌다는 걸 산지천 복개 대지

---

210 한겨레, 1992.7.17., "제주 특성 '마른 하천' 복개 공사로 사라질 위기"

의 붕괴 위험이 보여준다. 결국 제주시는 1995년부터 산지천 복원 사업을 시작하여, 2002년에는 자연형 하천으로 복원하였다.[211] 산지천은 제주뿐만 아니라 전국 최초의 하천 복원 사례. 흥미로운 점은 산지천의 경험이 있는데도, 탑동 문제 종결 방법으로 병문천 복개 공사를 제주시가 밀어붙였다는 점이다. 게다가 산지천 복개 대지의 위험이 알려진 시기와 범양건영과 합의한 때가 중첩된다. 제주시가 더 이상 하천을 덮지 않기로 한 때는 2009년이 되어서였다. 이는 1990년대에 시작된 제주개발체제의 일련의 이행이 2010년 전후로 공고화되었다는 점을 보여준다. 또한, 산지천의 복원과 병문천의 복개가 동시에 추진될 수 있었던 것은 탑동 운동 이후 개발체제가 모순적 결정을 내려야만 하는 상황에 점점 더 내몰리고 있다는 의미이기도 하다. 2010년의 질서는 그 모순에 맞선 제주개발체제의 대응 결과였다.

2009년에 제주시가 더 이상 하천에 덮개를 씌우지 않기로 하면서, 범양

복원된 산지천의 야경.
출처: 제주도청 홈페이지

---

211 이에 대한 전반적인 내용으로는 양성기(2010)의 "산지천의 생태하천 복원과 하천 정비"를 참조하자.

건영과도 새롭게 협약을 체결한다. 병문천 복개 사업을 저류지 사업으로 대체한다는 내용이었다.²¹² '저류지'(貯留池)란 하천에 비가 내릴 때 그 빗물을 일시적으로 저장하는 곳을 말한다. 2007년 11호 태풍 '나리'의 피해 경험은 이때 중요한 역할을 했다. 제주 지역언론인 제주매일은 2007년 사설에서 "병문천 복개 계속 해야 하나"라고 물었다. 이 사설은 태풍 나리의 피해가 복개된 병문천 일대에 집중적으로 발생했다며, "예견되는 하천 복개로 인한 엄청난 피해를 예상하면서 다시 사업을 추진하는 것은 불 난 집에 기름통을 짊어지고 뛰어드는 것과 다를 바 없다"라고 비판했다. 그래서 제주매일은 미복개구간을 계속 복개하는 게 타당한지 전문가와 시민의 여론을 수렴해 결정해야 한다고 요구했다.²¹³

사실 병문천 일대에서는 이런 일이 자주 발생했다. 1959년 9월 17일 자 조선일보에는 태풍이 몰고 온 폭풍우로 1929년 이래의 대홍수가 산지천과 병문천에서 일어났다는 보도가 있다. 근 삼백 호에 달하는 가옥이 침수되고 헤아릴 수 없는 가재 가축이 휩쓸려 내려갔다는 내용이다.²¹⁴ 1979년에도 유사한 보도가 있었다. 1979년 2월에 호우로 병문천에 물이 불어나 위험한 상황이 발생했다. 제주에서 병문천을 한 번 가본 사람이라면 누구나 안다. 건천은 평상시에는 물이 없지만 비가 한번 크게 내리면 그 빗물이 흘러가는 수로 역할을 한다. 한 번 물이 터지면 그 규모는 상상을 초월한다. 제주도는 태풍 '나리' 이후 "100년에 한 번 발생하는 폭우까지 견딜 수 있게 하겠다며 12개 저류지를 설치했다."²¹⁵ 하지만 이는 자만이었다.

2015년 여름 태풍 '찬홈'으로 병문천 제3저류지의 석축이 유실되었다.

---

212 제주신문, 2009.9.25., "제주시 ↔ 범양건영(주) 병문천 복개 대체사업 협약체결"
213 제주매일, 2007.10.21., "[사설] 병문천 복개 계속해야 하나"
214 조선일보 1959.09.17., "삼십년래의 대홍수"
215 제주의소리. 2018.3.8., "생태복원은 좋지만… '또 혈세?' 여론-천문학적 예산 '부담'"

한라산에 폭우가 내리면서 한 번에 많은 빗물이 유입된 것이 원인이었다. 제3저류지는 바로 2007년 9월 태풍 나리로 인해 도심 하천이 범람하자 2011년 설치된 바로 그곳이다. 제주시는 계속 보강 작업을 했다. 하지만 제주 언론에서는 100년에 한 번 발생하는 폭우까지 견딜 수 있게 하겠다며 만든 저류지가 유실되자 제주시를 강력하게 비판하였다. 일부에서는 저류지의 반복적인 실패 이후에 당국이 복개 구조물 철거를 본격적으로 고려하게 되었다고 보고 있다.[216]

병문천 복원 논의가 공식적으로 등장한 때는 2009년이었다. 당시 환경부는 이른바 녹색뉴딜 핵심 사업의 하나로 '청계천+20' 하천 복원 프로젝트를 추진했다. 2012년까지 전국 도심지역의 닫힌 하천 20개를 청계천과 같이 열린 물길로 되살린다는 계획이었다. 제주시는 이 프로젝트 사업비를 받아보고자 제주시 도심을 관통하는 산지천, 병문천, 한천 등 3개 하천의 생태복원 사업계획을 정부에 제출했다.[217] 하지만 제주는 선정되지 못했다.

병문천 하류 복개지(용담1동, 삼도2동 일대)는 주차장 및 도로 등으로 사용됐다. 염분 등으로 시설물 부식 등이 진행되면서 2009년 하천기본계획 수립 때 복개 구조물 전 구간을 철거하고 복원하는 쪽으로 방향이 잡혔다. 하지만 정부 사업비를 받는 데 실패하면서 실제 집행은 안 이루어진다. 이후 2012년에 정밀안전진단을 실시한다. 그 결과 하류부 5구간이 D등급을 받아, 국고 지원으로 하천 재해 예방 사업을 할 수 있게 되었다. 하지만 주민 반대에 부딪혀 사업이 지지부진하게 추진된다. 주민이 반대한 이유는 주차장 부지 때문이었다. 당시 108면의 주차장이 있었는데, 그것이 사라진다는 이유였다. 이에 제주시는 68면의 주차면을 약속하여 타협을 이뤄냈다.[218] 언론 보도에 따르면 7

---

216 제주의소리, 2018.3.8., "생태복원은 좋지만…'또 혈세?' 여론-천문학적 예산 '부담'"
217 조선일보 2009.4.6., "산지천·병문천·한천' 생태복원 추진"
218 제주도민일보 2016.7.9., "'위험' 병문천 하류 복개지, 20년 만에 정비"

병문천을 삼킨 태풍. 1981년 애그니스 태풍 때 사진이다.
출처: 제주도청 홈페이지

차례에 걸쳐 주민설명회를 진행하면서 동의를 얻었다고 한다.

  병문천 하류 복개지 공사가 실제로 시작된 건 2016년 12월이었다. 2019년 준공이 목표였다. 하지만 병문천 전체 구간을 복원하는 건 아니었다. 위험 문제가 반복해서 제기된 병문천 하류 복개지가 주요 정비 대상이었다. 하류 복개 구조물 174m를 철거하고 하천을 개방한다는 계획이다. 그럼에도 일부이지만 원래 하천 형태로 복원해 나간다는 점에 제주 사회는 주목했다.[219] 공사가 실제로 준공된 건 2019년이 아니라 2021년이었다. 복개 구조물이 일부 철거되고 반복개 구조물로 정비되었다. '반복개'인 이유는 일부는 하천을 개방하였지만, 주차 공간의 확보와 주변 도로 환경 등의 이유로 반은 그대로 남겨두었기 때문이다. 당시 제주시 관계자들의 인터뷰를 보면 "기상이변에 따른 재해에 능동적으로 대처해 주민 안전을 지키는 데 행정력을 집중하겠다"라며, "재해 없는 안전한 도시"를 만들기 위해 노력을 다하겠다는 내용이 보인다.[220]

---

[219] 제주신문. 2015.12.10., "붕괴 위험 병문천 '반 복개'로 전환 '주목'"

[220] 제주의소리, 2021.4.18., "제주 병문천 재해예방사업 준공...복개 → 반복개 개선"

하지만 내용으로 본다면, 도시개발 압력과 타협한 안이었다. 반복개는 그 물리적 결과였다. 제주개발체제는 이제 완전한 복원도, 이전의 복개도 아닌, 일종의 '완충지대'(클라인, 2008: 493)를 창출하는 데 주력한다.

3. 복개에서 반복개로: 도시문제의 지형 변화와 개발체제의 변형

병문천 복개는 공유수면 매립으로 발생한 이익을 또 다른 공유수면인 하천 복개라는 도시개발로 되돌리는 선택이었다. 이는 제주개발체제가 도시의 팽창에 대응하여 어떤 모습으로 작동하는지를 보여주는 한 단면이었다. 또 다른 도시개발로 탑동 개발이익을 환수한 모양이기 때문이다. 탑동 공유수면 매립에서 확인했지만, 병문천 복개는 제주시가 공유수면을 언제든지 동원 가능한 잠재적인 도시재정의 원천이자, 개발 '개척지'로 희생할 수 있는 자원체계로 본다는 점을 다시 알려준다. 하지만 제주개발체제의 이와 같은 전략은 그 체제가 원천적으로 배제했던 자연의 능동적 힘이 현실화하는 사건 곧 '재난'과 만나면서 수정된다. 반복개는 제주개발체제의 이런 변화를 보여주는 징후였다.

병문천 복개와 반복개 정비 과정 사이에는 1990년대와 2010년대의 경험 차이가 존재했다. 2007년 태풍 나리와 같은 집중 호우는 기후-생태위기와 재난 대비, 그리고 관련 피해 방지에 도시가 대응해야만 하는 압력을 만들어 냈다. 그리고 하천 복원 관련 재정이 녹색성장 혹은 녹색 뉴딜을 내세운 이명박 정부의 새로운 건설 프로젝트로 진행되었다는 점에서 알 수 있듯이, 2000년대 중후반부터 도시가 직면한 위기를 또 다른 경제 성장과 연결하려는 전략이 급부상하였다. 이는 병문천 복원이 기존 개발체제와는 다른 척도로 선택된 프로그램이라는 점을 보여준다. 곧 하천 재해 예방이라는 새로운 의제에 개발체제가 적응하면서, 재자연화 프로그램을 개발체제의 목록 안에 통합했다.

법제도 차원에서 이런 변화의 시작을 보여주는 지표는 아마도 1991년 12월 31일 공포되고, 1993년 7월 5일에 환경 및 경관영향평가, 지하수의 보존과 이용, 관광진흥기여금 모금 등의 내용을 포함하여 시행 조례안이 마련된 제주도개발특별법일 것이다. 국내 최초로 경관영향평가가 도입되었다는 점에서 알 수 있듯이, 1990년대 초부터 제주개발체제는 제주의 자연 혹은 보다 넓은 의미에서 제주의 지역성을 개발체제로 통합하는 국면으로 나아가고 있었다(김태일, 1999: 50). 물론, 이런 개발체제의 변형 과정은 탑동 운동 이후 전개된 광범위한 개발 반대와 변화 운동, 특히 제주개발특별법 반대 운동 덕분이었다.

주차장은 이 점에서 흥미로운 관찰 변수이다. 탑동 매립 이익환수 사업으로 복개된 병문천은 주차장 및 도로 등으로 이용되었다. 교통 혼잡을 해결하려면 더 많은 주차장이 필요하다는 요구는 병문천 복개 압력의 주요 원천이었고, 동시에 병문천 복원의 가장 큰 걸림돌이었다. 주차장이 줄어들 때 발생하는 불편함을 근거로 주민이 반대했기 때문이다. 병문천 반복개는 재해에 능동적으로 대처해야 하면서도 주차장으로 상징되는 제주 도시의 팽창 그리고 이 둘을 종합해야 하는 제주 개발프로젝트의 현재를 보여준다. '자연'은 더 이상 완전한 매립 대상으로 규정되지 않는다. 이는 우리 모두의 안전을 위협하는 재해로 되돌아오기 때문이다. 하지만 재해를 이유로 완전한 자연의 복원도 허용되지 않는다. 복원은 도시의 팽창을 지속하며 그 흐름을 유지하는 한계 내에서 이루어져야 한다. 자연은 살려야 하지만, 개발과 재해 사이의 타협 공간 안에 있어야 했다.

이런 타협은 ① 반복적으로 경험하는 재해와 그 누적된 피해, 특히 예측할 수 없는 형태로 발생한 재해가 개발체제에 미치는 압력 ② 안전에 대해 공적 책임을 지는 정부의 정당성 위기 ③ 복개 이외에도 다른 대안이 존재할 수 있다는 대안 담론이 부상하면서 이루어졌다. 하지만 타협은 제주개발체제의 우위 아래 이루어졌다. 제주개발체제는 기후-생태 위기를 인정하고 재난 관리도 시작했다. 하지만 그 위기 자체를 방지하려는 노력보다는, 병문천 반복개와 같이 재정이 허용하는 범위 내에서 기술적으로 관리하는 방법을 모색했다. 잉골푸르 블뤼도른(Ingolfur Blühdorn)은 이러한 대응 방식을 기술-관리주의(techno-managialism)라고 불렀다(Blühdorn, 2007: 191).

탑동 개발이익 환수 운동은 병문천 복개 제안을 반대하기는 했지만, 복개가 이루어진 이후에는 병문천 복개 그 자체보다는 범양건영의 장학금 지급 이행 문제에 주로 집중했다. 병문천 복개와 그 지속과 운영 및 관리는 이후 도시정부의 행정 책임 영역으로 바뀌었고, 1990년대 후반 형성된 제주 환경운동 기반 시민사회는 바로 이 행정을 견제하며 비판자로서 감시활동을 했다. 2010년대 제주개발체제와 그에 도전하는 도민사회의 모습은 탑동 운동이 발생했던 1980년대 후반에서 1990년대 초와는 확연히 다른 형태였다. 탑동 문제는 다른 방식으로 반복되고 있었지만, 탑동 문제에 대응하는 운동은 제주 생태 시민 정치를 내건 영향력의 정치 형태로 전개됐다. 곧 탑동 문제의 지평은 이제 민중에서 시민으로 이동하고, 참여 형태는 동원에서 영향력의 정치로 바뀌었다.

제14장

개발체제의 변형과 공유수면 매립 양식의 변화

탑동 매립이 사실상 종료되는 1991년은 제주개발체제가 그 이전과 다른 새로운 환경과 만나 자신을 능동적으로 재구성하는 이행의 시작점이기도 했다. 제주개발특별법 제정은 신호탄이었을지도 모른다. 이 법은 과거 제주 개발프로젝트의 계승이자 동시에 새로운 개발프로젝트 단계로 나아가려는 국가 차원의 대응이었기 때문이다. 이런 관점에서 본다면, 탑동 매립은 제주개발체제의 역사적 이행 과정의 출발점에서 종료된 사건이었다. 탑동 운동이 남긴 성과가 제주개발체제와 상호작용을 하면서 이중적으로 구조화될 수 있었던 이유도 이행 과정이 열어 놓은 체제의 개방성 덕분이었다. 이행기는 안정기보다 더 큰 개방성을 체제에 불어 넣는 경향이 있다. 권위주의에서 민주주의로의 정치체제 이행은 물론 이때 중요한 역할을 했다. 하지만 국내 정치체제의 이행은 제주개발체제의 역사적 이행에서 단지 한 층위에 불과했다.

  제주개발체제는 1990년대에 접어들면서 ① 국민국가를 넘어 자본과 상품, 인간의 이동을 촉진하는 지구화(地球化, globalization) 프로젝트와 만났을 뿐만 아니라, ② 거의 동시에 지속가능한 개발(sustainable development)이라는 새로운 국제적 규범의 확산 및 관련 프로젝트와도 직면해야 했다. 제주개발체제는 이 두 프로젝트와 만나면서 1990년대부터 2010년대까지 20여 년 동안 그 이전과는 구별되는 새로운 개발체제인 '지속가능-세방화(世方化) 개발체제'(development regime for sustainable glocalization)로 변형되었다.²²¹ 이 신(新)개발체제는 과거 권위주의 개발프로젝트와는 달리 '지속가능한 개발'을 '이데올로기적 마스터 프레임'(ideological master frame)(Eder, 1996: 183)으로 하면서, 자본, 상품, 인간이 만나는 전 지구적 이동 흐름의 결절점(結節點)으로 제주를 형성하려는 개발체제였다. 이제 제주개발은 전 지구적 경쟁 관계 안에서 이해된다.²²²

하지만 주의할 점이 두 가지 있다. 하나는 권위주의 개발프로젝트와 관계이다. 공식 절차 면에서 제주개발체제는 민주주의 체제의 압력에 대응하여 개발 규모 및 목적을 조정하고, 과정도 점진적으로 개선했지만, 구조 차원에서 본다면 권위주의적 개발프로젝트가 남긴 유산과 관습 위에서 여전히 작동하고 있었다. 이런 점에서 개발체제의 이행은 완전한 단절이 아니라, 일종의 혼합화 성격이 강했다.

두 번째로는 지속가능-세방화 개발체제가 '지속가능한 개발'을 이데올로기적 프레임으로 하는 체제이지, 그 체제 자체가 지속가능성을 담보하는 체제는 아니라는 점이다. 잉골푸어 블뤼도른이 말한 바 있듯이 "지속가능성은 논쟁적인 개념"(Blühdorn, 2007: 189)이어서, 제주 신개발체제는 지속가능성 개념을 수용하면서도 다양한 방식으로 개발을 진행할 수 있었다. 따라서 지속가능 개발체제를 ① 국제 규범이 요구하는 지속가능한 개발과 동일시하거나 ② 혹

---

221 이런 명명(命名)이 익숙하지는 않다. 제주의 신개발주의를 비판하는 시민사회 글이 있다. 이영웅(2019)의 "제주의 신개발주의와 지방자치의 위기"를 참조하자.

222 이번 연구에서 본격적으로 다루지 못했지만, 지속가능-세방화 개발체제를 단지 지속가능개발과 전 지구적 경쟁만으로 환원하면, 또 다른 중요한 측면이 사라진다. 바로 "문화 지향적 통치성"이다. 이는 장단기적으로 문화의 매력이란 측면에서 지역을 진단하고 개발하려는 프로젝트이다. 문화지향은 지구적 경쟁의 조건이라는 점에서, 그리고 문화개발은 과거 물리적 개발과는 다른 지속가능한 개발의 한 형태가 될 수 있다는 점에서, 세 프로젝트는 모두 하나로 연결된다. "문화 지향적 통치성"에 관한 훌륭한 설명으로는 안드레아스 레크비츠(2023: 546-560)를 참조하자.

은 지속가능성을 실제로 구현한 체제라고 오해해서는 안 된다.

하지만 개발체제를 내외부에서 강제하는 지속가능성의 규정 효과를 무시해서도 안 된다. 지속가능한 개발은 개발과 지속가능성 원칙의 모순적 종합 형태이기는 했지만(라투슈, 2015), 지속가능성 원칙과 완전히 분리될 수는 없었기 때문이다. 지속가능성은 단지 말로만 조직된 이데올로기 마스터 프레임이 아니라, 그 말을 실현하는 다양한 물질-사회적 힘을 가진 프레임이었다. 이런 물질-사회적 힘은 제주개발체제 안과 밖에서 등장하고 있었고, 지배적인 개발 논리와 경합하면서, 개발의 경로를 누진적으로 조정해 나간다.

1. 제주 지속가능-세방화 개발체제의 역사적 형성

신개발체제의 경계가 되는 사건은 2002년 「제주특별자치도 설치 및 국제자유도시 조성을 위한 특별법」의 제정과 2006년 출범한 제주특별자치도이다. 1990년 제주개발특별법의 계보 위에 있지만, 변화된 상황에 대응하는 내용을 담은 2002년 특별법은 현재까지 제주 전체의 질서를 조직하는 최상위 제도 규칙이며, '특별자치도'는 그 실현을 위한 핵심 제도였다. 제주 국제자유도시는 특별법이 규정하듯이, 사람, 상품, 자본의 이동 자유를 최대한 보장하는 자유화 정책의 시범지역으로 제주를 개발하여, 지구화 상황에서 제주의 경쟁력을 확보하려는 전략적 개발 프로젝트 모델이었다.

그런데 이 프로젝트가 실현되려면 제일 먼저 제주 인프라가 확충되어야만 했다. 사람, 자본, 상품의 전 지구적 이동을 뒷받침하는 인프라가 존재하지 않는다면, 그 순환에 개입할 수 없기 때문이다. 인프라는 무엇보다 순환의 매개이다. '인프라'를 정의하기는 쉽지 않다. 하지만 인프라와 관련해 많이 인용되는 이 가운데 한 명인 브라이언 라킨(Brian Larkin)이 지적한 바처럼, 인프라는 무엇보다도 "재화, 사람 또는 발상의 흐름을 촉진하고 공간을 통한 교환을 가능하게 하는 건조 네트워크"(Larkin, 2013: 328)이다. 인프라 확충의 핵심 방향은 제주 인프라의 규모 상승(sclaing up)이다. 국민국가 수준에서 지구적 수준으로 규모가 커져야 했다.

제주특별법에 근거해 2002년에 만들어진 제주국제자유도시개발센터(JDC)는 인프라 건설의 출발점이었다. JDC는 말 그대로 국제자유도시를 개발할 목적으로 만들어진 센터이다. 2002년 이후 JDC는 국제자유도시로의 이행에 필요한 다양한 인프라 건설을 추진한다. '신화역사공원'으로 불리는 카지노 기반 관광단지를 2004년부터 추진하였고, 2005년에는 세계적 수준의 의료서비스를 제공한다는 명분으로 영리병원 프로젝트를 내놓는다. 또한, 2006년부터는 생활과 교육을 영어로 하는 정주형 영어교육도시 프로젝트를 추진한다. 이 프로젝트 모두는 격렬한 갈등을 동반했다. 하지만 현재 시점에서 본다면 신화역사공원과 정주형 영어교육도시는 완성되었고, 영리병원 프로젝트는 유보되었다. 유보라고 말하는 이유는 이를 계속 추진하려는 시도가 계속되고 있기 때문이다.

신화역사공원, 영리병원 그리고 정주형 영어교육도시가 국제자유도시 제주의 '내용'을 채워가는 인프라 프로젝트였다면, 이와 또 다른 경로로 제주의 '형식' 곧 제주를 전 지구적 네트워크의 주요한 결절점으로 만들기 위한 이동 인프라 프로젝트가 추진되었다. 1990년대부터 이야기가 나오던 제주 신공항 프로젝트가 "제2공항" 추진으로 구체화하여 나타났고, 제주항 확장 또한 '신항만' 프로젝트라는 이름으로 추진된다. 이 두 프로젝트는 모두 2010년대 중후반부터 가시화되었으며, 모두 기존 공항과 항만의 용량 한계를 확장 개발의 근거로 들고 있다.

이런 과정을 지속가능-세방화 개발체제의 역사적 형성이란 시각에서 돌아본다면, 우리는 개발체제의 이행 과정을 두 단계로 구분해 볼 수 있다. ① 1단계는 1990년 제주특별법 제정부터 2006년 또 다른 특별법 제정에 이은 특별자치도 출범까지의 기간으로 제주 신개발체제를 형성하기 위한 법적 근거와 제도 마련 기간이었다. ② 2단계는 그 이후부터 현재까지의 기간으로 새로운 개발체제의 기반구조(infrastructure)를 만들어 나가는 기간이라고 말할 수 있다. 법-제도적 근거를 둘러싼 치열한 경합과 저항이 펼쳐졌던 때만큼이나, 인프라가 실제 구현되는 2000년대 중반부터 현재까지 제주에서는 인프라 건설을 둘러싼 제주개발체제와 도민사회 그리고 주민 사이의 갈등이 반복적으로 나타나고 있다. 2000년대 제주 사회의 최대 갈등이었던 강정 해군기지 건설추진이나 2010년대 전개된 제2공항 건설 추진 반대운동은 모두 이 맥락 안에서 이해할 수 있다. 두 갈등 모두 거대 인프라를 둘러싼 갈등인 동시에 지구적 수준의 이동과 관계한다.

제주 지속가능-세방화 개발체제는 1990년대 이후 변화된 역사적 맥락과 상호작용하면서 새로운 요소를 능동적으로 통합하기는 했지만, 그 내적 구조와 지향하는 열망이란 측면에서 본다면 1960년대 이후 나타난 제주 근대화 프로젝트의 다른 수단에 의한 반복이기도 했다. 그래서 제주개발체제는 제주 개발 반대 투쟁 과정에서 형성된 제주 반(反)개발동맹의 저항 속에서 체제 이행을 이루어야 했다. 2002년과 2006년에 법 제도적 조건을 완비하기는 했지만, 구체적인 인프라를 건설하는 과정에서 제주개발체제는 반개발동맹의 강력한 반발, 비판 및 저항에 직면했고, 그 결과 일부는 성공하였지만, 일부는 철회하고, 또 다른 일부는 그사이 어딘가에 존재하는 교착 상태에 직면했다. 이는 제주 신개발체제를 과거의 개발체제와 구조적으로 구분해 주는 하나의 요소로서, 신개발체제를 이해하는 데 매우 중요하다.

신개발체제는 ① 지속가능한 개발이란 담론 수용 ② 민주화 이후 민주주의 공간에서 활성화된 저항과 반발을 일부 통합 ③ 국제자유도시라는 새로운 제주의 전망 및 그 실현을 위한 신자유주의적 예외공간(이승욱·조성찬·박배균, 2017)으로 제주를 영토 분업화 ④ 오래된 제주 자치의 열망과 새로운 개발 프로젝트의 성공적 추진을 위한 특별자치를 지방분권과 결합하는 4중 차원을 지닌 개발프로젝트로 구성되었다. 신개발체제는 이렇게 그 구조상 이질적인 여러 원칙을 종합하는 개발체제였기에, 그 운영과 속성에서 모순적인 경향을 드러낼 수밖에 없었다. 또한, 그 모순적 힘들이 때로는 제주개발체제의 주요 프로젝트를 추진하지도, 막지도 못하는 교착 상태를 형성한다. 신개발체제의 이런 구조와 속성은 제주 공유수면 관리와 매립에서도 그대로 나타났다.

분명히 신개발체제가 형성되면서 제주개발체제의 헤게모니는 확장된 측면이 있었다. 하지만 개발프로젝트의 안정적 추진에 필요한 보편적 동의를 획득하지는 못했다. 오히려 헤게모니의 확장과정에서 이질적인 요소들이 결합하면서, 다양한 지점에서 신개발체제의 헤게모니를 불안정하게 만들며 체제의 갈등, 불일치 혹은 균열을 초래했다. 조희연의 지적처럼, "헤게모니를 일괴암적이고 아무런 내적 균열과 긴장이 없는 것으로 보는 것은 헤게모니에 대한 일면적 해석"(조희연, 2008: 97)이다. 헤게모니에는 틈새, 불일치, 모순이 존재하며, 이 요소들은 헤게모니의 내적 균열 계기가 될 수 있다. 신개발체제의 헤게모니는 과거보다 여러 요소를 통합하기는 했지만, 보편적 기획 아래 잠정적 통일성을 유지하는 그런 통일과는 거리가 있었다. 그보다는 이질적 원칙과 요구의 기계적 조합과 이해관계 포섭으로 대표되는 절충주의적 헤게모니 편성에 더욱 가까웠다.

우리는 여기에서 헤게모니의 확장이 두 유형으로 구분될 수 있다는 점을 알게 된다. 하나는 그람시가 제안했고, 그 후속 연구들이 초점을 맞춘 윤리-정치적 지도력이 이끄는 보편 기획을 내재한 헤게모니이다. 여기에는 물론 물질적 이해관계의 양보가 필요하다. 하지만 그것만으로는 보편적 동의의 토대가 형성되지 않는다. 이 역사적 블록에 속한 다양한 집단은 '적극적 타협'을 통해 집단의 이해를 일부 양보하면서 그 집단을 넘어서는 전체의 질서를 창출하는 데 기여한다. 이는 '전체'를 창출하려는 집합의지를 지니며 이를 조직하는 주도집단이 존재할 때만 가능하다.

다른 하나는 제주개발체제의 변형 과정처럼, 이와 달리 어떤 집단도 다른 집단을 완전히 압도하지 못하는 힘의 교착 상태에서 이루어지는 '소극적 타협'인 헤게모니 확장이다. 한 집단은 다른 집단에 타격을 줄 수 있고 그 집단의 기획에 주요한 장애를 형성할 수 있다. 하지만 자기 집단 또한 그런 상황과 마주한다. 이런 교착 상태가 타협의 추진 동력이다. 이 경우 창출되는 헤게모니는 절충주의적 속성을 띠며, 이해관계의 변동에 매우 취약하다. 더 큰 전망 아래 윤리-정치적 차원에서 '적극적 타협'을 이루어 내지 않았기에, 갈등 조정 역량도 매우 약하다.[223] 이런 절충주의적 헤게모니의 확장 결과, 신개발체제는 자신이 열어 놓은 헤게모니 확장의 공간 속에서 역설적으로 더 많은 저항과 마주해야만 했다. 이는 다양한 교착 상태가 제주에서 나타나는 이유가 되었다.

2. 국가 연안 관리 전략의 변화와 공유수면 매립과 관련한 법의 개정

1960년대 이후 한국에서 전개된 공유수면 매립은 주로 식량자급률을 높이기 위한 쌀 증산이나 경제 규모 확장에 필요한 대지를 확보하고자 진행되었다. 국가는 한편으로 산이 많아 유용한 국토의 부족, 영토에 비해 많은 인구 등의 담론을 바탕으로 이를 정당화했으며, 다른 편으로는 매립으로 늘어나는 대지를 국토의 확장이라며 미화하였다. 공유수면 매립은 근대화 프로젝트의 일부로서, 인구, 산업, 영토가 융합된 프로젝트였다.

그러나 매립업자가 막대한 개발이익을 독점적으로 챙겨가는 동시에 대단위 매립 사업으로 해안 서식지가 파괴되고, 해양 환경뿐만 아니라 지역주민의 삶까지 파괴하는 결과가 나타나자, 비판적 인식들이 1980년대에 접어들면서 확산하였다. 여기에는 1979년 시작된 서산 간척 사업과 1980년대 중반 이루어진 시화호 간척 사업이 큰 영향을 미쳤다고 알려져 있다. 이런 환경 변화 속에서 국가는 1980년대 중반부터 매립업자의 이익을 제한하는 방향으로 공유수면 매립 정책을 변경하고, 1990년대부터는 공유수면 매립을 포함하여 연안을 보다 통합적으로 관리하는 체제를 구축하기 시작한다.

국제사회의 압력도 중요한 역할을 했다. 국제사회는 1992년 유엔환경개

---

223 여기에서 활용한 '소극적 타협'과 '적극적 타협' 개념 사이의 구분은 에릭 올린 라이트(Erik Olin Wright, 2017)의 '계급 타협' 분석 이론에서 빌려왔다.

발회의 '의제 21'(Agenda 21)을 통해, 해양 및 연안에 "환경적으로 건전하고 지속가능한 개발"을 추진토록 연안국에 요구하면서, 정책 수립 및 실행 의무를 촉구했다. 1992년 유엔환경개발회의는 환경 의제가 전 지구적 정치의 중심 무대로 진입하고 있다는 점을 보여주는 역사적 사건이었다. 당시 의제 21은 "각국의 지방자치단체가 1997년까지 지방의제 21을 작성하여 제출하도록 권고"하였는데(김경호, 2012: 96), 한국에서도 지구화에 적응하는 걸 넘어 이에 능동적으로 개입하려는 지방정부의 필요와 1990년대 초반에 폭발적으로 분출한 한국 시민사회운동의 압력 덕분에 매우 빠르게 수용되었다.

'의제21' 논의 자체는 한국에서 1994년부터 등장했는데, 1999년에 제주도에서 제1회 지방의제 21 전국대회가 열리기도 했다. 그리고 2000년 6월에는 '지방의제 21 전국협의회'가 발족하였고, 그 이후 지방의제 21을 추진하는 자치단체 수가 계속 늘어났다(김경호, 2012:101). 의제 21의 한국 수용 및 확산 과정에 주목하는 이유는 이것이 한국에서 '지속가능한 발전' 패러다임의 확산 과정을 보여주는 예이기도 하기 때문이다. 이때부터 사회, 환경, 경제의 동시적 발전을 지향하는 지속가능한 발전 패러다임이 정부와 시민사회 간의 주요 대화 목록에 등장하였고, 이후 거버넌스(governance)라는 새로운 통치 방식 형성의 추진 동력이 되었다. 1990년대에 등장해 2000년 전후로 제도화되기 시작한 거버넌스는 이제 한국 지역 정치의 표준 패러다임이 되었다.

전 세계적으로 지속가능한 발전 프로젝트가 하나의 패러다임으로 형성되는 바로 그 맥락 속에서 한국 정부는 1991년에 최초로 공유수면매립 기본계획을 수립하였다. 1996년 8월에는 해양수산부를 발족하였고, 그 후 3년 뒤인 1999년 8월에는 연안 환경을 보존하고 연안의 지속가능한 개발을 도모한다는 목적 아래 '연안관리법'을 제정 시행했다. 1990년대 성장한 환경 운동과 시민사회의 힘은 이때도 중요한 역할을 했다. 또한 같은 달에 공유수면 매립법을 개정하였다. 1999년 개정법은 공유수면 매립으로 환경 파괴가 심각하다는 점을 인정하면서, 공유수면 매립이 환경에 미치는 영향을 엄격하게 심사하도록 하였다(전재경, 2003: 13).

이런 의지는 법의 목적을 규정하는 제1조에 반영되었다. 하지만 그 표현이 역설적이다. 제1조는 법의 목적을 설명하면서 "환경친화적으로 매립"하기 위함이라고 하고 있다. 곧 환경 파괴의 위험과 환경관리의 필요성을 인정하고 있었지만, 1999년 8월 개정은 이를 매립 관점에서 수용했다. 그리고 11년 뒤인 2010년에는 공유수면 업무를 효율적으로 수행하고자 관리와 매립을 통합하여 「공유수면 관리 및 매립에 관한 법률」을 제정했다. 매립 외에 '관리'라는 정책 범주가 최초로 해당 법률안으로 통합된 해였다. 이런 점에서 본다면, 1991년에서 2010까지의 기간은 공유수면 매립 일변도의 패러다임에서, 관리를 추가하고 강화하려는 도전과 변형의 기간이었다고 말할 수 있을지도 모른다. 하지만 매립은 포기되지 않았고, 관리와 공존하고 있다. 이 점이 지난 20년의 구조적 특성을 이룬다.

법에 따라 1992년부터 10년마다 공유수면 매립 기본계획이 입안되고 있다. 이는 국가 전체 차원에서 매립 기본 계획을 수립하는 의미 있는 진전이었다. 하지만 매립 기본 계획은 관련 부서, 행정시, 공공기관 등에서 공유수면 매립 요청을 먼저 받은 이후, 정부 관련 부서 간에 협의하여 이를 계획에 반영하는 방식으로 설계되었다. 다시 말하면, 매립 수요 우위의 설계 방식이었다. 한계는 곧바로 나타났다. 제기된 요구는 대부분 계획 안에 통합되었기 때문이다. 사업의 타당성을 평가하는 체계가 도입되었다고는 하지만, 공공의 필요를 내세우는 정부 프로젝트 앞에서는 취약했다.

정부는 산업 발전 등을 매립 목적의 공공성 근거로 내세우며 중앙부서, 지역 정부, 공공기관의 매립 요구를 모두 기본 계획에 반영할 수 있었다. 공공성은 모호한 개념이었다. 때로 정부는 주민 혐오시설로 알려진 인프라의 입지를 확보하는 방법으로 공유수면 매립을 이용하기도 했다. 쓰레기매립장, 원자력발전소, 공항 등 지역 주민의 반발이 심해 수용이 어려운 인프라 입지 확보에 공유수면 매립은 하나의 대안이었다. 그래서 정부의 공유수면 매립 관련 정책이 변하고는 있었지만, 실제 매립이 줄어들었다고 판단하기는 어려웠다. 정부는 원하면, 언제든지 공공의 필요를 내세워, 매립을 했다. 이런 점에서 공유수면은 국가의 영토였다.

3. 지역 정부 주도 공영개발: 제주 지속가능-세방화 개발체제와 공유수면 매립

탑동 매립이 끝난 1991년 이후에도 제주 공유수면은 계속 매립되었다. 1996년에만 보더라도 제주에서는 17곳을 매립하거나, 하려 했고, 그 면적은 40만 평을 넘었다.[224] 1995년 이후에 이루어진 공유수면 매립에는 그 이전에 없던 또 다른 추진 동력이 있었다. 바로 지방자치였다. 물론 지방자치 이전에도 지역 정부는 도시문제 대응이나 재정확보, 지역 산업 부흥 등의 이유로 공유수면을 잠재적 부동산으로 취급하곤 하였다. 하지만 1995년 부활한 지방자치는 지역 정부에 이전보다 더욱 큰 재정확보 압력을 만들어 냈다. 지역 문제에 대한 책임을 져야 했지만, 재정은 부족했기 때문이다.

지역 정부가 찾은 활로가 '공영개발'이었다. 지역 정부는 공영개발로 지방재정도 확보하고 도시개발도 이루려 했다. 도시개발에 필요한 부지를 지역 정부가 직접 공급하여, 그 판매 대금으로 부족한 재원을 보충하는 방식이다. 따라서 판매할 대지 확보가 필요한데, 공유수면 매립을 통한 택지개발은 그 한 경로였다. 제주시는 이를 잘 보여주는 사례다. 1997년 제주시는 2016년까지 적용될 도시기본계획안에 시 재정확보를 위해 기존 탑동 매립지 5만 평 외에 그 북쪽 바다 29만 평을 공유수면 매립 예정지로 지정하고 도에 심의를 의

---

224 중앙일보. 1996.7.11. "관광.삶의 터전이 흙탕 속으로-마구잡이 매립 제주 해안 신음". 이 기사에 따르면 제주시 탑동, 서귀포시 서귀동과 북제주군 애월1리 등 일곱 군데는 매립이 끝났다. 제주시 도두. 삼양. 건입동과 서귀포시 서귀 2.3동, 북제주군 함덕리 등 여섯 군데는 매립하고 있었다. 제주시 용담1. 외도 등, 북제주군 애월 2. 동귀리 등 네 군데는 제주시와 북제주군이 제주도에 매립을 신청한 상태였다.

뢰한다는 내용을 넣었다. 그런데 이 도시기본계획안에는 탑동 매립지 바깥 북쪽 바다 말고도 더 많은 지역이 있었다. 당시 제주시 계획안에 포함되었던 지역과 그 매립 규모는 다음과 같다.

순번	위치	규모
1	제주항과 화북 신항	75만 평
2	삼양 유원지	12만 평
3	탑동	29만 평
4	외도	6만 7천 평
5	이호	7만 평
총		129만 7천 평

탑동 북쪽 바다 29만 평이 다시 한번 공유수면매립 예정지로 포함된다는 소식이 알려지자, 제주 환경단체들이 반발했다. 그러자 제주시는 "당장 매립하는 것이 아니라 상황에 따라 매립할 수도 있는 만큼 향후 20년 동안의 기본 계획에 포함해 놓아야 한다"라고 견해를 밝혔다.[225] 공유수면 매립을 선제적으로 계획 안에 포함했다는 뜻이다. 이 발언이 중요한 이유는 제주시가 도시계획을 입안할 때 공유수면을 어떤 방식으로 대하고 있는지 보여주기 때문이다. 지역 정부는 처한 재정 상황에 따라 필요하다면 언제든지 연안 공유수면을 매립할 수 있다고 판단했다. 공유수면은 이런 점에서 도시재정 확충을 위한 잠재적 부동산과 동일시된다.

이런 판단과 인식이 단지 제주만의 문제는 아니었다. 2000년대에는 공유수면 매립지를 둘러싸고 지방자치단체 간에 갈등이 많았다. 대부분 매립지의 귀속 문제 곧 누구 땅인지를 둘러싼 갈등이었다. 이는 "공유수면 매립지가 해당 지방자치단체의 관할구역 확장과 더불어 지방세 수입 증대나 재정교부금의 증대로 연결되어 있기 때문"이기도 했다(김상태, 2011: 134). 공유수면 매립지는 재정 차원에서 그만큼 중요했다. 물론 공유수면 매립을 정부의 재정

---

[225] 중앙일보, 1997.4.9., "제주시 공유수면 매립계획 논란"

확충 필요라는 관점에서 보는 게 1990년대 이후의 일이라고만 볼 수는 없다. 그러나 지역 정부가 직접 택지 판매로 수익을 창출하고자 ① 도시계획안에 선제적으로 공유수면 매립을 포함하고 ② 공영개발 방식으로 이를 현실화하는 일은 이 시기의 중요한 특성이었다. 정부는 이제 구조적 부동산 업자의 구실을 한다. 정부 재정을 확충하는 게 새로운 개발체제에서 진행된 공유수면 매립의 전부는 아니다. 그러나 추진력은 설명해 준다.

정부의 필요에 따라 공유수면 매립을 추진하기는 하지만, 매립 사업자의 사정이나 관련 여건의 변화로 계획처럼 매립이 추진되지 않는 경우도 많았다. 사업자의 요구를 받아들여 공유수면 매립계획을 세우지만, 사업자가 관련 조건을 충족하지 못하거나 실제 매립을 진행하지 못하는 때도 있었다. 2001년이 그렇다. 2001년 6월에 제주시는 이호지구, 삼양3동 지구, 북제주군 한림2지구 등 제주도 내 6개 지구 92만 4,000㎡에 대한 공유수면 매립계획을 확정했었다.[226] 하지만 사업추진이 잘 안되었다. 2006년에는 아예 일부 계획을 백지화하기도 했다.[227] 대규모 공유수면 매립이 계획된 도내 유원지구 가운데 삼양 유원지 지구(1986년 6월 지정)와 구좌읍 세화 유원지 지구(1993년 11월 지정), 조천읍 북촌 유원지 지구(1974년 9월 지정) 등 3곳에 대해 공유수면 매립계획을 취소했다. 이곳은 모두 '유원지' 지구라는 공통점이 있다. 돈이 될 것 같아 관광유원지로 지정하고, 사업자를 구해 매립하려 했지만, 지정된 뒤에 상당 기간 개발사업이 이뤄지지 않았다. 매립 이전에 백지화가 이루어진 경우는 그나마 다행이었다. 어떤 지구는 이미 매립을 해버렸다.

---

226 6개 지구는 남제주군 표선지구(한·일 수산자원관리센터 예정부지) 16만 5천㎡, 이호지구(제주해양관광레저타운 예정부지) 8만 8천㎡, 삼양3동지구(삼양유원지 개발예정지) 36만㎡, 한림2지구(상업 및 준공업용지 조성예정지) 7만 7천㎡, 추자항 지구 2만 4천㎡, 삼양2동지구(편의시설 예정부지) 1천㎡ 등이다.

227 제주매일, 2006.8.18., "삼양·세화·북촌 해안 공유수면 매립 광역도시계획서 '재검토'"

4. 공유수면 관리와 측정의 진화

제주 신개발체제의 형성 과정은 동시에 공유수면을 한층 더 정밀하게 측정하고 관리하며 평가하기 위한 절차와 제도를 만들고 이를 평가제도에 반영하는 국가의 공유수면 관리 변화 과정과 맞물려 있었다. 「공유수면 관리 및 매립에 관한 법률」은 매립 관리에 필요한 요소들을 포함하고는 있었지만, 매립을 신청한 사업의 타당성을 평가하는 데 필요한 요소들은 포함하고 있지 않았다. 그래서 별도의 평가 체계를 만들어 사업의 타당성을 검토해야 했다(윤성순, 2016: 2). 하지만 1차 매립 기본 계획의 경우에는 매립 사업 타당성을 검토하지 않고 매립 수요를 계획에 반영하는 수준이었다. 변화는 그 뒤에야 나타났다.

관련 전문가들의 분석에 따르면, 1999년 법 개정이 이루어진 이후부터 "환경 및 생태계의 변화와 그 대책을 매립 기본 계획에 포함하도록 함으로써 환경문제를 적극 검토"하기 시작하였다(윤성순, 2016: 12). 그래서 2000년에 수립된 제2차 매립 기본 계획에서부터는 일정한 평가 기준이 적용되고, 제3차 매립 기본 계획에는 더 개선된 평가 체계가 적용되었다(윤성순, 2016: 13). 곧 매립 기본 계획이 등장한 이후 평가 체계 또한 경험이 누적되면서 단계적으로 진화해 왔다. 이는 평가 체계가 그 목표에 맞게 실제 작동하기 시작했다는 의미이다. 이제 신청한 모든 매립이 허용되지는 않는다.

평가 체계에서 가장 중요한 진화는 주관적 평가 방식에서 "계량적 지표를 사용하여 평가"하는 객관적 평가 방식으로 바뀌었다는 점이다(윤성순, 2016: 24). 우리가 현재 'B/C' 분석이라고 부르는 방식은 그 핵심 방법이다. B/C 분석은 사업의 편익과 비용을 분석하여 그 사업의 타당성을 수치로 판단하도록 돕는다. 정부 평가 제도에서 수치화는 언제나 합리화와 동일시된다. 일부 전문가들은 "이를 통해 평가가 합리적이라는 인식을 갖게 하여 피평가자들의 이의제기는 물론 사회적인 갈등의 발생을 줄이는 효과가 있었다"라고 평가했다(윤진숙·신철오, 2007; 윤성순, 2016: 24). 수치는 해당 판단이 편향되지 않고 모두와 분리되어 진행된 기술적 판단이라는 인상을 준다. 정부의 합리화가 수치를 중심으로 전개되는 이유 가운데 하나는 이와 같은 갈등 관리의 차원에 있다.

하지만 수치로 환원되기 어려운 판단이 있다. 보통 '지표평가'와 '전문가 평가'가 그렇다. 객관적 평가 방식으로 변형된다는 것은 이런 판단도 수치로 전환한다는 의미이다. 지표 평가는 미리 선정된 특정 지표를 중심으로 해당 사업을 평가한다. 이때 난점은 지표 가운데 서로 대립하는 내용이 있다는 점이다. 평가 체계는 이런 대립을 'AHP'(Analytic Hiearchy Process) 분석이라는 방법을 통해 종합한다. 말 그대로 지표를 위계화하여 상충하는 평가 기준과 항목들에 중요도를 부여하고, 이를 종합하여 수치화하는 방법이다. 전문가평가도 유사하다. 전문가 평가의 역설은 수치로 정량화될 수 없는 내용을 전문가의 자문 혹은 평가로 반영하기 위한 제도임에도, 그 평가가 결국은 특정 척도로 환원되어 수치화된다는 점이다.

방법은 다양하지만, 최후의 평가 기준은 같다. 손해보다 편익이 크다면 매립은 진행된다. 수치적 평가 방식은 평가를 합리화하여 판단을 객관화한다는 목표를 따라 발전하였지만, 이는 또 다른 문제를 낳았다. 매립이 필요한가라는 민주적 논의 대신 연안 위험 및 편익 분석이 판단 척도가 되었기 때문이다. 그 결과 『언던 사이언스』의 데이비드 헤스(David J. Hess)의 분석처럼, "정책 논쟁은 더욱 테크니컬"해졌고, "정부, 대학, 그리고 산업 전문가의 역할은 여러 쟁점 영역에서 한층 중요해질 가능성"이 높아졌다(헤스, 2020: 99). 수치를 만들고 해석하는 기술 전문가 영역이 민주주의를 대체하는 것이다.

또 다른 영향도 있었다. 제임스 스콧은 과학적 조림을 분석한 글에서 국가 삼림 측정 및 평가가 정교화되면서 극단적으로는 삼림 그 자체를 볼 필요가 없는 상황이 창출됐다고 비판한 바 있다. "삼림감독사무소의 목록과 지도만으로도 정확히 '읽을' 수 있기 때문이다."(스콧, 2010: 40) 이는 공유수면 관리에서도 마찬가지였다. 공유수면 매립 측정과 평가가 객관적 수치로 변형되는 과정에서, 관료들은 더 이상 현장에 나갈 필요가 없었다. 장소와 공적 판단은 이제 완전히 분리된다.

지속가능성의 원칙이 과거보다 중요해지기는 했지만, 그 적용 방식 또한 바로 이 과정을 따른다. 지속가능성의 원칙을 평가 체계에 포함한다고 하더라도, 그 또한 기술적인 방법으로 분석한다.[228] 경제, 사회, 환경에 상대적 중요도가 부여되고, 수치로 변환된다. 일정한 환경 파괴는 손해이지만, 이를 웃도는 경제 규모 팽창이 이루어진다면, 그 판단은 '합리적으로' 지속 가능하다. 이런 태도를 철학자들은 '공리주의적' 태도라고 부른다. 공리적 판단은 종합적 판단이라는 이름으로 환원 불가능한 서로 다른 문제를 '전체'의 효용을 판단하는 문제로 전환한다. 전체의 효용이 극대화된다면, 특정 요소가 어떻게 대우받는지는 중요하지 않다. '수치'는 그 판단을 위한 도구이다. 그 결과 세계와 판단을 분리한다. 현실 세계는 그 판단 모형과 다르게 움직이지만, 이 모형은 신경 쓰지 않는다. 더 나은 판단 양식이 없다고 믿기 때문이다. 이런 공리적 판단은 자유주의 사상에서 출현했지만, 권위주의적 방법과도 잘 결합한다(코켈버그, 2023: 60-61).

공유수면 매립 사업의 타당성을 평가하는 체계가 고도화되는 과정과 맞물려 다양한 유형의 평가제도들이 동시에 정비된다. '영향평가'로 알려진 제도들이다. 물론 일부 제도는 이미 1980년대부터 존재했다. 환경영향평가는 한국에서 제일 먼저 만들어진 영향평가 제도이다. 1982년부터 시행되었다. 우리 연구에서 직접 다루지는 않지만 1984년부터는 인구환경영향평가도 시행됐다. 이후 1987년에는 교통영향평가 제도가 만들어졌다. 통상 한국에서 영향평가라고 한다면 바로 이 세 종류, 환경, 인구, 교통 영향 평가를 가리켰다(양병이, 1994: 97).

하지만 1990년대에 접어들면서, 그 제도는 절차와 내용 모두에서 강화되었고, 과거에 없던 새로운 영향평가 제도도 등장했다. 1995년 경관 영향평가, 1996년 재해영향평가, 그리고 1998년 지하수영향조사가 그 예이다. 흥미

---

[228] 따라서 "정책적 장의 탈과학화가 가능하려면 사회적 영향력이라는 기준을 포함시키는 것 이상의 무엇인가가 필요하다. 그것은 기준의 범위를 폭넓은 대중 논쟁에 붙여서 개방하는 것이다."(헤스, 2020: 102)

로운 건 제주에서 지하수 영향평가가 2년 먼저인 1996년부터 시행되었다는 점이다. 이는 지하수가 제주에서 차지하는 위상 때문이었다.

영향평가 제도가 분화되고 복잡해지는 과정은 어떤 사업에 고려해야 하는 요소들이 점점 더 많아지고 있다는 걸 의미한다. 다양한 유형의 영향평가 제도는 공유수면 매립 자체의 필요성을 평가하는 틀은 아니었지만, 그 매립의 영향을 평가하는 틀이 되었다. 이는 개발을 규제하는 효과를 낼 수 있었다. 하지만 바로 그 효과로 인해, 지역 정부나 개발업자들은 자본 유치나 개발프로젝트 유치에 장애가 된다는 이유로, 영향평가를 무력화하거나 우회하여 이를 형식화하는 다양한 방법을 모색하게 되었다.

하지만 더 큰 문제는 영향평가 제도 그 자체의 설계 구조 안에 있다고 말할 수 있을지도 모른다. 'EIR'(Environmental Impact Report)로 불리는 '환경영향평가 보고서'가 그 대표적인 예이다. 환경영향평가 보고서의 작성 비용은 그 사업을 추진하려는 사업가가 댄다. 해당 사업 신청 때문에 비용이 발생했기에, 그 사업자가 비용을 부담하는 일은 일견 합리적으로 보인다. 하지만 문제가 있다. 보고서 작성 주체를 해당 사업가가 고르거나, 그 사업자의 의견을 물어 정하기 때문이다. 다시 말하면, 업자들은 자신에게 우호적인 보고서를 작성해 주는 기관을 찾을 수 있었다. 이런 구조로 인해, 환경영향평가는 개발을 억제하기보다는, 개발을 정당화하는 제도로 활용되기도 했다.

5. 제도와 시민의 상호작용 양식의 변화

공유수면 매립 관련 국가 계획과 관리 역량이 발전하고 법이 정한 일련의 절차와 계획에 근거해 추진되면서, 시민사회가 정책 수립 과정에 영향력을 미치는 공간도 확장되었다. 물론, 공식 제도의 존재가 실제 시민 통제나 참여 혹은 비판 가능성을 보장하지는 않는다. 그럼에도 1, 2차 탑동 매립 때와 비교한다면, 1990년대 이후 공유수면 매립에 영향력을 발휘할 수 있는 시민 개입 공간은 과거보다 상대적으로 열렸다고 할 수 있다.

하지만 시민 개입 공간의 확대 그 자체가 긍정적인 정치 효과를 창출한다고 말할 수 없다. 데이비드 헤스의 지적처럼, "이론상으로, 정책 과정의 대중 참여가 향상되면 더 나은 정책 수립으로 이어질 수 있지만, 그 효율성은 정부가 참여에 대응해서 얼마나 진정으로 정책 변화를 원하는지에 달려 있다."(헤스, 2020: 105) 다시 말해 정부가 시민과 협의를 통해 정책을 실제로 변경시킬 가능성을 열어두었을 때만, 시민의 개입은 효과적일 수 있다. 이런 점에서 본다면 평가는 달라진다. 공식 제도의 진화에도 불구하고, 정부의 태도는 과거와 크게 달라지지 않았기 때문이다.

이와 같은 조건에서 공유수면 매립을 둘러싼 갈등은 그 어느 때보다 법이 보장하고 공식 제도로 열어준 절차를 둘러싸고 진행되었다. 일반적인 관점에서 본다면 시민의 개입은 크게 세 차원에서 진행되었다. ① 수립된 계획에 관해 전문가 자문과 시민의 의견을 듣는 공청(公聽) 단계 ② 실제 의사결정 단계 ③ 결정 이후 실제로 사회가 그 선택을 받아들이는 사회적 수용 단계이다.[229] 그런데 이때 계획 자체의 수립 과정에는 시민 개입의 양식이 존재하지 않는다는 점에 주목해야 한다. 이 단계는 주로 연구용역이 대체한다. 일정 규모를 넘어서는 사업들은 대부분 사업을 탐색하고, 그 타당성을 검증하며, 구체적 설계를 위한 다양한 연구용역을 발주한다. 이는 모두 전문가의 영역이다. 제도가 보장하는 시민의 참여는 그 이후의 절차이다.

공청회의 형태로 시민의 참여가 보장되고는 있지만, 사업 의사결정은 정부가 독점하고 있기에, 실제 시민 차원에서는 공청회가 영향력을 발휘할 수 있는 거의 유일한 제도가 되었다. 하지만 공청회는 그 취지와 무관하게, 연구용역을 기초로 수립된 계획을 발표하는 자리였기에, 시민사회에서는 이미 결론이 난 결정을 정당화하는 과정으로 인식하는 경우가 많았다. 따라서, 관련

---

229 이 부분은 알랭 리피에츠(Alain Lipietz)가 쓴 『녹색희망』(2002: 31)을 참조해 재구성했다.

사업을 반대하는 시민은 공청회 단계의 무력화를 대안으로 선택한다.

이런 반대에도 불구하고, 사업이 추진된다면, 시민에게 남은 선택은 결정 이후에 그 결정을 철회하는 운동을 조직하는 것이다. 바꾸어서 말한다면, '사회적 수용'의 거부 운동을 전개한다. 반대 운동을 전개하는 과정에서 정부나 사업자가 관련 절차를 법에 따라 적합하게 운용했는지는 중요한 문제가 된다. 절차 준수가 사업 정당성을 판단하는 주요 차원이 되었기 때문이다. 반대로 운동이 절차에 초대되어 공정하게 목소리를 내는 시간을 보장받았다면, 운동의 정당성도 위협받는다. 결정을 뒤집지 못한다면 운동의 역량 부족으로 평가될 수 있다. 또한, 제도 밖으로 나오려면 그에 합당한 이유가 있어야만 한다. 제도는 운동이 개입하는 공간을 확장하기도 했지만, 반대로 운동에 제도 이용의 딜레마를 제기했다.

하지만 제일 큰 영향은 동원에서 나타났다. 시민 개입의 형식적 절차와 관련 제도의 합리성이 강화되면서 공유수면 매립을 향한 연안 공동체와 제주 시민의 대응은 탑동 운동과 같은 반발적 수준으로 다시는 등장하지 않았다. 강정 해군기지 건설 반대 운동 당시 공유수면 매립이 쟁점이 되기는 했지만, 이때는 매립 그 자체가 아니라 해군기지 건설 갈등과 중첩되어 있었다. 공유수면 매립 그 자체만으로 탑동 운동에 버금가는 동원이 이루어진 적은 없다. 이는 제주 연안 공유수면 관리에 대해 주민 및 시민 동의가 높은 수준에서 형성되어 있다는 의미가 아니다. 그보다는 일정하게 제도가 작동하면서, 불만의 분산이 이루어졌다고 보는 편이 보다 정확하다.

제도를 통해 주민과 시민은 매립을 추진하는 업자 및 정부와 제도가 허용하는 내에서 지속적인 협상 과정을 벌였다. 그 협상 결과가 주민이나 시민이 원하는 수준에 부족하다고 하더라도, 불만의 강도는 협상 초기보다 낮을 수 있었다. 일정한 보상을 획득할 수 있기 때문이다. 집단행동은 제도를 이용하기는 하지만 그 출발은 대부분 제도 '외부'에서 나타난다. 제도가 불만 일부를 분산시켜 강도를 낮추는 역할을 할 경우, 운동이 근거하는 제도 외부의 불만 강도 자체가 약해질 수 있다. 어쩌면 이것이 제주 시민사회가 탑동 운동 이후에도 매립을 계속 반대하고 비판했음에도, 실제로 매립을 막는 수준의 동원을 이루어 내지는 못한 이유일지도 모른다. 일련의 절차가 작동하자 과거와 같은 대규모 동원이 이루어지지는 않았다. 동원이 일어난다고 해도 이는 대부분 보상을 위한 동원이지, 매립 그 자체를 반대하는 동원은 아니었다.

제15장

2차 탑동 매립 이후(1): 도두동 매립사업과 공영개발 그리고 구조적 부동산 투기업자로서의 정부

1995년 11월부터 제주시 도두동에서 연안 공유수면 매립 공사가 시작됐다. 도두동 매립사업은 40억 원 상당의 개발이익을 얻고자 제주시가 직접 기획한 사업으로 공영개발의 형태로 추진했다.[230] '공영개발사업소'라는 사업단이 그 핵심 주체였다. 제주시 공영개발사업소는 1993년에 도두동 연안 수면 9만 6천m^2를 매립하는 면허를 받는다. 시행은 삼오종합건설이 맡았다. 원래는 공개경쟁입찰을 거쳐 한라종합건설이 시행업체로 선정됐었다. 그런데 한라종합건설이 부도가 났다. 사실상 공사 진행이 어려워지자, 공사보증업체였던 삼오종합건설이 낙찰가 64억 4천 7백여만 원으로 사업을 승계했다.[231] 탑동 운동과 같은 수준의 대규모 저항은 발생하지 않았다. 하지만 계획 단계부터 시민사회의 비판을 받았고, 매립 동의 확보 과정에서 연안 공동체와 일부 충돌하기도 했다. 하지만 결국 다수 주민의 동의를 얻는 데 성공하여, 1995년 11월부터 매립이 시작되었다. 공사는 2년 5개월 동안 진행되었고, 마무리된 건 1998년 4월이었다. 그런데 "도두봉 서쪽의 땅이 매립지라는 것을 아는 사람은 적다."

---

[230] 매일경제, 1998.7.2., "도두지구 매립지 1만 4천 평 재분양"

[231] 연합뉴스, 1995.11.15., "시공업체 부도로 중단된 공사 보증업체가 승계"

제주 안에서도 그렇다고 한다.[232]

　도두동 공유수면 매립은 탑동 운동 종료 이후 바로 설계된 기획이자 몇 년 지나지 않아 진행된 매립이지만, 탑동 2차 매립과는 또 다른 특성을 보여준다. 우리는 여기에서 제주개발체제가 변형되는 과정의 일면을 목격할 수 있는데, 지역 정부가 장소 판매 목적으로 직접 매립을 추진하는 '공영개발'은 그 중심 제도였다. 제주 개발은 여전히 국가가 종합계획을 통해 외부에서 전체적으로 관리하고 있었지만, 제주개발체제의 자율성은 과거보다 더 컸다. 그런데 자율성 공간이 확장되는데 반해 이를 뒷받침하는 지역 정부 재정은 충분하지 않았다. 이에 개발체제는 재정 확충과 개발프로젝트의 선순환 관계 구축하고자 새로운 개발양식을 모색한다. 공영개발은 그 한 형식이었다.

　이 과정에서 지역 정부는 직접적으로 구조적 부동산업자로서 판단하고 행위를 하게 되었을 뿐만 아니라, 개발 프로그램의 원활한 추진을 위해 주민

1998년 제주시 도두동 매립지 공사가 완료된 후의 모습이다. 도두지구 공유수면 매립사업은 1995년부터 1998년까지 3년여에 걸쳐 진행되었다.

출처: 제주도청 홈페이지

232　한라일보, 2011.12.07., "[제주개발 20년, 그 현장에 서다](15) 산지천처럼 해안 매립도 복원 필요"

의 동의를 확보하려는 노력을 강화한다. 이에 연안 공동체는 이전보다 더 나은 조건에서 보상받을 가능성이 커졌다. 타협 가능성도 커졌다. 물론 갈등이 없어지지는 않았다. 갈등이 동반되는 갈등적 합의(conflictual consensus)의 양식이기는 하였지만, 바로 이 과정 덕분에 구조적 부동산업자로 행위를 하는 정부와 장소 개발을 원하는 연안 공동체 사이에 안정적인 연계가 형성되었다. 반복적으로 출현하는 지역 정부 개발과 장소 기반 공동체의 이런 연계가 새로운 개발체제로 이행에서 중요한 역할을 한다.

1. 1988년 도두동 하수종말처리장 갈등

도두지구는 대규모 공유수면 매립 이전에 이미 다른 개발 계획으로 갈등을 경험한 바 있다. 바로 하수종말처리장 건립 건이었다. 제주시 도두동에서 1987년부터 제주 도심지의 하수를 처리하는 하수처리시설 공사가 시작했다. 이 공사는 7년 만인 1994년 하루 처리량 6만 톤 규모의 하수종말처리장으로 문을 열었다. 하지만 하수 처리 불량과 관리 역량 부족, 그리고 용량 한계 등으로 여러 문제가 나타났다. 특히 제주 도심에서 대규모 개발공사가 진행되고 건물이 대형화되면서 처리 용량 한계가 계속 나타났다.[233] 개발 규모의 팽창과 속도 가속화를 따라잡지 못하는 기반 인프라 역량의 부족은 제주개발체제가 남긴 또 하나의 얼굴이다.

    조성윤에 따르면, 제주에서 도시개발은 "기본적으로 관광 개발이라는 국가 주도적인 경제 개발 정책에 따라 자본가들의 투자가 이루어"져, 주민의 기본 생활에 필요한 인프라들 곧 도로 교통망, 상하수도 시설, 공원, 은행, 우체국, 시장 등의 사업은 관광개발사업에 비해 뒤로 밀리거나, 이루어진다고 하

---

[233] 제주의소리, 2021.11.12., "〈이럴 거면 도두하수처리장 옮겨라〉반발…속 타는 제주도"

더라도 "관광객들이 이용하기에 유리하도록 배치되는 것이 일반적인 경향"(조성윤, 1992: 83)이었다고 한다. 하수처리시설 입지 및 관리 갈등은 이런 조건에서 발생했다. 이 갈등은 현재까지도 '도두하수처리장 현대화사업'을 둘러싸고 진행 중이다.

이 문제에는 역사가 있다. 국내 하수도 관련 법이 1966년에 만들어지기는 했지만, 실질적인 하수도 사업이 시작된 건 1976년 청계천 하수처리시설 준공과 함께이다(이창근 외, 2019: 11). 1980년대 이후 공공 하수 관리가 본격 등장하는데, 제주도 유사했다. 도두동 하수종말처리장을 둘러싼 갈등의 원형이 바로 1980년에 나타난다. 제주도는 분뇨나 오수를 모은 뒤에 이를 일정하게 처리하여 바다에 다시 흘려보내는 '위생처리장'을 1980년에 건설한다. 당시부터 오수 방류 문제가 제기되었고, 도두동 잠수회는 바로 그 피해집단 가운데 하나였다. 물을 관리하려 만든 인프라가 연안 공동체의 인프라인 공동어장 조건을 악화시켰다.

탑동에서 2차 공유수면 매립으로 탑동 운동이 등장하던 바로 그때, 도두 1, 2동 잠수회는 ① 1980년에 제주시 위생처리장 건립된 후 나타난 오수 방류 문제와 ② 1988년 당시 건립 중이던 하수종말처리장 문제를 제기하며, 어장 피해 대안을 요구한다. 기록에 따르면, 유사한 문제가 도두지구 외에도 여러 연안에서 나타났다. 당시 하수종말처리장은 쓰레기매립장, 골프장 건설과 함께 많은 마을에서 핵심 갈등 사안이 되고 있었고, 이에 항의하는 수많은 주민운동이 발생했다(조성윤, 1992: 81-82). 이는 제주에서 1980년대 후반에 일어난 장소 기반 주민운동이 상당 부분 제주 인프라 개발과 연결되어 있다는 점을 다시 환기한다. 인프라 건설에는 물리적 입지가 필요하다. 하지만 그 입지 선정 및 협상 그리고 보상 과정에서 해당 장소에 속박된 주민 집단은 오랜 배제의 경험을 안고 있었다. 한국 인프라 건설 방식에 내재한 이 오랜 배제의 방식이 민주화 이후 제주에서는 직접적인 항의의 대상이 되었다.

본 연구 관점에서 볼 때, 1988년 도두동 하수종말처리장 갈등이 흥미로운 이유는 이 갈등으로 도두지구 연안 공동체가 집단행동을 이미 조직한 바

1993년 제주시 도두동에 시설된 제주시 하수종말처리장 완공 당시의 모습이다. 1987년 11월 착공해 1단계 사업 이후 6년 만인 1993년 12월에 준공된다. 2단계 사업은 1994년 12월에 착공해 1999년 12월에 완공되었다.
출처: 제주도청 홈페이지

있다는 데 있다. 도두 1, 2동 잠수회원들은 1988년 6월 한 달가량 위생처리장 철거 및 하수종말처리장 시설 반대를 요구하며 집단 농성을 전개했다. 연안 환경 훼손으로 발생한 공동 피해에 맞서 집단행동을 조직한 경험은 이후 유사한 상황에서 연안 공동체에게 중요한 자원이 되었을 가능성이 크다. 물론 이 자원의 효과는 이중적일 수 있다. 다음 행동을 가능하게 하는 자원일 수도 있고, 그 행동을 제약하는 요인일 수도 있기 때문이다.

하지만 이 사례를 더욱 흥미롭게 하는 요소는 다른 데에 있다. 1988년에 요구한 대안과 1995년 공유수면 매립에 맞서 연안 공동체가 제기한 요구가 거의 유사했다. 1988년 6월 도두동 잠수회가 제주시장 앞으로 제출한 탄원서[234]에서, 도두동 잠수회는 제주시 위생처리장이 건립된 후 8년 동안 오수가 계속 방류되면서 "1종 공동어장인 잠수작업장에 피해를 입혀 전복, 소라, 톳, 천초 등 자원이 고갈되어 생계유지에 막대한 지장"이 있는데, 다시 하수종말처리장 건립이 추진되어 "같은 현상이 예상"이 예견된다며 아래와 같은 조치를 요구

---

[234] 도두동 잠수회, 1988. 3. 26., 탄원서

했다.

1988년 요구 사항이 1995년에도 반복된다는 사실은 도두동 연안 공동체가 최소한 1980년대 이후 전개된 연안 개발 및 인프라 형성 과정에 매우 일관성 있는 대안을 유지했다는 것을 의미한다. 요구 사항의 모든 내용을 현재

1	잠수 가족들에게 의료보험 혜택 부여
2	중장기 생활 안정 자금 융자혜택을 받도록 하여주기 바라며 한도액 1,000만 원
3	잠수 자녀들에게 장학 혜택 또는 취업 알선
4	현 도두동 사무소는 당초 도두마을 공회당이었으나 72년도 전국적으로 리/동 재산을 시/군 재산으로 흡수시 기부채납되어 현재 마을회관이 없으므로 마을회관 건립 요망
5	계획된 해안도로를 조속히 개설하고 도두봉 서북 측에 잠수 관광 작업장 및 직매장 시설과 영업권 보장
6	도두항 공사는 당초 100억 규모로 알고 있으나 20억으로 축소 발표되었는데 당초 계획대로 추진할 수 있도록 하여주기를 바람
7	도두항 서쪽에서부터 이호 수원지까지 공유수면을 매립하여 어판장, 제빙시설, 구판장, 주유소 등을 시설하고 어판권 등 잠수가족들이 종사할 수 있는 곳에 우선 취업 요망하며, 민간기업이 경영할 수 있는 기업 취득권은 도두동민에게 우선권을 부여
8	위생처리장 진입로 개설 내지 현도로를 포장하고 하천에 교량 가설 요망
9	분뇨 처리업을 잠수 가족에서 원할 경우 배려
10	하수종말처리장 시설시 배수관 길이가 630m라고 하는 바 타당성 여부를 학계, 기술진이 재검토하여 잠수들이 납득할 수 있도록 현장 설명 요망
11	피해를 입지 않은 1종 어장에 89년도부터 제반 지원 대책
12	하수종말처리장 공사 중 공사로 인하여 어장 및 주민이 피해를 입었을 경우 피해 보상
13	항만 공사 완료 후 노조결성 과정은 도두동민 자체에서 주관, 결성토록 추진 요망
14	잠수 51명이 한 달 동안 농성에 돌입하여 재정적으로 피해를 입은 바 1인당 30만 원씩, 1,530만 원을 현금으로 보상
15	4·3폭동으로 소각된 후 그대로 방치된 그린벨트대 지목이 대지로 되어 있는 부지에 주택을 건립할 수 있도록 추진 요망
16	공항 서남 측 농로가 2.5m밖에 안 되어 협소하여 4m로 확장하여 주시기 바람
17	도두동민 2명을 제주위생처리장에 취업시켜 위생분뇨처리과정을 감시토록 요망
18	본 문서는 영구 보존 문서로 취급, 신빙성 있는 회답 요망

시점에서 완전하게 이해하기는 힘들다. 하지만 일부는 추측가능하다. 1988년 요구 사항에서 확인할 수 있는 점은 무엇보다 도두 연안 공동체의 집단행동이 ① 위생처리장 문제와 하수종말처리장 건설 반대가 계기는 되었지만, ② 주민 참여를 보장하는 도두 지역 종합 개발 요구 성격도 보였다는 점이다. 이런 흐름은 1995년 공유수면 매립과 연안 공동체의 대응 관계를 규정하는 중요한 환경이 되었을 수 있다. 그리고 이 반대와 개발을 종합하는 힘의 배후에는 분명 연안을 공동자원체제로 활용해 온 역사가 있을 것이다. 다시 말하면, 공동자원체제의 훼손이나 파괴에 대응하여 피해보상의 관점이 우위를 확보했을 가능성이 크다. 탑동 운동과 마찬가지로, 연안 공동체의 일차적인 관심사는 삶의 안전이기 때문이다.

2. 지역 공영개발과 공유수면 매립

제주시 공영개발사업소는 1993년에 도두지구 공유수면 매립 사업 허가를 받았다. '공영개발사업소'라는 형식으로 도두동 매립이 추진된 배경을 이해하려면, 1988년에 지방자치법이 새롭게 정비되면서 나타난 지역개발 추진 방식의 환경 변화를 먼저 살펴보아야 한다. "지방자치는 1991년 광역 및 기초의회 의원 선거를 통해 공식적으로 부활하였으나, 실제적으로는 1987년 6·29선언에서 노태우 민정당 대표의 지방자치 실시 발표와 같은 해 10월 헌법 개정, 그리고 1988년 「지방자치법」의 전면 개정"으로 토대가 마련되었다.[235] 그리고 개정된 지방자치법에 따라 당시 부산, 대구, 광주 등 4개 시를 제외한 전국 11개 시도에서 1989년부터 '지방 공영개발 사업단'이라는 조직이 만들어진다. 제주도에는 1990년 7월에 만들어졌다.

지방 공영개발 사업단이 등장한 이유는 기존 지방자치단체의 취약한 재

---

235 국가기록원, "기록으로 보는 지방자치의 발자취" 항목. (검색일: 2023년 1월 24일)

정과 개발 행정 기능을 보완하려면 새로운 지역개발 방식이 필요하다는 판단 때문이었다. 한국토지공사나 대한주택공사 등과 같은 '공공개발' 방식이 이미 존재하기는 했지만, 공사 방식은 개발이익의 지역 외 유출을 가져올 뿐만 아니라, 도시 인프라의 운영 부담을 지방자치단체에 전가한다는 비판이 일고 있었다. 이에 정부는 개발이익을 지역발전에 활용한다는 목표 아래 다른 방식의 개발 방법을 도입한다. 바로 공영개발이었다(안용식·원구환, 2001: 152). '공공개발'과 '공영개발'은 단어가 유사하지만, 공공개발자의 권한과 책무가 다르다. 공공개발은 "토지에 관한 모든 권한 곧 개발권, 소유권, 처분권 등을 공공개발자가 보유"하지만, 공영개발은 "공공개발자가 개발권만 장악할 뿐 개발 택지의 소유와 처분은 분양을 통해 민간에 이양한다."(김명수, 2020: 60) 이를 표로 정리하면 아래와 같다.

	공공개발	공영개발
공공개발자	개발권, 소유권, 처분권	개발권
민간사업자		소유권, 처분권

공영개발에서는 공공개발자가 보유하던 토지 소유권과 처분권을 민간사업자에게 양도할 수 있기에, 지역 정부는 택지를 개발한 이후에 민간사업자에게 판매하여 수익을 창출할 수 있었다. 그리고 이 수익을 다시 지역개발에 투자하는 순환 구조가 만들어진다면, 취약한 지방행정도 보완하고 지역에 필요한 개발 수요에도 대응할 수 있다는 구상이었다.

이 구상에 따르면 당연히 민간 부동산업자가 지역개발에 참여하는 범위도 늘어난다. 민간 부동산업자가 존재하지 않는다면, 가능하지 않은 개발 양식이기 때문이다. 그래서 현재 관점에서 보면 토지를 둘러싼 공공개발의 권한은 축소하고, 토지의 공공성을 약화하여, 민간사업자의 부동산 투자를 활성화하는 방안이었다. 지역개발의 신자유주의화라고 말해도 좋은 이런 방식이, 지역개발과 지역 재정의 병행 보완이라는 이유로 추진되었다.

공영개발은 개발로 지역 재정을 보완하고, 그 재정으로 다시 또 다른 개발을 만들어 내는 구조라는 점에서, 지역 정부는 개발 외에는 취약한 재정을 보완할 방법이 없다. 그래서 지역 정부 스스로가 부동산 개발 프로그램을 기획해야 하는 압력 상황이 창출된다. 지역 시민의 실질적인 필요보다는, 정부 자체의 필요에 따라 과잉 개발이 계획될 위험이 내재한 개발 방식이었다. 실제로 "지방 공영개발"이라는 이름으로 전국에서 동시다발적으로 난개발이 진행된다. 여기에는 공유수면 매립도 포함되었다. 연안 공유수면을 매립하여 판매할 택지를 만든 것이다. 한 예로 1994년 11월 28일 한경 보도에 따르면, 전국의 지방공영개발사업단이 매립한 공유수면 규모가 7개 지구 5백74만 4천 평에 달한다고 한다.[236]

1990년 제주도에 '공영개발사업단'이 만들어진 이후 3년 뒤인 1993년에 제주시 '공영개발사업소'가 만들어졌다. 1991년 11월 15일에 통과된 제주시 조례 제1421호가 바탕이 되었다. '사업단'이 도 단위에 설치되는 공영개발 부서라면, '사업소'는 사무소 규모로 시·군 단위에 설치된다. 1996년『도정백서』에는 제주시 공영개발사업소를 "본격적인 경영 수익 사업의 전담부서"로 활성화하겠다는 포부가 나와 있다(제주도, 1996: 502). 이는 공영개발사업소의 성격을 간명하면서도 가장 분명하게 표현한 말이 아닐 수 없다.

공영개발사업소는 만들어진 이후 일도 지구, 이도 지구, 노형 지구 주택 건립 사업을 추진했다. 그런데 공사 과정에 부실시공이 있었다는 사실이 알려지면서 큰 문제가 되기도 했다. 제주시 이도동에 위치한 수선화아파트 부실시공은 많이 알려진 사건이었다. 제주도내 기업이었던 우주종합건설이 시공을 맡은 아파트였는데, 준공한 지 3개월 뒤부터 외벽에 금이 가기 시작했다. 그뿐만 아니라 1년을 넘기지 못한 채 지반이 내려앉았다. 상가용 지하층은 비가 올 때마다 물난리를 겪었고, 경로당은 환풍조차 되지 않았다고 한다.[237] 이런 부실 공사로 공영개발에 대한 지역신뢰가 깨졌다.

---

236 한경. 1994.1.8. "지방공영개발사업단 공사화..4곳 내년 11월 발족"

237 동아일보, 1993.09.27. "제주 서민아파트 부실시공"

공영개발사업소는 만들어진 바로 그 해인 1993년에 도두지구 매립 사업 면허를 획득했다. 도두 공유수면을 메우기로 한 공식적인 이유는 어항시설과 서부권의 균형발전 도모, 어항 배후 시설의 활성화를 통한 어민 소득 증대 등이었다. 하지만 그 실제 목적은 ① 공공의 필요 충족보다는 ② 매립지 판매로 지방재정을 확보하려는 데에 있었다. 만약 공식적인 이유가 모든 이유라면, 굳이 공유수면을 매립해야 할 필요성이 없었다. 지구 개발과 정비의 다른 방법도 있기 때문이다.

하지만 공영개발사업소는 공유수면 매립을 선택했다. 공영개발은 주로 택지개발로 수익을 창출하기에 비교적 낮은 지가(地價)로 사업지구를 확보하려 했다. 그래야 개발수익이 컸다. 공영개발을 진행할 때 녹지 지역이나 주변 농지 및 산지 등을 개발하여 민간에 공급하는 경우가 많은 이유도 바로 이 지대 격차를 극대화하기 위해서이다. 공유수면은 이런 점에서 볼 때 매우 효율적인 지대수익 창출 대상이었다. 사실상 주민 피해 보상 외에 대지 구매 비용이 들지 않기 때문이다.

3. 연안 공동체: 갈등적 합의와 역사적 기억

도두동 매립 기본 계획이 1993년에 확정되자, 제주시는 1994년부터 동의를 얻기 위한 협의 과정에 진입한다. 당시 제주 언론과 시민사회에서는 제주시가 환경영향평가를 거치지 않으려고 매립 면적을 조정하는 꼼수를 부렸다고 비판했다. "지자체들이 10만m^2 이상만 환경영향평가를 받도록 한 법규를 빠져나가기 위해" 규모를 10만m^2보다 약간 적게 잡았다고 본 것이다.[238] 실제로 제주시가 면허를 받은 매립 규모는 9만 6천m^2이었다. 의혹을 살만했다. 시민사회

---

[238] 중앙일보, 1996.7.11., "관광, 삶의 터전이 흙탕 속으로-마구잡이 매립 제주 해안 신음"

는 환경영향평가도 받지 않은 공유수면 매립이 환경 재앙을 초래할 수 있다는 점을 우려하고 있었던 반면에, 연안 공동체는 달랐다. 공유수면 매립으로 인한 피해 보상과 매립 이후 연안 공동체의 생활 보장이 연안 공동체의 일차적 관심이었다. 탑동 운동에서 확인된 도민사회와 연안 공동체의 분리 구도가 다시 확인됐다.

언론에 보도된 바에 따르면 도두 연안 주민들은 보상 협의 과정에서 ① 매립 대지 3천3백여m^2를 주민들에게 무상 증여 ② 매립 공사 하도급자 선정권의 위임 ③ 지역주민을 매립지 입주 공공기관 임직원으로 우선채용 ④ 지역주민에게 토지 분양 우선권 부여 ⑤ 어장 피해 특별보상 등의 요구를 했다고 한다.[239] 도두 연안 주민들이 왜 이런 요구를 내걸었는지는 분명하게 밝혀진 바 없다. 하지만 공유수면이 연안 공동체의 공동자원체제(commons)로서 관리됐다는 점이 주장의 근거가 되었다는 점은 충분히 추측할 수 있다. 제주시는 이 요구를 수용하기 어렵다며 거부하였다. 이에 주민들은 "공사입찰을 저지하는 등 사업 시행을 강력히 반대"[240]하며, 요구 사항을 내걸고 시청사에서 농성을 벌이는 등 반발했다고 한다.

이 반발은 약 일 년 정도 진행됐다. 주민이 요구 수용을 내세워 공사 진행을 계속 막고 나서자, 제주시는 아예 계획 자체를 취소할 수도 있다는 뜻을 비쳤다. 하지만 이는 도두 매립 사업의 구조적 속성을 볼 때 합의 종용을 위한 여론압박용으로 보인다. 이 효과 때문인지는 알 수 없으나, 1995년 9월 도두동 마을회의에서 대다수 주민이 공유수면 매립 사업에 동의한다. 어떤 내용으로 합의가 이루어지고 주민들이 왜 다시 동의하게 되었는지도 아직 알려진 바 없다. 그러나 우리가 확인할 수 있는 점은, 지역주민이 공유수면 매립 그 자체에 반대하거나 저항했다는 기록도 없다는 점이다. 도두 연안 공동체의 저항과 반

---

239 연합뉴스 1995.7.27., "도두지구 공유수면매립사업 취소 검토"

240 한국경제신문, 1995.8.24., "제주개발사업소, 경영 '위기'…도두동 공유수면 매립 등 차질"

발은 피해 보상과 생활 보장을 둘러싸고 일어난 행위였다. 곧 매립 자체를 문제 삼지는 않았다.

도두동은 제주 공항 바로 옆에 있는 도시 근교의 농어촌 지역이었다. 매립 이후 많은 변화가 일어난다. 하지만 탑동 공유수면 매립을 둘러싼 역사적 기억과는 달리 도두동 매립 사업에는 부정적인 견해나 기억 등이 잘 보이지 않는다. 이런 기억 방식은 매립 개발 과정에서 나타난 연안 공동체의 사업태도와도 연관되어 있을 가능성이 크다. 갈등을 겪기는 했지만, 다수의 동의 아래 매립이 추진되어, 연안 매립 개발을 비판하며 이에 저항하는 역사적 경험이 존재하지 않는다. 그 결과 도두 공유수면 매립은 도두동의 발전을 이루는 하나의 역사적 계기로 기억될 뿐이다. 한 예로 제주 도두동을 소개하는 제주특별자치도개발공사의 웹진인 〈삼다소담〉이라는 누리집에는 다음과 같은 설명이 나온다.[241] "도두동은 지금 활력이 넘친다. 도두지구 공유수면 매립 사업으로 새로운 주거지역과 지역 상권이 형성되어 인구가 증가했고 해안도로가 개설되면서 찾아오는 방문객들이 증가하고 해양레저 체험 명소로 유명해졌다." 이런 견해는 주민들이 도두동의 역사를 설명할 때도 유사하게 나타난다. 도두 연안 공유수면 매립은 제주개발체제의 공식 역사 안에 통합되었다.

4. 구조적 부동산 개발업자로서의 정부

매립이 이루어진 전체 2만 9,101평 가운데 도로, 주차장, 어린이 공원 녹지 등 공공용지로 분류된 1만 2,488평을 제외하고, 매립 용지 1만 4천여 평이 분양 대상이 되었다. 제주시가 진행한 공영개발 사업이었기 때문에, 제주시가 직접 부동산 판매에 나섰다. 제주시는 해당 지구에 관광 휴양시설을 유치하여 지구 전체를 상업지역으로 변경하는 방안도 검토 중이라는 정보를 흘렸고, 도두지

---

241 삼다소담. "제주의 관문 섬머리 마을 도두동", (검색일: 2023년 1월 24일)

구의 분양가가 유래가 없을 정도로 저렴하다는 점도 강조했다. 신제주와 제주 국제공항 모두와 가까워 교통이 편리하다는 점도 주요 홍보 내용이었다. 제주시가 만든 공영개발사업소가 관련 사업을 적극 지원하고 있다는 내용도 관련 기사에서 보인다.[242]

1996년 7월부터는 제주 건물 높이도 완화되어 도두 공유수면 매립지에서는 35m까지 건물을 올릴 수 있게도 되었다.[243] 게다가 구매자가 원하면 필지 면적도 조정해 주었다. 다만, 택지 분양 자격에서 제주도민은 제외되었다. 다시 말하면, 택지 분양의 목표는 육지 자본 유치에 있었다. 매립지가 팔려야 수익을 창출할 수 있기에, 제주시 공영개발사업소는 계속 우호적인 환경을 만들어 구매자를 유치하려고 노력할 수밖에 없었다.

공영개발은 이처럼 지역 정부가 지대수익을 노리는 부동산 개발업자처럼 생각하고 실천하는 환경과 구조를 만들었다. 공영개발이 공공의 필요 충족에 필요한 토지를 공공기관이 직접 개발하고 관리할 뿐만 아니라, 민간 건설업자가 부동산 투기를 통해 막대한 개발이익을 챙기는 걸 방지할 수 있다는 점에서 긍정적인 평가를 하는 이들도 있다.[244] 그러나 공영개발은 공공의 필요라는 이름으로 진행되는 공유수면 매립을 막지는 못했다. 오히려 반대였다. 정부 자체가 지방재정 보충과 개발의 필요라는 명분으로 공유수면을 매립하는 걸 허용했다.

이런 점에서 공영개발과 민간개발의 차이는 크지 않았다. 정책 과정이 부동산 임대 수익과 지대 차익 극대화 논리에 지배당하기에 일련의 저항과 장애에도 불구하고 공유수면은 성장을 위해 희생할 수 있는 잠재적 부동산으로

---

242 매일경제, 1998.07. 원고를 수정하던 중 관련 뉴스 링크가 소멸했다. 일자만 확인할 수 있었다.
243 동아일보 1996.6.15. "제주 건물 높이 완화"
244 이에 관해서는 이형찬·최수(2015)의 "포스트 개발시대 공영개발의 방향과 시사점"을 참조하자.

취급된다. 돌아보면 1990년대 제주는 매립의 시대였다. 1996년 7월 11일 중앙일보 보도에 따르면, 1991년 이후 진행되었거나 진행 중이며 그리고 기획된 공유수면 매립 지역은 모두 17곳이고 면적으로는 40만 평을 넘는다고 한다.245 1996년에는 도두동 외에도 삼양, 건입동, 서귀포시 서귀 2동, 3동, 북제주군 함덕리 등이 매립 중이었다.

또한 공영개발 옹호자들의 주장과는 달리, 막대한 개발이익이 걸려 있어 과거처럼 정부와 개발업자 혹은 시공업자 사이에 부패의 고리가 형성될 가능성도 컸다. 실제로 도두지구 매립 사업과 관계된 문제가 밝혀진 적이 있었다. 감사원은 1998년에 지방공기업을 대상으로 감사를 시행한다. 그때 도두지구 매립과 관련해 제주시 회계처리에 문제가 있다는 점이 알려졌다. 제주시는 도두지구 공유수면 매립공사를 시행한 삼오건설의 공사대금을 제주은행에 지급하는 채권양도를 승인하고도, 시공업자에게 35억 원을 부당 지급하였을 뿐만 아니라 정당 지급일보다 493일을 미리 지급하여 4억 7천2백만 원 상당의 손해를 발생시켰다는 게 주요 내용이었다.246 이후 당시 제주시장은 업무상 배임 혐의로 검찰에 고발되었고, 제주시 공영개발사업소는 폐지 권고를 받았다. 하지만 당시 제주시는 "공사계약 이후 지역건설업체의 경영이 크게 나빠져 업체를 살리는 차원에서 공사대금을 지급한 것"이라고 해명했다.247

제주도 공영개발을 기획했던 지방공영개발사업단이나 제주시 공영개발사업소는 더 이상 존재하지 않는다. 도에 만들어진 공영개발사업단은 1993년부터 이미 다양한 비판에 직면 중이었다. 예상과는 달리 수익성 사업에 실효를 거두지 못해 재정 확보에 어려움이 있었기 때문이다.248 게다가 장기적 사

---

245 중앙일보. 1996.7.11. "관광, 삶의 터전이 흙탕 속으로-마구잡이 매립 제주 해안 신음"

246 감사원, 1998, "지방공기업 경영구조 개선 실태 감사 결과"

247 연합뉴스, 1998.9.3., "매립사업자에게 계약조건 무시, 공사비 지급"

248 중앙일보, 1993.8.25., "지역경제 회복 도모 지방공사 설립 검토 제주시"

업물량 확보 난제와 전문성 부족, 난개발 문제 등도 함께 제기되었다. 이에 공영개발사업단을 해체하고 지방자치 단체와 민간 자본이 참여하는 지방개발공사를 만들어야 한다는 방안이 1993년부터 검토된다.[249] 지방공사로의 전환 모색이 이루어진 또 다른 이유는 지방공영사업개발단이 지방자치법에 따라 설치된 한시적 사업단이었다는 점도 있었다. 지방공영개발사업단의 설치만료 시한은 1995년 말이었다. 역설적이지만 제주시 공영개발사업소는 제주도 내에서 공영개발의 문제가 비판적으로 검토되던 바로 그때 만들어진 셈이다.

당시 내부부는 지방공영개발사업단을 지방공사로 전환하여 일선 시도의 자체 지역개발사업을 계속 추진하는 전문기관을 적극적으로 만들고자 하였다. 지방공사는 경영의 자율성과 예산의 독립성을 기반으로 책임경영체제로 운영되기에 보다 효율적인 지방 개발을 추진할 수 있다는 게 근거였다.[250] 또한, 정부는 공사 인가 기준을 택지개발 사업에서 탈피해, 지역의 다양한 부존자원(賦存資源)을 이용하는 수익사업으로 확장했다.

제주에서도 1995년 지방공영개발사업단을 대신하여 지방공기업의 형태로 제주도개발공사가 만들어진다.[251] 제주도개발공사는 출현 당시부터 제주 지하수 상품 개발을 주요 사업 전략으로 삼았다. 한국에서는 1994년 3월 16일부터 생수의 국내 시판이 허용된다. 1975년 이래 생수 개발이 이루어져 왔지만, 허용된 때는 1994년이다. 제주개발공사는 바로 이 생수 시장을 노렸다. 지금 우리가 알고 있는 '삼다수'가 바로 제주도개발공사의 상품이다. 이는 지역 부존자원을 이용해 수익사업을 펼친다는 정부 계획과 일치하는 전략이었다. 도개발공사의 설립과 함께 지역개발의 범위는 이전보다 포괄적으로 변형되었다.

하지만 이런 변화에도 불구하고 구조적 부동산 개발업자로서의 정부 특징은 1990년대 이후에도 지속되어 현재까지 유지되고 있다. 특히 2006년 제

---

249 중앙일보, 1993.8.25., "지역경제 회복 도모 지방공사 설립 검토 제주시"
250 한경, 1994.1.8., "지방공영개발사업단 공사화..4곳 내년 11월 발족"
251 제주일보, 2020.2.24., "지역발전 선도하는 도민의 기업으로"

정된 제주특별법은 아예 이와 같은 내용을 실체화해 보장하고 있다는 점에서 오히려 역사적으로 제도화되었다고 말을 할 수 있을지도 모른다. 특별법에 따라 2006년 설치된 제주국제자유도시개발센터(JDC)는 그 자체가 하나의 부동산 개발업자(developer)로 규정되며, 제주 성장을 위해 필요하다고 판단하는 장소를 비축하는 역할을 한다. 이는 특별법 170조 제1항에 잘 나타나 있다. 국제자유도시 개발 사업이 나열되어 있는데, 그 첫 번째 항목이 바로 "토지의 취득·개발·비축·관리·공급 및 확대"이다. 이런 점에서 제주 공영개발의 역사는 공영개발사업단에서 시작하고, 제주도개발공사를 거쳐, 현 제주국제자유도시개발센터에서 그 구조적 본성과 일치하는 방향으로 제도화되었다고 볼 수 있다. 장소 판매를 통해 수익을 창출하는 부동산 개발업자의 시선에서 제주에 계획을 부과하고 이를 추진하기 때문이다.

• • • •

제16장

**2차 탑동 매립 이후(2): 이호 매립 사업과 제주개발체제의
교착상태 그리고 매립지의 방치**

제주시 이호동에서 2002년부터 이호 수원지 북쪽 해안가를 매립하는 사업을 시작한다. 2차 탑동 매립 이후에 제주에서 공유수면 매립이 어떻게 진행되고 있는지 알 수 있는 또 다른 사례였다. 도두동 매립 사업이 확정된 이후인 1995년 7월에 제주도정은 자체적으로 경영 수익을 목표로 하는 공유수면 매립은 더 이상 허가하지 않기로 원칙을 세운다. 이는 '업무 지침' 형태로 나타났다. 1995년에 이런 지침이 등장했다는 사실은 제주개발체제의 공유수면 관리 방식이 탑동 이후 최소한 공식 행정 수준에서 변하고 있다는 점을 보여준다. 또한 이 업무 지침은 실제로 작동하기도 했다. 제주도는 1996년에 북제주군과 남제주군이 신청한 여섯 군데 해안매립지 중 태풍 때 하천이 넘치는 한림천 하류와 도로가 없어 주민들이 불편을 겪은 하모리 해안가 등 2곳만 허가하고, 나머지 4곳은 허가하지 않거나 유보했었다.

  이호 연안 매립이 도시기본계획에 반영된 때는 1997년이었다. 하지만 이호 연안 매립 사업은 '이호유원지'라는 분명한 경영수익 사업 목적으로 매립 허가를 받았다. 내부 업무 지침을 스스로 어긴 결정이었을 뿐만 아니라, 당시 건설교통부까지도 이 사업을 반대했었다. 이미 제주도 도시계획심의위원회는 1996년 7월 "탑동, 외도, 이호 매립은 해양 및 내륙의 자연환경에 중대한 영향

을 미칠 수 있다"라는 입장을 건교부에 전달했다. 건설교통부도 1997년 12월 탑동, 이호, 외도 등 3곳의 공유수면 매립계획 승인을 거부했다. 하지만 이런 입장은 이후 번복되었고, 2002년 이후부터 본격적인 매립 절차가 시작되었다. 이호동은 도두동 바로 옆이다. 인근인 도두동에서 1998년 말에 매립이 끝났다. 이후 다시 2002년부터 이호 연안 매립이 진행되면서 탑동-도두-이호로 연결되는 대규모 인공해안지대가 제주에 형성되었다.

이호 연안 매립 사업은 탑동 운동 이후에도 공유수면이 자본 유치를 위한 '개척지'로서 계속 활용되고 있다는 점을 보여준다. 하지만 이호 공유수면 매립에는 탑동과는 다른 쟁점도 있었다. ① 중국 자본의 제주 진출 ② 경관(景觀) 사유화라는 쟁점은 탑동이 매립되던 당시에는 등장하지 않았던 쟁점이었다. 이호 연안 매립 사업은 더 이상 '육지'의 한국 자본이 아니라, 중국 자본의 해외 투자 전략과 얽혀 있었다. 또한, 이전과는 다른 방식으로 연안을 바라보는 시각이 연안 개발에 장애가 됐다. '경관(景觀)'이 바로 그것이다. 산이나 들, 강, 바다 따위의 자연이나 지역의 풍경을 뜻하는 경관은 점점 더 제주 일상생활의 단순 배경이 아니라, 시민의 삶을 형성하는 중요한 차원으로 인정받고 있었다. 사실 '경관' 쟁점은 이미 1991년에 제정된 제주도개발특별법에 반영됐었다. 제24조에 '경관영향평가' 조항이 있었기 때문이다(양병이, 1994: 95). 제주도는 전국에서 최초로 경관영향평가 제도를 도입한 지역이다. 비록 형식적이라고 하더라도 이런 제도 조건 아래서, 경관은 제주도에서 1990년대를 거치면서 더욱 중요해졌다. 이는 연안 공동체의 경관 인식에도 점차 영향을 미쳤다. 중국 자본과 경관은 모두 제주개발체제가 2000년대에 접어들면서 직면한 또 다른 조건이었다.

그러나 이호 연안 매립의 제일 큰 특징은 다른 데 있는지도 모른다. 매립 이후 관련 개발계획이 계속 비틀어지면서, 매립지가 2020년 현재까지 계속 '방치'되었기 때문이다. 제주 신개발체제의 제도를 매개로 다양한 힘들이 교차하면서 형성된 '교착상태'의 결과였다. 이런 점에서 이호 연안 매립은 제주 신개발체제의 내적 모순을 가장 잘 보여주는 사례일지도 모른다. 시민사회의 반대에도 불구하고 매립을 진행하였지만, 그 매립지 개발은 완성되지 않았다. 변화된 제도 환경과 연안 공동자원체제의 작동이 개발을 지연시키거나 그 방해물이 되었다. 그럼에도 제주개발체제는 개발을 포기하지 않고, 계속 개발계획을 발표하고 있다. 이런 상황 때문에 장기간의 매립지 방치 상태가 발생했다.

1. 이호유원지 개발 사업

갈등은 1997년에 제주시가 2016년까지 적용될 도시기본계획안에 탑동 매립지 북쪽 바다 29만 평과 이호동 이호 수원지 북쪽 해안 5만 1천여 평을 매립 예정지에 포함한 일이 알려지면서 시작됐다. 당시 제주시의 도시기본계획안은 도의 자문을 얻은 뒤, 건설교통부 중앙도시계획위원회의 심의를 거쳐 확정해야 했다. 제주시가 도에 심의를 의뢰하면서 이 사실이 알려졌다. 하지만 이때만 해도 이호 연안을 대상으로 구체적 매립계획이 존재했다고 말하기는 힘들다. 탑동과 마찬가지로 미래에 있을지도 모르는 개발 수요를 선제적으로 도시계획에 반영한 것이다. 하지만 곧 상황은 바뀌었다.

제주시는 1999년에 이호해수욕장을 중심으로 서부지역 해양관광레저타운을 조성한다는 「제주해양관광레저타운 기본계획」을 발표한다. 이호해수욕장 근처 연안을 활용하려는 계획은 그 이전에도 존재했었다. 그런데 이번에는 규모부터가 달랐다. 이호해수욕장 연안을 유원지로 지정하고, 본격적인 국제 수준의 해양레저타운으로 육성한다는 계획이었다.[252] 필요한 전체 예정 대지는 25만 5천 m^2였다. 그 가운데 9만 6천2백 m^2가 공유수면이었다. 기본계획 발표가 이루어지자마자 개발 이익에 대한 기대와 환경 파괴 우려가 동시에 나타났다.

---

[252] 제민일보, 2000, "이호해수욕장 관광레저타운 개발에 제주산업정보대 사업 참여 밝혀"

해양수산부는 초기에 해양레저타운 조성 사업이 연안 환경에 중대한 영향을 미치는 공유수면 매립을 포함하고 있다는 이유로, 국가 차원의 연안 관리 계획인 '연안통합관리계획'에서는 이호 연안 매립 관련 계획을 제외했었다. 하지만 해양수산부는 결국 견해를 바꿔 이를 반영한 계획을 2000년 8월 23일에 고시했다. 그리고 9월에는 수상관광호텔 사업계획도 승인했다. 다음 해인 2001년 7월에는 이호유원지 사업에 필요한 8만 8천m^2 공유수면 매립이 승인받았다. 제2차 공유수면매립 기본계획에도 포함되었다. 이에 제주시는 곧바로 2001년 수립하던 '2021 제주 도시기본계획' 안에 유원지 계획을 확정했다. 그리고 2002년 4월에는 이호유원지 개발 사업을 최초 지정·고시했다.

2002년 당시에는 금광기업이 시행예정자로 지정되었다. 금광기업은 당시 전남 광주에 있던 건설업체로 골프장과 몇 개의 호텔업체를 보유하고 있었다. 하지만 공유수면 매립 전문건설업체로 알려져 있었다. 금광기업은 2003년 2월 11일에 이호 동사무소에서 주민설명회를 개최했다. 이때 지역주민과 사업시행자가 각각 한 군데의 감정평가사를 선정해서 이들이 평가한 금액의 평균가로 토지를 매입한다는 합의를 했다. 또한, 토지 소유자와 주민으로 구성된 주민대표단과 지역주민의 개발 사업 참여 범위, 어장 피해 보상 등을 협의한다는 방침도 정했다. 그리고 토지 감정평가 결과가 나오면 해당 금액을 제주시에 예치(預置)하기로 했다. 협의 내용 자체로 2000년대에 진행되는 매립 사업의 구조가 이전과 얼마나 다른가를 알 수 있다. 특히 지역주민의 개발 사업 참여 범위를 둘러싼 협상은 제주 지속가능-세방화 개발체제가 어떤 방식으로 작동하고 있는지 보여준다.

하지만 변하지 않은 것도 있었다. 이날 설명회에서 "동쪽 일대 공유수면 매립으로 인한 마을 어장 등 바다 환경 훼손"이 우려되는데, "이에 대해 주민들과 논의된 적이 없다"라는 의견이 나왔다.[253] 기본계획이 해당 장소를 어떤 방식으로 다루고 있는지 보여주는 장면이었다. 장소를 개발프로젝트에 필요한

---

253 제주일보, 2003.2.13., "이호유원지 개발 내년 본격화 전망"

입지(立地) 관점에서 평가하다 보니, 유치하려는 자본과 그 수익 활동의 관점에서만 장소에 접근할 뿐, 해당 장소의 시민 경제나 오랫동안 지속되어 온 주민들의 공동자원체제에 미치는 영향은 계획 단계에서 체계적으로 검토되지 않는다. 다만 피해 보상 문제로만 남을 뿐이다. 하지만 공동자원체제 훼손 문제는 공청회 단계에서 유의미한 갈등 사항으로 발전하지는 않았다고 보인다.

2. 통합 영향평가와 통과 지연

이호유원지 계획이 현실화하려면 다양한 제도심의를 통과해야 했다. 그 중심에는 영향평가가 있었다. 한국의 영향평가는 부문별로 개별적으로 진행되다가 통합하는 방향으로 나아가는데, 제주는 다른 지역보다 먼저 통합해서 진행했다. 영향평가 제도의 강화는 2000년 이후 변화된 개발 사업의 가장 중요한 규제 환경 변화였다. 제일 먼저 통과해야 하는 건 2001년 1월 1일부터 시행된 「환경·교통·재해 등에 관한 영향평가법」이었다. 이 법을 보통 '통합' 영향평가라고 부르곤 했다. 금광기업은 2002년 사업 시행예정자로 지정됐기에, 이 법의 영향을 받았다. 이에 금광기업은 법이 지정하는 내용을 담아 영향평가보고서를 제출해야 했다. 하지만 이 영향평가보고서는 2005년이 되어서야 제주도의회의 동의를 얻었다.

이유는 그동안 금광기업이 제출한 영향평가보고서가 부실했기 때문이었다. 해안 매립이 초래할 생태변화 대응 대책이 미흡하다는 평가가 우세했다. 환경부 영산강유역청환경청도 환경영향평가서 초안을 향해 "대규모 해안 매립으로 인한 해양환경 파괴를 지적하며 사업계획 중 매립계획은 제척하라는 의견"을 제시했다. 흥미로운 건 이 지적을 받고 매립 사업자인 금광기업이 아니라, 제주시가 영산강유역환경청과 업무협의에 나섰다는 점이다.

그러다 결국 2005년 7월 19일에 제주도의회 농수산환경위원회가 조건부로 이호유원지 조성 사업 통합영향평가 보고서를 가결했다. 공유수면 매립지 주변에 생태계 보호를 위해 인공조간대를 설치한다는 내용이 포함되었는데, 이것이 영향을 주었다.[254] 2005년 8월 3일에 금광기업과 협의한 통합영향평가 관련 내용이 제주도 홈페이지에 공개되어 있다.[255] 사업 과정에서 발생하는 환경, 교통, 재해 영향을 낮추거나 줄이는 방안을 기업과 협의하고 이를 사업 시행에 반영하도록 요구한다는 내용이었다. 구체적인 저감 방안을 요구하거나 특정 행위를 규제한다는 내용이 아니라, 기업과 협의한다는 내용이다.

그런데 보고서가 가결된 바로 그날 금광기업은 개발사업자 자격을 잃었다. 제주국제자유도시특별법 제62조 제2항은 사업시행자로 지정받은 뒤 2년 이내에 개발 사업 시행을 승인받아야 하며, 부득이한 경우 1년 이내에서 1회 연기가 가능하도록 규정했다. 금광기업은 2002년 7월 19일 사업 시행예정자로 지정됐는데, 이미 2004년 7월 19일에 1차 기간 연장 조치를 한 적이 있었다. 그런데 1차 기간 연장 때에도 개발 사업 시행 승인을 받지 못해 자격을 자동 상실한다.[256] 그러자 금광기업은 이후 명의를 제주이호랜드로 변경하고 시행예정자 재지정을 신청한다. 매립공사 면허가 다시 발급되었을 때는 2005년 11월이었다.

3. 인공간석지: 공유수면 매립으로 인한 생태계 훼손의 저감 대책

2006년 당시 제주시는 이호 연안 개발을 설명하면서 "도두항까지 연계가 가능해지면 세계적 규모의 국제요트대회, 범선대회 등도 유치가 가능할 것"이라며, "이를 위해 8만 8천m^2의 공유수면 매립에 따른 생태계 파괴 등의 우려에

---

[254] 제주투데이, 2005.9.21., "이호유원지 내 인공조간대 시설된다"
[255] 제주이호유원지조성사업 통합영향평가 협의 내용, 제주도 홈페이지
[256] 제주매일, 2005.7.29., "이호유원지 사업자 '자격 실효'"

대한 저감 대책을 마련했다"라고 밝혔다.[257] 문제는 그 대책이었다. 제주시는 비판 여론뿐만 아니라 제주도의회를 설득하기 위해 매립지 동쪽에 인공간석지를 설치하겠다는 구상을 밝혔다. 매립 지역의 토사를 이용해 1만m^2 규모의 간석지를 설치한다는 내용이다.[258] 이는 2005년 금광기업과의 환경영향평가 협의 내용에 들어 있던 내용이기도 했다. 금광기업은 매립으로 인한 해양환경 훼손 저감 대책으로 인공간석지 안을 통합환경영향평가서에서 제안했다.

금광기업은 인공간석지 계획을 발표하며 ① 어류, 갑각류, 조개류 등의 서식을 돕고 오염정화 기능 및 심미적, 관광적 기능을 수행할 뿐만 아니라 ② 생태 보전 기능을 충분히 발휘하고 조수 간만의 효과를 충분히 누릴 수 있도록 길고 완만한 사면으로 조성한다고 밝혔다. 제주시는 기본적으로 이 안을 수용하면서, 인공조간대를 조성할 때는, 해역을 종합분석하고 관련 전문가의 자문을 얻어 사업 지역에 가장 적합한 기능을 수행하는 인공조간대로 조성해야 한다고 요구했다. 또한 조성 이후에도 시설의 유지 관리 보수를 위해 사후 환경영향조사 및 해양 모니터링을 계속 실시하고 조사 결과를 제주도에 제출하도록 했다.

인공간석지는 해양 매립으로 상실되는 해양환경을 인위적으로 복원하는 환경복원(mitigation) 대응의 하나로 알려져 있었다(맹준호 외, 2005: 156). 단순하게 말한다면 공유수면 매립으로 천연 조간대가 상실되기에, 자갈과 모래 등으로 이를 대체할 '인공' 경사면을 만들어 조간대 기능을 발휘하는 영역을 만드는 방법이다. 금광기업은 "매립지 전면 부분의 한쪽으로 방사제를 설치 후 자갈과 모래 등을 이용해 인공적으로 조성"[259]한다는 계획을 발표했다. 당시까지 인공간석지는 국내에 사례가 없었다. 환경운동 단체들은 "어장감소를 최소화하기 위해 인공간석지를 조성한다고는 하지만, 공유수면 매립은 88,000

---

257 제주의소리, 2006.6.13., "이호유원지 2,100억 투자한다"

258 제주투데이, 2005.9.21., "이호유원지 내 인공조간대 시설된다"

259 제주일보, 2005.01.20., "이호유원지에 도내 최초로 인공간석지 조성"

평방미터에 달하나 인공간석지는 불과 10,000평방미터에 불과하여 피해를 줄인다고 볼 수도 없거니와 외국의 경우 대체 간석지 조성시 매립 부분과 동일한 규모로 조성하는 것과도 상당히 비교"된다고 비판했다.[260]

더 근본적인 문제는 다른 데에 있었다. 인공간석지는 해양 매립이 회피 불가능한 경우에만 검토되는 소극적인 해결책(맹준호 외, 2005: 156)이다. 그런데 이호 매립 과정에서 인공간석지는 오히려 매립을 추진하는 수단으로 역전되어 나타났다. 인공간석지를 둘러싼 추가적인 논의나 관련 구체적인 논쟁도 하나 없이 결국 제주이호랜드는 2006년 5월부터 2008년까지 3년간 25만 2천 6백m^2의 공유수면을 매립하고 사업 부지로 편입했다.[261] 하지만 이때 만들어진 인공조간대는 애초 계획과도 달랐다. 오히려 인공간석지를 만든다며 방사제를 쌓아 바다 쪽으로 "제방을 쌓은 형국이어서 사실상 매립 규모를 더 늘려 버린 결과를 초래했다."[262]

또한 불법 공사 논란도 일었다. 금광기업이 매립공사를 시작한 2006년 5월은 개발 사업이 승인되기 이전이었다. 제주시와 사업자는 매립 면허를 받았기에 문제가 없다는 태도이었지만, 환경단체는 "매립 면허는 최종적인 개발 사업 승인을 받기 위한 과정이기 때문에 개발 사업 승인 전에 매립공사를 하는 것은 불법"이라고 보았다. 게다가 제주도가 공사 중지 명령을 내린 적도 있었다. 모든 인허가를 마치고 공사를 재개하라는 명령을 내린 것이다. 하지만 공사는 그대로 강행되었고, 제주도는 방관하였다.[263]

---

[260] 제주일보, 2005.7.16., "이호유원지 개발사업 재고돼야"

[261] 제주관광신문, 2019.6.14., "관광객 유치 '헛말'…'이호유원지' 장기간 흉물"

[262] 제주의소리, 2019.10.30., "결국 제주 이호해변의 아름다운 풍광 사라지나"

[263] 제주의소리, 2019.10.30., "결국 제주 이호해변의 아름다운 풍광 사라지나"

4. 투자진흥지구

제주시는 제주이호랜드가 제출한 이호유원지 개발 사업 신청을 2008년 8월에 승인했다. 하지만 공유수면 매립지는 논란이 되어, 일단 매립지를 제외한 육상 토지만 사업 승인이 났다. 제주이호랜드는 우선 육지부에 공사를 하고, 이어 외자 유치를 하여 공유수면 매립지에 공사를 한다는 계획을 세웠다.[264] 제주도정은 개발 사업을 돕고자 2009년 5월에 이호유원지를 '제주투자진흥지구'로 지정 추진한다고 밝혔다.[265] 투자진흥지구란 제주도가 핵심 산업 육성 및 투자 유치를 위해 미화 500만 달러 이상 투자하는 국내외 자본에 조세특례를 주는 제도다. 투자진흥지구로 선정되면 국세와 지방세, 각종 부담금을 감면해 주고, 국·공유재산 무상사용 혜택도 부여한다. 제주이호랜드가 대규모 외자 유치만 해온다면 가능한 모든 것을 지원해 주겠다는 뜻이었다.

그러나 제주이호랜드는 자본 유치에 실패했다. 당연히 사업은 표류할 수밖에 없었다. 제주이호랜드가 중국 분마그룹과 손을 잡은 때가 바로 이때였다. 제주이호랜드는 2009년 중국 분마실업집단유한공사와 3억 달러 상당의 합작투자계약을 체결하고, 이름도 제주분마이호랜드로 변경했다. 사업 규모도 커졌다. 원래 제주이호랜드가 2007년에 구상했던 투자계획은 4천212억 원 수준이었다. 그러나 제주분마이호랜드의 투자 규모는 1조 2천694억 원으로 3배 가까이나 늘었다.

이 합작으로 발목을 잡던 외자 유치 문제가 해결된 듯 보였지만, 또 문제가 생겼다. 분마그룹이 합작법인에 투자하기로 해놓고, 장기간 투자를 하지 않은 것이다. 그 결과 2010년에 매립지가 공매(公賣)로 넘겨졌다. 개발 사업 신청도 취소되었다. 개발 사업이 이루어지지 않자, 매립지는 계속 방치되었다. 방치는 2020년 현재까지 계속되고 있다. 여러 사건이 더 진행된 다음이기는

---

[264] 조선일보, 2008.8.5., "이호해수욕장 일대 개발 본격 추진"
[265] 뉴스제주, 2009.5.22., "이호유원지, 제주투자진흥지구 지정 추진"

하지만, 2017년 2월에는 제주국제자유도시 종합계획심의회에서 아예 이호유원지를 제주투자진흥지구에서 지정 해제했다. 2009년 제주투자진흥지구로 지정된 후 약 8년 만이었다.[266] 2017년 당시에 이호유원지 말고도 묘산봉 관광지, 비치힐스리조트, 롯데 리조트 등 4건이 함께 제주투자진흥지구에서 해제되었다. 제주 언론에서는 세금 감면을 받고서 '먹튀'한 지구들이라고 비판했다.[267] 제주 신개발체제의 또 다른 얼굴이었다.

5. 개발 계획 변경: 카지노

기존 개발 사업 신청이 취소되었지만, 제주분마이호랜드는 개발을 포기하지 않았다. 2013년에 제주분마이호랜드는 개발 사업 시행 승인 변경을 신청했다. 그 내용이 제주 시민사회의 공분을 샀다. 제주분마이호랜드가 원래 개발 목표였던 해양레저타운 사업보다 카지노 사업에 초점을 맞춘 사업안을 제출했기 때문이다. 애초 제주이호랜드는 전체 사업 부지의 20퍼센트를 해양 시설로 계획했다. 그런데 변경 계획서에 따르면, 해양 시설은 전체 5% 미만이고, 대신 초대형 카지노와 쇼핑몰, 컨벤션 시설 등을 중심으로 호텔과 콘도 등 숙박시설 비중이 35%가 되었다.[268]

    카지노 산업은 제주 신개발체제의 중심 성장 전략 가운데 하나였다. 물론 카지노는 그 이전부터 제주에서 중요한 사업이었다. 제주 개발에 필요한 자본이 부족했던 제주는 외부 자본을 도내로 유치하는 조건으로 카지노 사업을 이용했다. 하지만 2000년대를 전후로 카지노는 단순한 육지 자본 유치사업이 아니라, 제주경제의 미래를 좌우할 미래 성장 동력으로 부상한다.

---

[266] 연합뉴스, 2017.2.16., "세금 감면받고 먹튀' 논란 제주 투자진흥지구 4곳 해제"

[267] 연합뉴스, 2017.2.16., "세금 감면받고 먹튀' 논란 제주 투자진흥지구 4곳 해제"

[268] 프레시안, 2014.8.28., "차이나머니 공습, 돌하르방 위협하는 '왕서방'"

1997~98년 외환위기는 제주에서도 중요했다. 이 경제 위기 공간을 활용하여, 카지노 산업과 관광 산업을 연결하는 '대형 복합리조트'로 아시아의 카지노 관광 시장을 선점해야 한다는 논리가 제주 발전의 대안으로 등장했다. 이 구상은 제주 사회의 비판과 우려로 완전하게 실현되지는 않았지만, 현재까지도 제주 신개발체제의 성장 동력으로 끊임없이 거론되고 있다.

제주분마이호랜드가 제출한 변경 계획안은 바로 이런 맥락에서 나왔다. 2014년 당시 전국에는 16개의 외국인 전용 카지노가 있었는데 그 가운데 8곳이나 제주에 있었다. 모두 국내 자본이 투자한 곳이다. 중국 자본의 제주 투자가 활발해지면서, 이들은 제주에서 자신들이 투자하는 카지노 관광 산업을 벌이고 싶어 했다. 이호유원지뿐만이 아니었다. 당시 중국 자본이 카지노를 만들겠다고 나선 곳은 제주시 노형동에 들어설 드림타워, 제주신화역사공원 그리고 제주분마이호랜드 모두 3곳이었다.[269] 2022년 현재 드림타워, 제주신화역사공원에는 모두 중국 자본이 투자한 카지노가 운영되고 있다. 이런 역사 때문에 제주 학자 중에는 카지노를 비롯한 도박 환경이 지역 사회를 어떻게 변화시키고 있는지 관심을 가지고 추적한 이들도 있다.[270]

6. 심의제도의 이중 역할

다른 지역과 달리 제주지역은 2006년 7월 제정된 제주특별자치도 특별법에 따라 카지노 허가권이 제주도지사에게 있었다. 하지만 허가를 받으려면, 개발사업과 관련된 다양한 심의제도 곧 경관영향평가, 교통영향평가, 도시계획심의라는 문턱을 넘어야 했다. 제주도의 심의제도는 이호유원지 조성 사업에서

---

269 한겨레, 2014.3.18., "제주에 8곳 몰렸는데...중국자본, 또 카지노 추진"

270 대표적인 연구자는 김석준 선생님이시다. 초기 연구는 이미 1996년부터 시작되었다(김석준·강세현, 1996).

이중적인 역할을 했다. 개발 사업을 검토하고 연기하는 역할을 하기도 했지만, 결국에는 이를 수용하고 다시 추진하는 동력이 되기도 했기 때문이다. 제주환경운동연합에서 일하는 이영웅은 한 신문 기고에서 제주도의 심의제도가 개발 프로젝트에 면죄부를 주는 제도로 악용되고 있다며 비판한 적이 있는데, 바로 이런 이유였다.[271]

> "제주도의 심의 과정도 문제이다. 개발 사업 시행 승인 과정에 이뤄지는 각종 위원회의 심의 절차는 사업의 타당성을 공정하고 투명하게 검토해야 하지만 이렇다 할 역할을 제대로 하지 못한다. 사업계획이 타당하지 않고, 사업 입지가 환경적으로 부적정하더라도 몇 번 재심의 끝에 결국 동의 절차를 밟는다. 경관위원회, 도시계획위원회, 환경영향평가심의위원회 등 개발 사업 과정에서 반드시 거쳐야 하는 위원회들이지만 현실은 절차적 민주주의를 확인하기 위한 형식일 뿐 개발의 면죄부 역할로 전락했다는 비판에서 자유로울 수 없다."

경관심의가 우선 문제가 됐다. 경관심의가 이호유원지 사업 심의에서 중요한 쟁점이 된 이유를 알려면, 한국에서 경관 관리의 부상 과정을 이해하는 게 도움이 된다. 한국에서는 2000년 전후로 기존의 경제성장 패러다임에 근거한 국토개발 전략을 변경해야 한다는 요구가 나타난다. 이때 경관 문제가 중요한 하나의 요소로 통합되어, 2007년 경관법이 제정된다(백승권·진영기·김제환, 2011: 23). 지방자치단체 수준에서는 이미 그 이전부터 상당한 수의 지방자치단체가 경관 관련 조례를 제정한 상태였다. 2007년 경관법은 이를 법제도로 국가 차원에서 뒷받침하는 의미도 있었다. 경관법이 제정된 이후에는 더욱 많은 지방자치단체가 관련 제도를 정비한다. 제주도도 2009년 「제주특별

---

271 제주의소리, 2019.8.21., "청정과 공존 외치는 제주...개발면죄부 땅으로 전락"

자치도 경관 및 관리 계획」을 수립한 바 있다.[272]

하지만 자체 맥락도 있었다. 제주에서 개발 수요가 증가하면서 2010년 전후로 자연경관 훼손 및 경관의 사유화라는 문제가 중요한 제주 사회의 문제로 등장했다. "경관 사유화"라는 낯선 문제의식이 제주 시민사회에서 새로운 저항의 언어로 나타난 시기도 이때이다. 이호분마랜드 경관심의는 이런 배경 아래 이루어졌다. 2014년 1월과 5월에 경관심의가 열렸다. 재심의 결정이 났다. 2014년 7월에도 관련 심의가 열렸지만, 또 재심의 결정이 났다.[273] 콘도미니엄이 높아 인근 소나무 숲을 가리므로 주변환경과 조화되도록 건축물을 재배치하라고 요구했다. 경관 문제가 개발 사업의 발목을 다시 잡았다.

2015년에도 같은 상황이 반복됐다. 내용은 거의 같았다. 이호유원지에 계획된 시설들이 주변환경과 조화를 이루어야 하므로 건축물을 재배치하라고 했다.[274] 이는 당시 제주 사회의 상식과 공명하는 조치기도 했다. 연안 공동체와 제주 시민사회는 이호유원지 시설이 해수욕장 주위를 감싸는 형태로 설치되어, 연안과 해수욕장 경관이 유원지 이용객들만 누리는 경관이 된다고 비판했다. 곧 '경관의 사유화'라는 항의다. 그 대안으로 이들은 해수욕장 경관이 모두에게 열려 있도록 시설물이 재배치되어야 한다고 주장했다.[275] 이렇게 말해도 좋다면 경관을 공동자원체제로 유지해야 한다는 요구였다. '경관의 사유

---

272 "경관의 사유화"라는 개념 혹은 담론은 학계에서 이미 오래전부터 사용하던 말이었다. 1980년대에 이미 관련 기록이 있다. 하지만 이 개념이 시민사회에서 문제를 기술하는 하나의 방식으로 확산할 때는 2010년대로 보인다.

273 미디어제주, 2014.9.15., "이호해수욕장을 중국 개발업체의 사유물로 만들면 안 돼"

274 국민일보, 2015.10.15., "제주 '이호유원지' 개발 사업 무산 위기"

275 비슷한 시기 다른 장소에서도 경관 사유화 문제가 제기된 적이 있다. 2016년에 제주 중문관광단지 내에 있는 '중문·대포 해안 주상절리대' 해안가에 호텔 건립이 추진되자, 지역주민이 수려한 자연경관이 특정 기업에 독점되는 '경관 사유화'가 일어난다며 비판한 것이다.

화' 대 '경관의 공동자원화'(commonification)라는 쟁점이 경관심의에 존재했다.[276]

재심의를 통과하려면 사업 변경 계획이 제출되어야 한다. 하지만 만료일까지도 변경 계획이 제출되지 않았다. 제주분마이호랜드는 2016년 7월이 되어서야 개발 사업 시행 승인에 필요한 사업계획서를 다시 제출했다. 그리고 2017년 9월에야 경관심의 분야에서 조건부 수용 결정이 내려졌다. 이때까지 제주분마이호랜드는 5차례의 경관심의를 받았다. 제주분마이호랜드는 "도내 대규모 관광지 개발 사업 가운데 5차례나 경관심의를 받은 것은 이호유원지가 처음"이라며 불만을 토로하기도 했다.[277] 하지만 반대로 말하면 그동안 제주도와 시민사회, 연안 공동체가 요구한 조정 요청을 사업계획에 반영하지 않고, 무시한 것이었다.

7. 해수욕장: 주민과 공동자원체제

경관 문제가 제기된 직접적인 이유는 이호해수욕장이 개발 사업 부지에 포함되었기 때문이었다. 그리고 이는 경관 문제뿐만 아니라 연안 공동체에도 중요한 문제였다. 2014년에 제주시 이호해수욕장이 제주이호랜드 포함된 사실이 알려져 지역주민이 강하게 반발했다. 발단은 2013년 11월 27일에 제출한 사업자 개발 사업 시행 변경 계획서였다. 제주시는 다음 해인 2014년 5월 9일 주민설명회를 개최했다. 이 주민설명회에서 해수욕장이 포함된 사실이 알려졌다. 제주시 관계자는 '주민들의 동의를 받았느냐'는 한 기자의 질문에 "지난

---

276 2010년대 중후반부터 경관을 '공동자원체제'로 바라볼 수 있다는 다양한 제안이 국제 학계에서 나오고 있다. 이에 관한 체계적인 논의로는 다음을 보자. Jean-David Gerber and Gérald Hess(2017).

277 제주일보, 2017.9.24., "이호유원지 9년 만에 경관심의 통과"

5월에 설명회를 열었다. 찬성하는 사람도 있고, 반대하는 사람도 있었다"라며 "그때 해수욕장이 부지 내에 포함돼 있다는 사실을 알렸다"라고만 답했다 한다.[278] 여러 의견을 듣는 공청회가 행정에는 사실상 동의 절차와 같다는 점이 관계자의 발언을 통해 확인된다.

이호동 주민들은 도민과 관광객 모두가 사용하는 해수욕장이 사기업 손에 들어가는 것에 반대하며 집단으로 대응하겠다는 방침을 세웠다. 주민들은 해수욕장을 지키기 위해 '이호테우해변되찾기 비상대책위원회'라는 저항조직까지 만들었다.[279] 주민대책위는 한 언론과의 인터뷰에서 "이호테우해변이 유원지 개발지구에 포함되면 이호동의 정체성 훼손은 물론, 해수욕장을 중심으로 펼쳐지는 주민소득 창출원도 소멸된다"라면서 "이호동과 이호테우해변의 발전과 동민의 삶의 질을 저해하는 내외의 부당한 사항에 대해서 적극 대응하겠다"라고 말했다.[280] 지역 언론들은 제주시 이호동 주민들이 이호유원지에 포함된 공유수면의 국·공유지를 되찾기 위해 본격적인 활동에 돌입했다고 보도했다. 보도에 따르면 이날 도의원, 주민자치위원회와 5개 자연마을 회장, 자생 단체 관계자, 주민 등 100여 명이 참석했다고 한다.[281][282] 공동자원체제가 다시 한번 제주 주민운동의 중심에 진입한 사건이었다. 이는 당시 주민의 발언에서도 확인할 수 있다.[283]

---

[278] 미디어제주, 2014.7.10., "이호해수욕장마저 중국 자본에 공짜로 팔아넘기려 하나"

[279] 프레시안, 2014.8.28., "차이나머니 공습, 돌하르방 위협하는 '왕서방'"

[280] 미디어제주, 2014.9.15., "이호해수욕장을 중국 개발업체의 사유물로 만들면 안 돼"

[281] 제민일보, 2014.10.6., "이호유원지 국공유지 주민 품으로 되찾겠다"

[282] 이호동은 행정구역상으론 이호1동, 2동으로 나뉘지만, 1동은 '동마을', '서마을', 중앙마을, 현사마을, 2동은 대동마을, 오도마을 등 6개의 자연부락으로 형성된 농어촌 마을이다.

[283] 프레시안, 2014.7.11., "중국기업, 카지노에 해수욕장까지 삼키나?"

- "해수욕장이 사업지구에 포함됐다는 것은 말이 해수욕장이지, 앞으로 해수욕장이 사유화된다는 의미"
- "개발 후에는 해수욕장에 아무나 들어갈 수도 없고, 만에 하나 유료화해도 손을 쓸 수 없을지도 모른다."
- "이호해수욕장은 지역주민에게 일반 해변 이상의 의미를 지닌다. 매년 테우 축제를 열고 해수욕장을 함께 운용하면서 공동체를 묶는 장소"

그러나 사업 허가권자인 제주시는 "12년 전(2002년) 유원지 계획 수립 당시 해수욕장이 포함됐다"라며, 아무 문제가 없다는 태도였다. 정확하게 말한다면, 절차 측면에서는 문제가 없다는 반응이었다. 이와 같은 입장이 주민들의 반발 강도만 키웠다는 분석이 있다.[284] 주민들과 지역언론은 제주시와 다르게 판단했다. 2002년 당시 계획에 포함된 공유수면 면적은 6만 6천249m^2였다. 하지만 2003년에 공유지 1필지, 2010년에 국유지 3필지 등 국·공유지 4필지가 계획에 추가되어, 총 2만 천5백2십7m^2가 늘었다. 이에 이호동 주민들은 애초 공유수면에서 상실된 4필지의 국공유지를 되찾아야 한다고 보았다.

주민은 절차상 문제점에도 주목했다. 2008년에 제주시는 이호유원지 개발 사업을 승인하면서, "사업 부지에 포함된 해수욕장 및 시설물은 공공시설이므로 해수욕장 이용객들이 사용하는 데 불편이 없도록 하여야 한다"라는 조건을 명시했다. 그리고 2009년에는 이호유원지를 투자진흥지구로 지정하면서, "2008년 제주시 부관이 정해져 있음에 따라 향후 마을주민과의 협의를 통해 그 사용 방안을 결정하고 유지/관리해야 한다"라고 구체적인 관리 지침도 제시했다. 따라서 해수욕장의 공공 이용과 마을주민과의 협의를 보장해야 함에도, 이런 조치가 제대로 이행되지 않았다고 주민들은 주장했다.

주민들의 반발에는 제주이호분마랜드가 중국 자본이라는 점도 크게 작용했다. "졸지에 마을 해수욕장을 중국 자본 품으로 넘겨주게 된 주민들은 황

---

284 프레시안, 2014.7.11., "중국기업, 카지노에 해수욕장까지 삼키나?"

당하다"라는 입장이었다고 한다. 중국 자본을 향한 제주 시민의 누적된 불만은 그 배경이 됐다. 일부 지역언론도 이 점을 부각했다. 예를 들어 미디어제주는 2014년 7월에 보도한 주민들의 반발을 소개하는 기사에 "이호해수욕장마저 중국 자본에 공짜로 팔아넘기려"라는 제목을 달았다. 여기서 핵심은 이호해수욕장'마저'라는 조사다. 하지만 반대한 주민들만 있지는 않았다.

2016년 이호동 주민 750명이 개발 사업이 조속히 이뤄지게 해달라며 도에 청원서를 제출했다.[285] 우리는 공동자원체제가 그 공동체 전체에 동일한 방식으로 영향을 미치지 않는다는 점을 기억해야 한다. 이호동도 마찬가지였다. 공동자원체제 개발 프로그램이 거의 언제나 공동체를 분열시키고 오랫동안 치유되지 않는 갈등을 남기는 이유가 여기에 있다. 갈등이 소멸하여 이전으로 돌아가는 듯 보여도, 이미 그 이전과는 달라진 일상을 살아야 한다.

8. 교착상태, 방치 그리고 재추진

지역주민의 국공유지 제외 요구와 3차례의 경관위원회 재심의 결정, 그리고 관련 위원회 등의 논의에 따라 이호유원지 사업은 중단됐었다. 개발 사업이 승인된 2008년 이후로만 본다면 2020년 현재 시점 기준으로 10년이 넘게 교착상태에 있었다. 이 과정 동안 공유수면 매립지는 장기간 관리되지 않고 방치됐다. 제주 언론에서는 '흉물'[286]이라는 표현이 자주 눈에 띈다. 이호해수욕장 옆인 이 매립지는 휴가철에는 관광객들과 캠핑족들이 이용하곤 했다. 하지만 혼잡이 발생하면서 관광객, 상인 그리고 마을주민 사이에 갈등도 있었다. 2013년에는 주민자치위원장이 "수년째 개발이 지연되면서 이호랜드 부지가

---

[285] 제주일보, 2017.9.24., "이호유원지 9년 만에 경관심의 통과"

[286] 제주관광신문, 2019.6.14., "관광객 유치 '헛말'…'이호유원지' 장기간 흉물"

우범지역으로 전락했다"라고 목소리를 내기도 했다.[287]

2017년 9월 제주도는 경관위원회를 열어 최종 사업 변경안을 의결, 통과시켰다. 제주도 관계자는 이때 "이호유원지는 해수욕장과 해송림을 끼고 있어서 사업자가 이를 사유화하지 못하도록 공공적 공원 관리 계획을 수립하도록 한 후 경관심의를 통과시켰다"라고 말했다.[288] 경관심의가 통과되면서 사업 시행 기간이 2020년까지 연장됐다.

경관심의가 통과되자 이호유원지 사업을 조속히 추진하자는 여론이 있었다. 경제가 활성화되기를 바라는 마음이 그 토대였다. 제주분마이호랜드도 이를 근거로 사업의 조속한 추진을 시도했다. "도내 건설업체의 공사 참여와 지역 인재를 우선 채용하는 등 지역경제 활성화에 기여"하겠다고 밝혔다.[289] 주민 일부도 환영했다. 이호동에는 '이호유원지추진위원회'가 있었다. 이들은 ① 공유수면 매립이 마무리됐지만 사업이 재개되지 않아 불법 주차, 무단 캠핑행위, 푸드트럭 영업 등 무질서하다고 말하면서, ② 유원지가 만들어져 고용 창출과 농산물 판매장 운영 등 마을과 상생 발전할 수 있도록 사업이 빨리 진행되어야 한다고 주장했다.

2018년 2월에는 교통영향평가위원회 심의도 통과했다. 그리고 2019년 1월 제주도가 '2019 제1차 도시계획위원회'를 열고, 이호유원지 사업의 도시관리계획 변경안을 심의해 조건부 수용 결정을 내렸다.[290] 또 4월에는 제주도 환경영향평가심의도 조건부 통과했다. 환경영향평가법 및 시행령에서는 공사가 7년 이상 중지된 후 재개되는 때에만 환경영향평가를 다시 받도록 하고 있다. 제주도는 이후 관련 동의안을 제주도의회에 제출했다. 도의회는 그러나 심사를 당시 보류했었다. 이전부터 누적되어 온 문제들이 모두 거론되었다.

---

287 제주매일, 203.9.30., "이호랜드 부지 우범지역화 우려"
288 제주일보, 2017.9.24., "이호유원지 9년 만에 경관심의 통과"
289 제주일보, 2017.9.24., "이호유원지 9년 만에 경관심의 통과"
290 일요신문, 2019.1.14., "제주 이호유원지 개발사업 도시계획심의 통과"

2018년 3월 말에 이호매립지를 찾았다. 멀리 관광객에게 유명한 목마등대가 보인다. 그 앞으로 넓게 펼쳐진 대지가 모두 매립지이다.

공동자원체제인 해수욕장을 사유화할 수 있고, 고층 건축물로 인한 경관 훼손, 공유수면 매립에 따른 해양환경 파괴, 카지노 산업 진출 우려 등이 제기됐다. 하지만 결국 2019년 10월 31일에는 도의회에서 이호유원지 조성 사업 환경영향평가서 협의 내용 동의안이 가결 처리됐다.

    하지만 문제는 계속됐다. 이호유원지 사업 부지가 과거 경매로 팔려나가, 사업에 필요한 토지를 확보하는 데 문제가 생겼다. 제주분마이호랜드는 2020년까지 소유 토지를 1, 2, 3차 경매를 통해 81필지를 팔았다. 팔려나간 땅을 다시 찾아와야 사업을 추진할 수 있는 상황이다. 제주 언론에서는 문제는 자금이라고 했다. 자금을 확보한다면 가능하지만 그렇지 않다면 어렵다는 예측이었다.[291] 이런 조건과 무관하게 제주분마이호랜드는 2023년 완공을 목표로

---

[291] 헤드라인제주, 2020.11.3., "제주 이호유원지 부지 또 경매로 팔렸다…사업 '좌초' 위기"

다시 개발을 추진하고 있다. 중소기업중앙회는 2020년 1월 제주도에 건설경기 활성화를 위해 제주 이호유원지 개발 사업의 조속한 착수를 건의했다.[292] 결국, 제주개발체제는 변형되었다고 하더라도, 본성상 토건 프로젝트였다.

---

[292] 아주경제, 2020.1.29., "중기중앙회, '10년째 표류' 제주 이호유원지 조속한 착수 건의"

• • • •

제17장

2차 탑동 매립 이후(3): 강정 해군기지와 공유수면 매립

2007년 5월, 제주도 서귀포시 대천동 강정마을이 해군기지 건설 예정지로 알려진다. 이후 곧바로 기지 건설 사업을 저지하고자, 제주 강정마을 주민과 도민사회의 투쟁이 시작되었고, 제주도를 넘어 전국에서, 때로는 국제적인 연대 운동이 펼쳐졌다. 하지만 결국 2016년 2월에 제주 강정 해군기지가 준공되었다. '강정 해군기지 반대운동' 혹은 '강정 평화운동'으로 알려진 이 운동 과정에서 600여 명에 가까운 주민과 활동가들이 입건되고, 당시 기준으로 4억 원에 가까운 벌금이 부과됐을 뿐만 아니라, 34명의 구속자가 발생했다. 2023년 현재, 마을은 이제 분열되어 '마을 지옥'이라고 불릴 정도이고(정영신, 2017: 159), 군사기지는 제주의 일부가 되었다. 그렇지만, 누군가에게 강정 운동은 아직 끝나지 않은 운동이다.[293] 함께 활동했던 윤여일 박사는 운동 '이후'의 강정을 기록하며 여전히 강정에서 새로운 활동이 만들어지고 있음을 기억해야 한다고 말한 바 있다(윤여일, 2017). 나도 그들의 얼굴을 알고 있고, 오랫동안 잊지 않을 것이다.

공유수면 매립 문제는 제주 강정 해군기지 건설 과정에서 핵심적인 갈

---

293 제주의소리, 2022.1.3., "15년 반대운동 왜 안 지치겠나? 그러나 아직 해야 할 일 있다"

등 쟁점 가운데 하나였다. 해군기지 건설에는 공유수면 매립이 물리적으로 필요했기 때문이다. 제주도정은 2009년 12월에 국방부의 요청에 따라 36만 9천605㎡의 강정 연안 공유수면을 매립 하는 기본계획을 마련했다. 해군은 현무암으로 이루어진 제주도 해안의 특성상 준설이 어렵기도 하고, 환경적 영향 등도 최소화하려면, 선박 운용에 필요한 수심이 확보되는 지점까지 매립이 필요하다고 했다. 쉽게 설명한다면, 군함이 들어오는 곳까지 매립해야 한다는 뜻이다. 그리고 다음과 같은 3가지 매립 방법을 제시했다.[294]

- 공유수면 매립 방법은 외곽시설인 방파제, 호안 및 안벽 축조 후 배면에 필터 매트를 포설한 후 매립
- 매립 토석은 가급적 육상부지에서 발생하는 토석을 최대한 활용하고, 구조물 기초 터파기 및 준설 토사를 전량 유용
- 매립공사 시 매립으로 인한 부유물 확산을 최소화할 예정이며, 인근의 어장 및 해양생태에 피해가 최소화되도록 오탁방지막 설치 등 환경오염 저감 대책 마련 후 시공

공유수면이 매립된다면 이는 해군기지의 물적 토대가 되기에, 반대운동 진영 또한 매립을 막고자 가능한 한 모든 활동을 펼쳤다. 제2차 탑동 공유수면 매립이 진행된 지 18여 년 만에 다시 한번 공유수면 매립이 제주 정치사회적 갈등의 중심에 진입하는 순간이었다. 하지만 탑동 운동과는 두 가지가 달랐다. 우선 운동에서 공유수면 매립은 갈등의 일부였을 뿐, 공유수면 그 자체가 중심 갈등은 아니었다. 공유수면 매립에 반대한다기 보다는 강정에 들어서는 해군기지에 반대하는 운동이었기 때문이다. 하지만 운동이 전개되면서 공유수면 매립 반대와 군사기지 건설 반대가 융합되어, 이 두 반대가 동일한 문제의 양면으로 인식되는 경향이 나타났다. 이 둘을 매개하는 담론은 바로 '생

---

294 제주도정, 2009.12., "공유수면매립기본계획 변경에 따른 심의자료"

명'과 '평화'였다. 운동 진영에서 이 두 개념은 하나였다. 해군기지 반대 투쟁을 시작하면서 강정 마을회는 2007년 11월 10일 강정마을을 "생명평화마을"로 선포하는데(오영덕, 2012: 144), 이는 앞으로 펼쳐질 운동의 방향과 내용을 보여주는 상징적 선언이라 할 수 있다. 이는 한국 평화운동이 현재 도달한 '평화' 이해의 깊이와 폭, 그리고 범위를 보여주는 사례라고 말할 수 있을지 모른다.

두 번째로는 제주도를 넘어 전국적 수준에서 갈등 구도가 형성되었다. 탑동 공유수면 매립 반대운동은 그 운동사적 의미가 무엇이든, 공간적으로 본다면 어디까지나 제주만의 운동이었다. 하지만 강정 해군기지 건설 반대운동은 한국 민주화 이후 민주주의 국면에서 이루어진 전국 수준의 평화운동으로 매우 강력한 동원 구조를 갖춘 운동이었다. 돌아보면, 2000년대 전체는 한국 평화운동의 일대 분수령이었다. 2003년 이라크 파병 반대운동 그리고 2006년 평택 대추리 미군기지 건설 반대 투쟁에 이어 강정 평화운동이 일어났기 때문이다. 강정 운동은 2000년대 한국 평화운동의 물결 속에서 전개된 민주화 이후 한국 반전평화운동의 정점이었다.

1. 절대보전지역 해제와 매립 승인

공유수면을 매립하기로 한 제주 강정 연안 지역은 2004년 10월에 제주도지사가 '절대보전지역'으로 지정한 곳이었다. 절대보전지역이란 도지사의 허가를 받지 않은 모든 개발 행위가 금지되는 지역을 말한다. 흥미로운 점은 이 정책의 근거가 바로 1991년에 제정된 제주개발특별법이었다는 점이다. 제주개발특별법은 종합 개발 계획 안에 제주의 정체성과 자연 보전을 통합하였다. 이는 개발 가능 지역을 한정하는 규제 정책으로 구현되었다. 보전지역은 '절대보전지역'과 '상대보전지역'으로 나뉜다. 그리고 보전지역을 지정하거나 변경하려면 도의회의 동의를 얻어야 한다. 변경된 제주개발체제의 단면을 보여주는 내용과 절차라고 할 수 있다.

모든 유형의 개발이 금지된 곳에서 해군기지를 만들려면 우선 해당 장소를 '절대보전지역'에서 해제해야만 했다. 이에 제주도정은 도의회에 의견을 구하는 형태로 절대보전지역 변경 동의안을 제출했다. 그리고 2009년 12월 17일에 도의회에서 동의안이 통과되었다. 한 언론은 당일 현장 분위기를 아래처럼 기록했다.

"이날 본회의장에는 본회의가 열리기에 앞서 민주당과 민주노동당, 무소속 의원들이 대기하며 해군기지 관련 의안 상정 자체를 저지하려 했으나, 한나라당 의원들이 의회 사무처 직원과 청원경찰 등을 동원해 들어가는 과정에서 심한 몸싸움이 빚어지기도 했다. 의회 건물 밖에서도 시민·사회단체 관계자들과 강정마을 주민들이 '해군기지 건설 반대'를 주장하며 저지하는 경찰에 맞서 격렬하게 항의했다."[295]

동의안은 특별법 제292조에 따라 먼저 절대보전지역을 해제하고, 공유수면 매립 기본계획을 수립해야 타당하다는 내용이었다. 도의회는 동의안을 통과시키면서, 아래와 같은 일련의 요구사항을 덧붙였다.

- 도시관리계획(유원지) 변경(안)과 도시계획도로 변경(안) 확정 및 국방·군사시설사업 실시계획의 승인 처분 무효 확인 행정소송이 완료된 후 공유수면 매립기본계획 수립 등 행정절차 추진
- 공유수면 매립은 해양에서 대단위 공사로, 하여금 해양생태계의 피해가 예상되는바, 보전 및 복원계획을 철저히 세운 후 관련 전문가 및 지역 주민들에게 공개하여 객관적 검토 과정이 필요함
- 공유수면 매립 기본계획 반영요청서 내용 가운데에 환경 영향 저감 시설(대책), 공사 중 사고방지 대책, 매립지 내 민원에 대한 구체적인 실

[295] 한겨레, 2009.12.17., "제주도의회, 해군기지안 날치기 통과"

천 계획이 미비하며, 제주 해군기지 공유수면 매립 기본계획 수립 시 이에 따른 상세한 실천 계획 수립이 필요함
· 건설 사업의 전반적인 검토를 위해서 공유수면 매립과 이와 관련된 부대공사에 대해 전체 시공 절차를 일반주민이 이해할 수 있도록 3차원 시뮬레이션을 제시하는 객관적 검토가 필요함
· 상기 사항들이 완료된 후 공유수면 매립 기본계획을 수립하기를 바람

절대보전지역 지정 해제 과정에서 환경영향평가가 이루어진 바 있다. 반대 진영에서 '엉터리' 환경영향평가라고 비판하는 평가이다. 다른 경로로 알려진 소식에 따르면 "현장 조사를 나간 공무원이 현장 조사 결과 절대보전지역 지정 당시와 환경 여건이 전혀 변화되지 않았다"라고 밝혔다는 이야기가 있다.[296] 환경 여건 자체는 2004년과 비교하여 변한 것이 없는데, 절대보전지역 변경이 이루어졌다는 뜻이다. 절대보전지역 해제가 환경 평가가 아니라 국가 안보를 내세운 정치적 결정의 결과이기에 이는 쉽게 이해할 수 있다.

2009년 12월 22일에 제주도정은 지역 연안관리 심의위원회를 열고 "제주해군기지 관련 공유수면 매립기본계획 변경" 심의를 마무리했다. 이에 따라 강정마을 해안 일대 36만 9천605m^2가 매립계획에 반영됐다. 도의회가 제시한 부대조건은 지켜지지 않았다. 주민 이해를 돕는 3차원 시뮬레이션 제시도 없었고, 관련 행정소송 완료 후 행정절차를 추진하라는 요구도 무시되었다.[297] 이후 부산지방해양항만청장이 2010년 3월 3일에 공유수면 매립 승인 처분을 내린다. 승인 처분을 철회하고자 반대운동 진영은 법원에 행정소송을 제기했다. 하지만 이들 소송은 모두 각하되거나 기각되었다.

그런데 일 년 뒤인 2011년 3월 15일, 도의회가 이번에는 "강정동 해안변

---

[296] 이계수, 2011.10.13., "강정을 그대로 두라", 공감, URL: www.Kpil.org (검색일: 2022년 12월 4일)

[297] 제주일보, 2009.12.22., "해군기지 공유수면 매립계획 심의 통과"

절대보전지역 해제 취소 의결안"을 통과시켰다. 2009년 통과시킨 해제 동의안을 취소하는 의결안을 통과시킨 것이다. 도의회 스스로 자신이 내렸던 결정을 번복한 셈이다. 강정마을회는 이 번복을 매개로 해군의 공사가 불법이라고 비판하며, 공사 중단을 요구했다. 또한 당시 우근민 도지사에게 절대보전지역 변경 처분 직권취소를 촉구했다. 도의회가 동의를 철회했으므로, 절대보전지역 변경 처분은 동의가 없는 처분이 되어 불법으로 볼 수 있다는 주장이었다.[298]

이를 이해하려면 2011년 9월 28일부터 제주도지사가 제주 공유수면에 대한 기본 계획 및 면허 처분 권한을 갖게 되었다는 점을 알아야 한다. 반대운동은 공유수면 매립 관리 권한이 도지사에게 있다는 점을 다시 확인하며 도지사에게 정치적 결정을 요구한다. 하지만 그는 하지 않았다. 공유수면에 대한 도지사의 권한 또한 2006년 출범한 '제주특별자치도'의 약속 가운데 하나였다. 이런 점에서 강정 연안 공유수면 매립을 둘러싼 갈등은 기본적으로 제주 개발체제의 구조 안에서, 하지만 그 구조를 비틀고, 유리한 방식으로 활용하면서 이루어졌다. 반대운동도 마찬가지였다. 제주개발체제는 모순적 요소들의 종합이었기에, 그 안에는 각 세력이 이용할 수 있는 다른 지향의 제도들이 공존했다. 하지만 구조적 선택성은 존재했다. 체제의 구조적 선택성 때문에 체제를 이용하는 세력 사이에 비대칭적 불평등이 존재한다.

2. 강정마을회: 매립 면허 취소 요구

2012년 11월 20일에 강정마을회는 제주도에 해군기지 공유수면 매립 면허 취소 신청서를 제출했다. 하지만 제주도는 관련 법률에 근거해 절차를 진행했다며 마을회의 의견을 받아들이지 않았다. 강정마을회가 매립 면허를 취소해

---

298 제주환경일보, 2011.3.17., "해군기지, 공사 강행은 불법이다"

야 한다고 주장한 데는 이유가 있었다. 공유수면 매립 신청과 공사 과정에서 탈법이 자행되었다고 보았다. 정부와 해군은 강정 해군기지가 '민군복합관광미항'이라면서, 해군 함정뿐만 아니라 초대형 크루즈 선박도 사용 가능하다고 했다. 하지만 반대운동은 이는 항만 설계상 실현 불가능한 '거짓말'이라고 보았다.

또한 정부와 해군은 크루즈 항만구역을 군사시설보호구역으로 설정하고, 항만 출입 허가권을 관할 부대장이 행사한다고 밝혔다. 이는 항만의 성격을 결정하는 핵심 지표였다. 군은 이 통제 권한을 나눌 계획이 없었다. 정부와 해군의 계획이 도민에게 제시한 내용과 다르고, 더욱이 이 과정에서 의도적으로 정부와 해군이 시민을 기만했다는 점이 제주도민과 강정마을회가 공유수면 매립 취소를 요청한 중요한 이유였다.

또 다른 문제는 공유수면 매립공사 과정에 있었다. 공정 기한을 단축하고자 날림공사를 진행했으며, 해군기지 공사장에 불법 자재가 반입되고 있다는 보도도 있었다.[299] 공유수면 매립공사에 허가받지 않은 불법 채석장의 사석이 사용되었다는 내용이다. 환경영향평가가 제대로 이루어지지 않았다는 비판도 있었고, 매립 면허 부관 조항을 위반했다는 지적도 나왔다. 그 가운데 오탁방지막 문제는 더 큰 문제로 발전하기도 했다. 오탁방지막은 매립공사에서 토사 유출로 발생하는 오염을 막기 위해 설치하는 방지막이다. 제주도는 공유수면 매립 허가를 내줄 때 오탁방지막 설치를 조건으로 달았다. 그런데 해군과 공사 시공업체는 오탁방지막을 제대로 설치하지 않은 채 구럼비 해안에서 암반 발파작업 등을 진행했다.[300] 제주도는 이에 유감을 표하고 오탁방지막 설치를 완료한 뒤 공사를 벌이라고 지시했다. 2011년 10월 18일에는 더 나아가 오탁방지막을 설치하지 않고 공사를 강행하면 공사 중지 명령을 내리겠

---

299 인뉴스TV, 2013.7.25., "제주 강정해군기지 '불법 자재로 날림공사?' 강정준법감시단 주장"

300 연합뉴스, 2011.10.18., "오탁방지시설 안 하면 해군기지 공사 중지 명령"

다고 해군에 경고했다. 하지만 이 경고는 무시됐다.

결국 2012년 3월 7일에 제주도정은 「공유수면 매립공사 정지를 위한 사전 예고와 공사 정지 협조 요청 공문」을 해군에 보냈다. "① 15만 톤 규모의 크루즈 선박 2척 접안 가능성 유무 ② 크루즈 항만과 관련한 제주 관광사업의 변화 여부 ③ 인가된 공유수면 매립공사 실시계획의 변경 여부 등에 대한 명확한 판단이 우선으로 내려져야 한다며 문제를 제기"한다. 국방부는 하지만 이 요구를 "공유수면 매립 허가 취소를 위한 사전 절차"로 보았다. 이에 국방부는 같은 날 성명을 내어 "제주도지사가 주관하는 청문절차에 협조하되, 공사는 계획대로 시행하고, 만약 제주도지사가 공사 중지를 위한 행정명령을 통보해 오면 국방부는 절차에 따라 대응 방향을 정해나가겠음"이라고 견해를 밝혔다.[301] 이대로 계속해 나가겠다는 의미였다.

3. 해군: 구럼비 기습 발파

해군과 시공업체는 2012년 3월 19일 구럼비 너럭바위 발파를 기습적으로 강행했다. 구럼비 너럭바위는 해군기지 반대 투쟁 과정에서 강정 평화의 상징이 된 바위였다. 구럼비 바위는 마을과 바다의 접점에 넓게 펼쳐진 약 1.2km에 달하는 바위 지대로, 강정마을 연안 공유수면의 경계 지대다. 구럼비 바위는 이런 점에서 바다를 메우려는 해군과 시공업체의 진출을 막기 위한 최후의 경계이기도 했다. 해군기지 건설이 곧 구럼비 파괴로 연결되는 상징의 연쇄가 일어날 수 있었던 이유다.

2016년에 탑동 인근에 있던 게스트하우스에서 숙박했던 적이 있었다. 여행객들이 자유롭게 이용하는 작은 공동거실이 있었는데, 그 한쪽 벽에 구럼비 사진이 붙어 있었다. 그 사진 밑에는 "구럼비를 죽이지 말라!"라는 구호가

---

[301] 미디어제주, 2012.3.7., "국방부, 제주도 공사 중단 압박에 '맞대응하겠다.'"

적혀 있었다. 2017년에 강정마을 해군기지 앞에서 강정 해군기지 반대 투쟁 10년 기자회견이 개최되었다. 이때의 구호는 "구럼비를 되찾을 때까지 우리는 간다"였다.[302] 구럼비는 운동 이후에도 운동의 상징이었다. 윤여일(2017)과 정영신(2017)은 구럼비가 운동의 공동 상징 곧 "커먼즈"(commons)가 되는 것을 넘어, 그 상징의 물리적 실체가 파괴된 이후에도 여전히 운동의 중심 상징으로 기능한다는 점에서 이 현상이자 활동을 "커먼즈 없는 커머닝"(commoing without commons)이라고 부른 바 있다.[303]

구럼비가 이렇게 운동의 상징이 된 이유에는 구럼비의 고유성이 중요한 역할을 했다. 해저 화산 활동으로 형성된 현무암 지대임에도 "표면이 거칠지 않고 매끄러운 형태를 지닌 독특한 곳으로 바위 곳곳에서 지하수가 솟아올라 흐르며 고인 곳이 많아 우리나라 유일의 바위 습지대"(오영덕, 2012: 142)라고 알려졌다. 그래서 "바닷가이면서도 맑고 깨끗한 용천수 덕분에 독특한 민물 생태계가 조성되어 있다."(오영덕, 2012: 142) 해군은 바로 이러한 구럼비의 고유성을 파괴해야만 바다로 나아가 매립을 진행할 수 있었다. 바꾸어서 말하면, 반대 투쟁은 그 고유성을 지켜야만 했다.

문화재청의 개입은 바로 이 문제와 연결되어 있었다. 2012년 3월 12일

---

[302] 참여연대, 2017.5.17., "제주해군기지 반대 투쟁 10년 기자회견:구럼비를 되찾을 때까지 우리는 간다"

[303] 좀 길지만, 해설이 필요한 개념 제안이어서, 정영신의 설명을 덧붙인다. "커먼즈(commons)는 마을의 근린에 존재하면서 생계와 생존의 자원이 되어왔던 공동자원을 포함하여 거주공동체의 역사문화적 장을 형성해 왔다. 평택이나 강정의 사례에서는 국가에 의해 강제로 징발될 운명에 처했던 커먼즈를 지키기 위해 그와 관련한 다양한 실천이 전개되었고, 그것이 파괴된 뒤에도 공동의 기억을 소환하고 공동의 감각을 유지하는 형태로 운동을 전개해 오고 있다. 그리고 그러한 실천과 감각의 범위 안에서 새로운 공동체를 형성하고 있는 것이다. 요컨대, 커먼즈는 지역화된 사회운동에서 생태환경적 가치, 공동체의 역사와 문화의 의미를 부각시키는데 상징적인 구심의 역할을 담당해 왔고, 현재 운동의 정당성뿐만 아니라 공동체 미래의 재구성에서도 실천적으로 중요한 역할을 담당하고 있다."(정영신, 2017: 152-153)

에 "제주 구럼비 바위 문화재 지정 가치에 대하여 밝힙니다"라는 성명을 발표한다. 반대 운동 진영과 강정마을에서 구럼비 바위의 문화적 고유성을 주장하면서 '국가 지정' 문화재 담론을 제기하자 이에 대응하여 발표한 성명이었다. 문화재청은 관련 "언론보도에 대하여 오해가 없도록" 밝힌다고 하면서, "소중하다는 일반적 가치판단으로 모든 것을 다 국가지정문화재로 지정할 수 없는 것"이라고 밝혔다. 그리고 "구럼비 해안은 제주도 해안 곳곳의 현무암질 용암류가 노출되어 있는 평편한 해안과 유사하여, 국가지정문화재로 지정할 만한 특별한 비교우위의 가치를 발견할 수 없었다"는 의견을 다시 확인했다.[304]

　문화재 가치의 시각에서 구럼비를 평가한 성명이지만, 핵심은 오히려 문화재보다는 "국가 지정"에 있다. 국가의 시각에서 볼 때, 구럼비 해안이 다른 제주도 해안과 다를 바 없는 그저 평범한 그런 해안일 뿐이라는 결론이기 때문이다. 굳이 법적으로 보호할 필요가 없는 이유는, 다른 해안이라는 대체재가 존재하기 때문이다. 고유하지 않기에, 파괴하라고 말하지는 않았지만, 그렇다고 막을 이유도 없었다. 하지만 구럼비는 국가의 공간만이 아니었다. 구럼비는 국가의 시각과는 다른 방식으로 문화를 만들어 온 장소였다(윤여일, 2017: 77). 국가의 시각이 이해하지 못하는 점은 바로 그 때문에 구럼비가 "소중하다"는 것이었다.

　하나의 상징은 감정을 불러일으킨다. 그 감정은 구럼비를 '좋은 장소'로 그리고 구럼비를 위협하는 해군기지를 '나쁜 위협'으로 만들며, 대립 투쟁을 '좋은 장소-나쁜 위협'의 충돌 과정으로 전환한다. 또한, 이 과정에서 해군기지는 구럼비의 생명에 '상처'를 주는 적대적 행위이자 제도로 여겨졌다. 이런 감정은 구럼비를 중심으로 운동을 단결시키는 강력한 추진 기제가 되었다. 따라서 구럼비 파괴는 엄청난 분노를 불러일으켰다. 특히 제주도 외부, 강정과 연대하는 전국 운동 진영과 시민사회 안에서 더욱 그러했다. 정치적 분노 이

---

[304]　문화재청, 2012.03.12., "제주 구럼비 바위 문화재 지정가치에 대하여 밝힙니다.", 문화재청 홈페이지. URL: https://url.kr/zgnp9a (검색일: 2024년 5월 4일)

전의 도덕적 분노라고 할 만했다. 분노는 상처를 전제한다. 운동은 구럼비의 '상처'에 고통을 느꼈고, 이 과정에서 구럼비는 상처 입은 자아의 다른 표현이거나 혹은 그 자체였고, 운동은 그 상처에 분노했다.

구럼비를 제주 어디에서든 볼 수 있는 평범한 바위 해안으로 여기는 이들에게 이런 분노는 이해하기 어려운 일이었다. 이런 점에서 그 분노는 구럼비의 문화적 단독성을 전제했다. 그리고 이 단독성과 분노는 운동의 정치적 경계를 긋는 또 하나의 정서적 경계를 형성했다. 특이한 점은 이 정서적 경계는 지리-물리적 경계와 일치하지 않는다는 점이다. 제주 시민뿐만 아니라 외부인에게서 이런 분노의 감정구조와 전이가 확연하게 발견된다. 운동에 관여하던 김덕진은 한 글에서 "처음 강정을 다녀오고 난 후부터는 아침에 눈을 뜨면 구럼비의 안부에 가장 먼저 신경이 쓰인다"(김덕진, 2012: 360)라고 말한 바 있다. '안부'는 사람에게 쓰는 말이다. 구럼비 바위 자체가 해군기지를 막아서고 있던, 우리와 함께 연결된 상호의존하는 비인간 자연의 행위자처럼 인식되었다. 강정 운동에 참여한 이들 가운데는 그 경험을 "구럼비가 부르기 때문"이라고 말하는 이들도 있다(김덕진, 2012: 360). 구럼비 파괴로 고통을 호소하는 이들이 많았던 이유 가운데 하나였다. 이들은 구럼비의 물리적 파괴를 구럼비의 "죽음", 더 나아가 군대에 의한 또 다른 행위자의 "학살"로 여기기도 했다.

특정 장소에 오랫동안 거주하지 않으면서도 그 장소에 관여하는 정치적 개입의 양식만으로 그 장소와 긴밀한 내적 동일시를 형성한다는 사실은 매우 흥미롭다. 이는 장소와 맺는 관계가 단지 그 장소에서 거주 여부 혹은 거주 시간의 척도만으로 단순하게 이루어지지 않는다는 것을 의미한다. 나는 2016년에 발표한 『밀양전쟁』에서 밀양 송전탑 반대 투쟁에 참여하는 지역 '외부' 연대 운동이 밀양 주민의 '실존적 내부성'과는 다른 유형의 '내부성'을 발전시켰다고 분석한 바 있다(장훈교, 2016: 228-237). 그 다른 내부성의 양식 중에 '감정이입적 내부성'은 이런 긴밀한 내적 동일시를 부분적으로 해명해 준다. 운동에 개입하면서 그 장소를 향해 자신의 모든 감각을 열어둘 때, 운동 주체는 그 장소의 의미와 본질을 관찰하고 이해하도록 자신을 끊임없이 훈련한다. "구럼비가 부르기 때문"이라고 이들이 말할 수 있는 이유는 어쩌면 바로 이 과정 때문인지도 모른다. 하지만 감정이입이나 단지 감각의 반복적이고 고통스러운 개방 훈련만으로 구럼비와 사이에 발생하는 동일시를 모두 설명하기는 어렵다. 구럼비의 경험은 부르는 주체로서의 구럼비와 그 목소리에 반응하는 존재가 함께 만나 형성되는 또 다른 내부성의 양식이 존재할 가능성을 보여준다.

구럼비의 기습적 발파 이후 제주도정과 해군 사이에 청문이 진행됐으나, 제주도정은 공사 중지 결정을 내리지 못했다. 이에 강정마을회는 2012년 5월 15일에 제주도지사에게 '환경영향평가법과 공유수면 매립 및 관리에 관한 법률 등 각종 위반 사례 누적에 따른 제주 해군기지 건설 공사 중지 명령 요구' 문서를 보냈다. 또한 만약 공사 중지 명령을 내리지 않을 경우, 우근민 지사를 상대로 형사소송 및 공사 중지 가처분 신청을 낼 것이라고도 밝혔다. 그러나 결국 제주도정은 공사 중지 명령을 내리지 못했다.

공사 중지를 요구한 제주도정의 진정성에 의문이 제기된 것은 자연스러웠다. 하지만 제주도정이 직면한 구조적 장벽도 있었다. 일단 정해진 국책사업의 후퇴를 용인하지 않는 한국 국책사업의 추진 구조 안에서 중앙정부는 동원 가능한 모든 수단으로 해군기지 건설을 밀어붙이려고 했다. 정부의 입장은 완고했다. 2012년 3월 16일에 당시 임종룡 국무총리실장은 제주도를 방문해 "국토부, 법제처 등과 법률 검토를 해보니 현 단계에서 정지명령을 내리는 것은 입법적으로 맞지 않는다"라는 견해를 밝히기도 했다.[305] 지역정부가 이견을 내는 행위를 허용하지 않겠다는 태도였다. 공유수면 매립 등 제주 개발 권한을 도지사에게 위임하기는 했지만, 그 권한의 활용은 어디까지나 국가 전략과 일치하는 경우에만 보장되고는 했다.

강정 공유수면 매립은 제주 개발체제의 재구성 과정이 단순한 경제 프로젝트가 아니라, 안보 프로젝트 곧 ① 미군의 전 지구적 재편과 ② 그에 따른 국가안보의 재구성 안에서 추진되는 과정임을 보여준다. 이는 제주의 지정학적

---

305   경향신문, 2012.3.20., "제주도, 해군기지 공사 정지 행정명령 검토"

위치로 인해 부과된 프로젝트였지만, 동시에 제주 신개발체제의 내적 불일치와 모순적 종합을 보여주는 과정이기도 했다. 오래전부터 추진되어 온 제주의 국제화 그리고 2000년대 이루어진 제주의 지구화 과정은 사람, 자본 그리고 상품의 제한 없는 자유로운 이동을 보장하는 자유 지대 창출을 목표로 한다. 하지만 국가안보와 전 지구적 지정학의 배치 속에서 제주는 동시에 군대의 이동을 위한 근거지가 되기도 해야 했다. 이 두 가지는 자본의 논리와 군대의 논리라는 상반된 논리를 갖는 이동양식으로써, 제주도는 이 두 이동양식을 자기 안에서 접합해야만 했다. 제주도정과 해군 사이의 갈등은 이 두 논리 사이의 대립이란 측면도 있었다. 이런 점에서 본다면, 해군이 내세운 '민군복합관광미항' 프로그램은 이 대립하는 이동양식의 논리를 국가 차원에서 종합하려는 시도였을지도 모른다.

"구럼비 발파 이후 제주 강정에서의 평화 활동은 현저하게 줄어들었다."[306] 이런 의미에서 해군이 파괴한 것은 구럼비만이 아니었다. 구럼비는 파괴되었지만, 구럼비와 연결되어 있던 멧부리는 남아 있다. 멧부리는 강정천과 바다가 만나는 지역 일대를 가리키는 말이다. "멧부리는 '맷부리'거나 '묏부리'였다. 매의 날카로운 부리를 닮아 맷부리였고, 강정바다로 뻗어 내린 산줄기가 부리처럼 불거져 묏부리였다. 부드럽고 완만한 선이 바위 위로 흘렀던 구럼비와도 달랐다. 거칠하고 뾰족한 선이 하늘을 찌르고 땅을 치받아 '개구럼비'라고도 불렸다."[307]

2015년 12월에 강정마을회는 멧부리 공유수면을 원상으로 회복시켜 달라고 해군 측에 요구했다. 기지 공사가 마무리될 즈음부터 해군은 멧부리 공유수면에 강정 기지 경계 철망을 설치했다.[308] 게다가 기지 공사용 자재로 멧부리가 오염되어 있었다. 공사 때문에 설치되었던 철망이 사라지자 두 눈으로

---

306   복음과상황, 2014년 9월호, "강정에서 '패배의 기록'을 써가는 사람들"
307   한겨레, 2016.7.22., "우리가 포기하지 않고 지켜보고 있다"
308   미디어제주, 2015.12.21., "강정마을회 '해군, 멧부리 공유수면 원상회복시켜라"

그 오염 상태를 직접 확인할 수 있었다. 강정마을회는 멧부리가 마을에서 제사를 올리는 신성한 장소이기도 하다며, 멧부리 공유수면을 원래대로 회복시켜 달라고 요구했다.[309]

  2017년에 멧부리를 처음 방문한 적이 있다. 해군의 경계초소가 바로 옆에 있었지만, 그럼에도 말 그대로 너무나 아름다운 곳이었다. 아름다운 만큼이나 2015년 주민들이 경험했을 충격도 컸을 것이다. 지금 그 멧부리는 강정마을주민과 활동가들이 해군기지를 감시하며 이들의 일상을 기록하는 장소로도 쓰인다. 마을과 기지의 경계에 있는 멧부리는 이런 점에서 운동 이후 다시 돌아온 일상과 일상 안으로 들어온 군대, 그사이에 존재하는 중첩 공간일지도 모른다. 끝나지 않는 운동의 공간이지만 그 공간은 마을과 군대의 공존이라는 새로운 일상 안에서 어떤 역설을 드러낸다.

4. 연안 환경 훼손

공사가 시작되고 난 후부터 강정 연안 해양환경 훼손이 우려되었다. 대표적인 예 가운데 하나가 강정마을 앞바다에서 진행된 케이슨 수중 해체이다. 케이슨은 해군기지 외곽 방파제의 뼈대가 되는 대형 콘크리트 구조물을 말한다. 태풍 때문에 2012년에 일곱 개의 케이슨이 파손됐다. 그런데 해군과 시공사인 삼성물산은 파손된 케이슨을 바다 한가운데서 부수는 방식을 선택했다. 환경단체와 강정마을회 등은 강력하게 반발했다. 케이슨 6개가 해체된다면 대량의 건설 폐기물이 수거되지 않아 해양생태계를 위협한다고 본 것이다. 제주해군기지사업단은 "경화된 콘크리트는 독성이 없다는 연구 결과가 있으며, 이 때문에 콘크리트가 항만구조물로 계속 사용되는 것"이라며 이상 없다고 주장

---

[309] 제주의소리, 2015.12.21., "해군기지 때문에 마을 제사 멧부리, 완전 훼손"

했다.[310]

이런 우려는 공사가 끝난 이후 해군기지 주변 연안을 조사하자 사실로 드러났다. 2015년 8월 초 강정마을회와 해군기지 반대 도민사회 그리고 전국연대 단체들이 제주 해군기지 공사 강행으로 연산호 군락지가 파괴되고 있다고 고발했다.[311] "제주 서귀포해역에는 부드러운 산호, 연산호가 대규모로 서식하며 특유의 연안 생태계를 형성하고" 있는데, 그 연산호 군락지가 공사 전과 다르게 심각하게 훼손되었다는 내용이었다. 이 단체들은 "제주 해군기지 연산호 모니터링 TFT"를 조직해 3년 이상 정기적인 수중 조사 활동을 해왔다고 알려졌다.[312]

강정마을회는 2016년에도 조사 결과를 발표했다. 이번에는 제주도정과 협의해 실시한 조사였다. 강정천과 인접한 연안의 평균 수심이 건설 이전 5~6m에서 2~3m로 절반 이상 낮아지고, COD(화학적 산소요구량)이 치솟아 생물이 살기 어려워졌다고 한다. 그뿐만 아니라 퇴적물에서는 비소가 기준치의 4배 이상 발견되었는데, 이는 1급 발암물질이자 맹독성 물질이다. 방파제로 인해 연안에 퇴적물이 급증하는 현상도 나타났다. 강정마을회는 방파제가 조류의 흐름을 방해해 하천으로 유입되는 각종 부유물질이 먼 바다로 못 나가고 연안에 퇴적하고 있으며, 부패도 심각해 수질이 심각하게 나빠졌다고 고발했다.[313]

그런데 2017년 해군기지로 인한 생태계 파괴는 없다는 연구보고서가 발간되었다. 제주도정이 에코이엔비라는 회사에 의뢰해 진행한 해군기지 완공

---

310 경향신문, 2013.6.9., "해군기지 케이슨 수중 해체 환경 파괴 논란"

311 녹색연합, 2015.8.6., "제주 해군기지 공사 3년, 강정 앞바다 연산호 군락지가 죽어가고 있어요" (검색일: 2022년 12월 4일)

312 녹색연합. 2015.8.6., "제주해군기지 공사 3년, 강정 앞바다 연산호 군락지가 죽어가고 있어요" (검색일: 2022년 12월 4일)

313 한국일보, 2016.10.31., "제주해군기지 주변 바다 훼손 '심각'"

이후 생태계를 1년간 관찰한 결과를 담은 연구 결과 보고서였다. "이번 용역은 해군기지 공사 과정에서 해양생태계가 파괴됐다는 논란이 제기됨에 따라 직·간접적인 영향을 정기적으로 조사, 생태계 변화를 예측하고, 생물들의 서식처 보존 방안 등을 마련하기 위해 제주도가 발주했다."[314] 연구팀은 잠수부를 투입해 1년간 같은 장소를 반복 조사했다. 조사 결과 해양 환경, 생태환경 그리고 보호대상해양생물 대부분도 양호하다고 발표했다. 다만 강정 등대와 서건도 해역의 연산호 군락을 일부 훼손됐다고 보았다.

일부에서는 연구팀이 해군기지 완공 전후의 생태계를 비교하지 않고,, 완공 이후의 생태계만 관찰했기 때문에 큰 의미가 없다고 보았다.[315] 하지만 이 보고서는 강정 연안 생태계 변화를 둘러싸고 제기된 반대운동 진영의 조사 결과를 부정한다는 점에서, 강정 연안 생태계의 실제 상황을 전문 조사의 경합 공간으로 만들었다. 하지만 이런 경합에도 불구하고 강정 등대와 서건도 해역의 연산호 군락이 훼손되었다는 점에서는 결과가 일치했다.

2019년에는 해군이 해군기지의 항로를 추가 지정 고시하면서 문제가 됐다. 신규 항로를 확보하려는 목표였다. 해군기지 건설 반대운동 측은 이 항로를 만들기 위해 진행하는 저수심 준설 등으로 연산호 군락지가 심각한 타격을 입는다고 비판했다.[316] 강정 해양생태계 파괴 문제는 2020년대 초반에도 다시 부상했다. 지난 2014년부터 매해 강정 바다 일대 연산호 군락 생태환경을 조사해 온 '강정친구들'이 2021년 3회에 걸쳐 실시한 「2021년 강정 등대, 서건도 연산호 군락 정기조사」의 내용이 알려지면서이다. 이들에 따르면 이 일

---

[314] 제주의소리, 2017.4.14., "제주해군기지 완공 이후 해양 생태계 관찰 → 파괴 없다?"

[315] 제주의소리, 2017.4.14., "제주해군기지 완공 이후 해양 생태계 관찰 → 파괴 없다?"

[316] 제주의소리, 2019.9.30., "해군기지 신규 30도 항로, 생물보전지역 침범-연산호 파괴"

대에 "정체 모를 부유물이 가득 쌓여 산호 서식에 악영향을 끼치고 있는 것으로 확인"되었다고 한다. 강정친구들은 매년 바다에 들어간다. 들어갈 때마다 상황이 나빠지고 있으며, 해군기지 공사 또는 선박에 의한 수질오염, 기후변화 등이 여기에 영향을 미쳤다고 그들은 말한다.[317] 강정 바다는 또 다른 전쟁 중이었다.

---

317 헤드라인제주, 2022.6.22., "서귀포 강정 연산호 군락도 훼손 가속화…부유물 둥둥. 개체수 급감"

제18장

2차 탑동 매립 이후(4):
포락지와 해안도로 개발을 위한 소규모 매립

도두, 이호, 강정 등에서 진행된 대규모 연안 공유수면 매립 외에도 제주에서는 많은 공유수면 매립이 있었다. 그 가운데는 포락(浦落)지와 해안도로 매립도 있다. 대규모 매립은 아니라 하더라도, 포락지와 해안도로는 제주 신개발 체제가 공유수면을 활용하는 또 다른 얼굴을 볼 수 있는 장소다. 이 둘은 제주의 일상을 뒷받침하거나 혹은 일상 안에 내재한 공유수면 매립을 둘러싼 투기적 실천을 보여준다. 포락지와 해안도로는 모두 1990년대 이후 제주도에서 급속하게 진행된 연안 개발과 연관되어 있고, 그 중심 추동력은 개발로 발생하는 지대 차익을 노리는 투기적 실천이었기 때문이다. 제주 시민사회는 관련 문제를 계속 제기해 왔다. 하지만 제주 시민사회가 이 문제를 다시 들여다보게 된 때는 2010년대였다. 2010년대 제주 연안은 말 그대로 개발 붐이 불었다. 하지만 포락지나 해안도로 건설과 같은 연안 매립 문제는 대규모 매립에 비하여 상대적으로 덜 주목을 받았다. 연안 개발 문제는 계속 지적되었지만, 매립 문제로 접근하지는 않았기 때문이다.

1. 포락지의 불법 매립과 매매 혹은 개발

포락(浦落)지란 지적공부에 등록된 토지이기는 하지만 물에 침식되어 수면 밑에 잠긴 토지를 말한다.[318] 「공유수면 관리 및 매립에 관한 법률」에 따르면 바다에 잠기는 땅은 지적 소관청에서 등록을 말소하게 돼 있다. 당연히 토지 소유주는 해당 토지 소유권을 상실한다. 해당 토지가 공유수면으로 귀속되기 때문이다. 이런 경우 토지 소유자는 국가에 매수 청구를 하고 보상을 받을 수 있다. 포락으로 토지 소유권이 상실하는 이유는 ① 바다는 소유의 대상이 될 수 없을 뿐만 아니라 ② 바다에 잠기는 현상이 자연 그 자체의 일이기 때문이다. 이는 모두 지배 및 이용 가능성과 연결되어 있다. 소유는 그 이용을 통제할 수 있는 객체에 한정되는데, 포락은 이를 허용치 않는다고 본다.[319]

때로 소유자가 포락지라는 걸 숨기고 토지 매매를 하는 일이 있었다. 국가 보상보다는 매매 수익이 더 큰 경우가 많다. 포락지는 결국 소유권을 잃어버리기 때문에 제주 부동산을 다루는 많은 사이트나 블로그에서는 해안가 인근 땅을 매매할 때 포락지인지 아닌지 신경을 '곤두세워야' 한다고 항상 강조하곤 한다. 물이 빠졌을 때 토지를 보여주고 매매 계약을 하는 방식으로 통상 진행되는데, 그러다 보니 매수자가 토지로 알고 구매했다가 낭패를 보는 일이 있다. 하지만 "그동안 실태 파악이 제대로 안 돼 사실상 소유권이 인정되다 보니 사인 간 매매는 물론 개발행위도 이뤄졌다."[320]

여기에는 포락지의 특성도 한몫했다. 물이 들고 나는 경우 해당 장소가 포락지인지 아닌지는 인근 연안공동체 외에는 잘 알지 못하는 경우가 많았다.

---

[318] 정의에 문제가 있다는 지적이 있다. 특히 '수면' 규정이 모호하다는 점이 이야기된다. 어떤 수면이냐의 문제다.

[319] 포락으로 소유권이 소멸하는 현상에 이의를 제기하는 논문이기는 하지만, 소유권의 지속 근거가 무엇인지 고민해 볼 수 있는 논문인 최재영 외(2014)를 참조했다.

[320] 제주의소리. 2014.6.26., "내 땅이 '포락지'라면? 소유권 잃을 수도"

하루 정도 장소를 둘러본다고 알 수 있지 않다는 뜻이다. 이렇게 포락지라는 점을 입증하는 일이 쉽지 않기에, 정부에서는 "지질, 측량 등에 전문성이 있는 기관을 포락지 조사 증명기관으로 지정하여 증명 업무를 대행"하도록 하고 있다. 2014년에 육지부 바닷가 실태조사를 하였는데, 그에 따르면 당시 우리나라 포락지는 2천여 개소에 이른다고 추정되었다.[321]

포락지를 이용하는 다른 경로도 있다. 토지 소유주가 포락지임을 증명하고, 공유수면 점용이나 사용 허가를 받아 다시 토지로 조성하는 경로다. 공유수면 아래의 토지이기 때문에 정부의 허가를 받아 토지로 조성해 이용해야 한다. 이때 "일정 기간 사용료를 내고 개발행위 등을 할 수 있지만 행정기관에서 사업계획서를 검토하고 주변에 미칠 영향, 인접 토지 활용도 등을 고려해 허가를 받을 때만 가능하다."[322] 법적으로는 이런 경우 공유수면 '매립' 과정으로 보지 않는다. 따라서 법이 정한 공유수면 매립 절차를 따르지 않는다. 그러므로 포락지에 관하여 매립 면허 등의 처분을 하였다면, 이는 당연히 무효이다(해양수산부, 2017: 4). 하지만 이는 규정일 뿐이다. 규정상으로는 허가를 받아 포락지를 다시 토지로 조성할 수 있기는 하지만, 실제로는 "안전 문제 등으로 사실상 개발은 불가능"하다고 한다.[323]

제주에서 포락지가 사회문제로 부상하게 되었을 때는 2015년 6월 초였다. 한림읍 귀덕리 해안에 형성된 한 매립 장소가 포락지로 알려지면서이다. 제주도와 제주시는 포락지를 사들인 토지주가 바다에 잠긴 부분을 메워 토지를 조성하는 불법 행위를 적발했다고 발표했다. 사실 이를 먼저 발견한 곳은 제주 환경 운동 단체였다. 제주환경운동연합이 귀덕리 일대 해안가에 매립용 콘크리트 구조물이 설치된 곳을 발견하고 그 장소를 조사하던 중 이곳이 포락

---

[321] 2015.10.20. 해양수산부 보도자료. "물에 잠긴 토지 '포락지' 조사 증명기관 4개소 지정"

[322] 제주의소리. 2014.6.26., "내 땅이 '포락지'라면? 소유권 잃을 수도"

[323] 제주일보 2015.6.25., "재산권 상실된 포락지 실태조사 필요"

지라는 걸 밝혀냈다. 뒤늦게 사실을 파악한 제주시는 관련 공유수면 매립 신고가 이루어지지 않았다는 점을 확인하고, 토지주에게 매립공사 불법임을 알렸다. 공사 중단도 요구했다.[324] 이후 제주시는 원상복구 명령을 내렸다.

비슷한 사례가 더 있으리라 추정되지만, 공개적으로 알려진 사건은 많이 없다. 유사한 일이 있지 않을까 보는 이유는 2010년대 중반부터 제주에 불어닥친 연안 개발붐 때문이다. 환경단체 등에서는 이때 포락지를 일반 토지로 만들고자 불법으로 매립하는 일이 많았다고 보고 있다. 연안의 땅값이 계속 상승하는 상황에서 포락지임을 숨기고 매매하거나 매립한 후, 그 토지 위에 개발사업을 벌이면 한 순간에 많은 돈을 벌 수 있었다. 포락지 문제를 제주 사회에 환기했던 제주환경운동연합은 "공공 자산이 개인의 자산으로 둔갑, 금융거래는 물론 땅장사까지"한다라며, 포락지 불법 매립 행위를 비판하였다.[325]

한림읍 귀덕리 포락지 불법 매립 사건이 세간에 알려진 이후 제주도는 포락지 실태를 확인하고 관리도 강화하겠다는 방침을 발표했다. 포락지 매립과 매매 그리고 개발행위가 가능했던 이유는 해당 장소가 포락지라는 점을 아는 이가 해당 장소를 잘 알고 있는 이들뿐이었기 때문이었다. 지역 정부는 포락지 현황 자료를 확보하고 있지 않았다. 한 보도에 따르면 일제의 제주 해안 조사 이후에 공식적인 포락지 조사가 없었다고 한다. 조사가 없다는 건 행정 당국이 관리할 수 없었다는 의미이기도 하다. 포락지 불법 매립이나 매매 그리고 개발행위는 이런 행정의 사각지대를 파고든 행위였다.

제주도가 2015년에 하반기에 포락지 실태를 잠정 조사한 결과를 발표했다. 조사 결과 제주지역에 127곳의 포락지가 존재하며 그 가운데 국공유지가 11만 4천503m^2이고, 사유지는 5만 2천761m^2였다.[326] 이 조사는 항공 사진 등을 활용하기는 하였지만, 지역 실정을 잘 아는 마을 이장과 어촌계장 등의

---

324 노컷뉴스, 2015.06.03., "제주 해안가 '포락지' 무단 매립 논란"

325 일간제주. 2015.7.9., "제주환경운동연합, '포락지' 전수조사 실시해야"

326 노컷뉴스, 2015.10.28., "제주 포락지 31%가 사유지"

협조가 필요했다.[327] 포락지 특성상 그 조사 활동에는 연안 실정을 잘 아는 연안공동체의 현장 지식이 필요했다.

언론보도를 통해 본다면 2015년 이후 포락지가 다시 주요한 사회문제로 부상한 적은 없었다. 다만 2020년 제주도의회에서 한 의원이 성산포 해양관광단지 내 포락지에 대해 질의를 한 적이 있다. 실제로는 바다임에도 해양 레포츠센터 조성 계획안에 포함되어 있어, 해당 영역을 계획에서 빼내 다시 공유수면으로 처리해야 한다는 질의였다.[328] 겉에서 보면 단순한 계획 오류처럼 보이지만, 성산포 해양관광단지와 포락지 문제에는 조금 더 깊은 이야기가 있다.

2006년부터 제주도는 '투자진흥지구' 제도를 시행할 수 있게 되었다. 투자진흥지구란 500만 달러 이상을 투자하는 사업의 경우에 각종 세금을 면제해 주는 제도이다. 성산포 해양관광단지도 이런 제주투자진흥지구로 지정 받은 곳이었다. 공유수면 점용료도 면제된다. 여기에서 공유수면은 투자 지구의 일부로서 사실상 토지와 같게 취급된다. 곧 잠재적 부동산이다. 계획 오류가 아니라, 공유수면을 따로 취급해야 할 이유가 없던 셈이다. 투자 지구에는 다른 이야기도 있다. 지구 투자를 맡은 곳은 '보광'이라는 곳이었다. 보광은 투자진흥지구로 허가를 받아 계획을 제출하였지만 "돈 되는 숙박시설"만 우선 설치하고 다른 계획은 집행하지 않았다. 아름다운 경관을 갖춘 장소에서 콘도 분양 사업만 한 이후에, 사실상 계획을 추진하지 않은 것이다.[329] 제주에는 이런 관광지구가 많다. 투자진흥지구를 이용한 일종의 '사기'였다. 개발과 투기, 그리고 사기는 언제나 엮여 있다.

---

327 연합뉴스, 2015.6.28., "제주 '바닷물에 잠긴 토지' 조사·관리 강화"

328 미디어제주, 2020.1.13., "섭지코지 절대보전지역 주차장 조성 '불법 방치하는 행정'"

329 제주의소리, 2020.10.2., "드라마 '올인' 이후 대기업 사유지가 된 제주 섭지코지"

2. 해안도로

1990년대 들어 제주시 도심지 해안에서는 무차별적인 개발사업이 진행됐다. 당시 제주시는 관광객 유치와 해안지역 경제 활성화, 접근성 개선을 통한 주민 생활 편의 개선 등을 이유로 제주시 도심지에 해안도로 건설 사업을 추진했다. 관광객들에게 새로운 경험을 제공하는 제주 "해안이 개발의 최우선 표적"이었고,[330] 해안도로는 이를 활성화하기 위한 최우선 인프라였다. 일단 해안도로가 개설되자 급속하게 주변 환경이 바뀌었다. "관광객과 시민들을 유치하기 위해 카페와 레스토랑, 음식점 등이 우후죽순으로 들어"선다. 현재 제주의 해안 경관을 이해하는 데 해안도로 이해가 필수적인 이유다. 해안도로가 육지부에서만 건설된다고 많이들 알고 있지만, 연안 매립이 동반되는 경우도 많다. 탑동 연안 매립 이후에 이루어진 도두, 이호, 모슬포[331] 지역 등과 같은 대규모 매립에 비해, 해안도로를 목적으로 이루어진 매립은 상대적으로 덜 주목을 받았다.

매립 규모가 상대적으로 작기 때문일지도 모른다. 하지만 조금 더 깊이 들여다보면, 단지 매립 규모의 차이 때문만은 아니라는 사실을 알게 된다. 전략적 차원에서 제주도정이나 제주시가 해안도로를 개발하는 때도 있었지만, 마을의 요구로 해안도로를 만드는 경우가 많았다. 제주 천주교생명위원회와 참여환경연대는 이렇게 설명했다.[332]

> "해안도로가 최초로 생기면서 마을에서 요구를 하면 행정에서는 만들어 줄 수밖에 없었다. 표면적으로는 마을마다의 형평성을 맞추는 것이라고 하지만, 들여다보면 민선시대로 접어들면서 표를 의식한 결과라고 하지 않을

---

330 한라일보, 2011.11.23., "해안 매립은 생명 매립이다"
331 모슬포 매립은 본 연구에서 다루지 않았다.
332 한라일보, 2011.11.23., "해안 매립은 생명 매립이다"

수 없다."

　지방자치의 도입 이후 해안도로 건설을 둘러싼 마을과 행정의 동맹 구조가 발전되었다는 지적이다. 일종의 장소 기반 개발동맹이다. 해안도로가 들어서면 주변의 땅값이 상승했고 이는 마을 입장에서는 큰 유혹이었다. 행정기관은 마을의 민원(民願)을 들어준다는 명분과 균등한 지역 개발이라는 이유로 해안도로 건설을 추진했다. 그런데 "이미 주민들이 소유하고 있는 곳에 해안도로를 만드는 것보다, 누구의 땅도 아닌, 따라서 보상의 필요가 없는 공유수면 즉, 조간대를 매립하면서 해안도로가 만들어졌다."³³³ 대규모 매립과 동일한 논리가 해안도로 건설 과정에도 나타난다. 지역 정부는 주민 민원과 연안 개발을 위해 가장 저렴한 곳인 공유수면을 매립하기로 선택했다. 공유수면 관리 책임을 맡은 행정기관이 공유수면을 잠재적 부동산으로 여긴다는 점이 다시 여기에서 드러난다.

　물론 마을과 행정 사이에 다른 관계가 존재한다는 걸 보여주는 사례도 있다. 2016년에 보목리 해안가를 메워 해안도로를 만든다는 안이 나왔다. 보목리 해안가는 제주도에서는 흔하지 않은 자그마한 몽돌 해안이다. 아름다운 해변으로 알려져 있다. 하지만 '볼라벤'이라고 불린 태풍이 지나간 이후 해안가가 재난에 취약하다는 점이 알려진다. 당시 태풍으로 보목 해안 집들을 향해 몽돌이 집안 담을 넘어와 칠 정도였다고 한다. 그 이후 이곳에 태풍을 막기 위해 월파 방어용 시설을 1미터가량 높여 만들기로 했다. 그런데 2016년에 이 지역을 아예 매립하여 해안도로를 만들자는 도시개발계획이 등장했다. 서귀포시의 계획이었다.

　서귀포시는 이를 위해 마을주민들을 모두 이주시키는 계획을 세웠다. 주민들은 당황해하며 다음과 같이 요구했다. "만약 설사 도로를 개설한다 해도 보상비만으로는 어디 가서 살 거처조차 얻기가 힘들다. 최소한 살 곳이라도

333　한라일보, 2011.11.23., "해안 매립은 생명 매립이다"

마련해 달라." 하지만 이런 주민 요구에 대하여 서귀포시는 강경한 반대 태도를 보였다. 당시 도시개발 담당 공무원의 말이다. "도시계획을 세우는 과정에서 주민들의 요구를 다 받아들일 수는 없다. 협의가 안 될 경우 강제수용을 거쳐 도로 계획사업을 추진하겠다."[334] 보목 마을 사례는 개발에 대한 입장에 따라 주민과 행정 사이의 관계가 결정되는 한국 사회의 일면을 보여준다.

해안 매립을 동반하는 경우 일차적으로 영향을 받는 곳은 조간대이다. 조간대는 제주 바다의 풍요로움을 상징하는 장소라는 점에서 조간대의 매립은 제주가 개발 과정에서 포기하는 것이 무엇이며 반대로 선택하는 것은 무엇인가를 질문하도록 이끈다. 어떤 곳에서는 해안도로가 들어서면서 조간대가 분리되기도 하고, 공유수면이 연못으로 변해버리면서 물이 썩자 결국 매립해 주차장이나 공터로 변한 곳도 있다.

하지만 해안도로가 만들어질 때 파괴된 곳은 마을 연안의 조간대뿐만은 아니었다. 제주의 소중한 역사문화유적이 파괴 및 훼손되기도 했다. 환해장성(環海長城) 훼손이 대표적 사례다. "고려와 조선 두 왕조에 걸쳐 해안선을 따라 제주도를 빙 둘러싸고 600년 동안 구축한 돌담 성"이 환해장성이다. 기록에 의하면 그 길이가 3백 리 곧 120km에 이르렀다고 한다.[335] 물론 지금은 일부만 남아 있다. 올레길을 좋아하는 시민이라면, 길을 걸을 때 제주 곳곳에서 그 단편을 만났을 수도 있다. 환해장성이 일부만 남은 이유는 단지 오랜 시간의 경과 때문만은 아니다.

환해장성 훼손이 본격화된 때는 1970년대 제주 일주도로를 만들면서부터라고 한다. 일주도로 181km를 만들 때 그 도로를 포장하고자 환해장성을 허물어 공사용 잡석으로 이용했다. 아스팔트 밑에 깔린 것이다. 하지만 급격하게 훼손된 시기는 1990년대 해안도로 개발 붐이 일면서부터다. 해안도로 개설과 포구 매립재 등으로 환해장성의 돌을 이용했다. 탑동 연안을 매립하면

---

334 제주환경일보, 2016.4.26., "보목리 해안 매립, 지금은 고민 중(?)"
335 제주일보, 2016.4.18., "개발과 무관심에 무너지는 '탐라의 만리장성'"

서 먹돌을 이용하고, 제주항을 건설하며 옛 성벽을 허문 일이 떠오른다. 돌아보면, 개발의 관점에서 역사 유적은 단지 '자재'일 뿐일지도 모른다.

환해장성을 문화재로 지정해 보호하려는 움직임이 1988년부터 나타나기는 했지만, 보도로는 "일부 해안마을은 지역 발전과 개발에 걸림돌이 된다며 환해장성의 문화재 지정에 반대하고 있다"라고도 한다.[336] 웃지 못할 일도 있다. 뒤늦게 복원 사업을 진행하기도 했지만, 엉터리 복원이 진행되면서, 제주시와 서귀포시는 사유지 매립 문제, 고증 자료 부족, 해안의 몽돌 유실 등을 이유로 환해장성 복원을 중단했다.[337]

환해장성 훼손은 해안도로를 둘러싼 매립 이야기의 하나일 뿐이다. 제주

동복환해장성 사진이다. 바로 바다와 맞닿아 있지만, 양쪽으로 끊기고 일부가 홀로 남아 서 있다.
출처: 제주도청 홈페이지

---

336   제주일보, 2016.4.18., "개발과 무관심에 무너지는 '탐라의 만리장성'"
337   제주일보, 2016.4.18., "개발과 무관심에 무너지는 '탐라의 만리장성'"

해안도로 건설과 연안 매립의 관계를 가장 잘 보여주는 일로 많이 이야기되는 사례가 있다. 바로 알작지 해변이다. 알작지 해변은 제주시 내도동에 있는 해변으로 대규모 매립이 이루어진 이도동 바로 옆의 해변이다. 해안 매립은 주변 지역의 해류를 변화시킨다. 이는 주변 지역에 예상치 못했던 여러 일을 발생시키는데, 해변이 사라지기도 하고 해안사구가 소멸하여 마을에 해일 피해가 일어나기도 한다. 알작지 해변이 바로 그랬다.

제주시 내도동의 알작지 해변은 예전부터 "모래로 형성된 해변과 달리 자갈(몽돌)로 이뤄졌으며, 특히 바닷물이 들고 날 때마다 자갈이 구르는 소리로 유명"한 곳이었다.[338] 제주도 내에 존재하는 유일한 몽돌 해안이기도 하다. "알"은 아래를, "작지"는 자갈을 뜻하는데, "이 자갈들은 한라산 계곡에서 부서진 바위 조각들이 오랜 세월 동안 무수천과 외도천을 따라 물에 의해 운반돼 오는 과정에서, 또는 파도에 의해 둥글게 다듬어진 것이며 이 자갈들이 조류에 의해 내도동 해안으로 이동된 것으로 추정"된다고 한다.[339] 제주의 모든 장소가 그렇듯이 알작지 또한 그 자체로 제주의 지질학적 역사를 그 안에 품고 있는 셈이다.

그런데 2000년대 초반에 제주 서부해안도로 조성 사업이 진행되면서 알작지 해변도 변형된다. 도로 조성 사업 당시 알작지에 직간접적인 영향을 미칠 수 있어 시민사회의 반대가 심했다고 한다. 하지만 도두동에서 외도동까지 해안도로가 만들어졌고, 2006년에는 인근에 방파제도 설치되었다. 이후 두 현상이 일어났다. 하나는 알작지 해변의 몽돌 유실이 심해진다. 다른 하나는 호우가 내릴 때마다 인근 하천에서 바다로 유출되는 온갖 부유물(浮遊物)들로 알작지 해변의 환경 오염이 가중된다. 두 현상 모두 해안도로와 방파제 건설 이후 발생한 현상이라 제주 시민사회와 인근 주민들은 이 둘을 그 원인으로 보고 있다.

---

[338] 제민일보, 2015.11.16., "경제 논리 밀린 제주 해안 난개발로 몸살"

[339] 제주환경일보, 2022.9.26., "반질반질한 자갈(몽돌)..내도동 알작지(알작지왓)"

파도가 해변에 몽돌을 남기려면 해안 경사가 완만해야 한다. 그래야 "파도가 힘이 약해지면서 자갈을 끌고 내려가지" 않기 때문이다. 그런데 방파제나 호안공사로 해안에 수직 인공구조물이 만들어지면서, 파도가 한꺼번에 내려가 자갈을 바닷속으로 다시 끌고 내려간다. 그것만이 아니다. 해안도로 때문에 큰비가 내려도 산에서 내려온 자갈들은 해변에 닿지 못한다. 자갈이 유입되기는 어렵지만 빠져나가기는 쉬운 구조가 만들어졌기 때문이다. 또한 두 인공구조물로 해류의 운동도 변하여 알작지 해변으로 부유물이 몰려들고 있다.

몽돌 유실 문제가 제기되면서 제주시는 2015년 6월부터 12월까지 그 원인을 규명하고자 연구용역을 위탁했다. 연구용역팀은 해양조사 및 해수 유동 실험 결과 몽돌 유실의 직접적 원인으로 내도 어항의 인공구조물을 지목하기 어렵다고 발표했다. "다만, 도내 해수욕장의 모래 유실과 마찬가지로 해안도로 개설, 방파제 및 석축 설치, 배후지 개발 등 난개발로 몽돌 유실 현상이 나타난 것으로 추정했다."[340] 연구용역도 해안도로 등과 같은 연안 인프라가 몽

내도동 알작지 해변이다. 제주에서는 "알작지 왓"이라고 부른다. 해변에 자갈이 깔린 모습이 보인다.
출처: 제주도청 홈페이지

[340] 제주일보, 2020.3.15., "내도동 알작지 몽돌 유실 가속 '어쩌나'"

돌 유실과 관계 있을 수 있다고 본 것이다.

연구용역진은 또한 알작지 인근 바다에 수중보를 설치하는 인위적인 몽돌 보존 방안이 필요하다고 제안했다. 알려진 바로는 울산 사례를 참조하여 수중보를 통해 조류와 파도에 의해 실려 나간 자갈과 모래를 채워주는 방안이라고 한다. 하지만 언론에 보도된 당시 제주시 관계자의 말을 빌리면 "수중보를 설치해도 파도와 조류의 힘이 약해 바닷속으로 유실된 몽돌을 해안으로 밀어 올려준다고 장담하기는 어렵다"라고 보았다 한다.[341] 2016년에는 해안도로를 추가하는 공사도 있었다. 이번에는 석축을 약간 비스듬히 쌓았다.[342] 하지만 2020년 전후로도 알작지 해안에서 몽돌 유실은 계속되고 있다.

---

[341] 제주일보, 2020.3.15., "내도동 알작지 몽돌 유실 가속 '어쩌나'"

[342] 제주환경일보, 2022.9.26., "반질반질한 자갈(몽돌)..내도동 알작지(알작지왓)"

제19장

재해위험지구: 반복되는 재해와 탑동의 재규정

2차 탑동 매립이 진행되던 1990년에도 탑동은 오래된 문제를 해결하고 있지 못했다. 비바람이 강하게 몰아칠 때면 파도가 방파제를 넘어 인근 지역을 위협하는 월파 현상이 반복적으로 발생했다. 태풍이 올 때는 더 심각했다. 탑동 월파 피해는 사실 1, 2차 탑동 매립이 이루어지기 전부터 있었던 현상이었다. 탑동 일대에서 어린 시절을 보낸 한 시민과의 인터뷰에 따르면, 탑동은 강한 바람이 불 때면 파도가 넘쳐 인근이 잠기는 상습 침수 지구였다고 한다. 이런 월파 피해는 탑동 연안 공유수면 매립을 정당화하는 근거 가운데 하나였다. 매립지는 방파제와 함께 만들어지기에 탑동을 월파에서 보호할 수 있다는 논리였다. 하지만 월파 피해는 계속되었다. 매립이 대안이 아니었다는 점을 확인하는 데는 오래 걸리지 않았다. 또한 단지 월파만이 문제는 아니었다. 해일 위험도 제기되었다.

다른 관리 방식이 필요했다. 제주시에서는 2010년 탑동 매립지 일대를 '자연재해위험지구'로 지정 고시했다.[343] 월파는 해결되지 않고, 해일의 가능성은 더 커지자, 탑동 매립지 전체를 자연재해 위험이 있는 지역으로 공식 인정한 조치였다. 제주시는 계속 월파와 해일 피해를 줄이고자 보강시설 공사를

---

343 한겨레, 2010.1.6., "제주 탑동매립지, 자연재해 위험지구 지정"

진행하고 있다. 하지만 인프라 보강만으로 이 문제가 해결된다고 보는 이는 거의 없다. 자연재해는 말 그대로 자연의 '일'과 관계된 문제이기 때문이다. 인프라 보강은 단지 그 '일'에 적응하며, 피해를 최소화하려는 노력일 뿐이다. 그래서 인프라가 보강된다고 하더라도, 재해는 반복해서 돌아온다.

하지만 더 큰 문제가 있다. 탑동 재해는 인간 실천의 결과인 측면이 있다. 재해는 과거부터 있었지만, 그 재해의 발생 양식은 과거와 달라졌다. 매립 때문이다. 매립은 바다와 육지가 만나는 기존 방식을 변경하였고, 이에 자연의 일이 다른 방식으로 전개되면서, 재해의 구조가 달라졌다. 인프라 보강 또한 마찬가지다. 재해에 대응하고자 연안 인프라를 보강하지만, 그 보강이 또다시 자연의 일에 개입한다. 이런 개입이 어떤 방식으로 되돌아올지는 아무도 모른다. 개입하면 할수록 탑동 인프라의 재해 통제 가능성은 줄어든다. 돌아보면, 탑동 매립으로 월파를 예방할 수 있었다는 주장만 있었을 뿐, 그 매립 자체가 더 큰 자연재해를 불러올 가능성은 아예 고려되지 않았었다. 현재도 그렇다. 탑동은 지금 제주개발체제가 직면한 최대 위기가 무엇인지를 보여준다.

2차 탑동 매립이 끝난 1990년 12월부터 곧바로 월파 피해 보고가 있었다. "3~4m의 파도가 서부두 방파제에 부딪히면서 7~8m의 파도로 돌변, 서부도 생선 횟집 7곳"을 덮쳤다고 한다.[344] 당시 제주항 서방파제 일대 횟집 상인들은 범양건영이 횟집이 있는 방파제 서쪽으로 호안공사를 완공한 이후부터, 파도가 방파제 쪽으로 집중적으로 밀리면서 점포가 파손 또는 침수되는 피해가 발생했다고 주장했다. 탑동 월파 피해가 매립 관련 공사 때문이라는 주장이 2차 매립 이후 바로 나오기 시작한 것이다.

1993년 3월에 제주대 해양연구소는 횟집 상인들의 주장이 사실이라는 점을 뒷받침하는 연구 결과를 발표했다. 1990년 12월에 일어난 서부두 일대 횟집 7곳이 파도에 침수된 원인이 탑동 공유수면 매립과 관련있다는 내용이다. 연구소는 "범양건영이 시공한 5만 평의 탑동 공유수면 매립으로 파도흐름

---

344 제민일보, 2009.11.13., "탑동 월파 피해 근본 대책 세워야"

이 변화되는 데 따른 해일 현상 때문"이라고 보았다. 특히, "서부두 방파제와 매립지가 직각 형태를 이뤄 파도가 이곳으로 몰리면서 태풍과 폭풍이 불어오는 가을, 겨울철에 파도에 의한 침수 가능성이 큰 것"으로 지적됐다.[345]

1990년 12월 탑동 월파 사건과 1993년 제주대 해양연구소의 연구 발표는 이후 제주 시민사회가 탑동 매립을 탑동 월파 피해의 근본 원인으로 보는 계기가 되었다. 동시에 이는 제주 시민사회가 탑동 문제를 바라보는 시선이 전환된 계기이기도 했다. 과거 탑동 문제가 주로 연안공동체의 피해 보상 및 관련 권리 인정 문제와 개발이익을 도민사회로 환원하는 의제로 집중된 현상에서 알 수 있듯이, 이전까지 탑동 문제는 주로 매립을 둘러싼 '나눌 수 있는 갈등'과 관련있었다.

하지만 월파 피해는 탑동 매립이 근본적으로 제주 연안에서 이루어지던 자연의 '일'을 변형시키는 행위이며, 이 행위의 누적이 제주 연안을 위험지역으로 만들고 있다는 인식을 확산하였다. 더 이상 공유수면 매립 문제는 단지 바다를 메꾸어 토지를 산출하는 잠재적 부동산의 관점에서만 접근할 수 없었다. 그 배후로 밀려났던 자연의 '일'이 자신의 에너지를 구현하는 최소 저항의 경로를 찾아 탑동 매립지의 환경을 다시 변형하고 있었기 때문이다. 매립으로 파도 흐름이 변하면서 인공화된 해안의 구조적 빈틈에 자연 에너지가 집중되는 건 그 증거였다.

월파 피해는 1990년 12월 이후에도 반복적으로 나타났다. 언론에 보도된 사례만 확인해도 매우 많다. 1994년 2월에도 서부두 쪽 11개의 횟집 수족관이 깨지는 피해가 발생했다.[346] 1990년 12월과 1994년 2월 사례는 모두 파도가 거세어지는 겨울철에서 발생한 사건이었다. 이에 반해 태풍이 초래하는 월파 피해는 더 심각했다. 2002년 태풍 루사가 왔을 때는 9억 7천만 원, 2007

---

345 동아일보, 1993.3.8., "90년 제주 서부두 침수 탑동 수면 매립이 원인, 해양연구소 밝혀"

346 제민일보, 2009.11.13., "탑동 월파 피해 근본 대책 세워야"

년 태풍 나리 때도 6억 3천만 원 상당의 피해가 났다고 알려졌다.

탑동이 월파 피해가 반복적으로 발생하는 장소라는 점을 관료들도 잘 알았다. 재난 안전을 담당하는 한 관료는 2010년 이렇게 말했다. "탑동 매립지에서는 태풍이 오거나 높은 파도가 일 때마다 잦은 피해가 발생했다."[347] 2010년 이후 다양한 대책이 강구되었지만, 탑동 월파는 여전하다. 한 예로 2020년 태풍 마이삭이 왔을 때도 월파가 일어났다. 마이삭이 퍼부은 폭우에 만조 현상까지 겹쳐 파도가 탑동 방파제를 넘었다. 월파가 계속돼 삼도 119안전센터 인근 저지대 주택이 또 침수됐다. 주민들은 대피했다.[348]

2009년 12월 말에 탑동 매립지 일대가 '자연재해위험지구'로 지정됐다. 제주시가 「자연재해대책법」 제12조 제1항의 규정에 따라 탑동 매립지 일대를 해일 위험이 있는 '자연재해위험지구'로 지정 고시한 것이다.[349] 재해 유형은 해일위험지구다. 「자연재해대책법」은 기존의 「풍수해대책법」이 2005년 개정된 법으로 풍수해, 가뭄, 지진, 황사 등의 재해 예방, 대비, 복구 등에 관한 내용을 포함하고 있다. 2000년대 중반 이후 국가 차원에서 기후변화 등 변화된 자연조건과 예측되는 대규모 자연 재난에 대응하고자 법률을 정비 하는 흐름이 나타났는데, 이 법률도 그 가운데 하나였다.[350, 351]

자연재해위험지구로 지정되면 제주시는 5년마다 종합적인 정비계획을

---

[347] 조선일보, 2010.9.27., "탑동 매립지 앞바다에 방파제 설치"

[348] 연합뉴스, 2020.9.3., "태풍 마이삭 제주에 1천mm 넘는 물폭탄…침수·정전 피해 속출"

[349] 연합뉴스, 2020.9.3., "태풍 마이삭 제주에 1천mm 넘는 물폭탄…침수·정전 피해 속출"

[350] 행정안전부 국가기록원. "재난 방재" 항목. (검색일: 2022년 12월 4일)

[351] 탑동이 자연재해위험지구로 지정된 이유가 대부분 주기적인 월파 때문이라고 보고 있지만, 2014년 12월 당시 김태석 의원은 "그 정도로는 재해위험지구로 고시하지 않는다. 지진해일 때문"이라고 반론을 제기한 적이 있다. 하지만 전문가들은 관련 주장은 비약이라고 보고 있다.

탑동 해변에 있는 "탑동 자연재해위험개선지구" 공지판(2018년 3월 24일)

수립한 뒤 이를 바탕으로 매년 자연재해 위험을 줄이는 사업계획을 세워야 한다. 이때 국비를 최대 60%까지 지원받아 재해방지 사업을 추진할 수 있다. 제주 사회에서는 자연재해위험지구 지정으로 반복되는 탑동 재해의 근본적인 처방이 이루어지리라 기대했다.[352] 그 첫 사업은 관리 방향을 모색하는 연구용역이었다. 제주시는 2009년 당시 진행하고 있던 탑동 매립지의 정밀안전진단 및 피해 예방 대책 연구용역에 기초해 관련 대책을 세우고자 하였다.

제주시는 한국시설안전연구원에 "탑동 매립지 호안 정밀안전진단 및 피해 예방 대책 수립 용역"을 의뢰했었다. 관련 내용이 2010년 여름 제주 사회에 알려졌다. 한국시설안전연구원은 탑동 매립지 호안 시설물의 정밀안전진단을 먼저 실시했다. 그들은 탑동 호안 시설물이 블록 형태의 구조로 되어 있어 파도의 위력을 줄이는 효과가 감소해 월파 정도가 심했다고 진단했다. 블록 내부에 모래나 돌 등이 유입된 것도 이유로 밝혔다. 그리고 월파 탓에 균열이나

---

352 연합뉴스, 2010.1.4., "제주 탑동 매립지 재해위험지구 지정"

파손, 철근 노출 등이 발생하면서 여러 가지 안전성 문제도 생겼다고 밝혔다.

종합 안전진단 결과 호안 기초부에서 발생한 세굴(洗掘) 현상으로 전체적인 안전 등급은 'D' 등급으로 판정됐다. 'D' 등급은 사용 제한 등급이다. 하지만 용역팀 관계자는 당시 "세굴 현상이 발생해 D등급으로 판정됐지만 현재 진행되고 있는 긴급 복구 공사가 마무리되면 B등급 정도로 상향 조정될 수 있을 것"이라고 보았다. 한국시설안전연구원은 대책으로 두 가지를 제안했다. 하나는 탑동 해녀탈의장에서부터 라마다호텔 서쪽 구간에 테트라프토를 설치하고, 서방파제에서부터 해녀탈의장 앞 해수면 쪽에 경사형 라인의 방파제를 설치하는 안이었다. 제주시는 2010년 당시 이 안을 받아들여 2013년까지 사업을 펼치기로 했었다.[353]

세굴 현상이란 파도에 바닥이나 기슭의 토지가 씻겨 패는 현상을 말한다. 이런 세굴 현상이 심해진 이유는 해안선을 따라 건설되는 구조물인 호안(revetment)이 다른 형태에 비해 적은 비용으로 만들 수 있는 직립형으로 건설되었기 때문이었다. 직립형 호안은 파도가 부딪칠 때 높은 반사파가 생겨 전면에 높은 파도를 발생시킨다. 또한 파랑에너지를 감쇄하는 효과도 적어, 호안 전면뿐만 아니라 해안선을 따라 만들어진 인공구조물의 안전성에도 심각한 위협이 된다. 실제로 연구진들의 조사에 의하면, 탑동 공유수면 매립지의 직선 호안 지역에서 월파 피해와 구조물 붕괴 위험이 다른 구간에 비해 심각한 수준이었다. 도로 옹벽과 상부 구조물에는 균열이 발생하였고, 세굴 현상이 심해져 탑동 호안 기초가 심각하게 훼손되어 있었다.

연구용역 결과는 나왔지만, 제주시는 구체적인 대응 관리를 하지 않았다. 이에 제주환경운동연합은 2012년 11월에 성명을 내고 탑동 재해위험지구 지정 후 3년간 사실상 아무런 조치도 없었다고 비판했다. 2012년 여름에도 세 차례나 태풍이 찾아왔다. 탑동 매립지 방파제의 취약성과 위험성이 다시 제주 사회의 쟁점으로 부상했다. 하지만 제주시는 잇단 피해에도 불구하고 연구용

---

353 미디어제주, 2010.9.24., "탑동 월파방지 '외곽 방파제 750m' 늘린다"

역만 계속할 뿐 실질적인 탑동 정비사업을 계속 유보했다. 관련 예산이 확보되지 않았다는 것이 표면적인 이유였다.

하지만, 제주환경운동연합은 그 이유가 다른 곳에 있다고 보았다. 도의회 행정사무 감사 과정에서 제주도가 당시 준비되고 있던 「제3차 전국 항만기본계획」에 탑동이 포함된 항만개발계획을 제출한 사실이 알려진다. 또 다른 탑동 개발을 위해 탑동 재해 정비가 유보되었다는 것이 제주 시민사회의 견해였다.[354] 실제로 2016년 알려진 바에 따르면, 탑동은 2009년 재해위험개선지구로 지정된 이후, 「재해위험개선지구 2차 정비계획(2011~2015)」에 포함되었으나, 제주도가 2011년 탑동 일대를 포함해 항만 개발계획을 세우면서 정비사업이 유보되었다고 한다. 탑동 재해위험지구개선 사업은 이처럼 2011년 이후 제주도정의 새로운 항만 개발계획과 사실상 통합되었다.

예방 대책 수립 용역은 탑동 앞바다에 방파제를 시설하는 방안을 최적안으로 권고했다. 기존 서부두 방파제에서부터 왼쪽으로 탑동 매립지를 방어하는 새로운 방파제를 만드는 안이다. 제주도는 "탑동 매립지 전면의 동방파제가 완료되면 세굴 현상이 감소하고 파랑 내습 시 월파 피해를 효율적으로 방지하여 재해가 저감될 것"[355]이라고 보았다. 그런데 제주도는 단지 방파제만이 아니라, 탑동 매립지와 방파제 사이 바다를 항만구역으로 확대 지정한 뒤 마리나항으로 통합하여 개발하고 싶어 했다.[356] 하지만 2011년 항만 개발계획은 좌초되었다. 제주도는 계속 관련 계획을 추진했고, 2016년 결국 국가 승인을 받았다.

2016년에 유보되었던 탑동 정비사업이 일부 추진되었다. 제주도정은 2016년 1월에 탑동 방파제 축조 공사 환경영향평가 초안을 제출했다. 공식적인 이유는 탑동 매립지 월파 피해 방지였다. 하지만 제주환경운동연합은 이

---

354 헤드라인제주, 2012.11.19., "재해위험지구 탑동 3년간 방치…관리 손 놓았나?"
355 제주환경일보, 2016.6.20., "제주시, 탑동매립지 호안 보수, 보강공사 추진"
356 조선일보, 2010.9.27., "탑동 매립지 앞바다에 방파제 설치"

방파제 축조 공사가 사실은 제주 신항 개발사업의 일환이라는 의혹을 제기했다. 당시 제주도의회에서 의원들이 '신항만을 염두에 두고 탑동 방파제 축조 공사를 추진하는 것이 아니냐'는 질문에, 제주도가 '신항만과 연계해 추진하는 것'이라고 답변한 일이 근거가 됐다.[357] 재해 관리와 연안 개발이 동시에 추진되는 제주 지속가능-세방화 개발체제의 작동 방식이 드러나는 예이다.

제주도는 2016년 5월에 탑동 매립지 호안 보수·보강공사 실시설계 용역을 완료하고, 6월에는 사업비 8억 원을 투입해 탑동 매립지 호안 보수·보강 공사를 시작했다. 주요 내용은 세굴이 발생한 호안 하부 기초에 바지선을 이용해 사석 포설 및 피복석 쌓기와 수중용 콘크리트를 주입하는 공사였다.[358] 그리고 2017년에는 탑동 앞 바다 방파제 사업을 시작했다. 공사 발주는 2016년 10월에 이루어졌고, 실제 방파제 공사는 2017년 12월 시작됐다. 그리고 29개월 만인 2020년 5월 15일에 준공검사를 마쳤다. 관련 공사를 맡은 한라건설의 웹진에는 이 소식을 알리는 기사가 실렸다. 여기엔 "탑동 월파 방지와 제주 신공항 건설 기초작업의 일환으로 진행된 이번 공사"라고 소개돼 있다. 여기에서 "신공항"은 내용 오류이다. 제2공항 이야기가 나오는 지역은 탑동이 아니라 성산이기 때문이다. 어떤 이유인지는 모르겠지만 제주 "신항" 공사를 "신공항"으로 착각했다고 보인다. 만들어진 방파제는 1,100m 길이였고, 여기엔 해수 소통구 250m도 포함돼 있다.[359] 제주에서는 이 방파제를 "동방파제"라고 부른다. 탑동 매립지와 80m 떨어진 곳에 있다. 바깥쪽에 요트를 계류하는 마리나항이 들어서리라 예상하고 만들어졌다.[360]

제주도가 재난 관리와 연안 개발의 동시 추진 방법으로 택한 추가 방파제 건설은 "탑동 월파 피해를 막기 위해 추가로 매립, 완충지역을 만"드는 방법

---

357 제주의소리, 2016.7.19., "탑동 월파방지 방파제? 제주신항 꼼수! 감사 청구"

358 뉴스제주, 2016.9.27., "재해위험지구 탑동매립지, 보강공사 완료"

359 HLD&I Halla, "탑동방파제" 항목. (검색일: 2022년 12월 4일)

360 제주일보, 2016.6.21., "탑동 앞 동방파제 공사 오는 10월 발주"

이었다.361 방파제는 그 자체로 해안 매립의 또 다른 방법이기 때문이다. 방파제를 만들어 연안 재해에 대비하는 방안을 경성 호안(hard protection) 건설이라고 부른다. 경성 호안은 육역과 해역 사이에 물리적인 둑을 건설하여 관련 지역을 보호하는 방법이다. 그런데 이런 경성 호안 방법에는 분명한 한계가 있다. ① "점차 빠르게 증가하는 해수면 상승률은 기존의 방재 시스템 역량을 넘어"설 가능성이 존재하고, ② "경성 호안은 해역으로부터 육역까지 이루어지는 다양한 에너지 교환 및 생태의 흐름을 막아 생태계 교란을 초래할 뿐 아니라 연안이 자연적으로 형성하고 있는 재해 완화의 기능, 즉 연안의 회복력(coastal resilience)을 저해"할 가능성이 크기 때문이다(성혜승, 2014: 2).

경성호안의 이런 한계로 연성 연안 관리(soft protection) 방식을 검토한 논의도 나왔다(성혜승, 2014). 연안 습지, 해안사구, 해안림, 암석 등 연안 지형을 이용하여 연안 재해에 완충 기능을 갖는 구역을 만드는 방식이다. 곧 자연재해 대응에 연안 자연을 이용하는 방안이다. 하지만 제주도는 이런 방식을 택하지 않았다. 이미 구축된 경성 호안을 보완하는 또 다른 경성 연안 관리 방법을 선택했다.

재난의 관점에서 볼 때, 탑동의 문제는 ① 탑동을 매립할 때 탑동 연안의 회복력(resilience)을 교란하는 방식을 택했을 뿐만 아니라, ② 그 문제 해결 또한 경성 호안을 택해, 탑동 매립지와 환경의 상호작용 과정을 근본적으로 고려하지 않는 방식으로 재해를 관리하고자 했다는 점이다. 이런 재해 관리 방법은 탑동 연안에 포함되는 자연적 '일'뿐만 아니라 사회적 과정의 실질적 복잡성을 적절하게 관리할 수 없었다. 자연의 일을 통제할 수도 없을 뿐만 아니라, 예측할 수도 없기 때문이다. 더욱이 이런 재해 관리 방법조차 제주 신항 개발이라는 또 다른 개발 프로그램과 연동되어 진행되었다.

예상치 못한 문제가 실제로 발생했다. 동방파제가 만들어진 이후 인근의 동 한두기와 서 한두기 사이에 퇴적물로 길이 생겼다고 한다. 제주투데이에

---

361 제민일보, 2015.11.16., "경제논리에 밀린 제주해안 난개발로 몸살"

"토박이가 들려주는 제주 원도심 이야기"를 연재한 고봉수는 이 사실을 다음과 같이 알렸다. "동네 마실을 다니던 어느 날 이를 발견하고 깜짝 놀라 사진을 찍으며 통탄해했다. 용담 구름다리 아래를 들고 나갔던 바닷물이 갇혀 버린 것이다. 얼마 후 장비를 동원하여 다시 물길을 만드는 준설공사를 했다."[362] 그리고 다음과 같이 덧붙였다.

> "인간이 자연에 행하는 작은 행위는 우리가 예측할 수 없는 곳에서 상상하지 못하는 변화를 가져온다. 자연을 대하는 인간의 태도에 겸손함이 요구된다. 아름다웠던 탑동 먹돌새기 해변을 해일 문제로 매립을 했지만, 또 다른 피해를 발생시켰고, 경제 논리로 민간 자본을 끌어들인 2차 매립은 파도의 영향으로 재해위험지구가 되었다. 이제 그것을 보완한다고 동방파제를 건립했고 신항만을 계획하고 있다니……."

새로운 방파제가 만들어진 직후인 2020년 9월에 태풍 마이삭이 제주를 덮쳤다. 또다시 월파가 일어나 인근 지역이 침수되고 주민들은 대피했다. 제주에서 "월파 피해는 최근 기후변화로 인한 해수면 상승과 이상 파랑의 발생 빈도가 높아지는 상황에서 더욱 증가"(고혁준·김정록·조일형, 2012: 164)한다고 알려졌다. 섬인 제주는 그 특성상 태풍, 해일, 강풍, 침식, 해수면 상승 등에 언제나 노출되어 있었다. 또한, 인구 대부분이 연안 지역에 집중해 있다. 이런 조건에서 기후 위기는 제주를 더욱더 연안 재해에 취약한 환경을 만들고 있다. 더욱이 제주의 해수면 상승은 전국에서 가장 크게 나타나고 있기도 하다(박창열·윤성순, 2017). 기후변화와 해수면 상승 등이 겹쳐 발생하는 침수 피해는 제주 곳곳에서 진행되고 있다. 탑동은 그 하나일 뿐이다.

만약 이와 같다면 어쩌면 우리는 점점 더 계속 더 크고 강한 방파제를 만들어야 할지도 모른다. 하지만 탑동에서 우리가 확인하는 것은 역설적으로 인

---

[362] 고봉수, 2021.10.29., "탑동 앞 먹돌새기 해안이 그대로 남아있다면"

간에게 안전한 생활공간을 제공하는 완전한 인프라로서의 방파제의 불가능성이다. 방파제는 인간과 자연의 경계를 형성하는 인공물로 인간을 자연에서 분리하여 보호하는 기능을 한다. 하지만 탑동의 반복적 재해는 "인간세계가 자연 세계에 둘러싸여 있으며, 그 위에 축적되어 있다는 사실을 현재화"(시노하라 마사타케, 2022: 57)한다.

    자연에게서 완전한 보호처는 없다. 자연 세계에서 완전히 분리된 인공 세계는 존재하지 않으며, 그 경계를 침범해 들어오는 자연의 힘을 인간이 완전히 통제할 수 없기 때문이다. 이런 의미에서 탑동의 오늘은 말 그대로의 '자연'의 세계가 존재한다는 점을 새삼스럽게 우리에게 알려준다. 탑동은 우리에게 바로 인간의 또 다른 한계 곧 '자연'과 만나도록 한다. 문제는 이러한 조건이 탑동 개발 과정에서 우리가 인위적으로 계속 강화해 온 실천의 결과라는 점이다. 탑동은 "인간을 위한 세계를 둘러싼 경계의 파괴가 일어나고 있다"(시노하라 마사타케, 2022: 59)는 점을 보여주는 전 세계 수많은 장소 가운데 하나이다.

제20장

제3차 탑동 공유수면 매립 계획과 제주 신항만 프로젝트

제주도는 2011년에 탑동 연안 해양 관광 복합공간 조성 사업을 계획한다. 2014년부터 2020년까지 탑동 공유수면 10만 8천628m^2를 매립하고 유람선 부두와 요트 계류장 등을 조성하는 내용이었다. 그러나 민자 유치가 어렵다고 본 제주도는 매립 면적을 31만 8천500m^2로 대폭 확대한다.[363] 다시 반복한다면, 공유수면은 잠재적 부동산이다. 해당 사업계획이 실현되려면 국가 항만기본계획이 변경되어야 했다. 이에 제주도는 2011년 7월, 국토해양부에 「제3차 항만기본계획」 변경을 요청한다. 그리고 일 년 뒤인 2012년 7월 11일에 탑동 공유수면의 대규모 추가 매립을 포함하는 내용을 담은 '제주항 탑동 항만시설 조성 사업에 따른 항만기본계획 사전환경성 검토서 재협의'를 위한 주민설명회를 개최했다. 또다시 탑동 매립을 포함하는 관광 개발 계획이 제시되자, 제주환경운동연합을 비롯한 제주 환경운동과 시민사회가 강하게 반발하고 나섰다.[364] 이른바 '제3차' 탑동 매립이 제주 사회의 쟁점으로 부상하는 순간이었다. 하지만 제주도정은 국가를 설득하는 데 실패했다. 갈등은 잠시 유보되었다.

---

[363] 한겨레, 2012.07.11., "탑동 추가 매립 반발 커져"

[364] 제주환경일보, 2012.7.19., "탑동 추가 매립 No…월파피해 저감 O.K"

1. 제주 신항만 개발계획과 탑동 추가 매립의 연계

제주도는 포기하지 않고 2015년 관련 계획을 다시 추진한다. 이번에는 '제주 신항 개발계획'이란 이름으로 ① 국제 크루즈(Cruise)[365] 관광 시대를 대비하고, ② 국제 해양 관광의 허브로 도약한다는 전망을 제시하며, 제주항 서측 전면 해상에 초대형 크루즈 부두와 마리나 부두를 조성한다는 계획을 수립했다.[366] 제주항 서측 전면 해상이 바로 탑동 연안 공유수면이다. 2012년 계획과 달라진 점이 있다면, 접근 방식이었다. 제주도가 2012년에 제출한 사업계획이 탑동 개발을 중심으로 항만기본계획 변경을 요구했다면, 2015년에 다시 추진한 계획안은 제주항 확장 공사를 중심에 놓고 그 안에 오래된 계획이었던 탑동 연안 개발을 포함했다. 제주도에서 '신항만' 사업이라고 부르는 계획이다. 제주도는 신항만 개발계획을 해양수산부가 연말까지 만드는 항만개발계획에 반영될 수 있도록 2015년 5월 건의할 예정이었으나, 실제 이루어진 것은 2016년 3월이었다.

제주 신항만은 당시 원희룡 도지사의 구상 중 하나이기도 했다. 2014년에 민선 6기 도지사로 당선된 원희룡 도지사는 2015년 11월 11일에 MBC라디오 〈신동호의 시선집중〉에 출연하여 "현재의 항만시설 가지고는 도저히 1년에 30% 이상 늘어나는 해상교통의 수요를 감당할 방법이 없"다며, "미래의 수요를 감당하려면 신항만을 추진하는 게 불가피하고 이 점에 대해선 정부도 원론적으로 지금 공감을 하고 있다"라고 말한 바 있다.[367] 이 논리는 이후 제주 신항만 개발 사업을 추진하는 기초 논리가 된다.

당시 제주항이 혼잡 상태라는 점은 사실로 보인다. 여러 자료를 찾아보

---

365 유람선을 타고 하는 여행, 또는 그런 여행을 하는 배를 일컫는다.

366 한라일보, 2015.5.22., "제주 신항에 초대형 크루즈 부두 생긴다"

367 MBC뉴스, 2015.11.9., "원희룡, '제주 신공항 25년간 끌어온 사업, 2023년 개통 목표"

사라봉에서 바라본 제주항 전경(2018년 3월 25일)

면, 제주항을 이용하는 여객선, 관공선 그리고 화물선 그리고 부정기적으로 오가는 화물선과 유조선 등의 수에 비해 제주항의 선석(船席)이 부족하다는 평가가 많다. 선석은 항구에서 배를 대는 자리를 말한다. 그래서 제주항에서는 선석을 분배하지 못해 임시정박지에서 배가 대기하거나, 혹은 선석을 두고 선박끼리 동선이 꼬이는 일이 자주 있다고 한다.[368] 제주항에는 2019년 현재 11개 부두에 25개 선석이 있었다. 제주도와 해수부가 제주항이 이미 '포화' 상태에 도달했다고 보고, 다음과 같은 세 가지를 주요 근거로 들었다.

· 선석(계류장)을 희망하는 여객선 등이 대기 중인 상태가 반복되고 있다.
· 항만 자체가 협소해 크루즈 선석은 14만 톤급 이하만 정박할 수 있다.
· 선석 부족으로 여객선이 화물 부두를 이용하고, 180m 길이의 대형 카

---

[368] 제주일보, 2022.4.14., "선석 포화 제주항 단기 방안으로 해소될까"

페리는 4부두와 7부두에만 정박할 수 있는 등 한계에 이르렀다.

하지만 신항만 프로젝트의 규모는 단지 기존 제주항의 혼잡 문제를 해결하는 수준이 아니었다. 여기에는 당시 원희룡 도지사의 언급에 나와 있듯이, "미래의 해상교통 수요"가 반영됐다. 제주는 2000년대에 접어들어 비약적으로 해양 교통을 이용한 여객이 늘고 있었다.[369] "한때 제주 방문 외국인 관광객의 3분의 1이 크루즈 관광객일 정도로 특수를 누렸다. 제주 크루즈 관광객은 2015년에 62만 2천68명에서 2016년에는 120만 9천106명으로 두 배 가까이 증가했다. 제주를 찾는 크루즈 관광객의 90% 이상이 중국인이었다."[370] 제주도정은 이런 해양 교통 수요에 고무되어, 국제적인 크루즈 관광객 허브로 제주를 발전시킨다는 구상을 세운다. 곧 제주 신항만 프로젝트는 제주도의 미래 산업 전략과 얽혀 있다. 물론 국제자유도시 프로젝트와도 관련 있다. 국제자유도시개발센터(JDC)가 제주 신항만 개발 사업에 큰 관심을 가지고, 이를 사업화하는 방안을 모색했다.[371] "동북아 최고의 고품격·친환경 크루즈 항만"으로 육성하겠다는 열망이 여기에 투입되어 있었다.

일부는 제주 신항만 건설의 필요성을 물류에서 찾기도 한다. 제주는 육지에서 멀리 떨어진 지역이다 보니, 항만은 제주 물류 구조의 핵심이다. 항공을 이용한 물류 이동로가 있기는 하지만, 항만은 제주 물류의 98%를 차지한다. 언론에 보도된 제주대 김정희 교수의 분석에 따르면 제주항은 2020년 기준으로 제주 해운 물류의 물동량 가운데 77.9% 가까이 소화한다.[372] 이러다 보니 물류 보관과 이동, 관리에 제주항이 비좁다는 지적이 많았다. 항만 확장

---

369 한라일보, 2011.4.22., "제주 해상교통 집중 진단"

370 제주일보, 2021.10.10., "코로나19 넘어 재도약 꿈꾼다…제주 크루즈 산업"

371 Business Post, 2019.8.25., "문대림, 제주신항 개발에 JDC 참여해 물류사업 발굴기회 모색"

372 물류신문, 2021.3.2., "물류비 높은 제주, 해결책은 없을까?"

은 제주 물류 관리의 효율성을 높이는 방법으로 정당화되곤 했다. 물류 이동은 제주의 오래된 문제이기는 하지만 신항만 프로젝트의 중심으로 보기는 어렵다. 만약 그렇다면, "크루즈 항만"이나 탑동 연안을 포함하는 해양 관광 계획이 신항만 프로젝트에 포함될 이유는 없었다.

제주 관광산업계는 크루즈 산업 생태계를 구축하고자 지속적인 노력을 해왔다. 크루즈 산업계는 세계 크루즈 관광객 수요가 급증하고 있다는 점과 해당 산업이 국가 및 지역 경제 활성화에 이바지한다는 명분으로 오래전부터 크루즈를 제주 미래의 산업 전략으로 제안해 왔다. 특히 중국 관광객 유치는 가장 중요한 목표였다. 제주 관광산업계는 1998년 경제위기 이후 2000년대 내내 중국 관광객을 둘러싸고 제주가 아시아의 제1 관광지가 되려면 빨리 움직여야 한다고 강조했다. 늦으면 중국 관광객을 일본으로 빼앗긴다는 논리였다. 우선 진행해야 할 사업은 중국 관광객을 제주도로 끌고 올 인프라였다. 크루즈 산업과 카지노 산업은 그 양대 축이었다.

2016년에 결국 「제3차 항만기본계획」이 변경된다. 항만기본계획은 수립 이후 5년이 지나면 수정을 하는데, 그 수정안에 제주 신항 계획이 포함되었다. 겉으로는 제주 신항만 프로젝트가 승인된 것이지만, 결국 2011년 이후 제주도가 계속 추진해 온 탑동 해상을 대단위로 매립해 새로운 크루즈 항만을 건설하는 내용이 확정되었다고 볼 수 있다. 더욱이 이때 매립되는 면적은 1988년이나 2012년 발표됐던 항만기본계획보다도 몇 배나 큰 규모였다.[373]

하지만 이 계획은 이틀이 지나 곧바로 엎어졌다. 제주도와 해양수산부는 제주 신항 사업을 항만기본계획에 포함했지만, 기획재정부가 반대했다. 당시 기재부는 "중국의 사드 제재로 크루즈 관광이 중단된 이후 언제 풀릴지 모르는 불확실성이 크다"라는 이유로 반대했다고 알려져 있다.[374] "크루즈 제주 입

---

373 헤드라인제주, 2016.09.29., "제주 신항만 건설계획 확정…탑동해상 136만㎡ 매립한다"

374 동아일보, 2019.6.26., "제주 '신항만 개발 사업' 다시 기지개"

항은 2016년 507회로 정점을 찍은 뒤 한중 간 사드 갈등으로 중국발 크루즈 선 입항이 중단되면서 2017년 98회, 2018년 20회, 2019년 29회로 급감"[375] 했다. 신항만의 기본 전제가 불안정해지자, 기획재정부가 제동을 걸었다. 다시 한번 제주의 물류 혼잡이 이 계획의 중심이 아니라는 점을 확인할 수 있다.

2. 정치의 약속: 선거와 지역개발

그러나 주요 정치 선거 일정이 돌아오면서 제주 신항만 프로젝트가 다시 호명했다. 문재인 대통령은 2017년 대선 후보 시절 제주 신항만 조기 개항을 주요 지역 공약 가운데 하나로 내세웠다. 당시 문 후보는 '제주 5대 공약'을 발표했는데, 그중 다섯 번째가 제2공항과 제주 신항만 추진 약속이다. 문 후보는 제주 신항만의 조기 개항과 고부가가치 해양레저 관광 산업 육성을 약속했다.[376] 2018년 6.13 지방선거에 무소속으로 출마한 원희룡 도지사도 제주 신항만 개발과 원도심 활성화를 연계해 사업을 추진하겠다고 공약했다. 당선된 이후 실제로 원희룡 제주지사는 국회의원 등과 함께 해양수산부, 기획재정부, 국회를 잇달아 찾아 제주 신항만의 개발 필요성을 강조하며 중앙정부를 반복적으로 설득하고자 노력했다고 한다.[377] 그 결과, 2019년 8월 2일에 제주 신항만 건설 사업이 「제2차 신항만 건설 기본계획」에 포함된다.[378]

하지만 실제 추진은 더뎠다. 이러자 2022년 제20대 대선에서도 제주 신

---

375 제주일보, 2021.10.10., "코로나19 넘어 재도약 꿈꾼다…제주 크루즈 산업"

376 제주투데이, 2017.4.18., "문재인, 제주 5대 공약 발표"

377 제주의소리, 2019.8.1., "정부, 제주신항만 기본계획 고시…동북아 '크루즈 허브' 밑그림"

378 제주의소리, 2019.8.1., "정부, 제주신항만 기본계획 고시…동북아 '크루즈 허브' 밑그림"

항만 개발 지원이 주요 정당 후보의 제주 공약에 포함되었다. 「제2차 신항만 건설 기본계획」에 포함되어 지정 고시는 했지만, 추진에 필요한 재정을 확보하고 있지 못한 상황이었기 때문이다. 다시 대선 공약에 제주 신항만 프로젝트가 들어간 이유였다. 민주당은 "제주 국가항만 인프라 확충"을 공약으로 내세웠고, 국민의힘은 "초대형 크루즈선 접안 가능한 제주 신항만 건설"을 약속했다. 미래 전망의 차이는 약간 있지만, 제주 사회는 두 당 모두 제주 신항만 건설을 약속한 것으로 받아들였다.[379]

선거 때마다 제주 신항만 프로젝트가 호명된 직접적 이유로 많은 이들이 제주항이 겪고 있는 만성적인 혼잡을 들지만, 제주 신항만과 같은 거대 규모 인프라 프로젝트가 반복적으로 호명되는 데는 단지 지역의 필요만이 아니라, 이를 정치 선거에 전유하는 정치권 그 자체의 필요 또한 반영되어 있다고 보아야 한다. 개발과 선거 그리고 정치의 관계는 잘 알려져 있다. 신항만과 같은 거대 규모 인프라 프로젝트는 그 자체로 지역 성장과 동일시되거나 혹은 지역개발을 위한 필수 프로젝트로 인정된다. 이에 대통령 후보와 같은 국가 정치 수준의 정치인은 지역 시민의 지지를 얻고자 거대 규모 인프라 프로젝트를 약속하고, 도지사 후보와 같은 지역 정치인은 중앙정부와 교섭하여 거대 규모 인프라 프로젝트를 유치할 수 있다는 점을 중요한 후보의 역량으로 제시한다.

정치 선거 과정에서 지역 공약의 형태로 제주 신항만 개발계획이 제시되었기에, 관련 계획 추진은 이후 공약 이행 혹은 정치의 약속 이행 문제로 지역에서 이해된다. 또한, 주류 정당 사이에 약간 입장차는 있지만 신항 개발에 모두 합의한 상태여서, 유의미한 정치적 반대 또한 제도정치 내에서는 존재하지 않았다. 제주항의 혼잡 상태 혹은 제주항이 현재 직면하고 있는 물리적 운용 역량의 한계는 이를 뒷받침하는 물적 근거로 수용되었다. 제주 시민사회 내에서도 제주항을 물리적으로 확장하는 안 자체를 향한 비판은 찾아보기는 힘들

---

[379] 제주의소리, 2022.2.15., "대선 제주 공약 물으니…'4.3·상급병원' 닮은꼴, '제2공항·환경 기여금' 시각"

다. 관광 산업에는 비판적이지만, 물류 구조가 문제라는 점에는 일정한 공감대가 형성되어 있기 때문이다. 제도정치 내외에 유의미한 정치적 반대가 조직되어 있지 않은 상황은 제주 신항만이 제주도민의 동의를 획득한 사업인듯한 상황을 연출했다.

3. 제주 신항만 프로젝트

2019년에 제주도는 제주 신항만 건설 사업을 중앙정부가 추진하는 예비타당성 조사 면제 대상으로 신청했다. 당시 문재인 정부는 수도권과 비수도권 격차가 점점 커지는 상황을 타개하고자 국가재정법이 정한 범위 내에서 제한적으로 일부 지역 사업에 한해 예비타당성 조사를 면제하겠다고 발표했다.[380] 2019년 1월 29일에 중앙정부는 예비타당성 조사 면제 대상 사업으로 총 23개 사업을 결정했다. 이를 '2019년 국가균형발전 프로젝트'라는 이름으로 발표했다. 하지만 제주 신항 개발계획은 탈락하고, 하수처리시설 현대화가 예비타당성 조사 면제 대상으로 선정됐다. 몇 개월 뒤 다시 기회가 왔다. 중앙정부가 2019년 말 수립을 목표로 추진 중인 「제5차 국토종합계획」에 제주 제2공항과 함께 제주 신항만 건설이 '제주특별자치도 발전방향안'이란 이름으로 포함되었다.[381]

2016년 12월에 기획재정부가 중국 크루즈 관광객 규모의 불확실성을 이유로 보류하였던 제주 신항만 프로젝트가 다시 추진 동력을 얻었다. 총사업비가 2조 8천760억 원이나 투입되는 대규모 프로젝트(mega project)였다.[382] 2019년 8월 2일에 해양수산부는 '신항만건설촉진법'에 따라 제주 신항

---

380 시사오늘, 2019.1.29., "문재인 정부의 예타 면제, 비판만 해야 할까"
381 제주환경운동연합, 2019.7.15., "제주 신항만, 제주를 어디로 끌고 가려하는가?"
382 제주환경운동연합, 2019.7.15., "제주 신항만, 제주를 어디로 끌고 가려하는가?"

만 개발 사업을 포함하고 있는 항만기본계획을 지정·고시한다. 이는 하루 전인 8월 1일에 국무총리 주재로 열린 제86차 국정현안점검조정회의에서 전국 12개 신항만에 대한 중장기 개발계획을 담은 「제2차 신항만건설기본계획」이 최종 확정된 데 따른 것이었다. 이를 통해 부산 신항 등 기존 10개 항만 개발 계획 외에, 제주 신항만과 동해 신항 2개 계획이 새롭게 추가됐다.[383]

제주 신항만 건설의 법적 근거가 된 '신항만건설촉진법', 혹은 일반적으로 '신항만건설법'으로 알려진 그 법은 "신항만을 신속하게 건설하는 데 필요한 사항을 정함으로써 신항만 건설 사업을 효율적으로 추진하여 급증하는 항만 수요에 대비하고 나아가 국민경제의 발전에 이바지함을 목적"으로 1996년에 만들어진 법이었다. 항만 인프라의 신속한 건설의 핵심 방법은 각종 인허가 절차의 간소화와 토지 보상 업무, 투자 환경 조성 등인데, 이를 뒷받침하는 법이라고 할 수 있다. 국가가 주도하는 인프라 건설과 관리의 역사가 반영된 법이라고 할 만하다.

제주 신항만을 만드는 목적은 분명했다. 「제2차 신항만건설기본계획」 297쪽에는 제주 신항 건설의 기본 목표로 "천혜의 해양관광지로서 제주도의 관광 잠재력을 배가하고, 기항 크루즈 수요 급증에 대비하여 동북의 고품격·친환경 크루즈 모항으로 육성"한다고 밝히고 있다. 관광 산업 육성이 그 핵심 이유라는 걸 중앙정부가 분명히 보여준 셈이다. 사업 기간은 1단계(2019~2030년)와 2단계(2031~2040년)로 나눠 진행한다. 총사업비는 공공 재정투자 1조 8천245억 원, 민자 1조 417억 원이다. 주요 사업 내용은 방파제 2.82km, 호안 2.09km 등의 외곽시설, 진입 항로 및 준설 등의 수역시설, 항만 접안시설(크루즈 4선석, 국내 여객선 9선석), 82만 3천m^2 규모의 항만 배후 부지 조성, 0.325km 구간의 도로 개설 등이다.

제주도에 따르면 이 신항만을 개발하려면 원도심 탑동 앞바다 128만 3

---

383 헤드라인제주, 2019.8.1., "탑동해상 128m^2 매립…'제주 신항만' 건설, 순탄할까"

천㎡를 매립해야 한다고 한다. "무려 축구장 179개에 달하는 면적"이다.[384] 1988년에 탑동 2차 매립으로 메워진 면적이 16만 5천㎡라는 점을 기억한다면, 이전에 없던 대규모 매립이라는 점을 알 수 있다. 제주 시민사회가 '신항만' 프로젝트를 결국 또 다른 경로에 의한 탑동 3차 매립이라고 말하는 근거였다. 곧바로 제주환경운동연합은 "제주 신항만, 제주를 어디로 끌고 가려하는가?"라는 성명을 발표하고, "지난 탑동 매립에 대한 반성이 먼저다"라고 지적했다.[385]

하지만 제주 신항만 프로젝트가 직면한 난관은 지역 여론이 아니라, 필요한 재정이었다. 프로젝트를 지정 고시하기는 했지만, 국가는 이를 뒷받침하는 재정을 제주도에 내려보내지 않았다. 2022년 대선 과정에서 송재호 민주당 도당위원장은 한 언론과의 토론회에서 배후 사정을 이렇게 밝혔다. "이른바 계획만 발표하고 해수부가 예산을 안 넣은 거다. 왜 그렇게 됐냐 하면, 예전에는 해수부가 직접 개발했는데 특별자치 이후에 해수부가 예산을 제주 계정에 넣어준다. 그러면 제주도가 개발하게 되는데, 제주 계정에 지금까지 해수부가 잘 안 넣은 거다."[386]

해수부가 그렇게 한 이유는 다시 기획재정부 때문이었다. 기획재정부는 제주 신항만 프로젝트의 사업 착수 조건이 충족되지 않았다고 보았다. "기재부는 사업 착수 조건으로 국제 크루즈선 260척 입항을 내세웠다. 하지만 코로나19로 국제 크루즈선의 제주항 입항은 끊긴 상황"이어서 그 조건을 충족할 수 없었다.[387] 2016년 중국의 사드 제재로 크루즈 관광이 중단되어 계획이 번

---

[384] 뉴스1제주, 2019.6.1., "관광지형 바꿀 제주신항, 축구장 179개 면적 바다 매립 파고 넘을까"

[385] 제주환경운동연합, 2019.7.15., "제주 신항만, 제주를 어디로 끌고 가려하는가?"

[386] 제주의소리, 2022.2.15., "대선 제주 공약 물으니…'4.3·상급병원' 닮은꼴, '제2공항·환경기여금' 시각차"

[387] 제주일보, 2021.7.12., "혼잡한 제주항 관리 방안 마련 '주목'"

복된 이후, 다시 한번 코로나19라는 갑작스러운 사태로 제주 신항만 프로젝트 추진이 지연된 것이다. 크루즈는 "좁은 공간에서 많은 이들이 함께 생활하는 선박의 특성상 공기 중 감염, 사람 간 전파, 접촉 전파가 잘되는 코로나19 감염에 취약할 수밖에" 없었다. 코로나19 이후 사실상 제주에 크루즈 입항은 중지됐다.

두 사건 곧 중국의 사드 제재 그리고 코로나19 팬데믹은 모두 제주의 해상교통 수요 예측에 반영되지 않았던 사건이었다. 이는 거대 규모 인프라 설계가 근거하는 미래 예측의 한계를 보여준다. 항만과 같은 거대 규모 인프라는 기본적으로 ① 과거의 경향을 미래로 투사하는 포캐스팅(forecasting) 방법과 ② 불확실한 미래 정보를 다루는 질적 예측 방법인 전문가합의법을 결합하여 미래의 수요를 예측한다. 따라서 예측 시점에서 경험하지 못했던 사건은 계획에서 근본적으로 배제된다. 과거의 추세가 미래로 반영될 뿐이다. 실제 미래가 과거의 추세를 따라가지 못하면, 거대 규모 인프라는 거대한 좌초자산이 될 수 있다.

이런 점에서, 기획재정부의 제주 신항만 프로젝트 재정 투입 보류는 신항만과 같은 거대 규모 인프라가 이제 과거와 같은 방식으로 설계될 수 없다는 점을 역설적으로 정부 스스로 드러낸 계기였다. 어떤 누구도 코로나 팬데믹이 일시적 사건이라고 말할 수 없다. 오히려 많은 연구자가 다양한 위기가 중첩되면서 더 강도 높은 비상사태가 나타날 수 있다고 보고 있다. 예측할 수 있는 안정적 미래는 이제 없다. 이는 인프라에도 그대로 적용될 수 있다. 인프라는 이제 "근본적으로 불안정하다."(시노하라 마사타케, 2023: 6) 시노하라 마사타케의 지적처럼, 우리 시대에 인공물은 더 이상 안정적이지 않다. 인공물의 한계는 이미 나타났고, 이를 바탕으로 구성된 인공화된 세계는 위태롭고 불안정하다. 때로 "인공화된 상황은 붕괴하거나 잠재적으로 폐기물이 될 수 있다."(시노하라 마사타케, 2023: 6)

하지만 아쉽게도 코로나 팬데믹의 경험은 제주에서 추진되고 있는 대규모 인프라 건설에 현재까지도 반영되지 않고 있다. 환경영향을 고려하고, 탄소 배출을 줄이는 방식으로 건설 및 관리한다는 정도가 그 대응의 전부다. 이른바 '지속가능한 인프라'(sustainable infrastructure) 관리였다. 하지만 여기에는 현재 비상사태가 행성(行星) 수준에서 전개되고 있다는 점이 전혀 고려되지 않고 있다. 그 이유는 무엇일까? 지속가능성을 여전히 인간이 통제할 수 있는 속성으로 바라보고 있기 때문이다. 개발체제가 이해하는 지속가능성은 고정된 한계를 갖고 있지 않다. 사회-기술체계가 발전하면 그 한계도 계속 팽창할 수 있다고 본다. 이런 인식을 따르면 사실상 인간 '외부'의 세계를 의식하지 않아도 된다. 인간을 넘어서는 행성이 보이지 않는 이유다. 제주 지속가능-세방화 개발체제는 아직 '외부'를 모른다.

4. 원도심과 도시개발: 탑동 개발 압력의 또 다른 원천

탑동 연안 매립은 1차 매립 당시부터 제주 '원도심'이라는 도시 문제와 관련있었다. 그때는 주로 원도심의 교통 혼잡 문제가 개발 추진 동력이었다. 하지만 지금은 전혀 다른 환경과 마주하고 있다. 제주시에서 '원도심'이라고 하면 제주성 안과 그 주변이던 일도1동, 삼도2동, 건입동 일대를 주로 일컫는다. 탑동은 이 동들과 중첩되는 지역이다. 원도심은 제주 정치·경제·행정의 오랜 중심지였지만, 신제주 개발로 '중심지'란 말은 옛말이라고도 한다. '신제주'라고 하면 보통 연동과 노형동 일대를 말하는데, 1970년대 등장한 '신제주 뉴타운 사업'이란 말이 그 출발점이다. 이후 '신제주'와 구분하여 원도심 지역을 '구제주'라고 불러 구분한다.

    1952년에 최초의 제주시 도시계획이 수립되었고, 1954년에는 현 제주시청 주변에 제1지구 도시개발사업이 진행되었다. 이때 제1지구에 제주시에 있던 공공기관 40개 가운데 22개 기관이 집중되었는데, 이때부터 관덕로 기능이 점점 쇠퇴하기 시작했다고 한다. 하지만 1960년대 인구가 급증하고, 시가지가 확장되었다. 도청, 시청, 지방경찰청 등 행정기관을 비롯하여 교육·문화시설이나 상업 및 금융 관련 시설 등이 관덕로, 동문로, 중앙로를 중심으로 집중하여 중심지로 부상했다. "이 시기는 원도심에 인구 및 행정기관이 집중되던 시기로 원도심이 제주시의 도시중심지로 기능을 수행"하였다고 한다(염상근, 2013: 26). 그러나 이런 중심지로서의 원도심은 1980년대 이후부터 쇠퇴한다. 도시화가 급속히 진행되자, 제주시가 도시의 핵을 이원화(염상근, 2013: 26)하는 도시전략을 구현했기 때문이다.

1974년에 제주시 도시관리계획으로 신제주 도시개발 사업이 진행된다. 원래는 "신제주 뉴타운 사업"이라는 이름으로 불렸다고 한다. 하지만 그 이후 도지사가 바뀌면서 "신제주 개발 사업"이란 말이 더 많이 사용되었다고 한다.[388] 알려진 바에 따르면, 1974년 당시 박정희 대통령이 당시 제주칼호텔 준공식에 참석하였다가, 제주에 신도시를 만들라고 지시하여 시작된 사업이라는 이야기가 있다. 여행객들에게는 낯선 '구제주', '신제주'라는 표현이, 그것도 공식 행정구역명도 아닌 이 단어들이 제주시 시민에게는 일상어이자, 일상적인 지리 감각으로 체화되어 있다. 그만큼 오래되고, 제주 시민의 일상생활을 심층 수준에서 변화시킨 사업이었다고 볼 수 있다.

원도심과 신도심의 이원화가 본격적으로 나타난 때는 1980년대 신제주 제1지구로 공공기관들이 이전하면서부터다(염상근, 2013: 26). 1980년대 들어 주요 행정기관과 교육기관, KBS 제주방송국, MBC 제주방송국 등 주요 기관과 시설이 연동지구로 이전한다. 그리고 1976년~1990년 연동 신시가지, 일도 지구 택지 개발과 아파트 신축 붐으로 인구가 이동한다. 그러다 1990년대 들어 상권과 인구가 분리되면서 현재의 구제주와 신제주의 분할 구도가 만들어졌다.

다르게 말하면 원도심에서 많은 사람이 떠나고, 그만큼이나 가게가 문을 닫았다. 많은 이들이 이야기하는 사례가 관덕정 뒤편에 있는 제주북초등학교의 학생 수다. 제주북초는 한때 가장 많은 학생 수를 자랑했지만, 제주도교

---

388 뉴제주일보, 2021.6.30., "신제주 개발 역사에 얽힌 일화(2)"

육청이 학교 살리기에 나섰을 정도로 재학생이 크게 줄었다고 한다.[389] '구제주'라는 말은 제주 시민과 대화를 나누다 보면 일상적으로 듣는 말이다. 그런데 '구제주' 혹은 '구도심'이란 말이 낡고, 퇴락하고 침체하는 지구라는 상을 떠올린다고 하여, '원도심'이란 용어가 새로 쓰였다고 한다.[390]

이른바 원도심 쇠퇴로 불리는 이 문제는 제주에서도 난제 가운데 하나다. 원도심 쇠퇴는 제주시만의 문제가 아니라 한국 중소도시에서 동시적으로 직면하는 문제 가운데 하나다. 기존 도시의 문제를 주변 신도시를 개발하는 형식으로 해결했던 한국 도시 형성 역사가 그 구조적 원인이기 때문이다. 제주시 원도심도 마찬가지였다(염상근, 2013: 1). 원도심 쇠퇴 문제가 본격적으로 제주에서 부상한 때는 2000년 이후로 보인다. 이후 막대한 재원이 원도심을 '활성화'하는 데 투입되었다. 2016년에 한 기자는 "제주 원도심 활성화는 20년 가까이 천문학적인 재원을 쏟아부은 행정의 노력에도 가시적인 결실을 보지 못한 난제 중의 난제"라고 지적한 바 있다.

원도심 활성화를 외치는 도시 재개발 사업은 2006년부터 본격적으로 논의된다. 2006년에 제주도는 제주시 구도심 지역을 '뉴타운 사업지구'로 지정하고, 도심 재개발을 추진하는 걸 고려하고 있다고 밝혔다.[391] '뉴타운'은 그 이름만 바꾸었을 뿐 전통적인 도시재개발 사업이었다. 제주도는 2008년에는 원도심을 재정비촉진지구로 설정하고, 일도1동, 건입동, 삼도2동 일대를 재개발한다는 계획을 세웠다. 그러나 3년 만에 백지화됐다.

2013년에 박근혜 정부가 들어서면서 전국적으로 '도시재생' 활성화가 본격화됐다. 당시 전국적으로 이 프로젝트를 따내기 위한 지방자치단체의 경쟁이 과열 양상을 띠고 전개됐었다. 2006년에 뉴타운 개발로 시작된 제주 구도심 개발 프로젝트가 박근혜 정부의 '도시재생'(urban regeneration) 정책과 만나

---

389 한라일보, 2014.11.18., "원도심 재생 어떻게(상)"

390 연합뉴스, 2016.2.9., "제주 원도심 재생: 약발 없는 활성화 대책만 분출"

391 동아일보, 2009.10.8., "제주시 구도심 지역 뉴타운 개발"

그 이름과 내용이 수정됐다. 도시재생은 공식적으로는 기존 도시 개발 방식과는 다른 개발 전략을 추구한다. 고층아파트나 대규모 쇼핑단지보다는 해당 장소의 오랜 역사를 간직하면서, 그 문화적 가치를 보다 예술적인 방식으로 실현하는 방법을 모색하는 특징이 있다. 역사, 문화, 예술은 거의 모든 한국 도시재생 프로젝트가 반복적으로 내세우는 3대 항목이었다.

제주도는 2015년에 국토교통부의 도시재생 사업에 선정되었다. 그리고 2016년 9월에 국비, 지방비, 민간 투자비를 포함 3,577억이 투입되는 대규모 제주시 원도심 도시재생 사업 계획의 기본 방향이 공개됐다.[392] 원도심 5개 동을 4개 권역으로 구분하여, 지역 경제, 사회 기반, 역량 강화, 역사·문화, 주거 등을 개선하는게 주요 골자였다. 막대한 재원이 투입되는 도시재생 사업이 시작되자 도시개발을 둘러싼 다양한 이해관계가 분출했다. 2016년에 이루어진 제주시 원도심 재생 사업 사전설명회는 이를 잘 보여주는 계기였다. 이 설명회에서 지역주민들의 다양한 개발 요구가 분출됐다. 가장 흥미로운 사례는 건입동 설명회였다. 언론보도에 따르면, 건입동의 한 주민은 "크루즈 손님들이 모노레일이나 셔틀버스를 통해 김만덕 기념관 객주터, 탐라문화광장, 관덕정 등을 방문해 주민들이 실질적인 혜택을 볼 수 있도록 해달라"고 요구했다.[393]

건입동 주민의 요구는 원도심 쇠퇴와 제주 신항만 개발이 어떤 방식으로 연계되어 있는지 이해하는 계기가 될 수 있다. 관광사업을 매개로 두 개발 프로젝트가 연결되기 때문이다. 실제로 이런 내용은 신항만 개발 프로젝트에 이후 공식 반영되었다. 정부는 2019년에 제주 신항만 건설을 발표하면서, 제주시 원도심 재생 사업과의 연계를 포함했다. 공식적으로는 신항만과 연계하여 주거복지향상과 신항만 배후 지역의 상업 기능을 강화한다는 내용이었다. 국제자유도시개발센터(JDC)도 관심을 보였다. JDC는 침체한 원도심을 활성화

---

392 제주의소리, 2016.9.20., "3500억원 제주시 원도심 재생, 설익은 계획에 주민은?"

393 제주의소리, 2016.9.13., "3500억 투입 제주시 원도심 재생사업, 5개동 '동상이몽'"

하고자 원도심을 해양 관광과 물류의 중심지로 키워낸다는 방침을 세웠다.[394] 이는 관련 인근 주민의 기대에도 영향을 미쳤다. 내용은 두 가지였다. ① 대형 크루즈선 입항으로 인한 인구 유입 ② 부동산 시장의 원도심 지역 재평가가 이루어지리란 기대였다. 원도심은 탑동 연안과 인접해 있는 지구이지만, 탑동 추가 매립을 향한 우려나 비판은 잘 발견되지 않는다. 이 지역을 압도하는 정서는 신항만 개발로 원도심이 활성화되면 다가올지도 모르는 경제적 미래를 향한 희망과 기대이다.

5. 3차 매립과 인프라 전환의 정치

제주 연안 매립 다수가 인프라 근대화를 이유로 진행됐다. 제3차 탑동 매립은 이런 점에서 제주 인프라 근대화의 다음 단계를 의미했다. 사람, 사물, 자본의 자유로운 이동을 꿈꾸는 제주 신개발체제는 그에 적합한 새로운 유형의 인프라를 요구하였고, 이는 곧 제주의 이동성을 새롭게 조직하는 문제였다. 연안은 이와 같은 이동양식의 재구조화에 곧바로 연결된다. 항만은 그 중심에 있는 인프라였다. 여기에 제주 신개발체제가 도달하려는 제주의 미래를 향한 환상, 욕망, 상상이 개입한다.

제주 신항만 프로젝트가 본격화되면서 제주 시민사회 일각에서 해양 생태계 파괴나 난개발 등을 제기하는 목소리가 나왔다. 사실 크루즈 산업 비판은 전 세계적으로 오랜 역사를 지닌다. 미미 셸러(Mimi Sheller)는 "크루즈 산업은 이 지역을 통과하는 세계에서 가장 큰 여객선에 탄 관광객들의 특권적 모빌리티를 가능하게 하는 수단이며, 이곳에 환경오염과 아주 적은 수입만을 남긴다"(셸러, 2019: 23)라고 비판하며, 크루즈 산업의 '구조적 부정의'를 지적하기도 했다. 하지만 제주에서 이 목소리는 충분히 조직되지 못했다.

---

[394] 제주일보, 2019.8.25., "JDC, 제주신항 개발 적극 참여 '주목'"

제주 언론은 거대 규모 인프라 사업임에도 불구하고 도내에서 충분한 공론화가 이루어지지 않고 있다고 보았다. 제2공항 등 제주 사회 다른 갈등 현안에 가려 있다는 분석도 있다.[395] 제주 신항만 프로젝트 기본고시가 이루어지던 때는 제주 사회가 제2공항 추진 문제를 놓고 큰 갈등을 겪고 있던 때였다. 그래서 제주 신항만 프로젝트가 다시 등장하자 ① 과거 탑동 운동과의 관계뿐만 아니라, ② 제2공항과 신항만이 얽혀 있을 가능성이 제기됐다.[396] 그러나 도내 거의 모든 운동 역량이 제2공항 문제에 집중하면서, 제주 신항만 문제는 성명서 이상의 대응 대상이 되지 못했다.

이는 탑동 3차 매립이 제주 시민사회 내에서 의미 있는 쟁점으로 부상하기는 했지만, 그렇다고 2차 탑동 매립 반대운동과 같은 거대한 동원 운동으로 전개되지는 않는 현상을 보여준다. 3차 매립을 향한 항의는 일차적으로 제주 시민사회 특히 환경운동에 기반을 둔 시민사회 내의 감시와 지역 방송 등과 같은 매체를 통한 고발 그리고 성명서 등과 같은 활동으로 구성되어 있다. 곧 물리적 동원이 부재하다.

이를 보여주는 상징적 예가 3차 매립에 맞서 비판하는 활동에 '교회'와 같은 공간이 등장하지 않는다는 점이다. 교회는 2차 탑동 매립 당시 단식농성 투쟁이 전개되던 공간이었다. 그런데 이제는 그런 물리적 공간과 상징적 거점 장소가 눈에 띄지 않는다. 이렇게 말해도 좋다면 3차 매립에서 항의는 다분히 커뮤니케이션(communication), 특히 네트워크화된 커뮤니케이션 미디어의 활용에 중점을 두고 있다. 이는 3차 매립이 기본적으로 1990년대 중후반 등장한 한국 시민사회운동의 경로 위에서 2010년대 초중반부터 강화된 미디어의 정치라는 방식으로 3차 매립에 대응하고 있다는 점을 의미한다.

---

395 제주의소리. 2022.2.15., "대선 제주 공약 물으니…'4.3·상급병원' 닮은꼴, '제2공항·환경기여금' 시각차"

396 제주MBC, 2019.7.12., "제주 신항만 건설에 따른 환경훼손과 민간자본의 우려, 그리고 도민 공론화 과정의 필요성(제주환경운동연합 이영웅 사무처장)"

물리적 동원이 부재한 또 다른 이유 가운데 하나는 3차 탑동 매립 문제가 제주 제2공항 추진 문제와 동시적으로 부상했다는 데 있다. 제2공항 추진을 둘러싼 갈등이 전체 제주 사회를 관통하는 핵심 갈등으로 부상하면서 도민사회의 모든 역량 곧 반개발동맹을 형성할 수 있는 거의 모든 네트워크 역량이 제2공항 건설 반대운동으로 집결되었다. 공항 문제에 비해 3차 탑동 문제는 본격적인 갈등으로 가시화되지 않았다. 도민사회의 중심 활동가들은 3차 탑동 매립이 추진 중이라는 걸 알았지만, 두 문제에 모두 대응하는 데 한계를 느꼈다. 범도민운동이 형성된 곳은 탑동이 아니라 공항이었다.

제2공항 건설 반대운동 과정에서 연안 매립을 둘러싼 흥미로운 문제가 발생하기도 했다. 범도민운동은 두 개의 공항에 반대하면서 현존하는 공항을 개선하여 미래의 항공 수요를 맞추는 방안을 대안으로 제시했다. 그 가운데 하나가 바다 쪽으로 활주로를 연장하여 공항 수용 역량을 높이는 안이다. 그런데 국토부는 이런 대안은 광범위한 연안 매립을 동반하기에 생태계 파괴가 예상되어 선택할 수 없는 대안이라고 주장했다. 그러면서 환경운동이 환경파괴를 동반하는 대안을 요구하는 모순적 주장을 한다고 비판하였다. 범도민운동은 이런 비판에 대응하여 공항을 확장하는 다른 건설 수단이 존재할 수 있다는 점을 보여주고자 해외 사례를 찾았다. 연안공학의 발전으로 매립 없이도 활주로 건설이 가능하다고 보고 있다. 국토부는 공항 확장의 대안을 거부하고 있고, 범도민운동은 다른 공항 개선이 가능하다는 견해다. 제2공항 설계를 둘러싼 투쟁은 현재 교착상태이다.

제2공항의 대안이 대규모 연안 매립을 요구하지 않는다고 하더라도 일정한 연안 매립을 동반할 수밖에 없다는 점은 현재 제주 신개발체제에 대항하는 도민운동 혹은 반개발동맹이 직면한 딜레마를 보여준다. 또한, 거대한 개발을 피하고자 또 다른 개발을 허용해야 한다는 역설은 공항의 확장이 아니라 공항 이용객의 감소를 통해 현재 상황에 적응하는 다른 경로를 모색하는 운동 입장에서는 허용하기 힘든 대안이었다. 하지만 도민운동이 전체사회에 의미 있는 대안을 제시해야만 한다는 압박은 도민 다수가 선택 가능한 최적의 대안 혹은 정치적 다수의 형성에 유리한 대안 선택을 모색하도록 한다. 제2공항 건설 반대운동이 처한 딜레마는 우리가 연안의 매립이라는 자연을 파괴하는 대안이 개발의 최소화를 위해 선택될 수 있는가? 만약 그렇다면 그 조건은 무엇인지 고민해야 하는 사례가 되고 있다.

제주 신공항뿐만 아니라 제주 신항만이 동시에 문제가 되고 있다는 건 제주가 현재 거대 인프라의 정치 공간을 관통하고 있다는 걸 보여준다. 이는 공항이나 항만 같은 이동 인프라가 과거와는 다른 위상을 제주에서 부여받고 있기 때문이다. 공항은 항공, 항만은 선박의 이동을 위한 인프라로 제주를 한국뿐만 아니라, 전 세계의 다른 장소와 연결한다. 데보라 코웬은 네트워크 인프라를 통해 현대 도시 자체가 네트워크를 구성하는 하나의 접속점(node)이 된다고 본 적이 있다. 공항이나 항만, 물류, 파이프라인, 에너지 그리드, 통신 케이블, 철로 등과 같은 인프라의 네트워크 안에서 도시 자체가 그 네트워크 인프라를 구성하는 하나의 접속점이 된다는 의미이다(Cowen, 2017).

데보라 코웬의 이런 통찰은 제주에도 그대로 적용될 수 있다. 관광 혹은 물류라는 전 지구적 이동성 안에서 제주 경제가 경쟁하려면 끊임없이 공항과 항만 등의 인프라를 확장하는 일이 필요하다. 통치 엘리트는 전 세계 경제와 연결되는 걸 지역 경제 발전을 보장하는 필수적이고 근본적인 일로 바라보며, 전 세계에 해당 지역을 '기재'하고자 상징적 혹은 물리적 인프라 개발을 추진한다(del Cerro Santamaria, 2019: 264). 해당 인프라가 확장될수록 제주는 전 지구적 네트워크의 일부로 작동하면서 그 네트워크와 분리되기 힘들어진다. 또한 바로 그 의존성 탓에 제주는 단지 공항 입지나 항만 인근 지역만이 아니라, 제주 자체를 그 인프라를 지원하는 양식으로 변형시켜 나가야 한다. 지역 관점에서 인프라를 평가하는 것이 아니라 인프라의 시각에서 지역을 어떻게 구성해야 하느냐가 중요해진다. 이런 점에서 공항과 항만과 같은 거대 인프라 프로젝트는 지구화 혹은 신자유주의적 지구화 과정에 대응하고자 출현한 지역 경제 발전 프로젝트이자 동시에 지역 그 자체의 정체성을 변화시키는 정치 프로젝트이기도 하다(del Cerro Santamaria, 2019: 264). 따라서 공항과 항만은 이제 제주 안에 존재하지만, 그 자체가 제주가 되는, 현대 제주 정체성을 지배하는 헤게모니적 계기(hegemonic moment)이다. 현대 인프라의 정치 안에서는 제주 그 자체가 이동의 인프라가 되고 있다. 이는 만약 탑동 문제에 저항하는 또 다른 형태의 운동이 전개된다면, 그 운동의 속성은 인프라 전환의 정치라는 속성을 띨 수 있음을 말한다.

·····

제21장

갯녹음과 조간대:
제주 연안 상태의 급변과 재생 및 복원 시각의 도전[397]

국토해양부는 공유수면 매립을 설명하면서 "해양 생물 서식지를 완전히 파괴하는 결과를 초래하고, 연안의 산업단지 조성 등을 통해 각종 육상 기인 오염원의 배출로 해양 생태계의 건강성을 악화"(국토해양부, 2009: 13)한다고 지적한다. 곧 매립은 일차적으로 매립 단계에서 해양 생태계를 완전히 파괴할 뿐만 아니라, 그 매립지 위에 건설되는 개발시설로 인해 다시 한번 해양 생태계를 교란하고 그 건강성을 악화한다. 국토부가 이를 인정하는 것에서 알 수 있듯이, 2010년대 초반을 지나면서 공유수면 매립 탓에 발생하는 연안 생태계 파괴와 환경 악화에 관해 보고가 많이 나왔다.

이는 제주 연안 환경을 바라보는 새로운 시각이 등장하는 토대가 되었다. 제주 연안 생태의 급변이 반복적으로 보고되면서 연안을 매립 관점이 아닌 재생과 복원의 시각에서 접근해야 한다는 생태학적 사고가 등장했다. 조간대(潮

---

[397] 이 글은 나의 또 다른 책인 『공동자원체제: Commons 2018-21 연구노트』(2022, 부크크)에 실린 "현대 공동자원체제와 시장, 그리고 비인간 행위성의 상호작용: 어장과 성게, 그리고 갯녹음"의 원고를 바탕으로 한다. 동일한 내용이 있음을 알린다. 물론 부분적으로 다시 쓴 곳도 있고 글의 목적에 따라 새로운 내용이 부가되었다. 전체적으로 본다면 1, 2절은 기존 내용과 거의 동일하고, 3, 4, 5절은 새로 쓰거나 거의 다시 쓴 글이다.

間帶)는 그 중심 영역이었다. 연안을 잠재적 부동산의 관점이 아니라, 인간과 자연의 공존이 조직되는 새로운 타협의 공간으로 바라보면서, 장기적인 관점에서 다시 자연화해야 한다는 의지가 조간대의 부상 배후에 있었다.

이런 관점은 제2차 탑동 매립에 반대하는 탑동 운동 과정에서는 전면화되지 않았던 대응 방식이었다. 개발체제와 주민 혹은 시민 사이에 발생한 갈등이 열어준 '창'을 통해 제주 개발의 구조적 문제를 변형시키려는 열망을 지녔던 탑동 운동이었지만, 탑동 운동은 결국 매립지 개발이익의 분배 문제로 귀결되었었다. 연안 환경 파괴와 오염 우려가 제기는 되었지만, 중심적인 지위를 차지할 수 없었을 뿐만 아니라, 연안 복원과 재생 시각은 아예 등장하지 않았었다. 오히려, 이미 진행된 매립을 되돌릴 수 없다는 전제 아래 운동 의제를 발전시켰다.

하지만 무분별한 연안 개발 혹은 연안 공동자원체제를 인프라로 전환하면서 나타난 연안 생태계의 급변과 반개발동맹이 생태적 지속가능성 프로젝트로 진화하는 과정이 만나면서 연안을 다른 각도에서 성찰하는 재생과 복원의 대안 공간이 부상할 수 있었다. '탑동 문제'는 이런 시각과 만나 제2차 탑동 매립 당시와는 또 다른 의미를 띠었다. '탑동 문제'는 이제 인간의 실천으로 변형된 자연의 일과 만나는 문제이자, 그러한 '자연'과 타협하는 공간의 설계 문제가 된다.

1. 갯녹음

제주 연안 어장의 '갯녹음'[398] 현상이 심각하다. 갯녹음 현상은 연안 암반 지대가 하얗게 변하는 현상을 가리키는 데, 이런 암반에는 해조류가 부착되지 않거나 성장하지 못한다. 그래서 '백화(白化)' 현상이라고 부르기도 한다. 갯녹

---

398 영어로는 'Blanching'이라고 한다.

음이라는 말은 고유한 우리말로, '얕은 물가' 또는 '얕은 바닷가'를 뜻하는 '갯'과 식물의 '잎녹음'이나 '끝녹음'에서 유래한 '녹음'이 합쳐진 말이라고 한다. 갯녹음 암반에는 해조류가 줄어들기 때문에, 물고기들이 모여들지 않는다. 또톳, 소라, 전복 등도 자라지 못한다. 그래서 갯녹음 현상을 일각에서는 '바다의 사막화' 현상이라고 부르기도 한다. 이는 모두 현재 마을 어장의 주요 수입원들이라는 점에서 연안 공동체에는 매우 중대한 경제위기 상황이기도 하다.

제주 연안의 갯녹음 현상은 대부분 수심 3~10m의 마을 어장에서 발생한다. 제주는 한국에서 갯녹음이 가장 먼저 발견된 곳으로 알려져 있다. 1992년 제주 연안에서 처음 발견되었다고 하지만, 그 이전부터 나타났다고 보는 이들도 있다(강진영·신우석, 2015). 1985년 서귀포 법환 마을 어장에 갯녹음 현상이 나타나, 1990년대 남부 어장으로 확산하고, 최근에는 제주도 전체 연안 어장으로 확대되고 있다는 주장이다. 특히 서귀포시 서부 해역인 서귀포시 강정 해역과 대정읍, 한림읍 해안의 갯녹음 현상이 심각하다. 2008년 보고서에는 제주 연안의 갯녹음 발생 면적이 4,541ha로, 마을 어장 전체면적의 31.4%라고 했다(윤장택 외, 2008). 하지만 2014-16년 실태조사에 따르면 제주 연안 5503.4ha가 갯녹음 현상이 심각하거나 진행되고 있다고 했다.[399] 약 6~8년 사이에 천 ha 정도가 더 많아진 것이다. 마을 어장의 비율로만 본다면 1998년 20.3%, 2008년 31.4% 그리고 2016년에는 35.3%였다. 2021년에 초분광 항공 영상 분석 결과에 따르면 마을 어장의 38%까지 늘어났다고 한다.[400] 계속 꾸준하게 증가하고 있다.

갯녹음의 원인을 특정하기는 어렵다. 발생 과정이 복잡하기 때문이다. 전문가들도 다양한 원인이 융합된 결과로 본다. 하지만 크게 보면 다섯 학설이 있다. 겨울철 온도상승으로 해조류의 번식이 억제된다는 온도상승설, 암반에 달라붙어 하얗게 만드는 무절(無節) 석회 조류 때문이라는 박리설, 조식성

---

[399] 한겨레, 2018.5.8., "제주 바다숲 만들기 나선다"

[400] 뉴제주일보, 2021.7.29., "제주 갯녹음 실태와 해녀 소멸 위기 '조명'"

동물이 해조류를 과잉 섭식해서 그 군락이 파괴된다는 식해(食害)설, 해조류의 필수영양소인 철 이온이 부족하다는 철 이온 부족설, 영양염의 감소로 대형해조류의 생장이 억제된다는 반(反)영양설 등이다.[401] 이 학설들을 크게는 식해설과 환경설이라는 두 유형으로 범주화하기도 한다. 환경설은 주변 환경이 갯녹음에 영향을 준다고 보는 학설의 범주로 여기에 온도상승설, 철 이온 부족설, 반영양설 등이 포함된다.[402] 물론 식해설이나 환경설 그 어떤 하나의 입장만 주장하는 이들은 많이 없다. 보통은 다양한 원인이 복합적으로 작용한다고 보기 때문이다.

해조류를 먹으며 자라는 동물을 조식동물이라고 부르는데, 갯녹음의 원인으로 지목되는 대표적인 조식동물이 성게다. 강원도의 한 어촌계장의 말을 빌리자면, 성게가 많아지면 해조류를 "닥치는" 대로 뜯어 먹는다.[403] 그런데 해조류가 없어져도 성게는 굶어 죽지 않는다고 한다. 석회조류 등 다른 걸 먹이 삼아 "끈질기게" 살아간다.[404] 이를 '이상 섭식'이라고 하는데, 그 결과 성게는 자라지만 생식선이 없는 성게가 나타날 수 있다. 만약 성게의 상위 포식자가 없다면, 성게의 수는 그래서 해조류가 없어도 계속 늘어날 수 있다.

성게가 갯녹음 현상에 영향을 주는 건 분명하지만, 성게만으로는 갯녹음이 최근 급격히 증가한 이유를 설명하기 어렵다고 보는 전문가들도 많다. 성게가 활동한다고 하더라도, 성게의 천적이 있었다면 그 활동은 조절될 수 있다. 그래서 이 학자들은 "밀렵이나 어획 등 때문에 조식동물의 천적이 감소한 것이 갯녹음을 촉진했다고 생각한다. 조식동물의 개체 수를 조절하는 포식자

---

401   제주신문, 2017.8.1., "바다의 사막화 '갯녹음' 제주 수산자원 위협"

402   카이스트신문, 2015.9.7., "사라지는 바다숲, 그 원인을 쫓다"

403   조홍섭, 2015.07.15., "민둥 바다'…울릉도·독도 포함 동해안 62%에 갯녹음", 조홍섭 기자의 물바람숲. (검색일: 2022년 12월 4일)

404   조홍섭, 2015.07.15., "민둥 바다'…울릉도·독도 포함 동해안 62%에 갯녹음", 조홍섭 기자의 물바람숲. (검색일: 2022년 12월 4일)

가 사라지자, 조식동물에 의한 해조류 감소가 빨라졌다는 것이다."[405] 이런 반론에도 불구하고, 한국에서 성게는 갯녹음의 주원인으로 지목되었다. 그 강도는 덜하지만, 제주에서도 마찬가지였다. 다른 원인이 있더라도, 우선 해조류를 먹어 치우는 성게부터 해결하는 일 외에는 즉각적으로 대응할 방법이 없기도 했다.

이에 반해 환경설의 관점에서 보면, 갯녹음 현상을 또 다른 측면에서 보게 된다. 환경설은 해수면 온도상승이나 육상에서 전해지는 각종 오염물질이 사막화를 일으키는 더 큰 원인이라고 보기 때문이다.[406] 제주의 해수면 상승은 심각하다. 제주발전연구원이 지난 1970년 1월부터 2007년 말까지 관측한 자료를 분석한 보고서를 따르면, 제주의 연안 해수면은 연평균 6.01mm씩 모두 22.8cm가 상승했다. 제주 연안 해수면이 38년 사이에 약 23cm가 상승한 것이다. 해수면 상승은 해조류 환경의 변화를 의미한다.

하지만 더 문제가 되는 건 해수면 온도상승이다. 암반에 붙어 해조류를 암반과 분리하는 석회조류가 따뜻한 물에서 더 빨리 번성하기 때문이다. 또한 수온이 올라가면 해수 중 이산화탄소 농도가 낮아진다. 그러면 탄산칼슘이 해수에 잘 안 녹아 탄산칼슘의 석출(析出)이 빨라진다. 이 경우 탄산칼슘이 침전되는데, 그 결과 침전된 바닥이 염기성을 띤다. 해조류는 중성조건에서 살기에, 염기성 조건에서는 자라지 못한다. 해수면 상승이나 온도상승 등은 모두 기후 위기가 갯녹음 현상과도 밀접하게 연결되어 있다는 걸 보여준다.

가장 최근 연구 가운데 황성일과 동료들이 발표한 논문이 있다. 이들은 제주 갯녹음 원인이 연구자들의 접근방법에 따라 다르기는 하지만, 종합해 본다면 "해역에 따라서는 조식성 동물의 과도섭식에 기인하는 곳도 있지만, 광역적으로는 기후변화에 의한 수온상승이 제주도 갯녹음 해역을 확대"하는 것으로 보인다고 결론지었다(황성일·김대권·성봉준 외, 2017: 530). 이들의 연구에

---

[405] 카이스트신문, 2015.9.7., "사라지는 바다숲, 그 원인을 쫓다"

[406] The Science Times, 2019.4.4., "환경 적응 능력 탁월한 '성게'"

따르면, 제주에서 갯녹음이 나타난 지역의 수온이 실제로 그렇지 않은 바다보다 높았다고 한다. 평균 수온도 1.2℃도 높았고, 장기 수온 변동 폭도 더 컸다. "기후변화로 인한 지속적인 동계 수온상승"이 제주도 갯녹음을 확대하는 원인이라고 보는 근거였다(황성일·김대권·성봉준 외, 2017: 529).

연안 오염도 중요하다. 오염된 물은 해양 환경을 악화시키고 해수의 석회수 농도를 증가시켜 해조류의 번식에 간접적인 영향을 미친다. 건설 공사에 쓰이는 시멘트나 농사에 사용되는 농약 등이 그 원인이 된다. 일각에서는 이를 '육지오염'이라고도 부른다. 석회수 농도가 증가하면 탄산칼슘이 더 빠르게 석출되면서, 해조류가 살기 힘든 조건을 만든다.[407] 제주의 연안 오염은 최근 더 심각해졌다. 인구가 빠르게 늘면서 하수가 증가하고, 육상오염원 등 유기물과 중금속을 함유한 각종 오염물질 등이 계속 해수로 유입되고 있기 때문이다.[408]

제주 시민단체 가운데 환경설을 강력하게 주장하는 이들이 있다. '핫핑크돌핀스'다. 핫핑크돌핀스는 2014년부터 2016년 사이에 한 조사와 2018년 조사 결과를 토대로 서귀포시 강정 해안과 대정읍 그리고 한림읍 해안의 갯녹음 현상이 심각한 이유가 대규모 연안 개발에 있다고 주장했다. 강정 해안에는 해군기지가 건설된 바 있고, 대정에는 양식장, 그리고 한림 해안에는 해상풍력 공사와 공사 자재를 실은 대형 선박들의 잦은 운항이 있었기 때문이다.[409] 물론 갯녹음 현상의 여러 학설을 소개하면서 말했듯이, 제주에서 갯녹음 현상의 급속한 증가 원인이 단지 연안 개발 때문이라고 보기는 힘들다. 하지만 제주 갯녹음이 관리되지 않는 연안 개발의 영향이라는 점을 부정하는 이는 없다.

제주에서 환경설이 더 큰 지지를 받는 데는 다른 이유도 있다. 일반적으

---

407 카이스트신문, 2015.9.7., "사라지는 바다숲, 그 원인을 쫓다"

408 제주뉴스, 2020.11.5., "각종 오염물질 바다로…죽어가는 제주 연안 생태계, 서귀포항-한림항 퇴적물서 중금속 초과"

409 핫핑크돌핀스, 2018년 5월 9일, 트위터 계정.

로 갯녹음의 원인은 복합적이지만, 지역에 따라 그 주요 원인이 있을 수는 있다. 한 발표에 따르면 동해는 성게, 남해는 퇴적물, 제주는 해양오염이 가장 큰 문제라고 한다. 동해안은 해조류를 먹어 치우는 성게의 상위 포식자가 없어, 성게 개체 수를 관리하지 못했다고 한다. 그에 반해 남해 서부 연안은 성게보다는 빠른 조류로 퇴적물 교란이 빈번하게 발생하는 게 원인으로 지적됐다. 해조류가 암반에 부착하기 어렵기 때문이다.

흥미로운 건 제주다. 제주는 다른 연안보다 성게의 바다 점령이 상대적으로 낮게 나타났다. 일부 전문가들은 여기에 제주 해녀가 상당히 기여했다고 보고 있다. 해녀는 주로 수심 3-10m 해역에서 활동하면서 전복, 성게, 소라 등을 채취한다. 그 효과로 성게의 바다 '점령' 규모가 줄었을 가능성이 있다. 따라서 제주의 갯녹음 현상은 성게보다는 해양오염과 기후변화에 그 원인이 있다는 설이다. 만약 이와 같은 시각이 타당하다면, 제주의 갯녹음은 제주 개발체제의 연안 개발과 직간접적으로 관련이 있다고 말할 수 있다. 그런데 2021년에 더 놀라운 소식이 전해졌다. 갯녹음 현상이 심각해져 연안 마을 어장이 황폐해지고, 제주 해녀들이 더 이상 소득을 올릴 수가 없는 환경이 만들어지고 있다는 소식이었다. 일부에서 제주 해녀가 소멸할 수도 있다고 우려한 이유다.[410]

2. 인공 바다숲 조성: 기술적 대응과 지속불가능성의 정치

한국 연안이 처한 갯녹음 현상의 심각성을 보도한 조홍섭 기자는 2015년에 이렇게 썼다. "갯녹음은 바다 생태계가 회복 능력을 잃고 퇴행하는 현상이다. 근본적인 해결을 위해서는 인류의 바다 이용 방식 자체가 바뀌어야 한다."[411]

---

410 뉴제주일보, 2021.7.29., "제주 갯녹음 실태와 해녀 소멸 위기 '조명'"
411 조홍섭, 2015.7.15., "'민둥 바다'…울릉도·독도 포함 동해안 62%에 갯녹음", 조

그의 말이 맞다. 이는 정부 관료도 인정하는 바다. 모든 것이 바뀌어야 한다. 하지만 바로 그 이유로 근본적인 해결 방식은 취해지지 않았다. 현실에 갇혔다. 눈앞에 닥친 "어민 피해"와 단기적인 수산자원 감소가 우선적인 과제가 되었다. 갯녹음을 단기적이나마 완화하는 방법으로 성게를 잡아내고 해조류를 심는 것이 있었다. 이른바 성게 구제(驅除) 사업과 '바다숲' 조성이다. 제주에서도 마찬가지였다. 그런데 성게를 잡아내는 일만으로는 부족했다. 결국은 해조류가 돌아와야 했기 때문이다. '바다숲' 조성은 바로 이를 위한 사업이다.

바다숲은 원래 연안역에 형성된 대형 해조류의 군락대를 일컫는 말이었다. 바다숲이 사막으로 변하자, 그 바다숲을 인공으로 조성하는 사업이 추진된다. 구체적인 과정은 단순한 편이다. 해조류를 이식한 인공어초 및 패널을 투입하거나, 해조류의 홀씨 번식을 유도하는 인공물을 설치한다. 인공어초는 수산생물이 자라는 환경을 조성하고자 바닷속에 설치하는 인공구조물을 일컫는다. 암반에 해조류가 안착하지 못하므로, 암반을 대체하는 인공구조물을 투입한다. 연안 생태계는 이제 인공적 개입 없이는 그 자체로 지속하기 힘든 상태이다.

한국에서 인공어초 설치의 역사는 꽤 길다. 인공어초는 어족 자원 보존과 어족 자원의 서식 환경 개선이라는 목표 아래 1971년부터 우리나라에 도입되었다고 한다. 제주도에서도 1972년부터 시작되었다. 그러나 4년간 시행되지 않았다. 1977년부터 재개되었지만, 1981년도까지는 시설량이 많지 않았다. 그러다 1997년부터 관심이 고조되어 여러 형태의 인공어초 개발이 이루어졌고, 시험 어초 시설이 만들어진다. 연안 개발이 본격화되고, 어업의 대규모 자본화가 시작되는 국면에 인공어초가 도입되었다는 점을 기억할 필요가 있다. 단지 그 비용을 부담할 의지가 없었다고 보아야 한다. 하지만 연안 통합 관리가 지속가능한 발전 패러다임을 통해 강화되면서, 인공어초로 연안 피해와 손상을 보완하려는 계획이 1990년대 말에 부활했다고 말할 수 있다.

홍섭 기자의 물바람숲.

2009년부터 한국수자원관리공단은 바다숲 조성사업을 시작했다. 제주도는 그보다 빠른 2004년부터 매년 15억 원가량을 투입해 바다숲을 만들어왔다. 한국수자원관리공단은 지난 10년간 제주 바다숲 사업에만 약 500억 원을 투입했다. 갯녹음 해역 등에 감태, 누운청, 넓읍게밭 등의 해조류를 식재(植栽)한 것이다. 하지만 인공 숲 조성에는 해조류 이식만 포함되는 건 아니다. 일단 조성된 바다숲이라도 조성 효과를 높이려면 해조 보식, 조식동물 구제, 시설물 보수나 보강 등이 추가로 필요하다. 종자들이 번식하도록 시설물을 관리하고 해양 환경을 통제할 수 있어야 하기 때문이다.

	한 예만 든다면 종자들이 암반에 착생하여 잘 성장할 수 있도록 해조류 이식 후에 인근의 자연 암반을 손으로 닦아 부착률을 높여야 한다(곽철우 외, 2014: 37). 이를 '갯닦기'라고 부른다. 손을 써야 한다는 건 잠수를 해야 한다는 의미다. 더욱이 인공 숲 조성 지역에 있는 성게 등 조식동물도 구제해야 한다. 반복적이고 주기적인 성게 구제 활동이 동반되지 않는다면 인공 숲 조성은 실패하기 쉽다. 인공 숲 조성은 손이 많이 가며 당연히 비용이 많이 든다.

	이와 같은 바다숲 조성은 연안 생태계 복원과 어업 생산성 향상이란 두 패러다임이 만나면서 이루어진 결과였다. 연안 생태계 복원은 동시에 연안 수산자원의 복원이기도 했다. 어민의 단기적인 피해를 막고, 장기적인 관점에서 연안 수산자원의 지속가능한 개발이 가능하려면 훼손된 해양 생태계를 복원해야 했다. 망가진 바다숲을 다시 조성하는 사업은 그 핵심 사업이었다. 이런 필요가 2015년 6월에 발효된 「수산자원관리법」에 반영됐다. 「수산자원관리법」은 바다숲 조성의 이유로 해양 생태계 복원과 수산자원의 관리, 황폐해진 영업생산력의 지속적인 발전과 어업인의 안정적인 소득을 이야기했다. 이 둘을 제도적으로 결합한 법인 셈이다(차주영·이희찬, 2017: 1861).

	해양수산부와 국가는 아예 2013년 5월 10일을 '바다식목일'로 정했다. 해양수산부 누리집에는 '바다식목일'을 다음과 같이 설명하고 있다.[412]

---

[412] 해양수산부, 2015.05.09., "바다식목일에 대해 알고 계시나요"

"바다식목일은 매년 5월 10일로, '바닷속에 해조류를 심는 날'을 뜻합니다. 바닷속 생태계의 중요성과 황폐화의 심각성을 국민에게 알리고 범국민적인 관심 속에서 바다숲이 조성될 수 있도록 하기 위하여 제정된 국가기념일입니다."

바다숲 조성사업은 정부만의 대응으로는 부족했다. 연안 공동체인 어촌계의 협력이 필요했다. 수자원관리공단은 ① 어업인들의 적극적인 참여 ② 바다숲 조성사업의 효율적인 추진이란 목적 아래 고산 어촌계와 성산읍 신산 어촌계에서 사업설명회를 하기도 했다. 바다숲 조성사업에서 어촌계의 역할이 중요하다고 본 것이다. 인공 숲을 조성하려면 그 조성에 적합한 곳이 어디인지를 알아야 할 뿐만 아니라, 조성한 이후에도 조성지의 환경 개선을 위해 지속적인 관리가 필요하다. 현지 지식을 보유하고 있으며, 어장을 오랫동안 이용해 온 어촌계의 협력은 이 관리에 필수 요소였다. 바다숲 조성은 그 자체로 다중심적 협업(polycentric collaboration) 사업 성격이 강했다.

어촌계도 바다숲 조성 자체에 반대하지는 않는다. 다만 마을 어장에 맞는 형태로 바다숲을 조성해야 한다고 요구했다. 마을 어장에 필요한 어초인지, 해녀 상황에 적합한 어초인지 등이 문제가 됐다.[413] 인공어초 관련 어촌계 회의록은 이런 논의를 기록하고 있다.[414] 해녀들이 고령화되면서 얕은 바다를 선호하는 경향이 있다. 그런데 인공어초는 보통 바닷속 30~40m 지점에 투입하기 때문에, 해녀가 작업할 수 없는 일이 많다고 한다.

국가가 '바다식목일'까지 국가기념일로 정하며 인공 바다숲 조성에 노력하고 있지만, 비판도 거세다. 핫핑크돌핀스는 "바다의 콘크리트화"를 부추기는 인공어초 투입 중단을 요구했다. 연안 난개발에는 침묵 한 채 인공어초 투

---

[413] KBS News, 2012.3.5., "제주 '바다숲 조성사업' 갈 길 멀다"
[414] 제주매일, 2004.11.24., "꼬리에 꼬리를 무는 의혹…인공어초사업"

입으로 바다를 살리겠다는 국가 대책을 비판했다.[415] 이외에도 예산 낭비라는 지적은 일반적이다. 인공어초의 갯녹음 치유 효과가 제한적이기 때문이다. 알려진 정보 중 하나는 이렇다. 2017년 바다숲 효과 분석에서 갯녹음(5503.4ha)이 치유된 면적은 1천712ha(31.1%) 수준에 그치는 것으로 보고됐다.[416]

또 다른 문제도 있다. 기존에 시설된 패류형 어초는 방치하고, 다시 인공어초를 시설하고 있다. 무엇보다 인공어초를 복원하거나 사후에 관리하는 대책 등이 매우 빈약하다.[417] 2003년 말부터 국립수산과학원 남해수산연구소가 제주 성산읍~표선면~남원읍~서귀포해역을 대상으로 인공어초 실태조사를 한 적이 있다. 그 중간 조사 결과를 보면 "마을 어장에 투하된 인공어초 4개 중 1개꼴로 모래에 완전 묻히거나 선박의 닻 또는 폐기물 등에 의해 파손된 채 기능을 상실"했다고 한다. 한 제주 언론은 "1971년부터 시작된 인공어초 사업이 30여 년이 지나면서 조류 등의 영향으로 일부 기능을 상실할 수 있다. 문제는 그 정도가 너무 심하다는 데 있다."라고 꼬집은 바 있다.[418]

이는 바다숲 조성사업 자체를 사실상 또 다른 개발 사업으로 대하면서 나타난 문제들이었다. 많은 이들이 주목하지 않았지만, 인공어초 제작은 그 자체로 바닷속에서 진행하는 또 다른 '건설공사'이기도 하다(유정곤, 2000: 62). 한 보도에 따르면 "다른 사업에 비해 고수익을 보장받는다는 점, 바닷속에 설치되는 탓에 공사 후 민원 발생 등 부차적인 부담을 덜 수 있다는 점" 등 때문에 인공어초 사업은 건설업자에게 '알짜배기 사업'으로 알려져 있다고 한다.

제주도에서는 인공어초 사업을 둘러싼 특혜 의혹이 제기되기도 했다. 2004년에 도의회 농수산위원회 행정사무 감사에서 제주도 수산 당국이 4년 동안 77억이 넘는 규모의 사업을 한 업체에 몰아준 것이 아니냐는 의혹이 불

---

415 제주환경일보, 2018.5.10., "땜질 처방 불과 바다숲 조성사업 혈세만 낭비"

416 뉴제주일보, 2019.5.9., "제주 바다의 사막화…'바다숲' 조성 안간힘"

417 제주환경일보, 2011.7.18., "인공어초, 사후관리 없이 계속 투하"

418 제주일보, 2005.4.1., "인공어초 사업이 '기가 막혀'"

거졌다.[419] 인공 숲을 조성할 때는 통상 어촌계나 선주협의회가 바다에 이식할 인공어초의 종류를 결정해 제주도정에 요청하는 절차를 따른다. 그런데 특정 인공어초에 특허권을 가진 업자들이 어촌계에 로비하여 자신들의 어초를 선정하도록 하는 경우가 있다는 의혹이었다.[420]

제주 갯녹음에서는 성게보다 기후 위기, 연안 오염 등이 더 큰 문제라는 지적이 많았지만, 그보다는 바다숲 조성이 선택되었다. 이는 정부 관계자들도 알고 있었다. 한 제주도 관계자는 언론과의 인터뷰를 통해 "바다숲으로만 갯녹음을 막는 것은 불가능하다. 온난화 방지 대책, 육상 오염물질 유입 차단, 해양쓰레기 감축 등의 노력에 모두가 동참해야 한다"라고 말하기도 했다. 하지만 이런 말은 언제나 바다숲 조성사업 관련 보도의 뒤에 붙었다.[421] 덧붙이는 말일 뿐 행동을 바꾸지는 못했다.

인공 숲 조성사업은 이런 점에서 제주개발체제가 현재 직면한 '역설'을 보여준다. 제주 연안 생태계가 직면한 위기를 해결하고자 하면서도 동시에 그 위기를 근본적으로 해결할 수 없는 대응책을 일관되게 추진하고 있기 때문이다. 잉골푸르 블뤼도른은 예리한 통찰력으로 선진 자본주의 사회가 생태학적 위기를 인식하고 있지만, 지속 불가능한 것을 지속하려는 "지속 불가능성의 정치"(politics of unsustainability)라는 "생태학적 역설"(ecological paradox) 상황에 빠져 있다고 분석한 바 있다(Blühdorn, 2011: 42). 인공 숲 조성사업은 제주개발체제 내에서 블뤼도른이 말하는 지속 불가능성의 정치가 작동한다는 사실을 보여준다. 제주개발체제는 현재 방식을 지속할 수 없다는 점을 알면서도, 기술적 방법으로만 지속불가능성에 대응한다. 결국, 지속불가능성은 유지된다. 탑동 운동에서 출발한 민주화 이후 민주주의의 제주 반개발동맹운동이 지속 불가능성의 정치에 대항하여 또 다른 단계를 열어낼 수 있을지는 알 수 없

---

419   제주매일, 2004.11.24., "인공어초 사업 특혜 의혹"
420   제주의소리, 2004.11.23., "연간 80억 인공어초사업 특정 업체 '특혜 의혹' 물씬"
421   뉴제주일보, 2019.5.9., "제주 바다의 사막화…'바다숲' 조성 안간힘"

다. 하지만 도전은 계속되고 있다.

3. 조간대: 재생과 복원 시각의 등장

2012년에 KBS 환경스페셜 제작팀은 2차 탑동 매립 이후 20여 년이 지난 탑동 앞바다의 모습을 확인하고자 직접 수중촬영에 나섰다. 조사 결과는 참혹했다. "수중탐사 카메라에 잡힌 탑동 바닷속은 이미 사막이 됐다. 탑동 방파제에서 100미터 정도 떨어진 바닷속은 이미 '갯녹음 백화현상'이 심각했다." KBS 제작팀은 이처럼 "바다의 풍요로움은 사라지고 생명체라곤 찾아보기 힘든 황폐해진 '바다의 사막'으로 뒤바뀌어 버린" 현상이 두 번에 걸친 탑동 연안 매립으로 발생했다며, 조사 내용을 담아 「제주 먹돌의 경고」라는 제목으로 2012년 11월 14일에 관련 내용을 방송했다.

방송은 바다의 사막화를 고발하면서 조간대의 중요성과 그 의미를 다시 돌아보았다. 탑동 연안은 제주시의 대표적인 조간대로, '먹돌'은 조간대를 보여주는 상징물로 다시 재현되었다. 탑동 연안을 조간대로 바라보는 시선은 탑동 운동 과정에서는 분명하게 나타나지 않던 시선이었다. 파괴되는 제주 자연을 향한 우려와 슬픔 그리고 분노가 나타나기는 하지만 일차적인 대응은 무엇보다도 집단과 집단의 갈등 곧 사회 갈등을 중심으로 이루어졌다. 탑동 연안의 자연 문제를 공론화하는 담론도 없었다. 이런 점에서 2010년 초반에 등장한 탑동 연안을 조간대로 바라보는 시선은 그 자체로 새로운 것이었다.

조간대란 "만조(滿潮) 때에는 바닷물에 잠기고 간조(干潮) 때에는 수면 밖으로 드러나는 공간"이다. 조간대의 이런 특성 덕분에 조간대에는 고유한 생태환경이 조성된다. 하루에 두 번이나 급격한 환경 변화가 일어나는 곳이어서, 그 변화만큼이나 역동적인 생태계가 펼쳐진다. 알려진 바에 따르면, 물이 빠진 조간대에서 해양 생물이 가장 풍부하게 존재하는 곳은 암반 지역이다. 한국에서는 "화산섬 제주도에 가장 넓고 다양한 형태로 분포"한다고 한다.[422] 육지 조간대는 대부분 모래와 갯벌로 이루어져 있지만, 제주의 경우 화산섬이라는 조건 덕분에 대부분 암반 조간대이다.

해양 생물이 풍부하게 존재할 뿐만 아니라 하루에 두 번 썰물 때에는 수면 밖으로 드러나기에, 조간대는 해양 생물뿐만 아니라 연안 공동체에도 중요한 장소였다. 조간대를 활용하여 다양한 경제활동을 할 수 있기 때문이다. 제주에서도 오래전부터 이를 활용해 온 삶의 방식이 있었다. "암반 조간대에 조수간만의 차이를 이용해서 고기를 잡는 '원담'과 바닷물을 채워 돌소금을 만드는 '소금빌레'"[423] 등은 잘 알려진 사례다. 근대화와 함께 이런 삶의 방식은 많이 쇠퇴했지만, 암반 조간대는 어촌계에 여전히 중요한 경제활동 영역이었다. 또한 과거만큼은 아니라고 하더라도 여전히 시민이 암반 조간대를 다양한 방식으로 활용했다. 매립은 이런 점에서 단지 암반 조간대를 콘크리트로 묻어버리는 행위만이 아니었다. 특정한 삶의 이용 방식 또한 묻어버린다.

조간대는 또한 인간에게 경제적 의미만 있는게 아니었다. 조간대에 펼쳐진 먹돌은 해안에 몰아치는 파도 에너지를 분산시켜 연안 지역을 월파, 태풍, 해일 등에서 보호하는 기능을 하기도 한다. 「먹돌의 경고」 방송에서도 이 점이 거론되었다. 먹돌이 있는 지역과 없는 지역을 비교해 보니 그 피해가 달랐다. 그래서 이 프로그램은 "작은 먹돌이 보여준 자연의 힘은 어쩌면 인간을 위한 자연의 마지막 배려일지도 모른다"라고 말한다.[424] 조간대의 매립으로 연안의 일이 바뀌었을 뿐만 아니라, 그 안에 내재한 불확실성은 인간에게 또 다른 위험을 낳았다.

---

[422] 경향신문, 2012.10.4., "풍경 아닌 삶의 상실, 위기의 제주 조간대…EBS '하나뿐인 지구'"

[423] 경향신문, 2012.10.4., "풍경 아닌 삶의 상실, 위기의 제주 조간대…EBS '하나뿐인 지구'"

[424] 연합뉴스, 2012.11.13., "KBS 환경스페셜 '제주 먹돌의 경고'"

4. 제주 조간대 복원 및 대안 담론의 부상 맥락

제주도 조간대를 다룬 학술 연구는 2010년대 이전에도 많았다. 하지만 조간대가 제주 시민사회의 대안 담론으로 어떻게 부상했는지를 정확하게 복원하기는 힘들다. 다만, 조간대가 제주 시민사회에서 탑동 연안을 바라보는 새로운 시선으로 등장한 것이 2010년을 전후해서라는 점은 여러 기록으로 확인할 수 있다. 맥락으로 추론해 본다면, 연안의 가치가 전 지구적으로 다시 중요하게 부상하는 1990년대, 그리고 이것이 국내에 확산하는 2000년대를 거치면서, 2010년 전후로 국내 환경운동 및 생태 시민 정치 담론과 조간대가 만났을 가능성이 있다. 만약 그렇다면 이는 제주도 비슷할 수 있다.

국내에서는 연안 관리의 중요성이 계속 부각하면서 과거에 매립된 연안 공유수면 매립지를 다시 복원하자는 논의들이 공유수면 관리의 대안으로 2010년대 초중반부터 정책전문가와 환경운동 집단 내에서 등장했다. 이때 독일의 매립 관련 정책이 국내에서 많이 언급되었다. 독일은 농경지 확보와 침수 피해 방지를 목적으로 중세 이래부터 계속 공유수면을 매립해 왔다고 한다. 그러나 경제적인 이유로 진행되는 매립은 1954년 노르트프리즈란트(Nordfriesland) 지역에서 프리드리히-빌헤름-륍케-코그(Friedrich-Wilhelm-Lübke-Koog)의 축조 이후 중단되었다.(윤성순·장정인·신철오, 2018: 136)[425]

그뿐만이 아니다. "재해예방 목적의 간척 역시도 환경과 생태 보전의 요구가 거세지면서 사회운동으로 전개되어, 1994년 주민선거와 WWF 등 환경운동가들에 의해 바덴해의 간척계획이 취소되거나 축소되어 중단되었다."(138) 바덴해는 북해 일부로 "밀물과 썰물의 간만 차가 3m를 넘어 세계 최대 규모의 갯벌 중 하나다. 갯벌 길이만도 무려 1만km에 이른다"라고 한다.[426] 그리고 연구보고서마다 시기가 다르기는 하지만 1980년대 후반 이후

---

425 '코그'(Koog)는 독일에서 간척지를 부르는 이름 중 하나라고 한다.

426 동아사이언스, 2006.6.1., "덴마크~獨~네덜란드 바덴海 갯벌"

에는 법으로 정해 모든 간척사업을 금지했다고 알려져 있다(충남발전연구원, 2013: 3).

전문가들은 독일이 단지 간척만 금지한 것이 아니라, "방조제 건설에 의한 자연재해 방지는 한계가 있음을 인식하고 점진적으로 방조제를 제거하여 자연 갯벌로 복원하는 방안이 기후변화에 적응하면서 재해를 최소화할 수 있음을 인식했다"라고 보았다(윤성순·장정인·신철오, 2018: 138). 곧 독일은 복원과 회복의 방향으로 정책 기조를 변경하고 방조제를 점진적으로 제거하여 갯벌을 복원하려고 노력했다. 이에 일부 전문가들은 독일 경험을 긍정적으로 독해하여 "활용이 저조하거나 연안 환경에 커다란 영향을 미치는 매립지에 대해 공유수면으로 되돌리는 복원사업을 추진"(윤성순·장정인·신철오, 2018: 153)하자고 제안했다.

국내에서는 공유수면 매립지의 복원이 "역간척"(逆干拓)이란 개념으로 알려졌다. 경향신문은 '역간척'에 관해 "간척사업으로 생긴 제방이나 육지화한 땅을 간척하기 이전의 상태로 돌려놓는 것을 가리킨다"라고 2014년 9월에 소개했다.[427] '역간척' 개념이 언제 정확하게 등장했는지를 알기는 어렵지만, 1990년대 중후반에 이미 사용된 용례가 있다. 등장 시점은 알기 어렵지만 이 개념이 한국 사회에 널리 퍼진 계기는 분명하다. 새만금 간척에 반대하는 강력한 사회운동 덕분이었다. 새만금 간척은 전라북도의 만경강과 동진강의 하구를 방조제로 막은 뒤 내부를 메우는 간척사업이었는데, 1991년 11월부터 공사를 시작해 약 18년 5개월 만인 2020년에야 끝났다. 반대운동이 본격적으로 등장한 때는 2000년 전후였다. 운동 과정에서 간척의 문제점과 갯벌의 가치가 널리 알려지고, 관련 사회적 학습도 이어지면서, '역간척'에 관한 관심도 함께 커졌다고 보인다.

비록 새만금은 아니었지만, 2008년에는 정부도 역간척 개념을 수용하여 갯벌 복원사업을 추진하려는 움직임을 보였다. 전남 장흥에서 간척사업으로 조

---

[427] 경향신문, 2014.9.30., "'역간척사업'을 아시나요"

성한 논을 다시 개펄로 돌리는 역간척 사업을 계획한다. "정부 차원에서 간척지를 개펄로 복원하는 사업을 추진하기는 이번이 처음"이었다고 한다.[428] 2008년부터 추진된 정부 차원의 갯벌 복원사업 혹은 역간척은 이후 현재까지 계속 추진되고 있다. 흥미로운 점은 이와 같은 갯벌 복원사업이 녹색성장을 내세운 이명박 정부의 출범과 함께 본격화되었다는 점이다.

제주에서 2010년을 전후로 특히 시민사회운동 진영을 중심으로 해안매립지의 복원이 필요하다는 논의가 등장한 배경에도 이와 같은 맥락이 있었을지 모른다.[429] 다만 일정한 지리적 번역이 일어났다. 갯벌이 아예 없지는 않았지만 제주에는 매우 귀하다. 대신 '조간대'라고 불리는 갯벌만큼이나 귀중한 또 다른 영역이 있었다. 다큐멘터리를 만드는 임형묵 감독은 이렇게 쓴 적도 있다. "갯벌이 세계자연유산으로 등재된 이유가 '생물다양성이 잘 보존되어 있고 멸종 위기 철새들의 기착지'라는 것을 다시 떠올려 보자. 난 그와 완벽히 일치하는, 어쩌면 그보다 더 생물다양성이 높고 다양한 철새가 찾는 곳을 잘 알고 있다. 바로 제주 해안이다."[430] 임형묵 감독이 제주 암반 조간대를 두고 한 말이다.

5. 제주 조간대 담론의 영향과 현재

제주에서 조간대 담론이 확산된 또 다른 이유가 있다. 바로 탑동 매립 이후 반복적으로 발생한 월파 및 태풍 피해였다. 특히 2009년 집중적으로 이 문제가 제주 사회에 알려졌다. 탑동 매립으로 인한 조간대의 상실이 탑동 재해의 근본 원인이라는 점이 알려지면서, 문제를 해결하는 대안으로 조간대 복원이 제

---

428 한겨레, 2008.2.13., "간척지가 다시 개펄로 살아난다"
429 한라일보, 2011.12.7., "산지천처럼 해안 매립도 복원 필요"
430 제주의소리, 2021.8.12., "국내 갯벌의 세계자연유산 등재를 보며 제주를 생각한다"

안됐다. 예를 들어『오름과 바당』2010년 2월호에는 "매립했던 조간대를 복원하는 것만이 최적의 기후변화 적응 방법이다"라는 짧은 글이 실렸다(김동주, 2010). 2012년 7월 19일에 제주환경운동연합은 탑동을 향한 모든 추가 매립 계획을 중단하라는 성명을 발표한다. 또한, 단지 중단하는 데서 멈추지 말고 장기적인 관점에서 조간대를 복원하는 방향의 계획을 세우라고 요구했다. 이 외에도 2010년대 전체에 걸쳐 시민사회가 주도하는 다양한 유형의 조간대 담론이 활발하게 전개된다.

2010년대 등장한 조간대 복원 담론의 또 다른 특징은 이 담론이 단지 매립지 복원이 아니라, 기후 위기 대응 차원에서 논의되었다는 점이다. 연안 지역에서 일어난 재난은 과거에 이루어진 매립의 결과이기는 했지만, 가속하는 기후 위기 때문에 더 중대하게 인식되었다. 해수면의 높이가 상승하고 점점 더 기후의 운동이 예측 불가능해지면서, 재난을 매개로 제주 연안의 안전과 기후 위기를 연결해 바라보는 관점이 등장했다. 이는 2차 탑동 매립 과정에서는 등장하지 않았던 새로운 문제의식이었다.

조간대의 가치가 다시 재발견되면서 제주도정 또한 그에 대응하는 조처를 했다. 조간대를 절대보전지역으로 2013년에 신규 지정한다. 절대보전지역으로 지정되면 학술 조사나 연구 목적 그리고 국가나 지방자치단체가 시행하는 개발 사업 외에는 개발 행위를 할 수 없다. 때늦은 시도였지만, 난개발에서 제주 연안을 보호하고 조간대를 지키려는 시도가 행정 관리 안에 공식 반영되었다는 점에서 의미가 있었다.

하지만 제주도정에서 이미 매립된 조간대를 다시 복원하는 계획은 수립된 적도, 그런 논의가 나온 적도 없다. 제주관광신문에 "이생기의 제주 바다 이야기"를 연재했던 이생기는 전직 도정 해양수산국장이었다. 그는 어떤 글에서 원희룡 도지사에게 훼손된 연안을 복원하는 것이 시대적 사명이며, 일부 조간대에서 해안도로를 철거하자는 건의를 한 적이 있다고 밝힌 바 있다.[431] 하

---

431 제주관광신문, 2019.10.6., "해양생태계의 기초공간 조간대...인간과 공존을 위해

지만 현재까지 제주도정은 구체적인 조간대 복원 계획을 수립하고 있지 않다. 그럼에도 이생기 전(前) 국장의 증언은 되새겨볼 필요가 있다. 관료 체계 안에서도 '재생'과 '복원'의 시각이 이미 2010년대 중후반에 하나의 대안으로 인정받고 있었다는 걸 보여주기 때문이다.

연안 복원 계획이 아예 없지는 않았다고 누구는 말할지도 모른다. 왜냐하면 2021년도 제주도 '해양공간 관리 계획'에는 훼손 생태계 복원 등의 내용이 들어가 있기 때문이다(제주도, 2021). 하지만 여기에서 말하는 복원은 매립된 조간대의 복원이 아니라, 갯녹음으로 황폐화한 조간대를 보호하려는 복원을 말한다. 당연히 대책도 다르다. 이른바 '갯녹음 해역 복원 사업'으로 불리는 이 사업은 조간대에서는 바위 및 암반 등에 부착된 석회조를 갯닦기로 제거하는 일이나, 돌 뒤집기와 잔석 투입 등의 방법으로 조간대를 이용하는 톳의 자연 번식을 유도하는 방법이었다. 그리고 조하대에는 해조류의 해적생물인 성게를 정기적으로 구제하고, 높은 파랑에도 견디는 우뭇가사리와 모자반류 등과 해조류의 씨줄을 생산해 인공어초에 이식시키는 해중림 조성 대책을 세웠다.[432]

제주 연안은 이런 사업이 필요할 정도로 심각한 상황이었다. 녹색연합이 2021년 9월부터 10월까지 제주도 본섬의 해안선을 따라 도내 모든 지역 97개 해안마을의 조간대 200곳을 직접 조사한 적이 있다. 결과는 충격적이었다. 198곳에서 갯녹음 현상이 확인된 것이다. 해조류가 사라지고 암반은 하얗게 뒤덮였다. 녹색연합은 "갯녹음 현상이 조간대 암반 지대로까지 퍼진 것은 갯녹음의 심각 단계 징후이다"라고 말했다. 일부 지역은 수심 5m 이내의 지역에 아무것도 살지 않는 "죽음의 바다"로 변했다는 이야기도 있었다.[433]

복원 필요"

[432] 헤드라인제주, 2012.3.30., "매년 늘어나는 갯녹음 피해...복원사업 확대"
[433] 한겨레, 2021.11.4., "제주도 모든 해안 '하얀 사막화' 갯녹음 현상 번졌다"

제22장

나가며:
탑동 문제의 역사적 변형과 탑동 운동 유산의 새로운 상속

"정치적인 것은 결국 인간의 조건에 대한
새로운 철학적 이해에 근거하여 다시 세워져야 할 것이다."
디페시 차크라바르티

1991년에 국가 수준에서 공유수면 매립계획이 등장한 이후 국가 연안 매립 관리가 점차 강화되면서, 매립은 더 이상 과거와 같은 방식으로 추진되지 않는다. 관련 제도는 공유수면 매립을 허용하는 조건을 체계화하여 더 이상 무분별한 매립을 허용하지 않겠다는 목표로 만들어졌다. 그런데도 개발 목적의 연안 매립이 최근까지도 다양한 이유로 계속되고 있다. 매립 타당성을 객관적으로 검토하는 체계적인 평가 체계를 도입하고는 있지만, 매립계획 그 자체가 지역이나 국가 차원에서 제기되는 매립 수요를 우선 파악한 이후 그 타당성을 평가하는 방식으로 설계되었기 때문이다(윤성순·장정인·신철오, 2018: 74). 물론 지속적인 개선은 이루어졌다. 개발 사업의 타당성 검토가 더욱 체계화되면서 매립 개발 수요가 매립계획에 반영되는 비율이 계속 줄어들었다(윤성순·장정인·신철오, 2018: 75).

　이런 경향은 제주에서도 확인할 수 있다. 제주도정은 2022년부터 제주도 공유수면 매립 계획을 독자적으로 수립할 수 있게 되었다. 제주도정은 관련 계획을 발표하면서, 어항 부지, 소규모 어항 지원시설, 도로 확장 등을 조성하고자 공유수면을 매립하기는 하지만 매립 규모를 최소한으로 확정했다고 발표했다. 제주도정은 이를 해양 생태계 보전(保全)과 발전의 균형을 이루려는 노력이라고 밝혔다.[434] 제주도정의 자체 설명에서 확인할 수 있듯이 최소한 공식 제도 수준에서 본다면, 현재 연안 관리는 개발 필요와 해양 생태계 보전이라는 양대 목표의 타협을 지향하고 있다. 이른바 "지속가능한 개발"의 양식이다.

지역 경제 발전 프로젝트 자체에 한계를 부여하지 않았던 과거와 비교한다면, 이와 같은 지속가능-세방화 개발체제의 연안 관리는 분명 일정한 진전이라고 말할 수 있을지 모른다. 또한, 그래야만 한다. 비록 부족하다고 하더라도, 현재 체제에는 다양한 비판과 항의, 도전을 통해 도달한 역사적 성과가 반영되어 있기 때문이다. 하지만 이런 지속가능-세방화 개발체제가 ① 막대한 규모의 매립이 이미 이루어진 역사-물리적 조건 위에서 ② 추가적인 매립을 관리하지만 ③ 매립을 포기하지 않는 체제라는 점을 기억해야 한다. 한국이나 제주는 아직 매립 중단을 선언하지 않았다. 또한, 과거의 매립도 다시 재자연화하지 않고 있다.

독일과 같은 국가에서 개발보다 연안 생태계의 회복과 보전이 중요하다며 매립을 중단한 사례가 있다는 점과 비교한다면, 제주 지속가능-세방화 개발체제는 여전히 연안 공유수면을 잠재적 '개척지'로 남겨두는 개발 전략을 계승하고 있다고 말할 수 있다. 연안 개발의 방식은 달라졌지만, 일제의 식민 통치 기간부터 지속되어 온 매립 우위의 공유수면 관리 역사가 계속 유지되고 있다. 그 핵심적인 이유는 공유수면의 관리 책임을 지는 국가 그 자체가 바로 연안 개발 프로젝트의 중심 계획자였기 때문이다. 민주화와 주민 및 시민사회의 도전, 생태운동의 부상, 국제 표준의 변화와 제도 변환 압력, 연안 생태계의

---

[434] 해사신문, 2022.5.9., "2032년까지 제주연안 $6498m^2$ 공유수면 매립 추진"

재발견 등 다양한 요인으로 국가에 한계가 부과되기는 했지만, 연안 공유수면은 언제나 개발에 이용 가능한 잠재적 개척지로 남아 있다. 이에 따라 개발 프로젝트의 모습이 바뀔 때마다 공유수면은 또 다른 방식으로 매립될 위험에 노출된다. 1970년대부터 지금까지 이어지는 제주 탑동 매립의 역사는 이와 같은 국가의 역사가 아직 반복되고 있다는 점을 보여주는 대표적인 사례이다.

제2차 탑동 매립에 반발하여 일어난 탑동 운동은 매립 우위의 공유수면 관리 역사를 지닌 국가의 역사와 떨어뜨려 놓고 이해할 수 없다. 한국에서 공유수면은 모든 시민에게 그 이용을 보장하기 위해 도입된 제도가 아니라, 국가가 추진하는 개발 프로젝트를 뒷받침하는 제도로 수용되고 그렇게 발전되었다. 그에 따라 국가의 주된 역할은 시민의 이용을 보장하는 권리를 발전시키고 이를 뒷받침하는 하는게 아니라, 정반대로 매립 개발을 쉽게 하고자 연안공동체와 시민의 권리를 연안 공유수면과 분리하는 데 있었다.

탑동 운동이 이와 같은 국가 역사 안에서 이루어졌기에, 연안공동체와 제주 시민사회의 운동은 ① 기본적으로 국가가 강제적으로 분리한 연안에 대한 권리를 ② 다시 연안공동체와 지역 시민사회로 환원하는 구조로 전개되었다. 관습적으로 인정받을 뿐만 아니라 법적으로도 그 이용이 보장된 연안 공동자원체제(coastal commons)를 둘러싼 인식은 이때 중요한 역할을 했다. 연안 공동자원체제는 법적으로 보장된 권리 주창의 근거가 되기도 했고, 때로는 모두의 상식에 기초하여 권리의 범위를 확장하거나 새로운 권리를 모색하는 데 중요한 물질적이자 상징적인 근거가 되었다. 이런 점에서 탑동 운동에는 '공동자원화 사회운동'(commons movements)의 구조와 속성(장훈교, 2023)이 중첩되어 있다.

1. 제주개발체제와 탑동 운동의 상호작용, 그리고 한계

탑동 운동은 제주개발체제 내부에 형식적으로 존재하던 권리의 인정을 요구하거나, 혹은 등장하는 대안 요소를 활용하여 권리를 확장하는 투쟁을 전개했다. 이전에 없던 "주민주체 개발결정권"에 관한 투쟁 또한 기존 체제 내부에 존재하는 자원과 분리되었다기 보다는, 그 자원의 배치와 위계를 다른 방향으로 조직하려는 투쟁이었다. 이런 점에서 탑동 운동은 기본적으로 제주개발체제의 제한된 헤게모니(limited hegemony)를 확장하는 투쟁이었다. 그리고 민주화 이후 분출되는 아래의 능동성을 통합해야 할 과제에 직면했던 제주개발체제는 이를 계기로 체제의 재구성 과정에 진입한다. 다시 말한다면 탑동 운동은 바로 제주개발체제의 헤게모니적 재구성 국면에서 일어난 운동이었다.

제주개발체제의 개방 정도는 낮았으나, 탑동 갈등의 '사회화'가 강화되고 대규모 동원이 진행되면서, 개발체제는 운동과 타협해야만 하는 국면에 직면했다. 운동 또한 제주개발체제의 저항과 직면하여 운동의 요구를 완전하게 충족할 수 없었으나, 타협으로 일부 요구는 인정받았다. 제주개발체제는 기존 질서를 유지하는 범위 내에서 탑동 운동이 제기하는 일부 요소들을 그 안에 자신의 방식으로 통합하여, 헤게모니를 확장하는 방향에서 민주화 이후 민주주의 국면에 적응했다. 비록 도식적이지만, 탑동 운동과 제주개발체제의 상호작용을 표로 정리하면 다음 쪽에 있는 표와 같다.

제한된 헤게모니(limited hegemony)에서 보다 확장된 헤게모니(expanded hegemony)로 이행이 탑동 운동을 계기로 일어나기는 했지만, 현재 3차 매립 국면에서 돌아본다면 당시 진행된 제주개발체제의 헤게모니적 재구성은 그 자체로 분명한 한계를 보여준다. 이 재구성은 '이중운동'이었기 때문이다. 제주개발체제는 권위주의적 개발체제의 구조를 변형하면서 ① 아래로부터의 능동성 ② 지속가능한 개발 패러다임에 기반을 둔 경제와 환경 그리고 사회의 융합 지점을 고려하기 시작했지만, 자연이 부여하는 '한계'를 고려하지 않았다. 자연을 '고려'한다고 주장은 했지만, 이는 '한계'가 아니라, '수용력'(收容力)이라는 매개 개념 아래 통합되었다. '수용력'은 고정된 경계를 갖는 개념이 아니다. 기술적으로 재구성할 수 있기 때문이다. 그래서 환경수용력의 관점에서 보면, 자연의 수용 규모는 원칙상 열려 있다. 이런 점에서 제주개발체제는 자

탑동 운동과 제주개발체제의 상호작용

탑동 운동의 도전		제주개발체제의 대응	
도전 범주	핵심 요구	통합	배제
권리의 인정	피해 보상	· 무시되고 있던 연안공동체의 권리 인정 · [피해-보상]을 통한 개발체제의 동의와 참여 · 공동이용자원의 거래할 수 있는 대상으로 전환	· 계산될 수 없는 대상들과의 관계 · 권리 없는 자들의 개입
권리의 확장	개발이익 환수	· 또 다른 개발을 통한 개발이익의 환원 · 도시 확장과 개발체제의 융합 · 시민사회와 타협	· 레스 코뮤네스의 유지와 그 대안 운영의 권리 · 거래할 수 없는 대상의 사회적 상속 유지
권리의 창안	주민주체 개발결정권	· 주민주체 원리의 개발체제 내부로의 통합과 개발이익의 사후적 재분배 · 도지사의 권한 강화를 기본으로 하는 지방정부 주도성 · 중소규모 자본의 도민 개발체제를 하위체계로 통합	· 주민과 장소가 결합하는 대안 발전의 경로 · 주민과 도민의 상호조정 · 자연이 부여하는 한계

연의 '한계'를 반영하지 않았다.

그 결과 자연의 한계를 동원하여 개발을 제한하고, 그 한계 안에서 살아가는 새로운 삶의 방식을 창안하려는 모든 유형의 도전은 제주개발체제 밖으로 배제되었다. 탑동 매립 이후에도 지속된 연안 공유수면 매립은 바로 이를 보여주는 증거였다. 그러나 이 배제된 자연과의 관계는 이제 개발체제 그 자체를 위협하는 새로운 조정을 요구하는 힘으로, 더 이상 회피할 수 없는 힘으로 돌아왔다. 자연은 이제 개발체제의 안정적 토대가 아니다. 그런 토대는 이제 없다. 반복되면서, 더 큰 규모로 돌아오는 기후-생태 재난은 그 한 양상일 뿐이다. 정신분석학의 용어를 빌려 표현한다면, 억압된 것의 귀환이다. 지속가능-세방화 개발체제는 역설적으로 자체의 지속가능성 위기에 직면했다. 3

차 탑동 공유수면 매립은 바로 이 국면에서 진행됐다.

2. '탑동 문제'와 역사적 변형

역사적 탑동 운동은 공동자원체제에 대한 권리의 인정에서 출발하여 권리의 범위를 확장하며, 동시에 그 실체적 보장을 위해 전개된 운동이라는 점에서, 2차 탑동 매립에 대응하여 운동이 제기한 "탑동 문제"는 무엇보다도 권리의 인정, 회복, 창안이라는 사회적 타협의 조직 문제였다. 그런데 2차 탑동 매립 이후 약 30년이 지나 다시 등장한 제3차 탑동 매립의 경우는 이전의 '탑동 문제'와는 다른 문제 지평에서 갈등이 조직되고 있다. 탑동 문제는 여전히 인근 지역주민 등과 같은 집단의 권리 조정 문제를 포함하고 있기는 하지만, 그보다는 자연과의 관계 안에서 압도적으로 이해되고 있다. 이는 탑동 문제를 이해하고 규정하는 지평이 탑동 운동 당시와 근본적으로 달라졌다는 점에서 분명하게 드러난다.

제2차 탑동 매립 당시 제주 사회가 제시한 해결책은 어업이나 영업으로 생활을 유지하는 연안공동체의 권리와 연안 공유수면에 접근해 온 시민의 관습적 권리를 인정하는 것이었다. 하지만 제3차 탑동 매립에서는 조간대의 역사적 발견과 그 담론의 부상을 매개로 연안 그 자체의 자연 복원이 대안으로 제시되었다. 물론 과거 탑동 운동에서도 연안의 생태 문제는 제기된 바 있다. 삼도동 잠수회가 연안 매립의 조건으로 환경영향평가 실시와 해양 생태계 변화에 대한 충분한 조사를 요구했던 건 이를 잘 보여준다. 하지만 이는 사회적 차원에서 갈등을 해결하고자 제시된 요구였다. 따라서 그 해결 또한 비록 과정이나 결과가 정의롭지 못하다고 하더라도 사회적 타협으로 할 수 있다. 그러나 제3차 탑동 매립과 마주한 제주 시민사회는 우리가 타협해야 할 대상이 자연 그 자체와 맺는 관계라고 주창하며, 지역 정부에 새로운 매립계획 철회뿐만 아니라 매립되었던 연안을 다시 복구하라고 요구하고 있다. 이런 해결책은 역사적 탑동 운동 과정에서는 제기된 바 없는 문제 지평이었다.

개발체제가 역사적으로 형성되고 발전하는 과정에서 전제되었던 상대적으로 견고하고 안정화된 자연이 더 이상 존재하지 않는다는 점에서, 개발체제는 그 재생산의 위기 혹은 안토니오 그람시가 말하는 유기적 위기(organic crisis)에 직면했다. 현재 위기가 '유기적' 위기인 이유는 현재 위기가 샹탈 무페(Chantal Mouffe)의 언급처럼, "성장은 더 이상 보호의 원천으로 고려되지 않으며 사회적 재생산의 물적 조건에 대한 위험 요소가 되었"(무페, 2022: 101)기 때문이다. 곧 개발체제의 역사적 성공을 가져온 바로 그 동력이 더 이상 신뢰 받지 못할 뿐만 아니라, 이 위기의 원인이라는 역설이 드러나고 있다. 하지만 이 위기가 '유기적' 위기라고 할 때, 과거의 유기적 위기와는 그 결이 다르다는 점에 주목해야 한다. 일반적으로 '유기적 위기'는 전체사회의 구조적 수준에서 발생하는 위기를 가리킨다. 하지만 지금은 바로 이러한 '유기적 위기'가 단지 사회 수준이 아니라 자연 수준과 동시에 연동되어 있다.

시노하라 마사타케의 표현을 빌린다면, "현재 우리가 경험하는 세계의 불안정화는 한정적인 공동체 내부의 논의를 벗어나는 지점에서 일어나는 현실적 사건이다."(시노하라 마사타케, 2023: 75) 그 현실적 사건은 '사회' 내부가 아니라 '사회'의 외부 혹은 '사회'를 둘러싼 '행성' 수준과 연결되어 있다. 어쩌면 우리는 이런 점에서 현재 제주개발체제의 유기적 위기를 일반적인 '유기적 위기'와 구분하여, 역사적 유기성의 존재 조건 그 자체의 위기라는 점에서 '유기적 조건의 근본 위기'라고 부를 수 있을지도 모른다.[435] 따라서 제2차 탑동 공유수면 매립이 제주개발체제의 국면적 위기에 나타난 사건이었다면, 현재 제

---

435 이는 이 개념을 제안했던 안토니오 그람시가 상상하지 못했던 위기의 유형이다. 곧 우리는 "헤게모니 이후의 헤게모니"라는 문제와 직면하고 있다. '유기적 조건의 근본 위기'에서는 더 이상 과거와 같은 방식의 헤게모니로는 전체 사회를 유지할 수 없다. 하지만 헤게모니가 근대 사회의 기본 구성원리라는 점에서, 이는 헤게모니의 차원에서 응답해야만 한다.

3차 탑동 공유수면 매립은 국면적 위기를 넘어, 행성적 수준에서 제기되는 제주개발체제의 '유기적 조건의 근본 위기' 국면에 나타난 사건이라고 할 수 있다. 탑동 문제가 과거와 달리 우리가 현재까지 자연을 조직하는 방법에 내재한 근본적 문제를 질문하는 내용을 포함하는 이유이다.

미첼 세르(Michel Serres)가 제안한 '자연 계약'(Natural Contract)이라는 개념은 이 새로운 문제 지평의 성격을 이해하는 데 도움이 될 수 있다. 세르는 인간의 자연 지배가 기존 '사회계약'(social contract)의 한계에서 나왔다고 비판하면서, 이제 인간이 자연과 새로운 계약을 맺어야 하는 단계에 진입했다고 주장했다. 자연을 지배나 소유의 대상으로 바라보지 않고 공생의 조건으로 인식하면서, 자연을 향한 인간의 새로운 책임을 확인하는 상호성을 반영해 '자연계약'을 맺자는 제안이다(Serres, 1992: 11). 미첼 세르의 이런 문제의식을 수용한다면, 3차 탑동 매립을 비판하면서 다시 등장한 탑동 문제는 이제 사회계약을 넘어 자연 계약의 지평에서 재구성되고 있다고 볼 수 있다. 따라서 이제 탑동 문제는 기존 사회계약 접근 방식으로는 해결되거나 종결될 수 없다. 자연과의 계약 문제이기 때문이다.

3. 자연계약이라는 새로운 지평과 타동적 자연의 재설계

자연계약을 자연과 인간 사이의 관계를 조정하는 새로운 규칙이라고 볼 때, 자연과 인간에 대한 이해는 그 필수 조건이다. 우리 인간의 통제를 넘어서는 자연의 일과 마주치며 역사적으로 새롭게 형성되는 탑동 문제는 탑동 연안을 전통적인 '자연'과 '인간'의 접경 지역으로 이해할 수 없도록 한다. 이와 같은 전통적 이해에서 인간은 자연을 이용하면서 자연을 인간의 '외부'로 배제한다. 자연은 이때 상대적으로 안정적인 자원체계이자 관련 법칙이 작동하는 영역으로 이해된다. 하지만 이런 이해는 이제 도전받고 있다. 자연의 운동이 인간의 실천 탓에 변형되면서, 접경 지역으로서 연안의 안정성을 뒷받침해 주던

'자연'은 더 이상 존재하지 않는다. 인간이 분리하고자 노력하였던 자연의 일이 되돌아왔다.

자연은 인간 이전부터 존재하고 작동해 왔다는 점에서 인간과 무관하게 작동하는 차원을 지닌다. 이를 '자동적 자연'이라고 말할 수 있을지 모른다. 브라이언 그린(Brian Greene)은 『엔드 오브 타임』에서 양자역학을 설명하면서 다음과 같이 말한 적이 있다. "생각하는 존재가 모두 사라진 후에도 물리 법칙은 자신이 해 왔던 일을 계속할 것이다."(그린, 2021: 399). 자동적 자연은 바로 그 물리 법칙의 일의 영역이다. 하지만 자연을 물리학의 법칙 영역으로만 한정할 필요는 없다. 여기에는 인간과 무관하게 그 자체로 작동하는 화학 법칙이나 생물학의 법칙 영역도 포함된다.

공유수면 매립은 이와 같은 자동적 자연과 마주하여 연안을 인간의 환경으로 만들고자 인공화하는 사업이었다. 이런 인공화는 자동적 자연에서 인간을 분리하고자, 자연에 개입하여 자연을 통제하고 변형하는 여러 사업을 수반한다. 이 과정에서 자동적 자연과는 구분되는 또 다른 자연의 층위 곧 '타동적 자연'이 창출된다. 이 타동적 자연은 인간과 자연의 중첩 영역으로 인간의 실천을 통해 창출되어 인간의 환경으로 통제되는 인공화된 자연이다.[436]

탑동 연안의 인공화 혹은 타동적 자연의 창출 과정에서 인공 환경 너머로 배제되었던 또 다른 자연 곧 자동적 자연은 인공화가 특정한 단계를 넘어

---

436 나는 자연을 ① 자동적 자연 ② 타동적 자연이라는 두 층위로 구분하였다. 자연의 이런 층위 구분은 비판적 실재론이 제기한 대상 구분법을 적용한 것이다. 유사한 구분이 있다. 낸시 프레이저는 자연을 세 층위 ① 생물리적 과정으로 전개되는 자연I ② 자본주의의 구성적 타자로 존재하는 자연II ③ 인간과 비인간 요소의 상호작용을 통해 전개되는 자연III으로 구분한 바 있다(프레이저, 2023: 176-179). 프레이저와 비교한다면 자동적 자연은 자연I, 타동적 자연은 자연II와 자연III을 포함한다고 말할 수 있다. 이런 구분을 도입한 이유는 자연과 사회의 융합 과정이 일어난다고 하더라도, 이 두 차원을 분석적으로 구분하는 것이 타당하다고 보기 때문이다. 그 융합을 이해하기 위해서라도 우리는 분석적 구분을 더 발전시켜야 한다.

서면서 인공 환경의 토대를 위협하거나 때론 붕괴시키는 힘과 일로 돌아왔다. 많은 이들이 말하듯이 우리는 인공화되지 않았던 혹은 인공화할 수 없던 인간과 분리된 자연의 세계가 존재한다는 점을 다시 확인하고 있다. 이와 같은 인간과 분리된 자연 세계와 마주치면서 탑동 문제는 이제 기존 연안 이해를 넘어 인간과 자연 세계의 새로운 접점을 형성하는 영역 재구성의 문제를 제기한다.

조간대의 '복원' 혹은 '회복'이 바로 그것이다. 이 담론에서 우리가 관심을 가져야 하는 지점은 '복원'과 '회복'이라는 실천이 우리에게 열린 가능성이라는 점이다. 조간대는 연안 매립으로 이미 사라져 버린 영역 혹은 자연이지만, 조간대 복원 프로젝트는 바로 그 소멸한 자연을 다시 인간의 실천으로 복원하는 '재자연화' 혹은 '재야생화'(rewilding)[437]가 가능하다고 판단한다. 그래서 우리는 하나의 역설에 직면한다. 자연 복원이 인간의 인위적인 개입을 통해서만 달성할 수 있는 과제라는 걸 조간대 복원 프로젝트가 보여주기 때문이다. 바꾸어서 말한다면, 자동적 자연과 마주침에 대응하기 위해, 우리는 스스로 타동적 자연을 다시 재창출해야 한다.

흥미로운 점은 이러한 구조가 현대 정보통신 환경의 구축에서도 나타난

---

[437] 책을 마무리하는 단계에서 최근 북미와 유럽에서 '재야생화' 논의가 매우 활발하게 전개되고 있다는 점을 알게 되었다. 관련 내용을 소개한 최명애(2021)의 논문을 추천한다. 이 논문에 '재자연화'와 '재야생화'의 차이를 언급한 부분이 있다. 두 개념 사이의 차이를 생각해 볼 수 있는 언급이어서 조금 길지만 소개한다. 이 논의는 4대강 재자연화 논의를 돌아보면서 진행된다. "초기 단계에서 인간 개입이 이뤄지지만, 실제 복원을 진행하는 원동력은 자연의 자생력이라는 점에서는 재야생화와 재자연화가 상통한다. 그러나, 재야생화의 자연이 과거를 참조점으로 삼되, 전개되는 미래의 모습에 열린 입장이라면, 재자연화에서는 '자연'으로 되돌린다는 표현에 드러나듯 복원을 통해 만들어질 4대강 자연의 모습에 대해 규범적인 합의가 있는 듯하다. 가까이는 4대강 살리기 사업 이전의 강, 멀리는 모래톱이 살아 있고 다양한 동식물이 서식하는 산업화 이전의 목가적 강이 바로 재자연화를 통해 성취하고자 하는 자연의 모습일 것이다."(최명애, 2021: 245) 여기서 핵심은 재자연화든 재야생화든 돌아가야 하는 복원 시점이 필요하다는 점이다. 그러나 그 복원 시점이 도달해야 할 목표인지, 아니면 출발점인지가 중요하다는 지적이다.

다는 점이다. 그 대상이 무엇이든 이제 "자연적이고자 하면 할수록 그것을 가능케 하는 더 철저한 계획과 관리가 필수적으로 요구될 수밖에 없다."(박승일, 2021: 382) 하지만 다시 자연을 복원하는 그 계획과 관리는 기존 방식과는 근본적으로 다른 어떤 요소를 포함하고 있어야만 한다. 인간의 개입으로 촉발되는 결과를 우리는 완전히 통제할 수 없을 뿐만 아니라, 이 과정에 개입하는 자연의 일과 상호작용을 전제해야만 하기 때문이다. 국내에 최근 유럽과 북미에서 전개된 '재야생화' 논의를 소개한 최명애의 지적처럼, 이 계획과 관리는 "인간의 자연에 대한 통제와 관리를 통해 작동하는 근대적 자연 보전과 차별화"(최명애, 2021: 213)되어야 한다. 만약 그렇다면, 그 핵심은 "비인간 동식물의 활력과 에너지를 자연과 관련된 실천에 적극적으로 참여시키고, 그 결과 만들어지는 미래 자연의 모습에 대해 열린 태도로 접근"(최명애, 2021: 213)하는데 있다.

현대 탑동 문제는 이런 점에서 ① 타동적 자연을 창출하고자 자동적 자연에서 인간을 분리했던 문제에서 ② 자동적 자연에서 인간을 보호하는 동시에 자동적 자연과 인간의 새로운 접점 형성하는 데 필요한 새로운 타동적 자연의 창출 문제로 변형되었다고 말할 수 있다. 이런 탑동 문제의 구조 변형에서 우리는 인간에게 자연을 분리하고 변형하는 힘뿐만 아니라 인공화된 세계를 다시 자연화하는 힘이 있다는 전제를 확인할 수 있다. 이는 탑동 문제에 그 어떤 역사적 시대에도 부여되지 않았던 새로운 윤리적 명령이 결합해 있다는 걸 시사한다. 이미 오래전에 알랭 리피에츠는 이렇게 말한 바 있다. "인류는 지구상에서 가장 강력한 힘을 가진 존재로, 이제 자연에 대해 책임지지 않을 수 없게 되었다."(리피에츠, 2002: 26-27) 하지만 인간은 자연과 그 자체로 만나 타협할 수 없다. 자연과의 계약은 자연과 인간 사이에서 이 둘을 매개하는 영역인 타동적 자연을 통해서 이루어진다. 그리고 이 타동적 자연은 인간의 인위적 개입 산물이기에, 또 다른 유형의 계획과 관리를 요구한다.

4. 인프라적 접근과의 결합

인프라(infrastructure)에 관한 현대적 이해는 탑동 문제가 제기하는 타동적 자연을 통한 인간과 자연 관계의 새로운 조정이라는 질문을 현실 경험 속에서 구체화하는 데 도움을 줄 수 있다. 브래든 알렌비와 미하일 체스터(2018)는 자연이 과거와 달리 인간의 고도적 통제 아래 인간의 환경으로 변형됐다는 점에서 자연 그 자체가 인프라가 되고 있다고 분석한 적이 있다. 인간은 인간으로 환원될 수 없는 자연의 영역과 마주하면서 자신의 생활 영역을 형성하고 유지하고자 자연의 일부를 변형한다. 그 인공화된 세계로서의 자연은 ① 인간의 인공 환경으로, ② 인간의 실천을 조직하는 데 필수적인 기반이 된다는 점에서 인프라로 볼 수 있다는 주장이다. 이런 관점에서 본다면 연안 매립은 자연이 인프라로 변형되는 역사를 가장 노골적인 방식으로 보여주는 예라고 말할 수 있다.

과거의 탑동 문제도 인프라와 관련있었다. 임해관광단지 조성과 해안도로 건설이라는 관광개발과 도시개발 인프라라는 두 차원과 연관되어 있었기 때문이다. 하지만 그 갈등은 대부분 사회 차원이었다. 곧 인프라는 인간의 활동을 촉진하고 뒷받침하고자 만든 인공 인프라였고, 갈등은 그 인프라에 따른 사회적 고통 및 피해와 얽혀 있다. 하지만 현대 탑동 문제는 다른 유형의 인프라 패러다임 곧 인프라와 자연이 더 이상 분리되지 않는다는 패러다임 안에서 이해될 수 있다(Chester, Markolf and Allenby, 2019: 1). 자연 그 자체가 우리의 환경이 되고 인간의 실천을 뒷받침하는 인프라로 변형됐고, 그 인프라를 매개로 자연과 사회가 다시 분리되는 현상이 나타난다. 이런 관점에서 보면 연안 매립은 그 자체로 인프라인 동시에 자동적 자연과 사회를 매개하는 타동적 자연이다.

그래서 현대 탑동 문제는 자연을 특정한 방법으로 조직해 온 인프라와 마주하여, 인프라의 차원에서 해법을 제시한다. 다시 복원하려는 조간대는 그 자체로 자연이기도 하지만, 자연의 "복원"이라는 점에서 인간의 인위적 계획과 관리로 산출되는 인프라이기도 하다. 인간의 개입으로 "자연의 자생력을 이용해 인간의 개입이 필요 없는 역동적인 생태계를 구축하는 것을 목적으로 하는"(최명애, 2021: 217) '재야생화' 차원의 인프라인 것이다. 탑동 문제는 이런 점에서 현재 우리가 기초하는 인프라를 다른 유형의 인프라로 치환하려는 인프라 전환의 문제이다.

탑동 문제를 인프라의 관점에서 접근하면 반복적으로 탑동에서 매립이 발생하는 이유를 다른 각도에서 볼 수 있다. 탑동 연안이 근대 인프라로 변형되는 역사는 방파제 건설부터 시작해 현재 진행 중인 제주 신항만 건설까지 오랜 역사를 지니고 있다. 이 과정에서 탑동 연안 그 자체가 인프라로 변형되었다. 이런 자연의 인프라화는 예측할 수 없는 자연의 일을 배제하면서, 구조화된 장애나 고장 혹은 유실, 재난 등에 반복적으로 노출된다. 특히, 매립으로 형성된 자연 인프라는 그 매립 과정에서 변형된 자연의 일과 마주할 수밖에 없어, 지속적인 수리와 개선 혹은 근본적 재구조화가 필요하다. 인프라 건설 과정에서 배제된 자연의 일은 인프라의 틈새와 약점을 찾아서 그 인프라를 전복하려는 다양한 시도로 되돌아오기 때문이다. 인프라의 장애, 붕괴 혹은 틈새와 약점이 나타날 때, 인프라가 대응할 방법은 기존 인프라 그 자체를 더 큰 인프라로 확대 재생산하는 선택뿐이다. 탑동에서 매립이 반복되는 인프라적 원인이다. 인프라로 연안을 이해하지 못한다면 반복적으로 탑동과 인프라의 개선과 확장이 연결되는 이유를 이해하기 힘들다. 그리고 조간대라는 대안에 녹아 있는 인프라적 차원을 이해하기도 힘들다.

탑동 문제가 자연 협약을 반영하는 새로운 인프라를 향한 문제로 역사적으로 변형되고 있다는 이 책의 분석이 만약 타당하다면, 우리는 여기에서 과거 탑동 운동 분석에서는 제기되지 않은 또 다른 운동 정치의 차원이 오늘날 발생하고 있다고 말할 수 있을지도 모른다. 탑동 매립에 대항하여 일어난 탑동 운동과는 다르게 현재 진행되는 3차 매립은 그에 준하는 대규모 반발과 저항을 동반하지는 않고 있다. 따라서 비록 담론 차원에서만 나타나고 있을 뿐이라는 한계가 있지만, 그 다른 분석 차원을 나는 '인프라 전환'의 정치(politics of infrastructural transition)라고 규정한다. 곧 자연을 조직하는 다른 인프라의 가능성을 탐색하는 일이다. 탑동 문제는 아직 분명하게 인식되고 있지는 않지만, 한국 사회운동과 비판사회연구 진영에 인프라 전환의 정치라는 새로운 질문을 제기하고 있다.

  인프라는 전체사회에서 차지하는 그 중요성에 비하여 현대 사회운동의 중심 의제로 부상하지 못했었다. 하지만 현실 사회운동의 경험은 인프라와 분리되어 이해할 수 없다. 인프라의 근본적 변화를 추진해 온 다양한 역사적 경험이 존재할 뿐만 아니라, 기후위기의 가속화와 함께 '정의로운 전환'이나 '기후정의' 운동 등은 단일 인프라가 아니라 사회의 인프라체계 전체를 전환해야 한다고 요구하고 있다. 다만 이 모든 운동을 '인프라'의 차원에서 통합적으로 인식한 적이 없을 뿐이다. 인프라는 현대 자연과 사회의 관계뿐만 아니라, 사회의 변동과 미래를 둘러싼 정치적 실천의 경합이 치열하게 전개되는 영역이다. 사회운동의 인프라 정치는 점점 더 중요해지고 있다. 우리는 인프라 전환의 정치라는 관점에서 기존 사회운동의 경험을 다시 해석하고, 현재에 능동적이고 효율적으로 개입하며, 미래의 전망을 구성해야 하는 국면에 직면했다. 탑동 문제의 인프라적 재인식은 이런 요구에 부분적으로 도움이 될 수 있을지 모른다.

5. 공동자원체제의 재해석: 인간 너머 접근과 접합

인프라는 인간 일상생활의 필수 기반 시설 혹은 인공물이라는 점에서 우리는 인프라 없는 일상생활을 상상할 수 없다. 만약 다른 사회가 가능하다면, 바로 동일한 이유로 다른 인프라가 가능해야 하는 이유다. 탑동 운동의 근저에서 운동의 형성과 발전에 이바지했던 공동자원체제(commons)에 관한 경험과 인식, 상상은 이번에도 어쩌면 다른 인프라를 상상하는 데 도움이 될지도 모른다. 자연과 새로운 협약을 맺는 '인간 너머의 공동자원체제'로서 인프라(infrastructure as More-than-Human commons)를 상상하는 안이 그것이다. 하지만 이런 상상은 과거 탑동 문제와는 다른 지평에서 공동자원체제를 이해할 때만 가능하다.[438]

공유수면은 ① 시민에게 열린 공적 수면을 의미하는 동시에 ② 국가적 공간으로서 영토라는 이중성을 보유한다. 제2차 매립에 반대하여 일어난 탑동 운동은 바로 이 공유수면이라는 제도와 공동자원체제 권리를 결합하여, 이를 갈등의 공간이자 새로운 조정의 공간으로 만드는 과정이었다. 이 공동조정의 문제 제기는 제주개발체제 내에서 구체적인 제도적 대안을 형성하지는 못했지만, 현재 한국 공유수면 관리의 대안을 찾는 모색 속에 뒤늦은 모습이 나타나고 있다. 공유수면의 공공재 혹은 공동자원체제로서의 속성을 확인하고, '이용'과 '소유'를 분리하여 공유수면을 관리하자는 제안이 대표적이다.

그러나 항만 개발의 형태로 나타난 제3차 매립은 단지 소유와 이용의 분리라는 대안만으로는 대응할 수 없는 난제를 제기한다. 공유수면이 자본, 사람, 상품의 이동을 위한 인프라로 기획될 때, 공동체와 시민 그리고 국가는 하나의 동맹을 형성하기도 한다. 그리고 이때 공유수면을 구성하는 생명과 자연의 일에 관한 고려는 배제된다. 따라서 '자연'은 언제나 공유수면의 구성적 외부(constitutive outside)로 존재한다. 그 안에서 언제나 작동하고 있지만 근본적으로 공유수면에서 배제되어 공유수면의 보호를 받지 못하고 있다. 현대 비판 사회과학과 대항 운동 진영에서 고민하는 비인간 존재(non-human existence)와 상호얽힘이란 측면에서 본다면, 공유수면의 인간 중심성은 이런 점에서 너무나 명확하다. 소유와 이용의 분리는 진일보한 논의이지만, 체계적으로 배제되는 자연과 비인간 존재로 인해 공동자원체제는 다시 한번 사회계약의 틀 안에 남게 된다. 사회계약만으로는 탑동 문제가 제기하는 자연계약의 차원에 대

---

[438] 현대 공동자원체제 연구는 인간 너머 접근(More-than-human approach)과 행성적 전회(Planetary turn)와 만나 보다 확장된 시각을 갖게 되었다. 국내에도 이런 접점이 나타나고 있다. 내가 읽은 논문으로는 한상진(2023). 나도 부족하지만 기초 연구를 수행한 바 있다(장훈교, 2022).

응할 수 없다. 같은 이유로 공동자원체제에 대한 사회계약 접근 방식은 인프라 전환에 필요한 대안 제도의 논리로는 부족하다.

탑동 문제의 역사적 지평 이동 과정에서 이런 경로와는 다른 방식으로 공동자원체제에 접근할 가능성이 발생했다. 자연 계약이라는 변화된 탑동 문제 지형에서 공동자원체제는 자연을 지배하거나 그 자원을 이용 혹은 소유하기 위한 자원 관리 체제가 아니다. 다시 말해 현대 탑동 문제가 제기하는 공동자원체제는 연안 공동체나 시민사회의 권리 근거가 되었던 소유나 이용의 자원체계와는 그 결이 다르다. 그보다는 인간이 자연 계약을 따라야 하는 새로운 규칙 체제의 영역으로 이해된다. 연안은 이제 인간과 자연 모두가 속한 '공동 거주(居住)'의 세계로서 다양한 생명의 상호작용을 통해 구성되는 공동자원체제로 인식되며, 바로 그런 이유로 인간과 자연 사이에 새로운 타협이 나타날 수 있는 접경 지역이 된다. 패트릭 브레스니한(Patrick Bresnihan)의 표현을 빌려온다면(Bresnihan, 2015: 99), 연안은 이제 일종의 '인간 너머의 공동자원체제'(More-Than-Human Commons)로 인식된다.[439]

'인간 너머'(More-Than-Human) 접근은 1990년대 후반부터 사회과학 전반에서 나타난 다양한 전회, 그 가운데도 '물질적 전회'와 '동물 전회' 등을 바탕으로 인간뿐 아니라 비인간 존재를 포함하는 관계 속에서 우리 세계를 구성해 나가는 또 다른 실천을 능동적으로 파악하려는 접근 방식이다(최영애 외, 2023: 18). 연안을 '인간 너머의 공동자원체제'로 바라보는 규정은 그래서 인간이 속한 혹은 인간이 거주하며 노동하고 활동하는 장소인 연안이 인간이 아닌 것과의 관계 속에서 구성되는 동학을 드러낸다.

인간 너머 접근 방식에서 공동자원체제를 바라본다고 할 때 이는 두 가지 의미이다. 하나는 인간의 영역 혹은 실천이 이를 둘러싸고 뒷받침하는 비인간 존재와 관계 속에 있다는 의미이며, 다른 하나는 인간이 바로 그 비인간

---

[439] 재생산과 생물 그리고 공동자원체제의 관점을 연결하는 일이 중요하다는 견해는 피터 라인보우(2020: 154)를 참조하자.

존재의 영역에 다양한 영향을 끼치며 그 장소에 거주하고 있다는 점이다. 인간 너머의 공동자원체제는 인간 없는 공동자원체제가 아니라 역사적 인간의 실천 구조를 포함하는 공동자원체제이기 때문이다. 이러한 공동자원체제가 견고하게 지속되려면 인간은 자연을 존중하고 그 자연과 상호작용하면서 공생의 법칙을 따라야 한다. 그럴 때만, 인간 또한 그 공동자원체제 안에서 견고하고 지속 가능하게 거주할 수 있다.

인간 너머 접근이 촉발하는 정치 효과의 하나는 이처럼 ① 인간 활동에 한계를 부여하면서 ② 인간 이외의 존재가 보여주는 능동성을 대안 정치의 과제로 설정하여 ③ 새로운 타협의 방안을 적극적으로 탐색하도록 하는 데 있다. 이런 가능성은 이미 역사적 공동자원체제 안에 내재한 하나의 역사이자 잠재적 가능성이었지만, 인간 너머 접근과 만나 보다 분명하게 표현되는 동시에 그럼에도 인간의 이용에 치우쳐 있던 공동자원체제의 내적 경계를 인간을 넘어 다른 존재에게 개방한다.

바로 여기에 인간 너머의 공동자원체제가 자연과 인간의 새로운 계약 형성을 위한 출발점이자, 그 자연 계약의 규칙을 따르는 인프라 설계의 기본원리가 될 가능성이 존재한다. 인간 너머의 공동자원체제는 인간이 창출하는 타동적 자연인 인프라가 다른 비인간 존재들과의 상호작용을 전제로 공동 거주의 가능성을 증진하는 방향으로 설계되도록 요구할 수 있기 때문이다. 이 인프라는 단지 인간만의 인프라가 아니라는 점이 그 핵심이다. 그래서 비록 추상적 수준이기는 하지만 이론 수준에서 본다면, 이런 유형의 인프라는 인간 집단 사이의 합의나 조정으로 인프라가 환원되지 않는다. 그 합의나 조정은 자연계약이 부과하는 규칙에 종속된다. 공동 거주의 가능성은 그 핵심 판단 기준이다.

하지만 인간 너머의 공동자원체제 속 인간에게는 근본적 한계가 존재한다. 공동 거주의 가능성을 열어가려면 인간이 다른 존재들에 응답해야 하는데, 사회적 존재로서의 인간은 그 응답 역량을 잃어가는 방향으로 역사화됐다. 최명애와 그 동료들(2023: 30)이 외국 연구를 소개하면서 제안했듯이 인간과 비인간 존재의 공존을 인간이 평화롭게 조직하리라는 "낭만적 기대"와 선을 그어야 한다. 우리는 우리가 변화할 수 있다는 점을 전제 위에, 다른 존재와 마주할 수밖에 없는 불일치, 간극 혹은 갈등과 모순의 문제를 우회할 수 없다는 점 또한 인정해야 한다. 다시 한번 최명애와 그 동료들의 연구를 인용한다면 이런 "트러블"은 "상수다"(최명애 외, 2023: 31)

또한, 우리는 역사적으로 실재하는 인간 너머의 공동자원체제는 이미 그 토대가 무너진 상태라는 점을 인정해야 한다. 인간은 자연을 지배하고 소유하는 관점에서 공동자원체제를 이용하면서, 공동자원체제와 자연을 분리하는 동시에 특정한 방향으로만 접합하고자 하였다. 그 역사는 길지만, 우리는 최소한 서구 제국주의의 팽창과 정착형 식민주의의 전개, 그 과정에서 나타난 환경을 인간에게 맞추어 개조하는 '테라포밍'(terraforming)의 역사(고시, 2022)가 근대 공동자원체제의 역사와 중첩되어 있다는 점을 알고 있다. 인간 너머의 공동자원체제는 이런 점에서 인간이 다른 존재들과 연결되어 있지만, 인간의 실천 구조와 그 속성 때문에 인간을 위해 조직되고 변형되는 특성 또한 갖는 공동자원체제라고 말할 수 있을지 모른다.

그 결과 인간이 통제할 수 없는 인간 너머의 자연의 '일'로 공동자원체제의 자연적 구성이 변화하고 있으며, 이에 상대적으로 안정화되었던 자연과의 분리가 허물어지면서 과거 구축한 공동자원체제의 인간적 토대 그 자체 역시 무너지고 있다. 많은 이들이 우려하고 걱정하는 것처럼, 혹은 차분하게 인정하며 그 속에서 길을 찾는 이들이 제기하듯이, 파국은 임박했거나 이미 부분적으로 진행 중이다. 이런 역사적 조건에서, 인간 너머의 공동자원체제가 요구하는 공동 거주의 원칙에 따라 인프라를 조직한다고 하더라도 다시 실제로 공동자원체제를 복원할 수 있을지 혹은 그런 방향의 인프라가 구성 가능한지 우리는 아직 알 수 없다. 인간 너머의 공동자원체제라는 규정이 말해주는 바는 해당 공동자원체제가 인간의 실천으로 환원될 수 없다는 의미이기 때문이다. 우리는 한계와 만나고 있다.

디페시 차크라바르티는 말했다. "인간은 행성적 과정에 개입할 능력을 획득했지만, 그 행성 과정을 고칠 능력은 (적어도 아직은) 확실히 획득하지 못했다."(차크라바르티, 2023: 15) 우리는 인간 너머의 공동자원체제라는 인식에 도달하였지만, 이는 우리가 그 공동자원체제를 파괴한 이후에 도달한 인식이다. 여기가 바로 탑동 문제가 놓인 역사적 한계이다. 인간 너머의 공동자원체제를 인간 중심의 공동자원체제로 조직하면서 발생한 이런 유형의 파국을 우리가 만약 근대적 공동자원체제의 비극이라고 말할 수 있다면, 탑동 문제가 품은 그리고 우리에게 제기하는 또 다른 질문은 바로 이 비극 '안'에서 출발해야 한다는 점이다.

돌아보면 탑동 문제는 제주에서 출발했지만, 이제 제주를 넘어, 하지만 제주에서 인류의 공동 위기와 직면하여 우리 시대 인프라를 상상 문제가 되었다. 연안 공동체와 동료 시민을 넘어 모든 생명과의 상호작용이 행성 수준에서 "탑동 문제" 안으로 진입했다. 연안 공동체의 생존권에서 출발한 탑동 문제가 말 그대로 행성 수준에서 인간 너머로까지 확장된 공동의 삶을 조직하는 문제로 다시 나타나고 있기 때문이다. 그람시는『남부문제에 대한 몇 가지 주해』(그람시, 2004)에서 "국민적 문제와 동떨어진 남부문제, 특수한 대책으로 해결될 수 있는, 남부 자체에만 귀결되는 문제로서 남부문제는 존재하지 않는다"(피오리, 2004: 458)라고 말한 바 있다.

우리는 그람시를 따라 다음과 같이 말할 수 있다. 인류 문제와 동떨어진 탑동 문제, 특수한 대책으로 해결 가능한, 탑동 자체에만 귀결되는 문제로서 탑동 문제는 더 이상 존재하지 않는다. 따라서, 탑동 문제가 행성 역사의 새로운 국면에서 모든 동료 시민에게 공동 거주를 가능케 하는 그 상호얽힘을 밝혀주는 계몽의 계기이자, 새로운 인프라 전환의 정치를 추진하는 정동적 힘을 가진 '민주적 상상계'로 작동할 수 있을 때, 우리는 탑동 문제에 답할 수 있는 새로운 민주적 경로의 출발점에 설 수 있을지 모른다.

참고문헌

1. 국내 논문 및 저서 혹은 국문 자료

강경민, 2016, "제주도 마을어장 관리제도의 변천", 『공동자원의 섬 제주1: 땅, 물, 바람』, 진인진

강경민·민기, 2018, "공유자원 경계 분쟁해결 사례 연구: 제주특별자치도 마을어장 사례를 중심으로", 한국거버넌스학회보, 25(2): 1-28

강남규·황석규·김동주, 2016, "제주도 개발과 주민운동 사료집 해제", 『제주민주화운동사료집II』, 제주민주화운동사료연구소

강대원, 1973, 『해녀 연구』, 한진문화사

강진영·신우석, 2015, "제주도 연안 갯녹음 현상 및 대책 방안 모색", 《제주발전포럼》, 54-55 통합호: 70-81

김경호, 2012, "지속가능한 발전을 담보하는 '지방의제21'이란 무엇인가?", 《하천과 문화》, 8(1): 96-103

김동주, 2010, "매립했던 조간대를 복원하는 것만이 최적의 기후변화 적응방법이다." 《오름과 바당》, 2010년 2월호, 제주환경운동연합

김덕진, 2012, "평화를 지키려면 구럼비를 지켜내야 한다", 《문화과학사》, 70: 351-360

김명수, 2020, 『내 집에 갇힌 사회: 생존과 투기 사이에서』, 창비

김민배, 2000, "해양정책과 연안관리법의 과제", 《법학연구》, 3: 65-100

김상태, 2011, "공유수면 매립지의 관할구역 결정과 사법적 분쟁해결제도", 《행정법연구》, 30: 133-157

김석준, 2011, "제주도 '척박성 담론'의 재검토", 《탐라문화》, 54: 45-65

김석준·강세현, 1996, "제주지역의 도박 실태와 도박 참여자의 사회적 성격: 문제와 대안", 《사회발전연구》, 12: 553-579

김세규, 2007, "지하수이용권에 관한 소고", 《공법학연구》, 8(3): 500-550

김선희, 2016, "바다의 자연 그물 '원담' 〈멜, 뱅에돔, 따치, 솔치도 들었져〉", 《제주》, 13: 16-19

김성연, 2023, "지하수에 대한 권리의 검토: 민법상 용수권과 지하수법상 지하수 개발·이용권을 중심으로", 《토지법학》, 39(1): 1-43

김시덕, 2020, "철도 없는 섬 제주, 90년전엔 기차도 기차역도 있었다", 한국일보 URL: https://www.hankookilbo.com/News/Read/A2020121516200003955 (검색일: 2022년 12월 3일)

김인유, 2017, "관행어업권에 대한 소고", 《법학연구》, 58(4): 147-176

_____, 2018, "어촌계의 재산에 관한 소고", 《민사법의 이론과 실무》, 21(3): 97-132

김지환, 2022, 『모던 철도: 근대화, 수탈, 저항이 깃든 철도 이야기』, 책과 함께

김정희, 1993, "지역사회 개발정책 형성과정의 문제점과 대책: 제주도 탑동공유수면매립사업을 중심으로", 《탐라문화》, 13: 125-144

김종기·좌승희·고동희 외, 1989, 『제주도종합개발계획의 재검토』, 한국개발연구원

김태일, 1999, "제주건축의 어제와 오늘", 《건축사》, 11: 46-53

_____, 2010, "제주지역에서의 선보전 후개발 현황과 적용원칙에 대한 고찰: 제주 경관훼손 문제를 중심으로", 《제주발전연구》, 14: 1-25

김학준, 2022, 『보통 일베들의 시대: '혐오의 자유'는 어디서 시작되는가?』, 오월의 봄

김호선, 2001, 『제주사회의 근대화에 따른 주택 양식의 변화에 관한 연구』, 제주대학교 산업대학원 건설환경공학과 석사학위논문.

김홍중, 2022, "녹색계급이 온다: 라투르 신작에 대한 몇 가지 상념들", 『녹색 계급의 출현』, 브뤼노 라투르, 니콜라이 슐츠 지음, 이규현 옮김, 이음

고영철, 2017. "화복1동 화북포항(별도포구)", 고영철의 역사교실, URL: http://jejuhistory.co.kr/bbs/view.php?id=local&page=1&sn1=&divpage=1&sn=off&ss=on&sc=on&select_arrange=headnum&desc=asc&-no=1151 (검색일: 2022년 11월 26일)

_____, 2019, "평대리 엉물: 웃물, 큰물통, 용천수", 고영철의 역사교실, URL: http://

jejuhistory.co.kr/bbs/view.php?id=local&page=1&sn1=&divpage=1&sn=off&ss=on&sc=on&select_arrange=headnum&desc=asc&-no=2594 (검색일: 2022년 11월 26일)

고혁준·김정록·조일형, 2012, "제주시 탑동 호안 월파 피해 모형 실험", 《한국해양환경에너지학회지》, 15(3): 163-169

국토해양부, 2009, 『제1차(2009-2018) 해양생태계 보전·관리 기본계획』, 국토해양부

곽철우 외, 2014. "갯닦기 전후 제주도 인공어초의 해조상 및 수심별 감태의 생장양상", 《수산해양교육연구》, 26(1): 34-48

권귀숙, 1996, "제주 해녀의 신화와 실체: 조혜정 교수의 해녀론을 중심으로", 《한국사회학》, 30: 227-258

권헌익, 2020, 『전쟁과 가족: 가족의 눈으로 본 한국전쟁』, 정소영 옮김, 창비

권혁재, 1999, 『한국지리』(총론편), 법문사

노상호, 2015, "서해안 갯벌 매립과 일상생활의 변화: 인천 갯벌과 어촌계의 대응을 중심으로", 《역사민속학》, 47: 416-440

라해문·김진숙, 2017, "지난 십 년에서 앞으로 천 년까지, 제주의 마을이야기를 듣다", 『제주의 마을과 공동자원』, 최현·정영신·윤영일 엮음, 진인진

맹준호 외, 2005, 『해양매립사업으로 인한 환경영향의 효율적인 저감방안에 관한 연구』, 한국환경정책평가연구원

박영한·오상학, 2004, 『조선시대 간척지 개발: 국토 확장과정과 이용의 문제』, 서울대학교출판부

박종화·이상혁·신용희, 2001, "한국 연안관리의 현상과 개선방향", 《한국관개배수》, 8(1): 102-114

박찬식, 2007, "제주해녀투쟁의 역사적 기억", 《탐라문화》, 40: 39-68

박창열·윤성순, 2017, "기후변화 대비 제주도 연안재해 대응방안", 제주연구원

부만근, 1998, "제주지역 주민운동의 분석", 《제주논총》, 6: 37-60

_____, 2012, 『제주지역개발사』, 제주발전연구원

백승권·진영기·김제환, 2011, "우리나라 경관계획의 발전과정과 미래상", 《유신기술회보》, 18: 21-48

신혜란·권민지, 2020, "제주 지역성 연구: 별도공간 개념의 적용", 《한국지역지리학회

지》, 26(2): 140-158

소재선·임종선, 2012, "대한제국 이래 우리나라 어업권의 연혁과 어업관행의 관습법화",《외법논집》, 36(2): 135-155

성혜승, 2014, "제주도 연안의 풍수해 완충공간 계획", 서울대학교 환경대학원 석사학위논문

안용식·원구환, 2001,『지방공기업론』, 개정판, 대영문화사

양병이, 1994, "우리나라 경관영향평가제도 정착을 위한 과제",《환경논총》, 32: 90-109

양수남, 2003, "제주도의 난개발 실태와 녹색의 대안",『환경과 생명』, 환경과 생명

양성기, 2010, "산지천의 생태하천 복원과 하천 정비",《하천과 문화》, 6(1): 21-33

양정심, 2008,『제주 4·3 항쟁: 저항과 아픔의 역사』, 선인

이근우, 2019, "근대 일본의 조선 바다 조사에 대한 서지학",《바다》, 24(3): 448-456

이민석, 2020, "간척의 역사적 의미와 간축문화유산의 보존·활용 방안 연구",《문화재》, 53(2): 110-139

이문교, 1997,『제주언론과 지방자치』, 제주문화

이상철, 1995, "제주도 개발정책과 도민 태도의 변화",《제주도연구》, 12: 71-114

_____, 1997, "제주도의 개발과 사회문화 변동",《탐라문화》, 17: 193-212

_____, 2002, "서귀포지역의 사회운동과 사회단체",《사회발전연구》, 17: 167-181

이승욱, 조성찬, 박배균, 2017, "제주국제자유도시, 신자유주의 예외공간 그리고 개발자치도",《한국지역지리학회지》, 23(2): 269-287

이영웅, 2019, "제주의 신개발주의와 지방자치의 위기",《제주의 소리》, URL: http://www.jejusori.net/news/articleView.html?idxno=303287 (검색일: 2022년 12월 9일)

이재섭, 2019, "병문천 복개 과정을 통해 본 탑동 매립 반대 운동 이후 30년",《탐라문화》, 61: 123-163

이형찬·최수, 2015, "포스트 개발시대 공영개발의 방향과 시사점",《국토정책 Brief》, 541: 1-8

오정준, 2003, "제주도 지역개발의 변화 양상에 관한 연구",《지리학연구》, 37(2): 139-154

_____, 2006, "개발의 역사와 방식",『제주도지』(제1권), 제주특별자치도

옥영수, 2004, 『어촌계의 어류양식업에 관한 연구』, 한국해양수산개발원 기본연구 2004-20, 한국해양수산개발원

유정곤, 2000, "우리나라 인공어초사업의 평가와 개선방향", 《해양수산》, 2000년 7월호: 55-66

유창호, 2014, "일제강점기 '송도' 연안의 개발과 어촌주민들의 삶", 《인천학연구》, 1(21): 7-44

윤성순, 2016, 『공유수면매립 타당성평가에 관한 연구』, 부경대학교 대학원 해양산업공학협동과정 박사학위논문, 부경대학교

윤성순·장정인·신철오, 2018, 『공유수면매립 정책의 개선과 전환에 관한 연구』, 한국해양수산개발원

윤장택 외, 2007, 『제주연안 갯녹음어장 복원 연구』, 국립수산과학원

윤진숙·신철오, 2007, "공유수면매립 타당성 평가를 위한 지표개발", 해양환경안전학회 2007년도 춘계학술발표대회, 71-75

윤양수, 1991, "제주도 개발의 현황과 과제", 《사회발전연구》, 7: 353-364

윤여일, 2017, "강정, 마을에 대한 세 가지 시선: 커먼즈에서 커머닝으로", 《환경사회학연구 ECO》, 21(1): 71-109

윤철홍, 2001, "지하수법의 문제점과 개선방향", 《비교사법》, 8(1): 225-251

윤해동, 2008, 『식민지의 회색지대: 한국의 근대성과 식민주의 비판』, 역사비평사

엄상근, 2013, 『제주시 원도심 도시재생 전략 연구』, 제주발전연구원 기본연구 2013-26, 제주발전연구원

임윤수, 2006, "개발이익환수제도에 관한 연구", 《법학연구》, 21: 1-20

장경욱·양순자·장정자 외, 2019, 『2019년도 제주어구술자료집 27: 한림읍 옹포리』, 제주연구원 제주학연구센터

장학봉, 2000, "어업손실보상제도의 발전행태 비교 연구", 《해양정책연구》, 15(2): 1-19

장훈교, 2016, 『밀양전쟁: 공통자원 기반 급진 민주주의 프로젝트』, 나름북스

_____, 2019, "제주 탑동 공유수면 매립 반대 운동: 유산의 재구성과 또 다른 상속의 방법", 《탐라문화》, 60: 265-303

_____, 2022, 『공동자원체제: 2018-21 연구노트』, 부크크

전재경, 2003, 『해양보전을 위한 공유수면 매립법제 개선방안』, 한국법제연구원

전윤철, 1969, "면허어업의 개념과 어업권의 내용", 《법제》 1969년 7월호, 법제처. URL: https://www.moleg.go.kr/mpbleg/mpblegInfo.mo?mid=a104 02020000&mpb_leg_pst_seq=125226 (검색일: 2022년 11월 27일)

정근오, 2014, "제주 벼농사의 역사지리적 연구: 하논·천제연·종달 일대 지역을 사례로", 대한지리학회 학술대회논문집, 2014. 06: 55-56

정신지, 2017, "삼도리 해녀", 『기억으로 만나는 원도심 사람들 이야기』, 제주문화예술재단

정원욱·김숙진, 2016, "수도권매립지 입지 갈등의 전개: 네트워크 효과로서의 영역개념을 중심으로", 《대한지리학회지》, 51(4): 541-558

정영신, 2022, "이탈리아의 민법개정운동과 커먼즈 규약 그리고 커먼즈의 정치", 《환경사회학연구 ECO》, 26(1): 93-139

_____, 2021, "제주 탑동매립반대운동의 정치과정과 주체 형성: 주민운동에서 범도민 운동으로", 《사회와 역사》, 130: 221-160

_____, 2017, "제주 해군기지를 둘러싼 투쟁과 강정마을공동체의 변동", 《탐라문화》, 58: 149-183

제주도, 1982, 『濟州道誌』(上), 제주도

_____, 1996, 『道政白書』, 제주도

_____, 2021, 『제주특별자치도 해양공간관리계획』, 제주특별자치도

제주민주화운동사료연구소 편, 2016, 『제주민주화운동사료집II』, 제주민주화운동사료연구소

제주여민회, 2007, 『제주여민회 창립20주년 기념 제주여성합본호(1987~1993)』, 제주여민회

제주학연구센터, 2017, 『제주학개론』, 제주연구원 제주학연구센터

조성윤, 2012, "알뜨르 비행장: 일본 해군의 제주도 항공기지 건설 과정", 《탐라문화》, 41: 395-438

_____, 1992, "개발과 지역 주민 운동: 제주시 탑동 개발 반대 운동을 중심으로", 《현상과 인식》, 16(3-4): 81-107

_____, 1998, "관광개발과 지역주민운동: 제주 종합사격장 건설반대운동의 사례분석", 《제주도연구》, 15: 225-252

조성윤·문형만, 2005, "지역 주민 운동의 논리와 근대화 이데올로기: 제주도 송악산

군사기지 설치 반대 운동을 중심으로", 《현상과 인식》, 29(4): 9-30

조효제, 2022, 『침묵의 범죄 에코사이드』, 창비

조희연, 2008, "'헤게모니 균열'의 문제설정에서 본 현대한국 정치변동의 재해석: 그람시의 헤게모니론의 재해석에 기초하여", 《마르크스주의 연구》, 5(1): 90-133

차주영·이희찬, 2017, "바다숲에 대한 지역민의 인식이 바다숲 조성 사업 수요에 미치는 영향", The Journal of the Korean Society for Fisheries and Marine Sciences Education, 29(6): 1860-1871

채우석, 2009, "환경보전을 위한 연안관리에 관한 법제적 연구", 《토지공법연구》, 43(3): 793-808

충남발전연구원, 2013, "역간척 용어정리 워크숍" 자료집, 충남발전연구원

최재영·최명순·서철수·임형택, 2014, "포락된 토지의 소유권 인정 여부에 관한 검토", 《집합건물법학》, 14: 139-162

최명애, 2021, "재야생화: 인류세의 자연보전을 위한 실험", 《환경사회학회지 ECO》, 25(1): 213-255

최명애·박현빈·조엘 샴팔레·성한아, 2023, "도시의 비인간 이웃: 대전시 주민-백로 갈등을 중심으로", 《한국도시지리학회지》, 26(1): 17-36

최치훈, 2019, "마을어업의 변천에 관한 연구", 《한국도서연구》, 31(4): 179-204

한국민주주의연구소, 2006, 『지역민주화운동사 편찬을 위한 기초조사 최종보고서: 제주지역』, 민주화운동기념사업회

한국해양수산개발원, 2013, 『공유수면매립지 소유권 분리 제도화를 위한 고찰』, 한국해양수산개발원

한림화·김수남, 1987, 『제주바다 잠수의 사계』, 한길사

한상진, 2023, "인간 및 인간너머 존재에 의한 생태사회적 커먼즈의 형성: 행성성에 의거한 커먼즈 접근과 관련 사례들", 《환경사회학회지 ECO》, 27(2): 109-134

해양수산부, 2016, 『연안관리정책 소개』, 해양수산부

_____, 2017, 『공유수면 길라잡이』, 해양수산부

_____, 2019, 『제2차 신항만건설 기본계획(2019-2040)』, 해양수산부

황성일·김대권·성봉준 외, 2017, "제주 연안에서 기후변화가 갯녹음 확산에 미치는

영향", 《한국환경생태학회지》, 31(6): 529-536

현미애, 2020, 『일제강점기 제주 산지항 축항 연구』, 제주대학교 대학원 사학과 석사학위논문, 제주대학교 대학원 사학과

2. 번역 논문 및 저서

고시, 아미타브 2022, 『육두구의 저주: 지구 위기와 서구 제국주의』, 김홍옥 옮김, 에코리브르

기든스, 앤서니. 1991. 『사회이론의 중요 쟁점』, 윤병철 외 옮김, 문예출판사

그람시, 안토니오. 2004. 『남부 문제에 대한 몇 가지 주제들 외』, 김종법 옮김, 책세상

그린, 브라이언. 2021. 『엔드 오브 타임』, 박병철 옮김, 와이즈베리

닉슨, 롭. 2020, 『느린 폭력과 빈자의 환경주의』, 김홍옥 옮김, 에코리브르

도미야마 이치로. 2020. 『시작의 앎: 프란츠 파농의 임상』, 심정명 옮김, 문학과 지성사

뒤르켐, 에밀. 1988, 『직업윤리와 시민도덕』, 권기도 옮김, 새물결

라이트, 에릭 올린. 2017, 『계급 이해하기』, 문혜림·곽태진 옮김, 산지니

라인보우, 피터. 2020, 『메이데이: 노동해방과 공유지 회복을 위한 진실하고 진정하며 경이로운 미완의 역사』, 박지순 옮김, 갈무리

라킨, 랄프 W. & 포스, 다니엘 A. 1991. 『혁명을 넘어서: 사회운동의 변증법』, 임현진 옮김, 나남출판

라트카우, 요하힘. 2012, 『자연과 권력: 인간과 자연, 갈등과 개입 그리고 화해의 역사』, 이영희 옮김, 사이언스북스

라투슈, 세르주. 2015, 『성장하지 않아도 우리는 행복할까?』, 이상빈 옮김, 민음사

레크비츠, 안드레아스 2023, 『단독성들의 사회』, 윤재왕 옮김, 새물결

로건, 존 R. & 몰로크, 하비 L. 2013, 『황금도시: 장소의 정치경제학』, 김준우 옮김, 전남대학교출판부

로크, 존. 1990, 『통치론』, 강정인·문지영 옮김, 까치.

리피에츠, 알랭. 2002, 『녹색 희망: 아직도 생태주의자가 되길 주저하는 좌파 친구들에게』, 허남혁·박지현 옮김, 이후

리프킨, 제러미. 2022, 『회복력 시대: 재야생화되는 지구에서 생존을 다시 상상하다』,

안진환 옮김, 민음사
말름, 안드레아스 & 호른보리, 알프. 2022, "인류의 지질학? 인류세 서사 비판", 『인류세와 기후위기의 대가속』, 이별빛달빛 엮음, 김용우·김찬종·정홍상 외 옮김, 한울아카데미
말름, 안드레아스. 2023, 『화석 자본: 증기력의 발흥과 지구온난화의 기원』, 위대현 옮김, 두번째테제
매코맥, 개번. 1998, 『일본, 허울뿐인 풍요』, 한경구 외 옮김, 창작과 비평사
맥마이클, 필립. 2013, 『거대한 역설: 왜 개발할수록 불평등해지는가』, 조효제 옮김, 교양인
머천트, 캐럴린. 2022, 『인류세의 인문학』, 우석영 옮김, 동아시아
미첼, 티머시. 2017, 『탄소 민주주의』, 에너지기후정책연구소 옮김, 생각비행
무어, 제이슨 W. 2020, 『생명의 그물 속 자본주의: 자본의 축적과 세계생태론』, 김효진 옮김, 갈무리
무페, 샹탈. 2022, 『녹색 민주주의 혁명을 향하여: 좌파 포퓰리즘과 정동의 힘』, 이승원 옮김, 문학세계사
버거, 피터. 2023, 『사회학으로의 초대』, 김광기 옮김, 문예출판사
베버, 막스 2019, 『관료제』, 이상률 옮김, 문예출판사
시노하라 마사타케, 2022, 『인류세의 철학: 사변적 실재론 이후의 '인간의 조건'』, 조성환 외 옮김, 모시는 사람들
_____, 2023, 『인간 이후의 철학』, 최승현 옮김, 이비
스미스, 닐. 2017, 『불균등발전: 자연, 자본, 공간의 생산』, 최병두·이영아·최영래 외 옮김, 한울
_____, 2019, 『도시의 새로운 프런티어』, 김동완·김은혜·김현철 외 옮김, 동녘
스미스, 로런스 C. 2022, 『리버』, 시공사
스콧, A.(앨런). 1994. 『이데올로기와 신사회운동』, 이복수 옮김, 한울
스콧, 제임스 C. 2010. 『국가처럼 보기: 왜 국가는 계획에 실패하는가』, 전상인 옮김, 에코리브르
_____. 2020. 『지배, 그리고 저항의 예술: 은닉 대본』, 전상인 옮김, 후마니타스
스테픈, 윌. 그린발, 자크. 크뤼천, 파울., 맥닐, 존., 2022, "인류세: 개념적, 역사적 관

점』, 『인류세와 기후위기의 대가속』, 이별빛달빛 엮음, 김용우·김찬종·정홍상 외 옮김, 한울아카데미
순, 이시하라. 2017, 『군도의 역사사회학』, 김미정 옮김, 글항아리
슈트렉, 볼프강. 2018, 『조종이 울린다』, 유강은 옮김, 여문책
셸러, 미미. 2019. 『모빌리티 정의: 왜 이동의 정치학인가?』, 최영석 옮김, 앨피
알트파터, 엘마. 2007, 『자본주의의 종말』, 염정용 옮김, 동녘
오페, 클라우스 1993, "새로운 사회운동: 제도정치의 한계에 대한 도전", 『새로운 사회운동과 참여민주의』, 정수복 편역, 문학과 지성사
왈저, 마이클. 2021, 『운동은 이렇게』, 박수형 옮김, 후마니타스
윌리엄스, 레이먼드 2009, 『마르크스주의와 문학』, 박민준 옮김, 지만지
웨인라이트, 조엘. & 만, 제프 2023, 『기후 리바이어던: 지구 미래에 관한 정치 이론』, 장용준 옮김, 앨피
어리, 존. & 라슨, 요나스 2021, 『관광의 시선』, 도재학·이정훈 옮김, 소명출판
존스, 스티브 2022, 『안토니오 그람시: 비범한 헤게모니』, 최영석 옮김, 앨피
재스퍼, 제임스 M. 2016, 『저항은 예술이다: 문화, 전기, 그리고 사회운동의 창조성』, 박형신·이혜경 옮김, 한울
차크라바르티, 디페시. 2022, "기후변화의 정치는 자본주의의 정치를 넘어선다", 『인류세와 기후위기의 대가속』, 이별빛달빛 엮음, 김용우·김찬종·정홍상 외 옮김, 한울아카데미
_____, 2023, 『행성 시대 역사의 기후』, 이신철 옮김, 에코리브르
칭, 애나 로웬하웁트 2023, 『세계 끝의 버섯』, 노고운 옮김, 현실문학
코켈버그, 마크 2023, 『그린 리바이어던: 기후위기와 AI 시대에 인간의 자유는 어디까지 가능한가』, 김동환·최영호 옮김, 싸아이알
코헨, 진 L. & 아라토, 앤드루. 2013, 『시민사회와 정치이론2』, 박형신·이혜경 옮김, 한길사
클라인, 나오미. 2008. 『쇼크 독트린: 자본주의 재앙의 도래』, 김소희 옮김, 살림Biz
_____, 2016. 『이것이 모든 것을 바꾼다』, 이순희 옮김, 열린책들
투안, 이-푸, 1995, 『공간과 장소』, 정영철 옮김, 태림문화사
파텔, 라즈 & 무어, 제인슨 W. 2020. 『저렴한 것들의 세계사: 자본주의에 숨겨진 위험한 역사, 자본세 600년』, 백우진·이경숙 옮김, 북돋움

피오리, 쥬세뻬. 2004, 『안토니오 그람쉬』, 김종법 옮김, 이매진

퍼거슨, 제임스 2017, 『분배정치의 시대』, 조문영 옮김, 여문책

해러웨이, 도나. 2021, 『트러블과 함께하기: 자식이 아니라 친척을 만들자』, 최유미 옮김, 마농지

허시먼, 앨버트 O. 2016, 『떠날 것인가, 남을 것인가: 퇴보하는 기업, 조직, 국가에 대한 반응』, 나무연필

홀, 스튜어트. 2015. "인종과 종속성 연구에서 그람시의 함의", 『문화, 이데올로기, 정체성: 스튜어트 홀 선집』, 임영호 옮김, 컬처룩

헤스, 데이비드 2020, 『언던사이언스: 왜 어떤 과학은 제대로 수행되지 않을까?』, 김동광·김명진 옮김, 돌베개

3. 영문 논문 및 저서

Agnes S., Ku. 2001, "Hegemonic construction, negotiation and displacement: The struggle over right of abode in Hong Kong", *International journal of cultural studies* 4(3): 259-278

Allenby, Braden R., and Mikhail Chester. 2018, "Reconceptualizing Infrastructure in the Anthropocene." *Issues in Science and Technology* 34(3). URL: https://issues.org/reconceptualizing-infrastructure-in-the-anthropocene/ (검색일: 2024년 4월 13일)

Bowker, Geoffrey C. 1994. *Science on the Run: information management and industrial geophysics at Schumberger, 1929-1940*, Cambridge, MA: The MIT Press.

Bresnihan, Patrick. 2015. "The more-than-human commons: from commons to commoning". *Space, Power and the Commons: The struggle for alternative futures.* edited by Samul Kirwan, Leila Dawney and Julian Brigstocke. London and New York: Routledge.

Gibson-Graham, Katherine-Julie. 2016. *A Postcapitalist Politics.* Minneapolis: University of Minnesota Press.

Butler, Lynda L. 1990. "Environmental water rights: an evolving concept of public property", *Virginia Environmental Law Journal*, 9(2): 323-380

Bluhdorn, I. 2011, "The politics of unsustainability: COP15, post-ecologism, and the Ecological Paradox", *Organization & Environment*, 24(1): 34-53

Bluhdorn, I. and Welsh, Ian. 2007, "Eco-politics beyond the paradigm of sustainability", *Environmental Politics*, 16(2): 185-205

Bychkova, Olga. 2011. "Categories of goods in economics and public choice literature as applied to heat and water utilities", *Poltical theory and community building in Post-Soviet russia*, edited by Oleg Kharkhordin and Risto Alapuro, London and New York: Routledge.

Carse, Ashley. 2012. "Nature as Infrastructure: Making and managing the Panama Canal watershed", *Social Studies of Science*, 42(4): 539-563

Chester, M.V., Markolf, S., and Allenby, B. 2019. "Infrastructure and the environment in the Anthropocene", *Journal of Industrial Ecology*, 2019: 1-10

Cowen, Deborah. 2017, "Infrastructures and Empire and Resistance", URL: https://www.versobooks.com/blogs/3067-infrastructures-of-empire-and-resistance (검색일:2022년 11월 26일)

Christiansen, Jonathan. 2009, "Four stages of social movements", EBSCO Research Starters Sociology

Crutzen, P.J. and Stoermer, E.F. 2000. The "Anthropocene". *IGBP Global Change Newsletter*, 41: 17-18.

Del Cerro Santamaria, Gerardo. 2019. "Megaprojects, Development and Competitiveness: Building the Infrastructure for Globalization and Neoliberalism", *Athens Journal of Social Sciences*, 6(4): 263-290

Eckersley, R. 2021. "Greening states and societies: from transitions to a great transformations", *Environmental Politics*, 30(1-2): 245-265

Eder, K. 1996. *The social construction of Nature*. London: Sage.

Edwards, Paul N. 2002. "Infrastructure and modernity: scales of force, time, and social organization in the history of sociotechnical systems". *Modernity and Technology*. Cambridge, edited by Misa TJ, Brey P and Feenberg A. MA: The MIT Press.

Escobar, A. 1998. "Whose knowledge, whose nature? Biodiversity conservation and the political ecology of social movements". *Journal of Political Ecology*, 5: 53-82

Gamson, William A., 2014. "Defining Movement 'Success'", The social movements reader: cases and concepts. edited by Jeff Goodwin and James M. Jasper, Malden, MA: Blackwell Pub.

Gamson, William A., and David S. Meyer. 1996. "Framing Political Opportunity." *Comparative Perspectives on Social Movements*, edited by Doug McAdam, John D. McCarthy, and Mayer Zald. Cambridge University Press.

Gramsci, Antonio. 1971. *Selections from the Prison Notebooks*, London: Lawrence & Wishart.

Greber, Jean-David. and Hess, Gérald. "From landscape resources to landscape commons: focussing on the non-utility values of landscape", *International Journal of the Commons*, 11(2): 708 -732

Hausknost, D., 2020. "The environmental state and the glass ceiling of transformation". *Environmental Politics*, 29 (1): 17 -37.

Kalt, Tobias. 2024. "Transition conflicts: a Gramscian political ecology perspective on the contested nature of sustainability transitions", *Environmental Innovation and Societal Transitions*, 50. URL: https://doi.org/10.1016/j.eist.2024.100812. (검색일: 2024년 4월 16일)

Larkin, Brian. 2013. "The politics and poetics of infrastructure", *Annual Review of Anthropology*, 42: 327-343

McCarthy, Daniel R. 2023, "Infrastructure and the integral state: internal relations, processes of state formation, and Gramscian state theory", *Review of International Studies*, first view, 1-19. URL: https://doi.

org/10.1017/S0260210523000414 (검색일: 2024년 4월 13일)

Meyer, David S. and Minkoff, Debra C. 2004. "Conceptualizing political opportunity", *Social Force*, 82(4): 1457-1492

Mitchell, Timothy. 2014. "Introduction: Life of infrastructure", *Comparative studies of South Asia and the Middle East*, 34(3): 437-439

Miller, F. D. 1999. "The end of SDS and the emergence of weatherman: Demise through success". *Waves of protest: Social movements since the Sixties*. edited by In J. Freeman and V. Johnson. Lanham, Maryland: Rowman & Littlefield Publishers.

Nardini, G. Rank-Christman, T. and Bublitz M.B. et al. 2021, "Together we rise: how social movements succeed", *Journal of Consumer Psychology*, 31(1): 112-145

Rose, Carol M. 2003. "Romans, roads, and romantic creators: traditions of public property in the information age", *Law and Contemporary Problems*, 66: 89-110

Serres, M. 1992. "The natural contract", translated by Felicia McCarren, *Critical Inquiry*, 19(1): 1-21

Sotiris, P. 2018, "Gramsci and the challenges for the Left: The historical bloc as a strategic concept", *Science & Society*, 82(1): 94-119

Wiel, Samuel C. 1934. "Natural communism: air, water, oil, sea, and seashore", *Harvard Law Review*, 47(3): 425-457